2025 | 한국수자원공사 | NCS

고시넷
공기업

한국수자원공사 NCS

기출예상모의고사

6회

PREFACE

정오표 및 학습 질의 안내

정오표 확인 방법

고시넷은 오류 없는 책을 만들기 위해 최선을 다합니다. 그러나 편집 과정에서 미처 잡지 못한 실수가 뒤늦게 나오는 경우가 있습니다. 고시넷은 이런 잘못을 바로잡기 위해 정오표를 실시간으로 제공합니다. 감사하는 마음으로 끝까지 책임을 다하겠습니다.

고시넷 홈페이지 접속 > 고시넷 출판-커뮤니티 > 정오표

www.gosinet.co.kr

모바일폰에서 QR코드로 실시간 정오표를 확인할 수 있습니다.

학습 질의 안내

학습과 교재선택 관련 문의를 받습니다. 적절한 교재선택에 관한 조언이나 고시넷 교재 학습 중 의문 사항은 아래 주소로 메일을 주시면 성실히 답변드리겠습니다.

이메일주소 **qna@gosinet.co.kr**

contents **차례**

한국수자원공사 필기시험 정복

파트 1 한국수자원공사 기출예상모의고사

파트 2 인성검사

파트 3 면접가이드

책 속의 책 정답과 해설

파트 1 한국수자원공사 기출예상모의고사 정답과 해설

• 직업기초능력평가

• 직무능력평가

EXAMINATION GUIDE

구성과 활용

1

한국수자원공사 소개 & 채용 절차

한국수자원공사의 비전, 미션, 경영방침, 인재상 등을 수록하였으며, 최근 채용 절차 및 지원자격 등을 쉽고 빠르게 확인할 수 있도록 구성하였습니다.

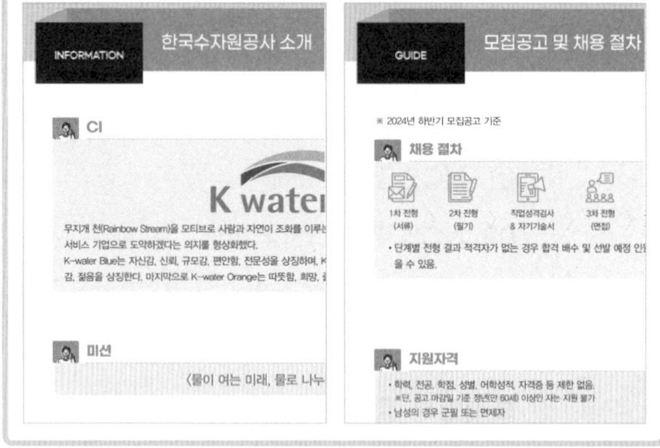

2

한국수자원공사 기출 유형 분석

최근 기출문제 유형을 분석하여 최신 출제 경향을 한눈에 파악할 수 있도록 하였습니다.

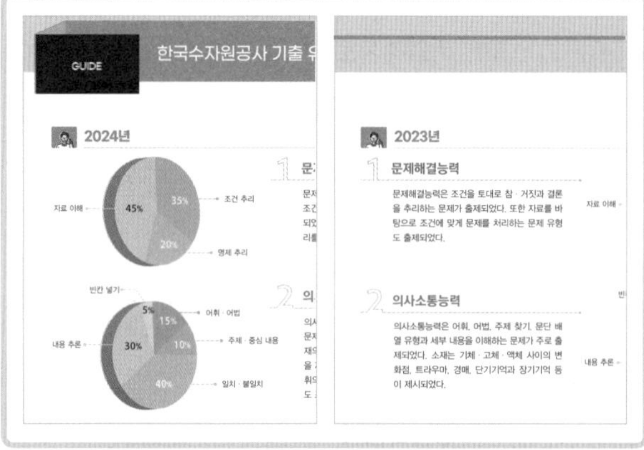

3

실제와 같은 기출예상문제로 실전 연습 & 실력 UP!!

직업기초능력평가 총 6회의 기출예상문제와 직무능력평가(K-water 수행사업) 총 4회의 기출예상문제로 자신의 실력을 점검하고 완벽한 실전 준비가 가능하도록 구성하였습니다.

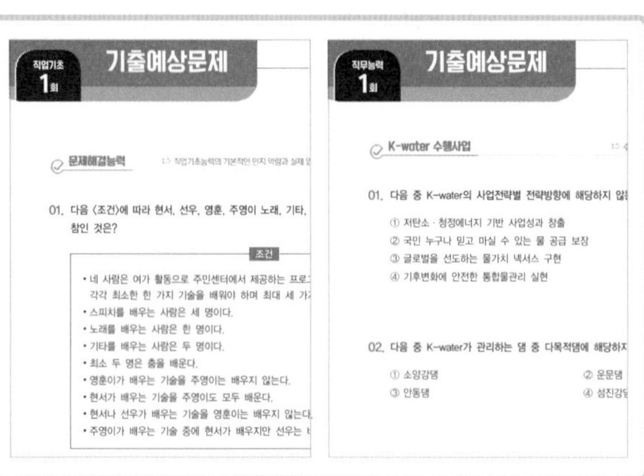

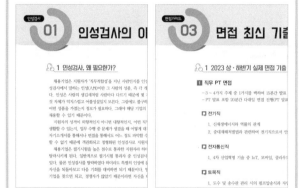

인성검사 & 면접으로 마무리까지 OK!!!

최근 채용 시험에서 점점 중시되고 있는 인성검사와 면접 질문들을 수록하여 마무리까지 완벽하게 대비할 수 있도록 하였습니다.

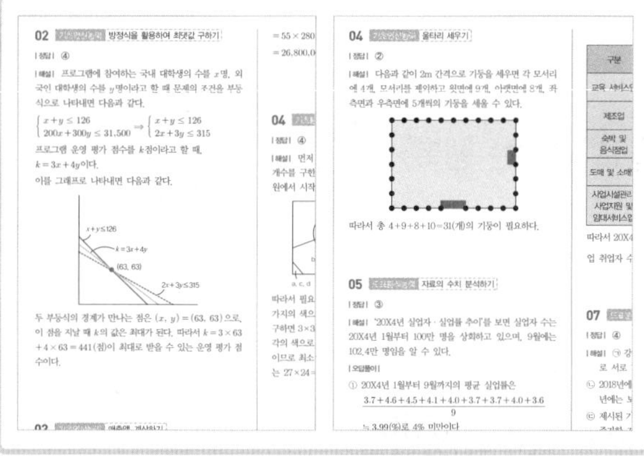

상세한 해설과 오답풀이가 수록된 정답과 해설

상세한 해설을 수록하였고 오답풀이 및 보충 사항들을 수록하여 문제풀이 과정에서의 학습 효과가 극대화될 수 있도록 구성하였습니다.

INFORMATION

한국수자원공사 소개

CI

무지개 천(Rainbow Stream)을 모티브로 사람과 자연이 조화를 이루는 선진 물관리를 통해 고객중심의 세계적 물 서비스 기업으로 도약하겠다는 의지를 형상화했다.
K-water Blue는 자신감, 신뢰, 규모감, 편안함, 전문성을 상징하며, K-water Light Blue는 물, 자연, 생명력, 생동감, 젊음을 상징한다. 마지막으로 K-water Orange는 따뜻함, 희망, 즐거움, 행복, 열정을 상징한다.

미션

〈물이 여는 미래, 물로 나누는 행복〉

비전

〈기후위기 대응을 선도하는 글로벌 물기업〉

핵심가치

안전
(우선)

역동
(성장)

공정
(경영)

경영방침

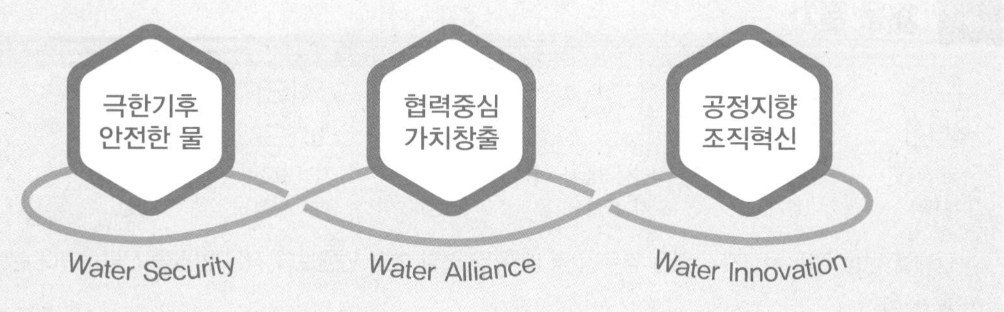

ESG 경영방침

Environment

- 인간과 자연의 지속가능한 공존을 추구한다.

Social

- 상생을 통해 사회의 공동선(善)을 지향한다.

Governance

- 소통을 바탕으로 투명하게 의사결정을 한다.

주요사업

물안전 사업

- 극한기후에 안전한 물관리 시스템 구축

물공급 사업

- 고객 수요를 충족하는 고품질 물공급 실현

물특화 사업

- 지방시대를 여는 특화도시 조성과 물에너지 확대

물협력 사업

- 민관 · 글로벌 협력 중심 물가치 창출

모집공고 및 채용 절차

※ 2024년 하반기 모집공고 기준

채용 절차

1차 전형 (서류) › 2차 전형 (필기) › 직업성격검사 & 자기기술서 › 3차 전형 (면접) › 자격 요건 적부 판정 › 최종 합격자 결정

- 단계별 전형 결과 적격자가 없는 경우 합격 배수 및 선발 예정 인원보다 적은 인원을 선발하거나 선발하지 않을 수 있음.

지원자격

- 학력, 전공, 학점, 성별, 어학성적, 자격증 등 제한 없음.
  ※단, 공고 마감일 기준 정년(만 60세) 이상인 자는 지원 불가
- 남성의 경우 군필 또는 면제자
- K-water 인사규정의 채용 결격사유에 해당하지 않는 자
- 입사일부터 현업 전일근무 가능자

지원서 접수

- 입사지원시스템(https://kwater.cairos.co.kr)을 통해 접수
- 이메일 기재 시 학교명, 특정 단체명이 확인되는 주소 기재 금지
- 입사지원서 및 자기소개서, 경험기술서 작성 시 개인 인적사항(출생지, 출신학교명, 가족관계 등) 관련 내용 일체의 기재 금지

1차 전형[서류]

구분	행정	기술
선발 배수	50배수	30배수
배점 기준	어학(90점)+자격증(10점)	어학(80점)+자격증(20점)
어학	어학성적을 동일 기준으로 환산 후 해당 배점으로 계산	
자격증	인정 자격증 1개 5점, 최대 2개까지 인정	직렬별 인정 자격증 1개 10점, 최대 2개까지 인정

2차 전형[필기]

• NCS 직업기초능력평가(50점)_40문항, 40분
  – 의사소통능력, 수리능력, 문제해결능력, 자원관리능력 각 10문항
• 직무능력평가(50점)_40문항, 40분
  – 입사지원 시 선택한 선발직렬(행정, 토목, 전기, 기계, 전자통신, 환경)에 해당하는 과목을 응시하게 되며, 행정직렬은 1가지 응시과목을 선택하여 응시
    ※ 직무능력평가 전공 분야의 응시과목별 난이도 평준화를 위해 행정 직렬 내 표준점수제를 통해 동일한 척도로 조정

자기기술서 제출 및 직업성격검사

※ 결과는 면접위원에게 참고자료로 제공, 미작성(미응시) 시 3차 전형(면접) 응시 대상에서 제외
• 자기기술서
  – 자기소개서 · 경험기술서를 입사지원시스템을 통해 제출
• 직업성격검사
  – 검사방법 : 온라인 검사
  – 검사내용 : 조직 적응역량 등 검사

3차 전형[면접]

구분	평가요소	면접형태	면접시간
직무 PT 면접(40점), 경험역량면접(60점)	직무전문성 및 자기개발능력, 대인관계능력, 자원관리능력, 직업윤리, 조직이해능력 및 청렴도 등 역량 평가요소 종합 평가	지원자 1명, 면접위원 4명	20분 내외

GUIDE

한국수자원공사 기출 유형분석

2024년

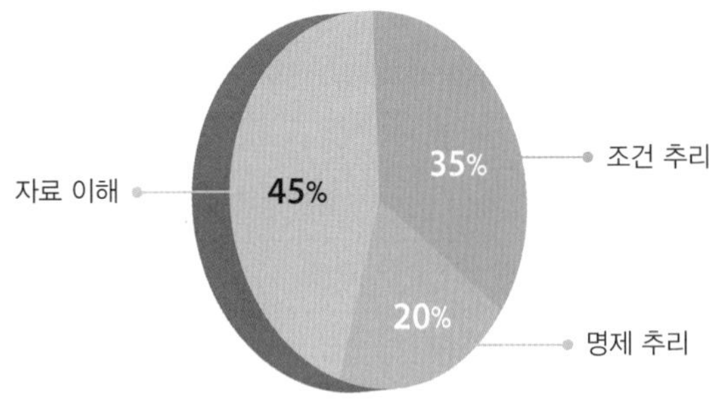

1 문제해결능력

문제해결능력은 전제를 통해 결론을 추론하거나 조건을 바탕으로 진위를 판단하는 문제가 출제되었다. 이외에 제시된 자료를 참고하여 문제처리를 위한 결론을 도출하는 문제가 출제되었다.

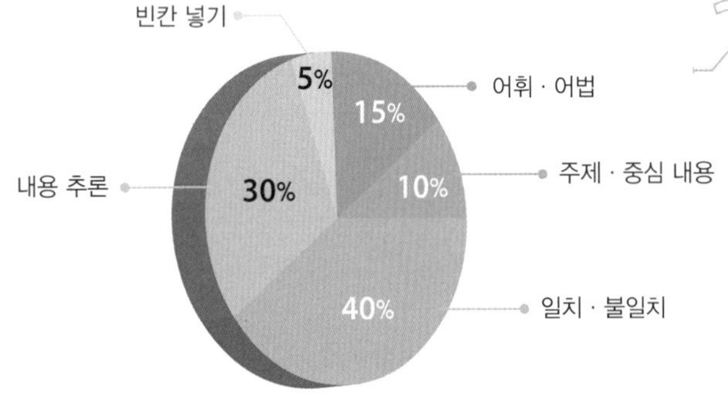

2 의사소통능력

의사소통능력은 유의어와 같은 어휘 또는 어법 문제뿐만 아니라 색맹, 무전원 방식 등 다양한 소재의 지문을 읽고 세부 내용을 이해하거나 문단을 재배열하는 등의 독해 문제가 출제되었다. 어휘의 경우 기초적인 국어능력을 평가하는 문제도 포함되었다.

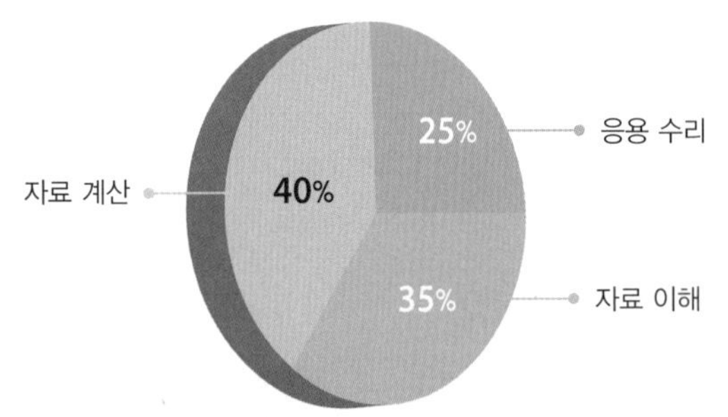

3 수리능력

수리능력은 일률, 경우의 수 계산, 일차방정식 활용 등의 응용수리 문제가 출제되었고, 1개 또는 2개 이상의 도표 자료의 수치를 분석하거나 계산하는 문제가 다수 출제되었다.

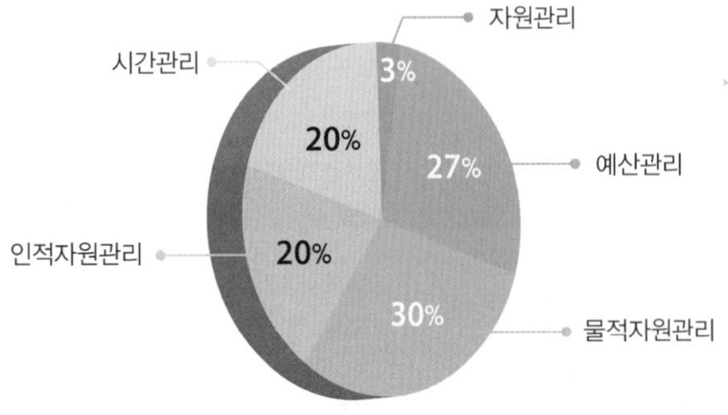

4 자원관리능력

자원관리능력은 회의시간 도출, 금액 계산, 장소 선정, 물품 구매와 같은 인적자원, 시간, 예산, 물적자원 등의 다양한 자원을 관리하고 결과를 도출하는 문제가 출제되었으며, 문제 풀이 시 계산 능력이 요구되었다. 이외에 자원배분 계획과 같은 자원관리능력 이론을 확인하는 문제도 출제되었다.

2023년

1 문제해결능력

문제해결능력은 조건을 토대로 참 · 거짓과 결론을 추리하는 문제가 출제되었다. 또한 자료를 바탕으로 조건에 맞게 문제를 처리하는 문제 유형도 출제되었다.

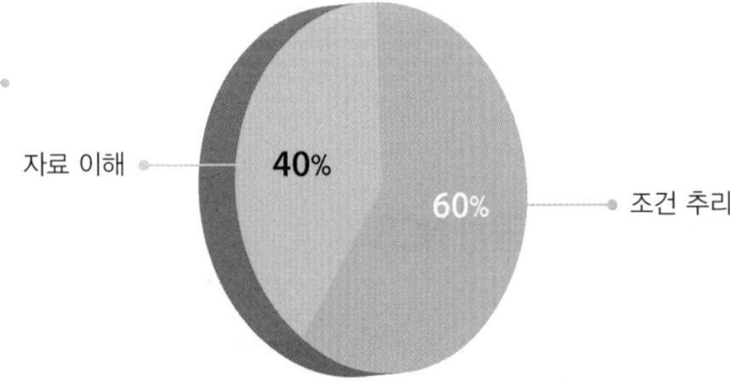

2 의사소통능력

의사소통능력은 어휘, 어법, 주제 찾기, 문단 배열 유형과 세부 내용을 이해하는 문제가 주로 출제되었다. 소재는 기체 · 고체 · 액체 사이의 변화점, 트라우마, 경매, 단기기억과 장기기억 등이 제시되었다.

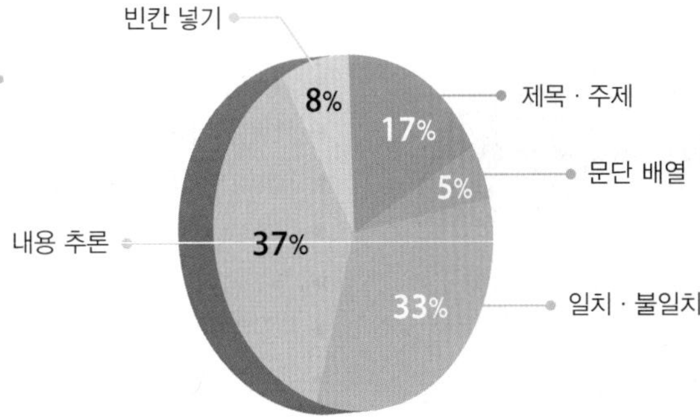

3 수리능력

수리능력은 경우의 수, 통계, 방정식 등의 응용 수리 문제와 도표의 수치를 분석 및 계산하는 자료해석 문제가 출제되었다. 수 추리 문제는 출제되지 않았다.

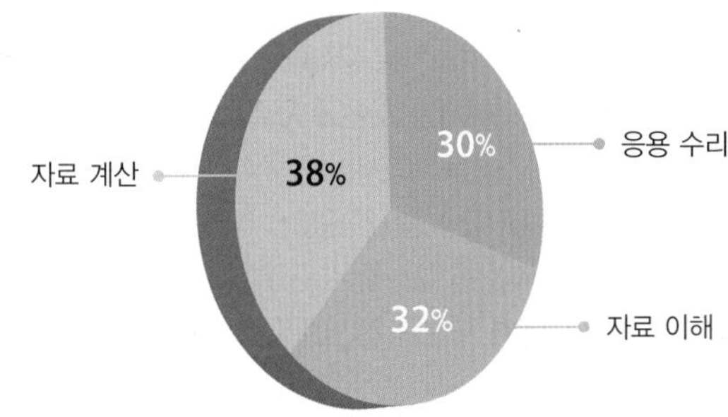

4 자원관리능력

자원관리능력은 직원 인사평가, 지원금 규정 이해, 출장비 계산, 팀원 구성, 일정 조정 등에 관하여 조건에 따라 예산, 시간, 물적자원 등을 관리하고 선정하는 문제가 출제되었다. 주로 실무와 연관된 소재를 다루었다.

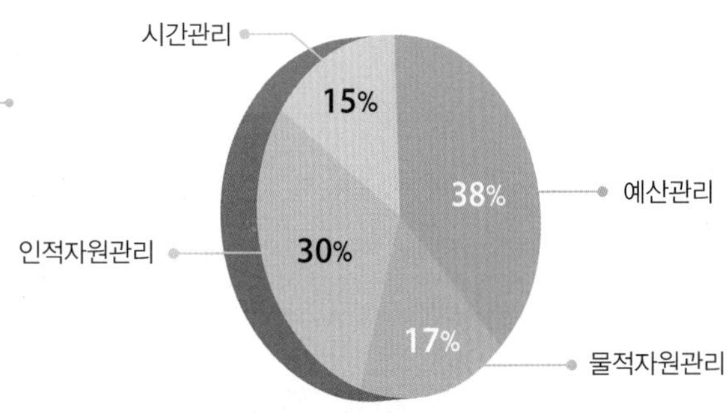

고시넷 한국수자원공사 NCS

영역별 출제비중

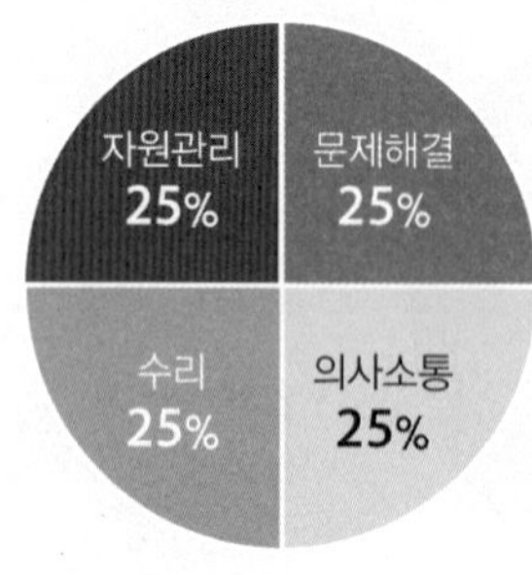

- ▶ 명제나 조건을 바탕으로 추론하는 문제
- ▶ 자료를 바탕으로 결론을 도출하는 문제
- ▶ 세부 내용과 주제를 파악하는 문제
- ▶ 어휘의 의미와 그 사용을 분석하는 문제
- ▶ 기초적인 연산식을 활용하는 문제
- ▶ 도표자료를 해석하여 수치를 분석하는 문제
- ▶ 조건에 따라 자원을 활용하는 문제

한국수자원공사 직업기초능력평가는 문제해결능력, 의사소통능력, 수리능력, 자원관리능력의 네 영역으로 출제된다. 문제해결능력에서는 조건과 자료를 바탕으로 결과를 추론하거나 문제를 처리하는 유형의 문제가 출제되었다. 의사소통능력에서는 한국수자원공사와 관련된 내용을 포함한 다양한 주제나 형식의 글을 이해하는 독해 문제가 다수 출제되었다. 수리능력에서는 연산식을 세워 활용하는 응용수리 문제와 도표자료를 분석하거나 수치를 계산하는 도표해석 문제가 출제되었다. 자원관리능력에서는 경로, 시간, 물적자원, 예산 등의 다양한 자원을 조건에 따라 활용하고 선택하는 문제가 출제되었다.

한국수자원공사

파트 1 기출예상모의고사

직업기초 1회

기출예상문제

문항수 | 40문항
문항시간 | 40분

▸ 정답과 해설 2쪽

문제해결능력

⇨ 직업기초능력의 기본적인 인지 역량과 실제 업무 역량을 측정하기 위한 모듈로 구성하였습니다.

01. 다음 〈조건〉에 따라 현서, 선우, 영훈, 주영이 노래, 기타, 춤, 스피치를 배운다고 할 때 반드시 참인 것은?

조건

- 네 사람은 여가 활동으로 주민센터에서 제공하는 프로그램에 참여하기로 했다. 네 사람은 각각 최소한 한 가지 기술을 배워야 하며 최대 세 가지 기술까지 배울 수 있다.
- 스피치를 배우는 사람은 세 명이다.
- 노래를 배우는 사람은 한 명이다.
- 기타를 배우는 사람은 두 명이다.
- 최소 두 명은 춤을 배운다.
- 영훈이가 배우는 기술을 주영이는 배우지 않는다.
- 현서가 배우는 기술을 주영이도 모두 배운다.
- 현서나 선우가 배우는 기술을 영훈이는 배우지 않는다.
- 주영이가 배우는 기술 중에 현서가 배우지만 선우는 배우지 않는 기술이 있다.

① 주영이는 기타, 춤, 스피치를 배운다.

② 영훈이는 노래, 기타를 배운다.

③ 선우는 춤, 스피치를 배운다.

④ 현서는 노래, 기타, 춤을 배운다.

02. ○○공사에 근무하는 A, B, C는 각각 과장, 대리, 사원 직급이며, 이들은 각각 기획팀, 디자인팀, 연구팀 소속이다. 〈정보〉에 따라 세 사람이 택시를 타고 출장을 갈 때, 다음 중 바르게 연결한 것은? (단, 모든 좌석의 방향은 택시기사가 운전하는 좌석을 기준으로 한다)

정보

- A, B, C는 각각 검정색 재킷, 청색 재킷, 회색 재킷 중 하나를 입고 있다.
- 세 명 중 한 명은 조수석에 앉아 있고, 두 명은 뒷좌석에 앉아 있다.
- 과장은 조수석에 앉아 있으며, 검정색 재킷을 입지 않았다.
- C는 연구팀이 아니며, A는 청색 재킷을 입고 있다.
- 기획팀원과 디자인팀원은 옆자리에 나란히 앉아 있지 않다.
- 대리는 기획팀원의 오른쪽에 앉아 있다.
- 연구팀원은 회색 재킷을 입고 있다.

① A－기획팀－사원－청색 재킷
② B－연구팀－대리－회색 재킷
③ B－디자인팀－대리－검정색 재킷
④ C－기획팀－과장－검정색 재킷

03. K는 여성복과 액세서리를 구입하기 위해 쇼핑센터에 왔다. 다음 〈조건〉을 참고할 때, 바르게 추론한 것은?

조건

- 쇼핑센터에는 신발, 가방, 모자, 남성복, 여성복, 아동복, 스포츠웨어, 액세서리 매장이 있다.
- 쇼핑센터는 5층 건물이고, 1층에는 편의점과 휴대전화 대리점만 있다.
- 여성복 매장이 있는 층에는 모두 3개의 매장이 있다.
- 모자 매장과 스포츠웨어 매장 바로 위층에는 아동복 매장이 있다.
- 가방 매장과 아동복 매장은 각각 한 개 층을 통째로 사용하고 있다.
- 남성복 매장과 액세서리 매장은 같은 층에 있으며, 스포츠웨어 매장보다 높은 층에 있다.
- 가방 매장은 편의점 바로 위층에 있으며, 신발 매장 바로 아래층에 있다.

① 가방 매장은 3층에 있다.
② 남성복 매장과 여성복 매장은 같은 층에 있다.
③ 스포츠웨어 매장이 있는 층에는 매장이 모두 2개 있다.
④ 여성복 매장은 가방 매장 바로 위층에 있다.

[04 ~ 05] 박 대리는 신입 및 경력사원 채용면접시험 담당자이다. 이어지는 질문에 답하시오.

〈10월〉

일	월	화	수	목	금	토
	1	2	3 개천절	4	5	6
7	8	9 한글날	10	11	12	13
14	15	16	17	18	19	20
21	22	23	24	25	26	27
28	29	30	31			

※ 근무일은 월요일 ~ 금요일이다.

〈각 부서별 선발 인원 정보〉

- 사원을 채용하고자 하는 부서는 인사팀, 재무팀, 법무팀, 기획팀, 홍보팀, 기술지원팀, 교육팀이다.
- 교육팀과 기술지원팀에서는 신입사원 6명, 경력사원 6명씩 선발한다.
- 인사팀의 신입 및 경력사원 선발인원은 교육팀의 $\frac{1}{2}$이고, 법무팀의 총선발인원은 인사팀 총선발 인원보다 4명 더 많다.
- 기획팀은 경력사원만 7명 선발한다.
- 재무팀은 신입사원 6명, 경력사원 3명을 선발하고, 홍보팀은 신입사원만 6명 선발한다.
- 신입 / 경력 선발인원에 대한 구분이 없는 경우에는 50 : 50의 비율로 선발한다.

〈면접 정보〉

- 채용면접은 10월 첫째 주 ~ 둘째 주 근무일에만 진행되며, 공휴일에는 면접이 진행되지 않는다.
- 각 부서별 면접 인원은 선발 인원의 6배수이다.
- 면접은 하루에 한 부서씩 진행하며 기술지원팀은 가장 먼저 면접을 실시하고, 연달아 법무팀 면접이 이루어진다.
- 교육팀은 홍보팀 면접 다음 날 면접을 실시하며, 두 팀은 기획팀보다 뒤에 면접을 실시한다.
- 재무팀의 면접 순서는 가장 마지막이다.
- 인사팀 면접은 10월 5일에 진행된다.

04. **채용면접에 대한 설명으로 옳은 것은?**

① 신입사원 면접대상자는 168명이다.
② 이번에 선발하는 인원은 모두 65명이다.
③ 법무팀과 인사팀 면접 일정 사이에는 기획팀이 있다.
④ 법무팀은 신입사원과 경력사원을 각각 5명씩 선발한다.

05. **상사가 박 대리에게 다음 사항을 적용하여 면접시험 일정을 변경하도록 지시하였다. 변경사항에 대한 설명으로 옳은 것은?**

> 상사 : 선발 인원의 총합이 가장 적은 2개 부서의 면접시험을 같은 날 동시에 진행하고, 이 2개 부서의 면접시험일은 원래 면접시험일 중 더 빠른 날로 정합시다. 그리고 남은 부서들은 이로 인해 앞의 일정이 비게 되면 면접 일정을 하루씩 앞당기도록 하세요.

① 같은 날 면접시험을 진행하는 2개 부서는 인사팀과 기획팀이다.
② 같은 날 면접시험을 진행하는 2개 부서는 신입사원만 선발한다.
③ 기술지원팀, 법무팀, 홍보팀의 면접시험은 같은 주에 이루어진다.
④ 상사의 변경 지시 전과 후의 일정이 똑같은 부서는 법무팀뿐이다.

[06 ~ 07] 다음은 갑 씨의 출장일정이다. 이어지는 질문에 답하시오.

〈출장일정〉

출장지	제주도	출장일시	202X년 6월 7 ~ 8일
제주 도착시간	6월 7일 10시 10분	제주 출발시간	6월 8일 16시 30분

※ 공항에 도착하여 수하물을 찾고 공항을 나오기까지 1시간이 소요되며, 출발 시에는 탑승 수속을 위해 출발 1시간 전까지 공항에 도착하여야 한다.

〈차량렌트 가격〉

(단위 : 원)

차량	유종	대여요금(24시간)	초과요금		
			1시간 이하	1시간 초과 6시간 이하	6시간 초과 12시간 이하
A	휘발유	60,000	8,600	33,750	48,000
B	휘발유	64,000	9,200	36,000	51,200
C	휘발유	65,000	9,300	36,500	52,000
D	경유	65,000	9,300	36,500	52,000

※ 가격=사용일 수×해당요금

※ 제주공항 ↔ 렌터카 업체 셔틀버스 이용시간 10분 소요

※ 12시간을 초과하는 경우 24시간 요금 부과

〈유가정보〉

휘발유	1,640원/L	경유	1,360원/L

06. 갑 씨는 제주도에서 업무 편의를 위해 차량을 대여하려고 한다. K 씨가 B 차량을 이용할 경우의 차량 대여가격은?

① 82,400원
② 91,600원
③ 100,000원
④ 100,800원

07. (06과 이어짐) 출장 기간 동안 갑 씨의 예상 이동거리는 260km이다. 현재 갑 씨가 대여 가능한 차량이 다음과 같다고 할 때, 차량 대여비와 유류비 합이 가장 저렴한 차량은? (단, 대여비와 유류비의 합을 구한 후 소수점 아래 첫째 자리에서 반올림한다)

차량	A 차량	B 차량	C 차량	D 차량
연비	12.5km/L	12.0km/L	16.0km/L	12.0km/L

① A 차량
② B 차량
③ C 차량
④ D 차량

[08 ~ 09] 다음은 W 물류회사 물류운송팀 2/4분기 성과급 지급 자료이다. 이어지는 질문에 답하시오.

〈물류운송팀 현황 및 분기 성과급 지급 개괄〉

이번 분기 성과급 지급 대상인 물류운송팀은 1 ~ 10팀까지 총 10개 팀이다. 각 팀별 재적 인원은 동일하며, 성과급은 평가등급에 따라 팀 단위로 지급된 이후 팀 내에서 직급에 따라 분배된다.

〈팀별 평가등급 부여 방식〉

1) 평가등급은 1등급부터 8등급까지이다.
2) 평가점수＝(효율성 점수×0.5)＋(안전성 점수×0.5)
3) 1등급은 평가점수 80점 이상인 팀 중 최고점을 받은 1개의 팀에게, 2등급은 그다음 순위인 1개의 팀에게 부여한다.
4) 3등급은 평가점수 75점 이상인 팀 중 점수 순으로 최대 2팀에게 부여한다.
5) 4등급은 평가점수 70점 이상인 팀 중 점수 순으로 최대 2팀에게 부여한다.
6) 5등급은 평가점수 65점 이상인 팀 중 점수 순으로 최대 2팀에게 부여한다.
7) 6등급은 평가점수 60점 이상인 팀 중 점수 순으로 최대 2팀에게 부여한다.
8) 7등급은 평가점수 55점 이상인 팀 중 6등급 이상에 들지 못한 모든 팀에게 부여한다.
9) 8등급은 평가점수 55점 미만인 모든 팀에게 부여한다.

〈물류운송팀별 평가점수표〉

(단위 : 점)

팀	효율성 점수	안전성 점수	팀	효율성 점수	안전성 점수
운송 1팀	70	40	운송 6팀	84	15
운송 2팀	70	35	운송 7팀	62	45
운송 3팀	62	55	운송 8팀	80	35
운송 4팀	88	60	운송 9팀	72	55
운송 5팀	90	45	운송 10팀	64	30

08. W 물류회사의 인사처 A 대리는 위의 자료를 바탕으로 10개 물류운송팀에 평가등급을 부여하고 있다. A 대리가 수행한 업무 내용으로 옳은 것을 〈보기〉에서 모두 고르면?

보기

㉠ 2등급에 적어도 한 팀 이상이 속한다.
㉡ 운송 2팀은 가장 낮은 평가 등급을 부여받았다.
㉢ 효율성 점수가 가장 높은 팀은 5등급을 부여받았다.
㉣ 총 2팀이 6등급을 받았다.
㉤ 절반 이상의 팀이 평가점수 60점을 넘지 못했다.

① ㉠, ㉢
② ㉡, ㉢
③ ㉢, ㉣
④ ㉡, ㉢, ㉤

09. W 물류회사는 3/4분기에 안전성에 중요도를 두고 평가점수 산출식을 다음과 같이 변경하고 등급별 평가점수 기준을 15점씩 높였다. 특별 안전교육을 통해 3/4분기의 물류운송팀별 안전성 점수 결과가 직전 분기보다 2/4분기 평가점수 상위 5팀은 10점씩, 하위 5팀은 15점씩 상승하였다. 각 등급과 팀을 연결하였을 때 올바르지 않은 것은?

평가점수＝(효율성 점수×0.5)＋(안전성 점수×0.8)

① 1등급－운송 4팀
② 4등급－운송 5팀, 운송 9팀
③ 5등급－운송 3팀
④ 6등급－운송 1팀, 운송 10팀

10. ○○제품 공장 직원들은 8시간의 업무 시간 동안 2인 1조로 일해야 한다. 다음 〈조건〉을 바탕으로 할 때, 올바른 추론이 아닌 것은?

조건

- 업무 시간은 총 8시간이며, 3시간마다 주근무자를 교대한다(업무 시작 3시간 뒤와 6시간 뒤, 총 2회 교대함).
- 주근무자는 기사 자격증을 보유하여야 한다.
- 부근무자는 경력이 5년 이상이어야 하고, 4시간에 1번씩 교대한다(업무 시작 4시간 뒤, 총 1회 교대).
- 기사 자격증 보유자이면서 경력 5년 이상인 사람은 주근무를 먼저 한 후 부근무를 할 수 있다.
- 주근무와 부근무를 휴식시간 없이 연이어 할 수 없고, 주근무자 또는 부근무자가 되었던 사람은 반드시 근무를 쉬고 있던 사람과 교대하여야 한다.
- 처음 주근무자는 A이다.
- 직원 A, B, C, D에 관한 정보는 아래와 같다.

구분	기사 자격증 보유	경력 5년 이상
직원 A	○	○
직원 B	○	○
직원 C	○	×
직원 D	×	○

① 업무가 처음 시작할 때 직원 C는 휴식 중이다.
② 업무 시작 후 3시간이 지난 시점의 부근무자는 직원 D이다.
③ 직원 A는 경력 5년 이상임에도 불구하고 한 번도 부근무자가 되지 않았다.
④ 직원 C는 절대 부근무자가 될 수 없다.

의사소통능력

⇨ 직업기초능력의 기본적인 인지 역량과 실제 업무 역량을 측정하기 위한 모듈로 구성하였습니다.

01. 다음 중 밑줄 친 단어들의 의미 관계가 ㉠ : ㉡의 관계와 가장 유사한 것은?

영국에서는 주소와 이름을 말하면 아무 조건 없이 투표용지를 받을 수 있다. 따라서 대리투표나 부정투표가 얼마든지 가능하다. 어떻게 민주주의의 가장 중요한 절차 중 하나인 투표를 하는데 본인 확인도 하지 않고 투표에 참여하게 하는 것일까? 과연 이런 제도의 ㉠ 맹점(盲點)을 영국인은 모르는 것인가 아니면 알면서도 무슨 특별한 이유가 있어 애써 모르는 체하는 것인가? 아니면 이래도 문제가 없다는 말인가? 믿을 만한 사람이 와서 자신이 국민이라고 하면 믿어야지, 관에서 감히 의심을 하고 신분을 확인하는 일은 월권이라는 믿음이 영국 사회에는 분명하게 있다. 그래서 본인이 아니라는 확신이 들 때만 신분을 확인할 수 있는 것이고 ㉡ 무결(無缺)한 투표가 가능하다고 생각하는 것이다.

① 방언(方言)은 언어(言語)의 분화체로서 쓰는 집단과 지역에 따라 다르게 형성된다.

② 페소화의 평가절상이 사실상 기정(旣定) 사실이 된 것으로 보고 있으나 아직은 미정(未定) 상태이다.

③ 국립생물(生物)자원관은 어린이 및 청소년을 대상으로 숲속의 야생화(野生花) 관찰 현장학습 프로그램을 운영하고 있다.

④ 이중, 삼중의 인격을 가진 자는 그가 뜻하는 바도 이중, 삼중이 되어 모순(矛盾)과 당착(撞着)을 일으킨다.

02. 다음 중 밑줄 친 단어의 표기가 옳은 것을 모두 고르면?

퇴근 후 집에 도착하자마자, 웬지 불길한 생각이 들어서 컴퓨터를 확인했다. 안 좋은 예감은 틀리지 않는다고 했던가? 며칠 동안 고생해서 작성한 보고서 파일이 훼손된 것이다. 내일까지 과장님께 보고해야 하는데, 어떡게 해야 할지 막막하기만 하다. 지금이라도 다시 작성하든지, 과장님께 사실대로 말씀드리던지 해야 하는데, 어떤 방법이 좋을지 판단이 서질 않는다. 그저 지금 나의 바램은 훼손된 파일이 잘 복구되었으면 좋겠다는 것이다.

① 며칠, 훼손, 말씀드리던지

② 웬지, 며칠, 작성하든지

③ 며칠, 훼손, 작성하든지

④ 훼손, 어떡게, 말씀드리던지

03. 다음 글의 내용과 일치하지 않는 것은?

> ○○발전은 10월 31일(화)에 지진 발생 시 입체적 대응이 가능하도록 시스템을 구축했다고 밝혔다. 먼저 발전회사 최초로 기존의 지진감시시스템을 'GIS(Geographic Information System)기반 지진모니터링시스템'으로 개선했다.
>
> 이 시스템은 직관적인 화면으로 지진 관측의 시인성 및 관제효율성을 높이고 계측기 관리대장과 이력관리 시스템을 통합 운영해 점검결과를 원클릭으로 행정안전부에 보고할 수 있게 한다. 또한 사외전문가와의 협업을 통해 국내 최초로 개발한 '지진 발생 후 건축물 긴급 안전성 평가 소프트웨어' 시스템은 발전소 개별 건축물의 특수성을 감안한 설계지반가속도 초과율, 최상층 최대변위, 고유진동수 변화율이라는 안전성 평가지표를 사용해 설계데이터와 실제 관측결과를 연계 · 활용하는 방식으로 작동된다. 이는 평가의 정확성을 높이고 지진 발생 시 점검필요 유무를 즉각적으로 제시한다는 장점이 있다. 이와 함께 지진과 터빈 자동정지의 상관관계를 분석해 발전소 운영한계를 명확히 함으로써 설비 피해에 대한 사전예방과 업무연속성을 확보하게 됐다. □□□ 기술본부장은 "발전소의 지진재난 대응체계를 최적화하고 '20X7년 재난대응 안전한국훈련'에서 시스템을 검증하여 드러난 문제점은 환류활동을 통해 지속적으로 개선할 예정"이라고 말했다. 한편 발전소는 지진기상, 유해물질, 화재, 보안 등 기존 계측설비에서 축적된 데이터를 적극적으로 활용할 수 있는 4차 산업기반의 통합플랫폼 구축을 추진해 재난안전사고 예방기술을 고도화하고 대응력을 확보해 나갈 방침이다.

① 발전회사 중 최초로 GIS기반 지진모니터링시스템을 구축하였다.

② 지진 발생 시 터빈 자동정지의 상관관계를 분석하여 발전소 운영한계를 설정했다.

③ ○○발전소는 자체 기술로 '지진 발생 후 건축물 긴급 안정성평가 소프트웨어'를 국내 최초로 개발했다.

④ 발전소의 계측설비에서 축적된 데이터를 활용할 수 있는 4차 산업기반의 통합플랫폼 구축을 추진할 예정이다.

04. 다음 글을 통해 추론할 수 있는 내용으로 가장 적절하지 않은 것은?

과학이 무신론이고 윤리와는 거리가 멀다는 견해는 스페인의 철학자 오르테가 이 가세트가 말하는 '문화인'들 사이에서 과학에 대한 반감을 더욱 부채질하곤 했다. 이 두 가지 반감의 원인이 타당한 것인지는 좀 더 살펴볼 필요가 있다. 사실 과학자도 신의 존재를 믿을 수 있고, 더 나아가 신의 존재에 대한 과학적 증거를 찾으려 할 수도 있다. 무신론자들에게는 이것이 지루한 과학과 극단적 기독교의 만남 정도로 보일지도 모른다. 그러나 어느 누구도 제임스 클러크 맥스웰같이 저명한 과학자가 분자구조를 이용해서 신의 존재를 증명하려 했던 것을 비웃을 수는 없다.

물론 과학자들 중에는 무신론자도 많이 있다. 동물학자인 도킨스는 '모든 종교는 무한히 복제되는 정신적 바이러스일지도 모른다'는 의심을 갖고 있었다. 그러나 확고한 유신론자들의 관점에서는 이 모든 과학적 발견 역시 신에 의해 계획된 것이므로 종교적 지식이라고 생각할 수도 있다. 따라서 과학의 본질을 무조건 비종교적이라고 간주할 수는 없을 것이다. 오히려 과학자나 종교학자가 모두 진리를 찾으려고 한다는 점에서 과학과 신학은 동일한 목적을 추구한다고도 할 수 있다. 과학이 물리적 우주에 관한 진리를 찾는 것이라면, 신학은 신에 관한 진리를 찾는 것이다. 그러나 신학자들이나 혹은 어느 정도 신학적인 관점을 가진 사람들은 신이 우주를 창조했다고 믿고 우주를 통해 신과 만날 수 있다고 믿기 때문에 신과 우주가 근본적으로는 뚜렷이 구분되는 대상이 절대 아니라고 생각한다.

사실 많은 과학자들이 과학과 종교는 서로 대립되는 개념이라고 주장하기도 한다. 신경 심리학자인 리처드 그레고리는 '과학이 전통적인 믿음을 받아들이기보다는 모든 것에 질문을 던지기 때문에 과학과 종교는 근본적으로 반대의 자세를 가지고 있다'고 주장한 바가 있다. 그러나 이것은 종교가 가지고 있는 변화의 능력을 과소평가한 것이다. 유럽에서 일어난 모든 종교개혁운동은 전통적 믿음을 받아들이지 않으려는 시도였다.

과학은 증거에 의존하는 반면 종교는 계시된 사실에 의존한다는 점에서 이들 간에 극복할 수 없는 차이점이 존재한다는 반론을 제기할 수도 있다. 그러나 종교인들에게는 계시된 사실이 바로 증거이다. 지속적으로 신에 관한 증거들에 대해 회의하고 재해석하려고 한다는 점에서 신학을 과학이라고 간주하더라도 결코 모순은 아니다. 사실 그것을 신학이라고 부르기 때문에 신의 존재를 전제로 하고 있는 것처럼 보인다. 그러나 우리가 본 바와 같이 과학적 연구가 몇몇 과학자를 신에게 인도했던 것처럼, 신학연구가 그 신학자를 무신론자로 만들지 않을 이유는 없다. 과학의 정반대에 서 있는 것은 신학이 아니라 오히려 정치이다. 과학은 지식의 범주에 있지만, 정치는 견해의 범주에 속한다.

① 신학 연구자들 중에는 무신론적 견해를 견지하는 이들도 있을 수 있다.

② 제임스 클러크 맥스웰은 신의 존재를 과학적으로 증명하려고 하려고 하였다.

③ 오르테가 이 가세트가 논의한 '문화인'은 과학의 엄밀성을 신봉하는 이들이다.

④ 무신론에 입각한 도킨스의 가설은 유신론자들에게 반대로 해석될 수도 있다.

05. 다음 글의 주제로 적절한 것은?

새로운 정부가 절대적 지지 속에서 탄생했다. 집권 초에 보여 주고 있는 파격적이지만 신선한 행보는 앞으로 전개될 큰 변화를 예고하고 있다. 에너지정책은 다른 어떤 분야보다도 많은 변화가 예상된다. 지금까지 에너지정책의 근간은 필요한 에너지를 충분히 값싸게 그리고 안정적으로 공급하는 것이었다면, 앞으로 예상되는 정책 목표는 환경친화적 에너지를 확대하고 이를 효율적으로 사용하는 데 방점이 찍힐 가능성이 높다.

실제로 신정부의 에너지정책 공약의 핵심은 환경과 안전 측면에서 상대적 열위에 있는 석탄과 원자력의 비중은 낮추는 반면, 경제성 측면에서는 열위에 있지만 환경과 안전 측면에서 상대적 우위에 있는 천연가스와 신재생에너지의 비중을 높이는 에너지믹스 전환과 이에 따른 에너지가격 인상과 에너지효율 향상을 적시하고 있다. 이와 같은 에너지정책 변화의 일단은 이미 현실화되고 있다. 정부는 지난 5월 노후 석탄화력 발전소의 일시적 가동 중단을 지시한 것을 시작으로 이후 신고리 원자력 발전소 5, 6호기의 건설 중단 가능성을 언급하기도 했다.

신정부가 설정하고 있는 에너지정책 방향은 우리가 궁극적으로 가야 할 방향이라는 점에서 매우 미래지향적이다. 기후변화의 위협과 미세먼지로 대표되는 대기오염 문제 해결을 위해 고탄소 에너지 비중을 줄이고, 항상 논란의 중심에 있는 원자력을 포기하는 장기적 방향 설정에 대해 이견이 있을 수 없다. 하지만 속도의 문제는 남는다. 저탄소, 탈원전이라는 최종 목표는 단숨에 뛰어가는 100미터 경기가 아니라 지구력을 갖고 꾸준히 접근해야 하는 마라톤의 결승선과 같다. 마라톤에서 초반 오버페이스는 자칫 중도 포기로 이어진다. 자신의 몸 상태와 능력을 감안한 최적 속도를 유지할 때 완주를 할 수 있는 것처럼, 현재 시점에서 우리가 저탄소, 탈원전 방향으로 이동할 수 있는 최대 거리가 얼마나 되는지에 대한 명확한 분석이 있어야 최종 목표에 도달할 수 있을 것이다.

우리 경제는 먼 거리를 초반에 빨리 달릴 수 있는 몸 상태를 갖고 있지 않다. 우리는 너무 오랜 기간 고탄소, 원자력 에너지에 익숙해 있기 때문이다. 고탄소, 원자력 덕분에 값싼 에너지를 과도하게 사용하는 에너지비만 증세도 보이고 있다. 에너지 다소비 업종 비중이 높은 산업구조가 그것이다.

또한, 석탄과 원자력을 대체할 천연가스는 거의 전량 수입에 의존하고 있고, 주변국가와 전력계통망이 연결되어 있지 않아 신재생에너지의 간헐성 문제를 보완할 여건도 열악하다. 따라서 천연가스 비중 확대는 에너지안보를 취약하게 할 것이며, 간헐성의 신재생에너지 확대는 전력수급의 안정성을 약화해 전력가격을 크게 인상시킬 수 있다는 불편한 진실이 우리 앞에 있다.

그러므로 저탄소, 탈원전의 대장정에 나서되, 결코 서두르지 말고 대장정을 완주할 수 있는 체질 개선에 먼저 착수할 필요가 있다. 에너지비만을 해소해 조금 비싼 에너지에도 적응할 수 있게 해야 하고, 천연가스와 신재생에너지의 약점을 보완할 수 있는 방안을 강구해야 한다. 먼저, 에너지가격을 통한 수요관리 정책이 필요하다. 에너지세제 개편을 통해 에너지 효율

개선과 저탄소 에너지 비중 확대를 유도하는 가격신호를 보내야 한다. 또한 에너지안보와 전력수급 안정을 위해 주변 국가들과 에너지시장 통합에 나설 필요가 있다. 천연가스 도입을 LNG뿐만 아니라 PNG로 다양화하고, 전력계통 연계를 통해 전력 수급의 안전판을 갖출 필요도 있다. 이런 제반 여건이 갖추어질 때, 천연가스와 신재생 중심의 저탄소 에너지믹스 목표를 향한 스퍼트가 가능할 것이다.

① 저탄소, 탈원전 정책은 전력수급의 혼란을 가중시킬 수 있어 충분한 논의가 필요하다.
② 미래에 다가올 새로운 에너지 환경 주도를 위해 우리의 에너지 체질도 그에 맞게 개선되어야 한다.
③ 신재생에너지 보급을 위해서는 주변국과의 전력계통망 확보가 선결되어야 한다.
④ 석탄과 원자력의 비중을 낮추고자 하는 것은 신정부의 핵심 공약이며 반드시 이행되어야 할 과제이다.

06. 밑줄 친 단어가 다음 글의 ㉠과 가장 유사한 의미로 쓰인 것은?

대형 마트에서 상품을 진열할 때에는 정교한 데이터 과학을 기반으로 한다. 상품을 어떤 순서로 어떤 위치에 ㉠ 배치하느냐에 따라 매출이 크게 달라지기 때문이다. 일례로 마트의 식품 코너에 진입하면 바로 과일을 만나 볼 수 있고, 우유가 있는 근처에 시리얼이 있고, 계산대 부근에 건전지와 껌이 있는 것은 철저히 고객의 구매 데이터를 기반으로 상품을 두었기 때문이다. 이러한 진열 방식은 마트의 위치별로도 조금씩 다르다. 마트 주변의 거주자들이 싱글족인지, 아이를 기르는 30대 가족인지, 40대의 중산층인지 등에 따라 구매 패턴이 다르기 때문이다. 실제로 백화점과 마트는 이러한 고객 데이터를 기반으로 수시로 매장의 상품 진열 위치를 바꾸면서 매출 극대화를 꾀하고 있다.

이처럼 고객의 관점에서 효율적인 마케팅 전략을 수립하여 수익성을 향상시키는 것을 가리켜 CRM(Customer Relationship Management)이라고 부른다. CRM이 인터넷으로 옮겨온 것이 e-CRM이다. 국내 포털의 광고 비즈니스 모델과 쇼핑몰 그리고 온라인 게임회사에서는 이 같은 e-CRM을 이용해서 비즈니스 전략을 세우고 있다.

① 도서관 도우미들이 서가의 책을 분류 번호대로 배치하였다.
② 법안을 제정할 때는 상위법에 배치하는 법을 만들면 안 된다.
③ 인사계장은 이번에 새로 선발한 인원들을 잘 교육시켜 적재적소에 배치하고자 한다.
④ 김○○ 님은 대한민국의 자유와 평화를 지키기 위해 □□부대에 배치되어 참전하였다.

[07 ~ 08] 다음 글을 읽고 이어지는 질문에 답하시오.

> 물가상승은 국가의 거시경제 운영뿐만 아니라 개인의 소득과 소비생활에도 영향을 준다. 급격한 물가상승은 화폐의 구매력을 ㉠ 떨어트리고 불확실성을 높여 경제활동을 ㉡ 위축시킨다. 여러 국가들의 경험에서 볼 때 안정적인 물가상승은 국가의 지속적인 발전과 개인의 경제활동 유지에 반드시 필요하다. 소비자물가지수는 소비자가 일정한 생활수준을 유지하는 데 필요한 소득 내지 소비금액의 변동을 나타낸다. 이러한 이유로 소비자의 구매력과 생계비 등의 측정에 사용되고, 매년 근로자들의 임금인상 기초자료로도 활용된다.
>
> 한국의 물가는 1998년 외환위기 시기에 7.5% 급상승하였고 국제 원유가격 급등이 있었던 2008년에도 4.7%로 비교적 크게 상승하였다. 이후 2015년 0.7%, 2016년 1.0%, 2017년 1.9%, 2018년 1.5%, 2019년 0.4%, 2020년 0.5%, 2021년 2.5% 상승해 과거에 비해 물가가 ㉢ 안전적으로 유지되고 있다가 2022년 5.1%로 크게 상승하였다. 소비품목별로 ㉣ 나뉘어 살펴보면, 2022년 기준 12개 대분류 품목 중 12개 모두 전년에 비해 상승하였고, 이 중 3% 이상의 상승을 보인 것은 식료품 및 비주류 음료, 의류 및 신발, 주택, 수도, 전기 및 연료, 가정용품 및 가사 서비스, 교통, 음식 및 숙박, 기타 상품 및 서비스로 7개 품목이다.
>
> OECD 자료에 따르면, 2022년 한국의 물가상승률(5.1%)은 영국(7.9%), 미국(8.0%) 등에 비해 낮고 프랑스(5.2%)와 비슷한 수준이다. 한국의 물가수준(한국=100, 2021년)을 기준으로 다른 나라들의 상대적 물가수준을 살펴보면, 한국에 비해 프랑스가 12%, 미국이 23%, 영국이 26%, 호주가 35% 높다. 한국의 물가수준이 다른 선진국들에 비해 낮은 편임을 알 수 있다.

07. 윗글을 읽고 이해한 내용으로 옳지 않은 것은?

① 물가상승은 국가의 거시경제 운영과 더불어 개인의 소득과 소비생활에 부정적인 영향뿐 아니라 긍정적인 영향도 준다.

② 1998년 외환위기 시기와 2008년 국제 원유가격 급등 시기에는 한국의 물가가 비교적 급격하게 상승하여 경제활동을 위축시켰을 것이다.

③ 2015년부터 2021년까지 한국의 물가는 비교적 안정적으로 유지되었고 급격한 상승은 없었다.

④ OECD 자료에 따른 2020년의 물가수준은 일본<이탈리아<한국<미국<폴란드 순으로 높다.

08. 윗글의 밑줄 친 ㉠~㉣ 중 맞춤법이 옳은 것은?

① ㉠　　② ㉡

③ ㉢　　④ ㉣

[09 ~ 10] 다음 글을 읽고 이어지는 질문에 답하시오.

가장 일반적으로 권력은 능력을 의미하며 많은 종류가 있다. 사람들은 부자이기 때문에 어떤 힘을 가지기도 하며 이와 같은 부를 창출하고 보호하는 사회에서 살기 때문에 정치적인 권력을 소유하기도 한다.

그런데 컴퓨터에 대한 흥미로운 비판 가운데 하나는 컴퓨터가 권력의 집중을 야기한다는 주장이다. 컴퓨터가 등장함에 따라 대부분의 정치적, 사회적 조직들은 그들이 필요로 하는 대규모의 정보들을 효율적으로 다룰 수 있게 됐으며 그 결과 조직의 거대화, 집중화가 가능해졌다는 것이다. 권력의 집중화에 대한 이 같은 우려는 사생활의 문제와 깊이 연계되어 있다. 정부가 시민들의 활동 내용을 상세하게 기록하여 보존할 수 있게 됨에 따라 시민들에 대한 정부의 통제력이 엄청나게 커졌다는 두려움에서 이와 같은 논의가 생겨난 것이다.

반면에 우리 사회를 민주화하는 데 컴퓨터를 유용하게 사용할 수 있다고 주장하는 사람들이 있다. 권력의 집중을 두려워하는 사람들은 컴퓨터가 정부의 수중에 있다고 생각하지만 컴퓨터가 탈집중화에 도움이 된다고 보는 사람들은 컴퓨터가 개별 시민의 손에 있다고 생각한다. 시민들이 컴퓨터를 이용해 각종 정보에 접근할 수 있으며, 이를 통해 정부 기구와 국민의 대표자들 사이의 의사소통이 더욱 원활해질 수 있다고 보는 것이다.

컴퓨터에 의한 권력의 집중화 논의는 복잡할 뿐만 아니라 문제의 본질을 규명하기가 매우 어렵다. 여기에 뒤얽혀 있는 쟁점 가운데 하나는 컴퓨터가 과연 집중화－탈집중화를 유발하는 원인 중 가장 중요한 요소에 해당하는가에 관한 것이다. 컴퓨터가 둘 중 하나를 조장하는 데 이용될 수 있는 것처럼 보이지만 사회에는 권력의 집중화를 부추기는 많은 다른 정치적, 사회적 요인들이 존재하기 마련이다. 그리고 이러한 요인들 때문에 컴퓨터가 권력의 집중화에 더욱더 쉽게 이용될 수도 있다. 따라서 권력의 집중화는 컴퓨터의 내재적 특성에 기인하는 것이 아니라 컴퓨터가 차지하는 사회적 맥락에 연유하는 것으로 볼 일이다.

이와 연관된 또 하나의 복잡한 쟁점은 ㉠ <u>권력의 집중화</u>와 ㉡ <u>권력의 탈집중화</u>의 구별이 모호하다는 것이다. 일반적으로 권력이란 '의사 결정 권한'을 말하고, 권력의 집중이란 의사 결정의 권한이 조직의 상위로 이동하는 것이라고 말한다. 그러나 이렇게 단순히 보아도 컴퓨터가 정책 결정에 어떻게 영향을 미치는가 하는 것은 분명하지가 않다. 컴퓨터는 위계질서의 정점에 있는 사람에게 더 많은 정보를 쉽게 다룰 수 있게 해 주고 그래서 아래 지위에 있는 사람들과의 직접적인 협의의 필요성과 의존도를 약화시킨다고 볼 수도 있다. 반면에 이러한 현상을 이미 컴퓨터를 이용해 조직의 아래에서 조직의 위로 각종 요구나 의견을 충분히 투입한 결과로 해석할 수도 있는 것이다. 따라서 조직의 아래에도 충분히 의사 결정에 참여할 수 있는 권한이 주어졌다고 볼 수도 있다.

사이먼(H. A. Simon)에 따르면 컴퓨터가 의사 결정을 집중화하고 있다는 논의는 주로 컴퓨터 기술의 초기 시대에 제기되었다. 즉 컴퓨터의 효율성이 급속도로 증대되면서 일부만이 컴퓨터에 접근할 수 있었던 환경에서 비롯되었다는 것이다. 그러나 PC가 등장하고 컴퓨터에 대한 접근이 누구에게나 일상적인 일이 되어버린 현재의 사회적 환경은 이러한 우려를 종식시키기에 충분하다.

이상으로 보아 컴퓨터가 본질적으로 권력의 집중화로 편향된 것 같지는 않다. 컴퓨터는 다양하게 이용될 수 있으며 궁극적으로 인간이 원하는 쪽으로 이용될 것으로 보인다. 따라서 어떤 조직에서 집중화의 경향이 일어나고 있다면 컴퓨터는 그러한 방향으로 이용될 것이며 의사 결정의 권한이나 정보의 확산이 필요하다면 컴퓨터는 그러한 방식으로 이용될 것이다. 그러므로 집중화가 증대한다는 사실에 대한 두려움이 현실적인 것이기는 하지만 컴퓨터가 적(敵)은 아니다.

09. 윗글에 나타난 필자의 견해와 가장 일치하는 것은?

① 컴퓨터는 과거에 권력 집중화의 도구였으나 컴퓨터에 대한 접근성이 높아지며 점점 권력의 분산에 이바지하고 있다.

② 컴퓨터는 본질적으로 권력의 탈집중화에 기여하는 속성을 가진다.

③ 컴퓨터가 권력의 집중화에 기여한다 하더라도 적(敵)으로 간주할 수 있다.

④ 컴퓨터와 권력의 상관관계는 사회적 맥락에 따라 다르게 해석된다.

10. ㉠과 ㉡의 구별이 모호한 이유는 무엇인가?

① 권력의 집중은 권력의 분산을 필수적으로 수반하기 때문이다.

② 동일한 현상도 관점에 따라 권력의 집중으로 볼 수도, 분산으로 볼 수도 있기 때문이다.

③ 권력이 집중되지 않으면 권력의 분산이 의미를 가질 수 없기 때문이다.

④ 권력의 개념 정립이 어렵기 때문이다.

수리능력

⇨ 직업기초능력의 기본적인 인지 역량과 실제 업무 역량을 측정하기 위한 모듈로 구성하였습니다.

01. H 제과회사는 제품 A를 3개 라인에서 동시에 생산하고 있다. 생산 라인의 상황이 다음 〈보기〉와 같다면, 이 공장의 하루 생산량 전체의 불량률은 얼마인가? (단, 소수점 아래 셋째 자리에서 반올림한다)

보기

- 1번 라인은 하루에 5,000개의 제품을 생산한다.
- 2번 라인은 1번 라인보다 10% 더 많은 제품을 생산하며, 3번 라인은 2번 라인보다 500개 더 적은 제품을 생산한다.
- 하루 생산량의 불량률은 1번 라인 0.8%, 2번 라인 1%, 3번 라인 0.5%이다.

① 0.76%　② 0.77%
③ 0.78%　④ 0.79%

02. 황 대리는 대전으로, 윤 대리는 부산으로 출장을 떠났다. 두 사람이 업무를 끝낸 후 대전에서 200km 떨어진 K 지점에서 만났을 때, 제시된 상황을 보고 윤 대리가 이동한 속도를 구하면?

- 대전, 부산, K 지점은 일직선상에 위치한다고 가정한다.
- 대전과 부산의 거리는 500km이다.
- 황 대리는 80km/h의 속도로 차를 운전해서 갔다.
- 윤 대리는 황 대리보다 4시간 30분 늦게 K 지점에 도착했다.
- 윤 대리의 이동 속도는 황 대리의 이동 속도보다 빠르다.
- 황 대리와 윤 대리는 각각 대전과 부산에서 K 지점으로 동시에 출발했다.

① 80km/h　② 90km/h
③ 100km/h　④ 110km/h

03. 남직원이 x명, 여직원이 16명인 K사의 승진시험 결과, 남직원의 평균은 70점, 여직원의 평균은 y점이었다. K사 직원의 전체 평균을 x, y를 이용한 식으로 바르게 나타낸 것은?

① $\frac{16x+70y}{x+16}$점

② $\frac{70x+16y}{x+16}$점

③ $\frac{70x+16y}{y+16}$점

④ $\frac{70x+16y}{x+y}$점

04. AA 기업 서울 본사에 근무하는 김 과장은 헝가리에 있는 공장 현지 담당자와 1시간 동안 화상회의를 해야 한다. 쌍방의 업무시간을 고려할 때, 화상회의를 시작할 수 있는 시간은? (단, 점심시간에는 화상회의를 하지 않는다)

- 헝가리 공장의 현지 시간은 서울보다 7시간 느리다.
- 헝가리 공장 현지 담당자가 화상회의를 할 수 있는 시간은 현지 시간으로 오전 10시부터 오후 5시까지이다.
- 김 과장의 업무시간은 서울 시간으로 오전 9시부터 오후 6시까지이다.
- 헝가리 공장과 김 과장의 점심시간은 각자의 현지 시간으로 정오부터 1시까지이다.

① 서울 시간 오전 9시

② 헝가리 시간 오후 2시

③ 헝가리 시간 오전 10시

④ 서울 시간 오후 1시

[05 ~ 06] 다음은 여가 시간과 관련된 자료이다. 이어지는 질문에 답하시오.

〈자료 1〉 성별 및 연령집단별 평일 월평균 여가 시간

(단위 : 시간)

구분		2013년	2015년	2017년	2019년	2021년	2023년
전체		3.1	3.0	4.0	3.2	3.6	3.1
성별	남자	3.0	2.8	3.8	3.1	3.3	2.9
	여자	3.2	3.1	4.2	3.3	3.8	3.3
연령집단	10대	3.6	2.3	3.1	2.6	3.1	2.7
	20대	2.8	2.6	3.7	3.1	3.3	2.9
	30대	2.6	2.3	3.2	2.8	3.1	2.8
	40대	2.7	2.4	2.4	3.0	3.3	2.8
	50대	3.1	2.7	3.9	3.0	3.5	2.9
	60대	4.3	4.9	5.4	4.1	4.3	3.6
	70대 이상	–	–	7.1	5.9	5.1	4.7

〈자료 2〉 성별 및 연령집단별 휴일 월평균 여가 시간

(단위 : 시간)

구분		2013년	2015년	2017년	2019년	2021년	2023년
전체		5.5	6.5	7.0	5.1	5.8	5.0
성별	남자	5.7	7.0	7.3	5.2	5.9	5.1
	여자	5.2	6.3	6.7	5.0	5.7	4.9
연령집단	10대	7.5	7.6	6.3	4.8	5.6	5.1
	20대	5.3	7.8	7.4	5.6	6.1	5.3
	30대	4.8	6.0	6.7	4.8	5.5	4.8
	40대	4.8	6.2	6.7	4.9	5.6	4.7
	50대	4.9	6.3	6.9	4.8	5.6	4.8
	60대	5.5	6.1	7.1	5.2	5.3	5.1
	70대 이상	–	–	8.1	6.5	6.5	5.7

※ 2013년과 2015년 통계에서 60대는 60세 이상을 나타냄.

05. 다음 중 위 자료에 대한 설명으로 옳지 않은 것은?

① 조사 시기에 전체 여가 시간은 평일보다 휴일이 1시간 이상 많다.

② 조사 시기에 30대와 40대의 평일 여가 시간은 3.5시간을 넘지 않는다.

③ 여자의 휴일 여가 시간이 가장 길었던 해는 2017년으로, 가장 짧았던 해와 1시간 이상 차이가 난다.

④ 평일에는 남자보다 여자의 여가 시간이 평균적으로 더 짧고, 휴일에는 여자보다 남자의 여가 시간이 평균적으로 더 길다.

06. 2019년 이후 평일 여가 시간이 가장 짧았던 연령집단과 같은 해 남성의 평일 월평균 여가 시간과의 시간 차이를 순서대로 바르게 나열한 것은?

① 2019년 50대, 1시간
② 2019년 10대, 0.5시간
③ 2021년 50대, 0.5시간
④ 2023년 10대, 0.5시간

07. 다음은 항공편별 화물운송 추이 관련 자료이다. 요일별 증감 추이가 동일한 항목끼리 짝지은 것은?

〈도착 편 화물운송〉

(단위 : 톤)

구분	일요일	월요일	화요일	수요일	목요일	금요일	토요일
6월	21,213	22,514	19,901	19,624	22,126	29,346	27,298
7월	28,030	26,899	24,655	19,322	21,529	22,753	21,469
8월	21,565	21,517	19,489	25,669	28,379	23,761	21,458

〈출발 편 화물운송〉

(단위 : 톤)

구분	일요일	월요일	화요일	수요일	목요일	금요일	토요일
6월	21,739	21,753	15,804	20,038	23,554	27,946	25,992
7월	27,556	25,430	20,247	19,787	22,248	21,708	19,982
8월	21,609	21,021	16,520	25,300	28,239	22,317	19,973

① 월요일 도착 편－금요일 출발 편
② 수요일 도착 편－화요일 출발 편
③ 금요일 도착 편－토요일 출발 편
④ 일요일 도착 편－화요일 출발 편

[08 ~ 09] 다음 자료를 보고 이어지는 질문에 답하시오.

〈자료 1〉 총수출액 중 10대 수출품목 비중 변화

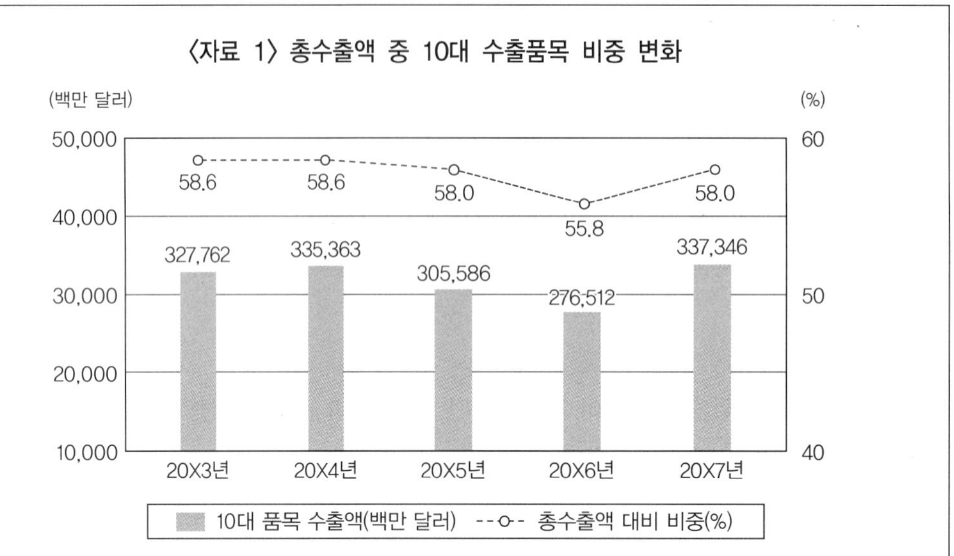

〈자료 2〉 10대 품목 수출액

(단위 : 백만 달러)

구분	20X5년		20X6년		20X7년	
	품목명	금액	품목명	금액	품목명	금액
1위	반도체	62,717	반도체	62,005	반도체	97,937
2위	자동차	45,794	자동차	40,637	선박해양구조물 및 부품	42,182
3위	선박해양구조물 및 부품	40,107	선박해양구조물 및 부품	34,268	자동차	41,690
4위	무선통신기기	32,587	무선통신기기	29,664	석유제품	35,037
5위	석유제품	32,002	석유제품	26,472	평판디스플레이 및 센서	27,543
6위	자동차부품	25,550	자동차부품	24,415	자동차부품	23,134
7위	평판디스플레이 및 센서	21,915	합성수지	17,484	무선통신기기	22,099
8위	합성수지	18,418	평판디스플레이 및 센서	16,582	합성수지	20,436
9위	철강판	16,458	철강판	15,379	철강판	18,111
10위	전자응용기기	10,038	플라스틱제품	9,606	컴퓨터	9,177

08. 다음 중 위 자료에 대한 설명으로 옳지 않은 것은?

① 20X7년 10대 수출품목 중 전년도에는 없었다가 새롭게 진입한 품목은 한 가지이다.

② 20X7년 1 ~ 5위 수출품목의 수출액 합은 244,300백만 달러를 상회한다.

③ 20X7년 석유제품의 수출액은 20X5년 대비 약 9% 증가했다.

④ 20X6년 6위와 7위 제품의 수출액 차이는 20X5년 해당 제품의 수출액 차이보다 더 크다.

09. 위 자료를 바탕으로 새롭게 작성한 다음 그래프 중 적절하지 않은 것을 모두 고르면? (단, 계산은 소수점 아래 첫째 자리에서 반올림한다)

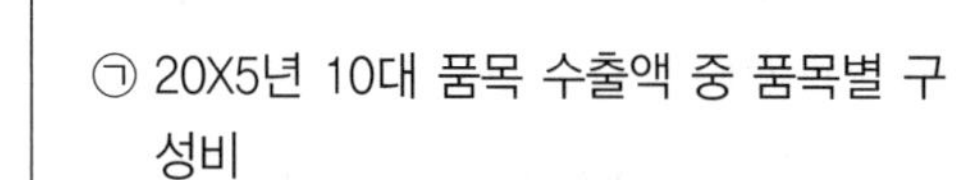
㉠ 20X5년 10대 품목 수출액 중 품목별 구성비

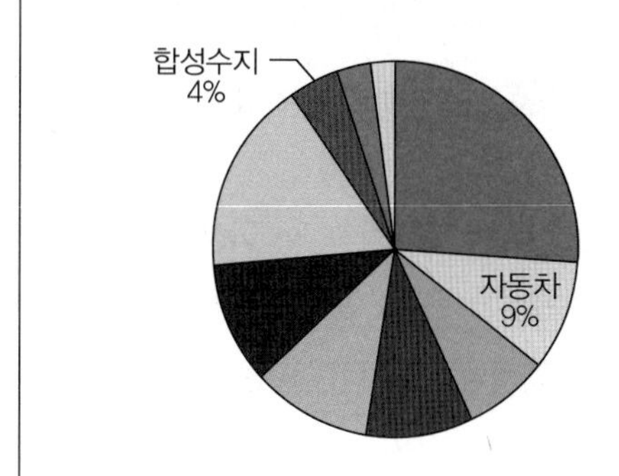

㉡ 반도체 수출액의 전년 대비 증감률

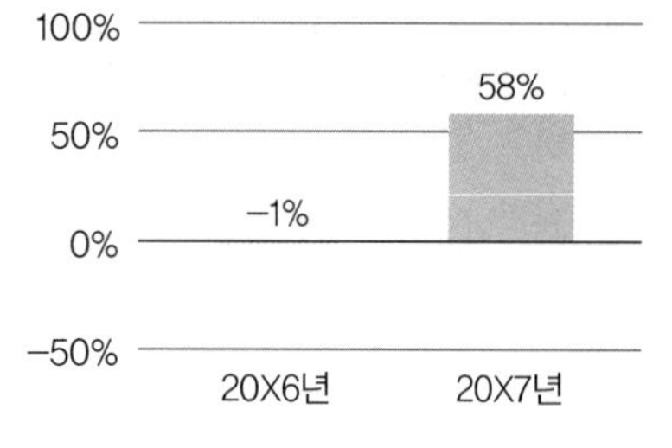

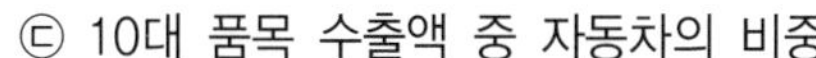
㉢ 10대 품목 수출액 중 자동차의 비중

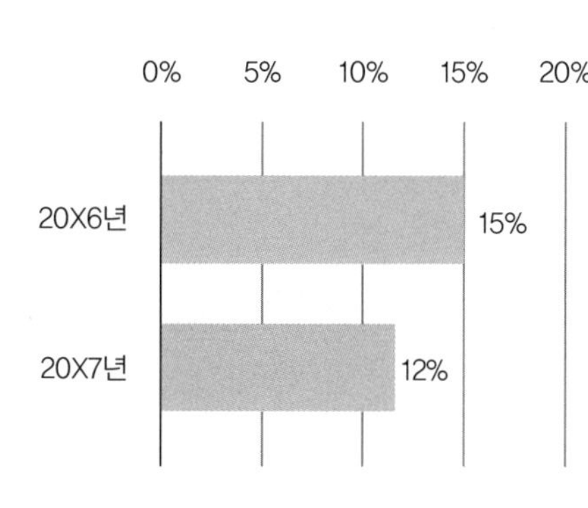

㉣ 전년 대비 순위변화

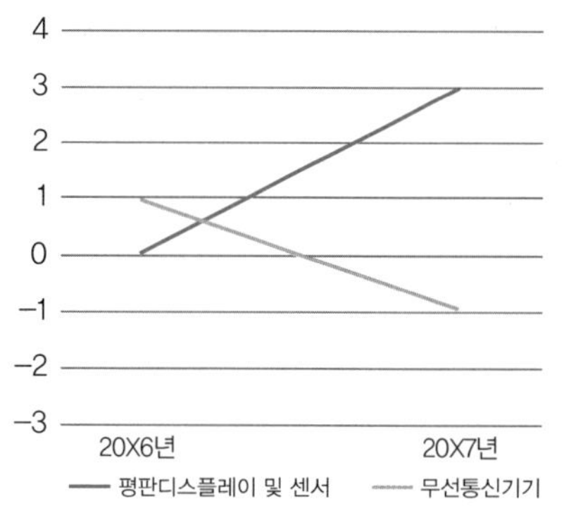

① ㉠ ② ㉠, ㉡

③ ㉠, ㉣ ④ ㉡, ㉢

10. 다음은 석유제품의 수입 및 수출에 관한 자료이다. 이를 올바르게 이해한 사람은?

〈석유제품 수입 현황〉

(단위 : 백 배럴)

품목	휘발유	등유	경유	벙커C유	나프타	항공유	용제
2020년	11,270	370	2,360	400,910	1,996,320	30	40
2021년	1,740	10	2,370	429,150	2,188,140	30	90
2022년	1,300	350	1,380	315,850	2,260,880	30	30

〈석유제품 수출 현황〉

(단위 : 백 배럴)

품목	휘발유	등유	경유	벙커C유	나프타	항공유	용제
2020년	822,170	52,270	1,761,540	3,620	158,240	1,212,030	17,580
2021년	878,950	65,300	1,907,120	1,750	258,720	1,154,170	14,120
2022년	878,720	41,710	1,952,310	169,280	473,820	1,148,500	12,600

① 이진 : 제시된 기간 동안 나프타의 수입량, 수출량, 수출량과 수입량의 격차 모두 지속적으로 증가하고 있구나.

② 아라 : 제시된 기간 동안 벙커C유의 수입량은 매년 나프타 수입량의 $\frac{1}{5}$ 이상을 차지하고 있어.

③ 경호 : 전년 대비 2021년 석유제품 수출량의 증감량이 가장 큰 품목은 경유야.

④ 유영 : 2022년 석유제품 품목별 수출량과 수입량의 격차가 큰 순위는 같은 연도의 수출량 순위와 같아.

자원관리능력

⇨ 직업기초능력의 기본적인 인지 역량과 실제 업무 역량을 측정하기 위한 모듈로 구성하였습니다.

01. 다음은 S사의 진급 규정이다. 진급대상자는 진급 기준과 근속연수에 따라 1등급, 2등급으로 구분된다. 지난달에 각 대상자에 대한 인사고과 평가가 완료되었으며, 이에 근거하여 다음 달인 2023년 9월 1일부터 진급 기준을 충족한 직원에 대한 진급이 적용된다고 한다. 다음 달부터 연봉이 5% 상승하는 직원을 모두 고른 것은?

구분	1등급	2등급
혜택	• 직급 1 상승 • 연봉 10% 상승	• 직급 1 상승 • 연봉 5% 상승
기준	• 완료한 프로젝트 5개 이상 • 인사고과 종합점수 90점 이상	
근속연수	2년 이상	1년 이상 ~ 2년 미만
	※ 현직급이 과장 이상인 경우 근속연수 5년 이상	

직원	입사일	프로젝트 현황	직급	인사고과 종합점수
김	2023. 6. 1.	(완) A 백화점 계획 외 3건 (진) B 파크 설계	사원	93점
이	2021. 2. 8.	(완) C 병원 복합설계 (진) D 복합단지 내진설계 외 2건 (완) E 대학 건물 공모 외 3건	대리	90점
박	2022. 5. 15.	(완) F 사옥 리모델링 외 2건 (완) G 경마장 증축 외 4건 (진) H 영화관 복합설계	차장	91점
정	2022. 6. 30.	(완) I 쇼핑센터 현상설계 외 2건 (진) J 미술관 신축 외 1건 (완) K 문화센터 현상설계 외 3건	대리	95점
주	2016. 3. 10.	(완) L 박물관 신축 외 1건 (진) M 사 사옥 설계 외 1건 (완) N 복합단지 현상공모 외 3건 (진) S 병원 암센터 신축	과장	89점

※ 직급 체계 : 사원 → 대리 → 과장 → 차장 → 부장

※ (완) : 완료한 프로젝트, (진) : 진행 중인 프로젝트

① 김 ② 정

③ 정, 박 ④ 정, 이, 주

02. W 기업 영업팀은 최근 영업이익이 크게 증가하여 가장 우수한 직원 한 명을 선정해서 소정의 보상을 하려고 한다. 다음 〈조건〉을 따를 때, 우수 직원으로 뽑히는 사람은?

조건

• 다음 표는 각 영역별 직원들의 점수이며, 점수는 100점 만점이다.

〈직원평가〉

구분	업무 성과도	근무 태도	봉사 활동
A	75점	85점	90점
B	65점	90점	80점
C	80점	90점	75점
D	75점	80점	100점

• 각 영역별 평가비중은 업무 성과도 40%, 근무 태도 30%, 봉사 활동 30%이다.
• 평가비중을 고려하여 각 영역별 점수를 구하고 합한 총점이 가장 높은 직원이 우수 직원으로 선정된다(단, 영업팀은 업무 성과를 중요시하는 만큼 업무 성과도 점수가 70점 미만인 직원은 우수 직원으로 선정될 수 없다).

① A ② B
③ C ④ D

03. 다음은 신입사원들의 프로필을 간략하게 정리한 표이다. 인사팀에서 이 정보를 종합적으로 고려하여 부서배치를 한 결과로 가장 적절하지 않은 것은?

사원	전공	외국어	특이사항	면접 메모
A	무역학	영어	타사 영업부서 경력	밝고 긍정적, 적극적인 성격
B	경영학	영어	공모전 수상 경력	말을 차분하고 논리적으로 잘함
C	회계학	-	AFPK, 전산세무회계 자격증	침착하고 조용한 성격
D	국제경영학	영어, 중국어	해외영업, 지사 근무 희망	외국어 구사 능력이 뛰어남

① A-국내 영업팀 ② B-기획팀
③ C-회계팀 ④ D-총무팀

04. 다음에 제시된 자원관리의 기본과정들을 순서에 맞게 나열한 것은?

(가) 자원을 실제 필요한 업무에 할당하여 계획을 세워야 한다. 여기에서 중요한 것은 업무나 활동의 우선순위를 고려하는 것이다. 최종적인 목적을 이루는 데 가장 핵심이 되는 것에 우선순위를 두고 계획을 세울 필요가 있다. 만약 확보한 자원이 실제 활동 추진에 비해 부족할 경우 우선순위가 높은 것에 중심을 두고 계획하는 것이 바람직하다.

(나) 확보된 자원을 활용하여 계획에 맞는 업무를 수행해 나가야 한다. 물론 계획에 얽매일 필요는 없지만 최대한 계획대로 수행하는 것이 바람직하다. 불가피하게 수정해야 하는 경우는 전체 계획에 미칠 수 있는 영향을 고려하여야 할 것이다.

(다) 실제 상황에서 그 자원을 확보하여야 한다. 수집 시 가능하다면 필요한 양보다 좀 더 여유 있게 확보할 필요가 있다. 실제 준비나 활동을 하는 데 있어서 계획과 차이를 보이는 경우가 빈번하기 때문에 여유 있게 확보하는 것이 안전할 것이다.

(라) 업무를 추진하는 데 있어서 어떤 자원이 필요하며, 또 얼마만큼 필요한지를 파악하는 단계이다. 자원은 크게 시간, 예산, 물적자원, 인적자원으로 나누어지지만 실제 업무 수행에서는 이보다 더 구체적으로 나눌 필요가 있다. 구체적으로 어떤 활동을 할 것이며 이 활동에 어느 정도의 시간, 돈, 물적 · 인적자원이 필요한지를 파악한다.

① (다) – (라) – (나) – (가)
② (라) – (다) – (나) – (가)
③ (가) – (다) – (나) – (라)
④ (라) – (다) – (가) – (나)

05. ○○시에 관광을 온 정 씨는 A 역에서 출발해서 숙소가 위치한 I까지 이동하는 길에 있는 관광지 B ~ H를 방문하고자 한다. 반드시 모든 관광지를 거칠 필요는 없다고 할 때, 다음 약도를 참고하여 A에서 I까지 가는 데 걸리는 최소시간은 얼마인가? (단, 정 씨가 1km를 이동하는 데 30분이 소요되며, 관광지에서 소요되는 시간은 계산하지 않는다)

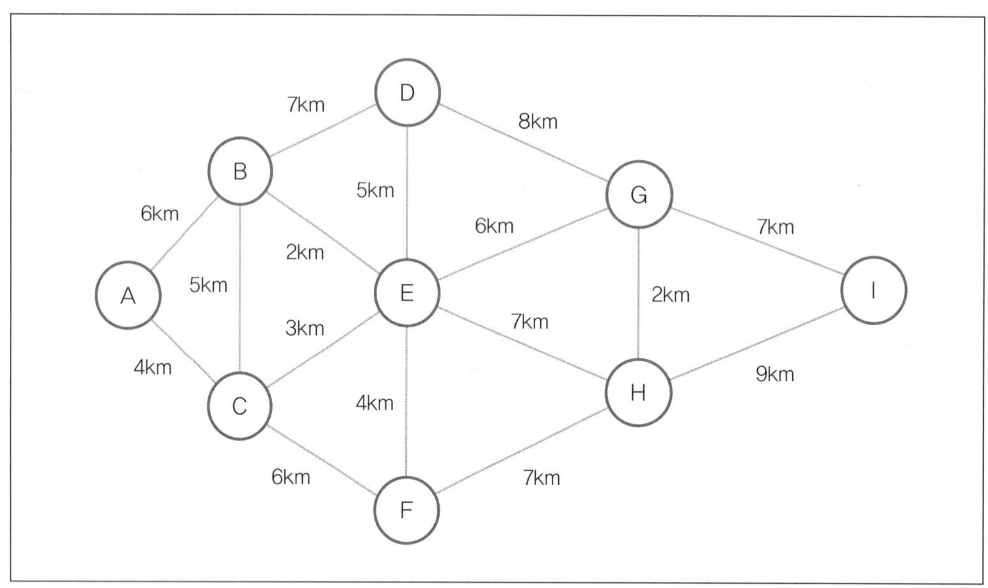

① 570분　　② 600분

③ 630분　　④ 660분

06. ○○유통 영업팀의 팀원 5명은 신제품 홍보 프로젝트를 위해 각자의 오후 업무 일정을 모두 마무리한 후 2시간에 걸쳐 회의를 진행할 예정이다. 다음 자료를 참고할 때, 회의를 진행하게 될 회의실은? (단, 오후 업무 시작 시간은 13시 30분이고, 주어진 소요시간 외에는 고려하지 않으며, 가능한 한 빠른 시간에 회의를 시작해야 한다)

〈오후 업무 일정〉

팀원	업무 내용
A	문구점 방문 → 작성된 보고서 편집 → 보고서 결재
B	거래처 방문 → 거래처 담당자와 회의 → 사무실 복귀
C	웹사이트 관리 → SNS 마케팅 → 홍보물 인쇄
D	보고서 작성 → 작성된 보고서 편집 → 보고서 결재
E	거래처 담당자와 통화 → 견적서 작성 → 메일 발송

※ 각 업무의 소요시간은 아래와 같다.

- 문구점 방문 : 30분, 보고서 작성 : 60분, 작성된 보고서 편집 : 20분, 보고서 결재 : 15분
- 거래처 방문 : 40분(13시 출발), 거래처 담당자와 회의 : 30분, 사무실 복귀 : 40분
- 웹사이트 관리 : 30분, SNS 마케팅 : 40분, 홍보물 인쇄 : 30분
- 거래처 담당자와 통화 : 20분, 견적서 작성 : 40분, 메일 발송 : 15분

〈오후 회의실 예약가능 시간표〉

구분	예약가능 시간	수용가능 인원
회의실 1	15:30 ~ 17:30	5명
회의실 2	15:10 ~ 17:10	4명
회의실 3	15:00 ~ 17:00	5명
회의실 4	15:20 ~ 17:20	6명

※ 회의실은 사용 시간 이전에 예약해서는 안 된다.

① 회의실 1　② 회의실 2
③ 회의실 3　④ 회의실 4

[07 ~ 08] 다음은 P 인쇄소의 가격표와 주문내역이다. 이어지는 질문에 답하시오.

〈P 인쇄소 가격표〉

사이즈 (mm)	인쇄(원/장)		제본비(원/권)	운송료	
	낱장	제본		(원/장)	(원/권)
A7 (74×105)	50	25	1,000	10	100
A6 (105×148)	100	50	1,500	12	150
A5 (148×210)	150	75	2,000	13	180
A4 (210×297)	200	100	2,500	15	200

※ 인쇄 2,000장 이상 주문 또는 제본 100권 이상 주문 시 운송료는 무료이다.

※ 다이어리, 핸드북, 책은 제본 인쇄, 포스터는 낱장 인쇄이다.

〈업체별 주문내역〉

- A 업체 : 회사에서 열리는 전시회를 홍보하기 위해 A4 크기의 홍보 포스터를 1,400장 제작하기로 하였다.
- B 업체 : 직원들에게 신년 선물을 하기 위해 A6 크기 30장 분량의 다이어리 100권을 만들기로 하였다.
- C 업체 : 매년 열리는 학술대회를 위해 발표 자료들을 요약한 책이 필요하여 A5 크기 10장으로 된 책 110권을 만들기로 하였다.
- D 업체 : 평소에 쓰이는 업무를 신입사원들이 빠르게 익힐 수 있도록 A7 크기 50장으로 된 핸드북을 90권 만들어서 나누어 주기로 하였다.

07. 주문 금액이 높은 순으로 주문을 처리하려고 할 때, 가장 먼저 처리하게 되는 업체는?

① A 업체　② B 업체
③ C 업체　④ D 업체

08. D 업체에서 핸드북이 너무 작다고 판단하여 사이즈를 기존 A7에서 A6로 바꾸어 주문하려고 할 때의 총 주문 금액은?

① 362,500원　② 373,500원
③ 395,500원　④ 417,000원

[09 ~ 10] 합리적 선택에 관한 다음 자료를 보고 이어지는 질문에 답하시오.

〈합리적 선택의 고려사항〉

□ 편익

(1) 정의 : 어떤 선택을 통해서 얻게 되는 만족이나 이득

(2) 계산 : 금전적 편익+비금전적 편익

구분	금전적 편익	비금전적 편익
정의	시장에서 거래되는 가치에 의해 비교 · 평가가 가능한 편익	즐거움, 심리적 만족감과 같이 객관적으로 비교하기 어려운 편익

□ 기회비용

(1) 정의 : 어떤 선택을 함으로써 포기된 다른 대안의 가치 중 가장 큰 것

(2) 계산 : 명시적 비용+암묵적 비용

구분	명시적 비용	암묵적 비용
정의	어떤 경제 행위를 할 때 직접 화폐로 지출한 비용	어떤 경제 행위를 함으로써 포기된 것의 가치, 화폐로 지출되지 않지만 발생하는 비용

□ 비용

(1) 정의 : 순편익이 가장 큰 대안을 선택

(2) 순편익 계산 : 금전적 편익－기회비용

□ 합리적 선택의 순서

㉠ 최적 대안 선택 및 결정
㉡ 각 대안을 분석 및 평가
㉢ 가능한 모든 대안 탐색
㉣ 의사결정에 필요한 정보 수집
㉤ 의사결정 기준과 가중치 설정

09. 다음 〈보기〉에 대한 분석으로 옳지 않은 것은? (단, 제시된 것 이외의 정보는 고려하지 않는다)

보기

3개월 후 혼인 예정인 정 대리는 현재 A사에 45개월째 재직 중이다. 그리고 얼마 전 정 대리는 B사로부터 이직 제의를 받았다. 정 대리는 현재 A사 근처 아파트에 거주 중인데, 계약 기간이 아직 많이 남아 중도퇴거 시 위약금 900만 원을 지불해야 한다. 또한, A사는 48개월 재직자를 대상으로, 특별보너스 300만 원 지급과 함께 연봉 2,000만 원 인상을 시행 중이다.

B사는 정 대리에게 현재의 연봉에서 3,000만 원 인상과 함께 차장 직급으로의 상승을 제안했다. 또한 B사는 결혼하는 직원을 대상으로 500만 원 상당의 시계를 증정한다. 정대리가 이직 시 출근일로서 제의를 받은 것은 바로 다음 달이며, B사의 거리를 감안하면 현재 거주 중인 아파트에서는 살 수 없다.

① B사로 이직할 때 암묵적 비용은 2,300만 원이다.
② B사로 이직할 때 비금전적 편익은 '직급 상승'이다.
③ B사로 이직할 때 기회비용은 3,000만 원이다.
④ 순편익 계산을 따른다면, B사로 이직하는 게 합리적 선택이다.

10. 위 자료에서 ㉠ ~ ㉤을 '합리적 선택의 순서'에 맞게 나열한 것은?

① ㉠-㉡-㉢-㉣-㉤
② ㉠-㉢-㉣-㉤-㉡
③ ㉤-㉢-㉡-㉣-㉠
④ ㉤-㉣-㉢-㉡-㉠

직업기초 2회

기출예상문제

문항수	40문항
문항시간	40분

▸ 정답과 해설 11쪽

문제해결능력

⇨ 직업기초능력의 기본적인 인지 역량과 실제 업무 역량을 측정하기 위한 모듈로 구성하였습니다.

01. A 마을, B 마을, C 마을, D 마을, E 마을은 각각 다음과 같은 포함관계를 가진다. 범위가 가장 큰 마을은?

- A 마을이 아니면 C 마을이 아니다.
- E 마을이 아니면 A 마을도 D 마을도 아니다.
- 어떤 A 마을은 B 마을이 아니다.
- 모든 C 마을은 B 마을이다.
- 모든 A 마을은 D 마을이 아니며, 모든 D 마을은 A 마을이 아니다.

① A 마을　② B 마을
③ D 마을　④ E 마을

02. 갑, 을, 병, 정, 무, 기 6명이 8인용 원탁 테이블에 앉아 회의를 하고자 한다. 다음 〈조건〉을 참고할 때, 6명의 자리 배치에 대한 설명으로 올바른 것은? (단, 각 좌석 간의 거리는 동일하다)

조건

- 갑과 을은 연이어 앉지 않으며, 각각 마주 보는 자리가 비어 있다.
- 좌측 자리와 우측 자리에 모두 참석자들이 앉아 있는 사람은 병과 무뿐이다.
- 갑과 병, 갑과 기의 자리 사이에는 각각 1개의 자리가 있다.

① 정과 무는 마주 보고 앉아 있다.
② 정의 옆자리 중 한 자리에는 반드시 갑이 앉아 있게 된다.
③ 기의 양쪽 자리는 모두 비어 있는 자리가 된다.
④ 두 자리 간의 거리가 가장 먼 것은 병과 정이다.

03. **A사, B사, C사, D사, E사, F사는 한 건물에 입주해 있는 각기 다른 회사이다. 다음을 참고할 때, 이들의 입주 층수에 대한 설명으로 적절한 것은?**

- A사, B사, C사, D사, E사, F사는 1 ~ 6층에 한 층당 회사 1개씩 입주해 있다.
- B사와 E사가 입주한 층수의 합은 C사와 D사가 입주한 층수의 합과 같다.
- F사는 D사와 B사 사이에 입주해 있다.
- C사는 A사의 바로 위층에 입주해 있다.
- C사는 D사의 바로 아래층에 입주해 있다.

① F사는 4층에 입주해 있다.

② C사는 2층에 입주해 있다.

③ F사와 A사가 입주한 층 사이에는 3개 층이 있다.

④ E사보다 높은 층에 입주한 회사는 3개 이상이다.

04. **H사 직원들은 연수원으로 워크숍을 가게 되었다. 연수원 건물은 1개 층마다 4개의 방이 있는 3층 건물이다. 다음 〈조건〉에 따라 투숙하게 되었을 때, 이에 대한 설명으로 올바른 것은? (단, 각 층의 방은 1 ~ 4호실로 구성되어 있다)**

조건

- 5개 조로 나누어 조끼리 한 방을 사용한다.
- 5개 조는 3개 층 모두에 나누어 배정되었다.
- 5개의 방 중 연이어 배정된 방은 없다.
- 짝수 호실 3개, 홀수 호실 2개를 사용한다.
- 1층에서는 101호를 포함하여 2개 방을 사용한다.
- 2층에서는 202호만 사용한다.

① 303호는 사용할 수도 있고 사용하지 않을 수도 있다.

② 적어도 1개 층의 짝수 호실은 2개가 모두 사용된다.

③ 어떠한 경우에도 304호는 사용하게 된다.

④ 3호실 3개 중 적어도 1개는 사용하게 된다.

05. 회사 건물이 이전함에 따라 총무팀에서 8개 부서에 대한 배치 계획을 〈보기〉와 같이 수립하였을 때, 다음 중 올바른 설명은? (단, 좌우는 배치도를 기준으로 판단한다)

보기

- 기획팀과 생산팀은 짝수 호실이며 복도를 사이에 두고 마주 보고 있다.
- 인사팀은 1호실이다.
- 법무팀은 총무팀의 바로 왼쪽 호실에 위치한다.
- 물류팀은 홀수 호실이며 회계팀과는 서로 건너편의 반대 방향 끝에 위치한다.
- 정보팀은 생산팀과 나란히 위치하지 않는다.
- 8개 부서가 배치될 사무실의 배치도는 다음과 같다.

1호실	2호실	3호실	4호실
복도			
5호실	6호실	7호실	8호실

① 인사팀은 회계팀과 마주 보고 있다.

② 기획팀은 회계팀과 같은 라인에 위치한다.

③ 법무팀은 짝수 호실에 위치한다.

④ 정보팀과 총무팀은 나란히 위치한다.

06. 다음은 발산적 사고의 하나인 '강제결합법'에 대한 설명이다. 이를 참고할 때, 강제결합법의 사례로 적절하지 않은 것은?

> 강제결합법(Forced Connection Method)은 서로 관계가 없는 둘 이상의 대상을 강제로 연결시켜 아이디어를 창출하는 방식이다. 조금 인위적인 방법이기는 하지만 지식과 경험이 부족할 때나 아이디어가 더 이상 생성되지 않을 때 유용하게 사용할 수 있다. 강제연결법은 두 대상의 관계성이 낮을 때 효과가 더 크게 나타날 수 있다. 두 대상은 머리에 떠오르는 대상으로 해도 되지만, 관계성이 낮아야 하기 때문에 단어카드를 무작위로 뽑아서 나온 단어들을 연결하는 방법을 사용할 수 있다.
>
> 강제결합법을 활용하는 방법은 다음과 같다.
>
> 1. 몇 백 개의 단어 카드를 만든다.
> 2. 상자에 넣고 잘 섞는다.
> 3. 2 ~ 3개의 단어 카드를 뽑는다.
> 4. 해당 단어가 암시하는 아이디어를 결합한다.
>
> 또한 사전을 아무 페이지나 열어서 보이는 단어를 사용하는 등 굳이 위와 같은 카드를 만드는 것보다 편한 방법을 선택해도 괜찮다.

① 휴대폰을 시계에 접목하여 전화와 카메라, 알람 기능 등을 갖춘 스마트워치를 개발하였다.

② 기존 사용하던 플라스틱 컵의 재질을 끊임없이 대체해 보는 과정을 통해 종이컵이 개발되었다.

③ 음성, 사전, LCD 등의 단어를 결합하여 음성지원 전자번역기를 개발하였다.

④ 구름과 가방이라는 단어를 뽑아 구름처럼 가벼우면서 튼튼한 가방을 개발하였다.

[07 ~ 09] AA 항공사 지상직 승무원인 K 씨는 수하물 처리 및 승객 안내 업무를 맡고 있다. 다음을 보고 이어지는 질문에 답하시오.

〈AA 항공사 국제선 수하물 규정〉

○ 기내 반입 수하물(무료)
  - 가로, 세로, 높이의 총합이 120cm(3면의 최대 허용 길이 : 가로 60cm, 세로 40cm, 높이 20cm) 이하이고, 무게가 10kg 이하인 수하물 한 개만 허용

○ 위탁 수하물
  - 30kg 이하인 수하물 한 개 무료
  - 수하물이 2개 이상일 경우, 무게의 총합이 30kg 이하여도 무료 위탁 수하물로 지정한 것을 제외하고 무게에 따라 운임 부과

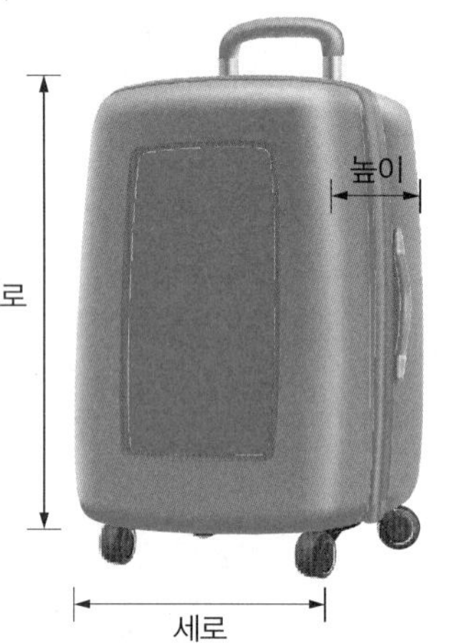

〈전광판 화면〉

항공사	편명	이륙예정시간	변경시간	목적지	탑승구	비고
AA	AU1002	18:00		상하이	05	결항 CANCELLED
BB	PW710	18:00	18:30	도쿄	07	수속 PROCESSING
CC	SU106	18:10	18:50	나리타	09	지연 DELAYED
AA	AU1005	18:30		베이징	12	결항 CANCELLED
AA	AU1008	17:00	19:20	상하이	14	지연 DELAYED
DD	KZ226	16:00		상하이	18	결항 CANCELLED
CC	SU314	18:45		나리타	10	수속 PROCESSING
AA	AU1017	18:50		도쿄	11	수속 PROCESSING

※ 현재 시간은 18:30이다.

※ 전광판에 표시되어 있는 것 외의 AA 항공사의 항공편은 없다.

07. K 씨는 탑승구 안내를 요청하는 승객의 비행기 티켓을 살펴보았다. K 씨가 안내할 탑승구로 올바른 것은?

AA Airline	ECONOMY	탑승
NAME KIM/MINJUNG FLIGHT : AU1017 DEP TIME 18:50	20X0/07/14 TOKYO	Incheon Airport

① 05　　② 11

③ 12　　④ 14

08. 다음과 같은 승객의 요청을 받은 K 씨의 응대로 적절한 것은?

승객 R

안녕하세요. 제가 지금 들고 있는 이 짐 3개를 수하물로 보내려고 하는데 운임을 가장 저렴하게 하려면 어떻게 해야 되나요?

〈K 씨가 측정한 승객 R의 수하물 크기 및 무게〉

구분	크기	무게
서류가방	가로 30cm, 세로 20cm, 높이 5cm	5.0kg
쇼핑백	가로 60cm, 세로 20cm, 높이 20cm	7.3kg
여행가방	가로 60cm, 세로 30cm, 높이 30cm	8.9kg

① 쇼핑백은 기내로 반입, 여행가방은 무료 위탁 수하물로 지정하시면 됩니다.

② 쇼핑백은 기내로 반입, 서류가방은 무료 위탁 수하물로 지정하시면 됩니다.

③ 여행가방을 무료 위탁 수하물로 지정하시고 세 개 모두 위탁 수하물로 보내시면 됩니다.

④ 서류가방은 기내로 반입, 여행가방과 쇼핑백은 무료 위탁 수하물로 지정하시면 됩니다.

09. 기상 악화로 항공편이 결항 · 지연되어 K 씨는 승객들의 항공편 변경 요청을 받아 관련 규정을 살펴보았다. 다음 중 당일 항공편 변경이 가능한 승객은?

> 3. 당일 항공편 변경
>
> 3.1. 당일 항공편 변경은 원칙적으로 불가함.
>
> 3.2. 당일 항공편이 기상 · 천재지변 · 전쟁 · 기타 불가피한 상황에 의해 결항될 경우 승무원은 승객의 당일 항공편 변경을 도울 수 있음.
>
> 3.2.1. 당일 항공편 변경은 동일한 목적지의 항공편이 당일 탑승 가능할 경우 가능함.
>
> 3.2.2. 동일한 목적지의 항공편이 당일에 없을 경우 결항 승객의 해당 항공편을 취소하고 취소일로부터 7일 이내 동일한 목적지에 취항하는 항공편으로 재발행이 가능함.
>
> 3.2.3. 위의 상황으로 재발권 혹은 당일 항공편 변경 시 해당 승객의 원래 항공편보다 좌석 등급을 올려주거나 당사 규정에 의거해 마일리지 등으로 보상이 가능함.

① 승객 A : 오후 5시에 상하이로 가는 비행기였는데 너무 늦어지네요. 다른 항공편으로 변경해도 되나요?

② 승객 B : 오후 6시 50분 도쿄행 비행기를 당일 다른 항공편으로 변경하면 좌석 업그레이드가 가능한가요?

③ 승객 C : 오후 6시 30분 베이징행 비행기인데, 오늘 것 중에 가장 빠른 편으로 바꿔주시면 안될까요? 정말 급한 일이라서요.

④ 승객 D : 오후 6시 비행기로 상하이에 가려고 했는데 결항이 됐어요. 늦은 시간이어도 상관없으니까 오늘 안에만 출발할 수 있게 해주실 수 있나요?

10. ○○기업 인사팀은 근무평점 기준안을 다음과 같이 변경하여 시행하려고 한다. 직원 A ~ D의 근무평점이 다음과 같을 때, 개정 시 현재에 비해 가장 많은 혜택을 받는 직원은?

〈현행 근무평점 기준안〉

1. 총 점수는 리더십, 조직기여도, 성과 점수에 비율을 곱하여 책정한다.
2. 리더십은 20%, 조직기여도는 40%, 성과는 40%의 비율로 적용한다.
3. 사원, 주임은 50점, 대리는 80점, 과장 이상의 직급은 100점을 총 점수에 가산한다.
4. 교육을 이수했으면 총 점수에 20점을 가산한다.

〈개정안〉

1. 총 점수는 리더십, 조직기여도, 성과 점수에 비율을 곱하여 책정한다.
2. 각 비율을 리더십 35%, 조직기여도 35%, 성과 70%로 변경한다.
3. 사원, 주임은 60점, 대리는 70점, 과장 이상의 직급은 80점을 총 점수에 가산한다.
4. 교육을 이수했으면 총 점수에 30점을 가산한다.

〈현행 기준 근무평점〉

구분	리더십	조직기여도	성과	교육이수여부
A 과장	80점	70점	82점	O
B 차장	65점	72점	80점	X
C 주임	88점	84점	78점	O
D 사원	90점	80점	90점	O

① A 과장　　② B 차장

③ C 주임　　④ D 사원

의사소통능력

⇨ 직업기초능력의 기본적인 인지 역량과 실제 업무 역량을 측정하기 위한 모듈로 구성하였습니다.

01. 다음 글의 주제로 적절한 것은?

> 아프리카 초원의 치타는 가젤 영양을 사냥하기 위한 전문화에 성공한 경우다. 아프리카 초원에서 가젤 영양은 작은 편에 속하는 사냥감이지만, 가젤 영양만 잡아먹고 살 수 있다면 다른 사냥감들을 거들떠보지 않아도 될 만큼 그 수가 매우 많다. 대신 가젤 영양은 매우 빠르다. 치타들은 속도를 최대한 높여 가젤 영양을 사냥하기 위해 다른 많은 것을 포기했다. 턱과 어깨의 힘도 가젤 영양을 잡기에 적합한 정도로만 유지했다. 순간 속도는 빠르지만 지구력은 턱없이 떨어지기 때문에 몸체를 더 이상 키우기도 힘들었다. 그 결과 치타는 사자나 하이에나에게 잡혀 죽기 일쑤고, 심지어는 원숭이의 일종인 바분에게도 잡혀 죽는다. 가젤 영양보다 더 큰 사냥감을 거들떠보지도 못하고, 초원을 떠나 밀림이나 사막에서는 생존할 수도 없다. 현재 치타들이 멸종하지 않고 살아남을 수 있는 이유는 아프리카 초원에 가젤 영양의 수가 충분히 많기 때문이다. 하지만 어떤 이유로 초원의 생태조건이 크게 변해서 가젤 영양들의 몸집이 더 커지거나 더 빨라지거나 또는 멸종해 버린다면 치타들은 살아남기 힘들다.
>
> 중국의 판다 역시 전문화에 성공한 동물이다. 판다는 대나무, 그중에서도 직경 13mm 정도의 죽순을 주로 먹고 산다. 먹이가 절대적으로 부족할 때는 다른 종류의 식물이나 물고기, 설치류 등을 먹기도 하지만 기본적으로 판다는 대나무 숲이 없으면 살아갈 수 없다. 원래 육식동물로부터 진화했기 때문에 판다는 대나무의 식물성 셀룰로스를 효과적으로 분해하지 못한다. 따라서 자신의 커다란 체구를 유지하기 위한 에너지를 생산하려면 비슷한 크기의 다른 동물들보다 훨씬 많은 양의 먹이를 섭취해야 한다. 이들이 이렇게 진화하게 된 결정적인 이유는 과거 대나무 숲이 광활하게 펼쳐져 있었기 때문이다. 숲에서 대나무를 먹으면서 사는 방식은 천적도 드물고 먹이 걱정도 없어서 효과적인 생활방식이었으나 지금은 대나무 숲 면적이 크게 줄어들면서 판다는 멸종위기에 놓여 있다.
>
> 반면 하이에나의 사냥 대상은 아주 큰 초식동물부터 작은 동물, 심지어 썩은 고기에 이르기까지 다양하다. 물고기나 갑각류도 먹는다. 이들은 서식지도 아주 넓게 분포하며, 종 전체적으로는 멸종의 위험과도 거리가 멀다.

① 생물의 세계에서도 전문화는 양면성을 갖는 상당히 위험한 전략이다.

② 한 가지에 전문화되기 보다는 다양성을 확보하는 것이 현명하다.

③ 전문화는 환경에 큰 변화가 일어날 때 유연하게 대응하지 못한다.

④ 생물들이 생태계에서 살아남기 위한 가장 중요한 요소는 먹잇감의 유무이다.

02. 다음 글의 (가) ~ (라)를 문맥에 맞게 순서대로 재배열한 것은?

(가) 소비자는 더 이상 제품의 한 가지 측면을 보고 구매하지 않고 제품에 대해 더 많은 면을 고려하고 구매하고자 한다. 현재의 기업은 더 이상 브랜드명만으로는 고객에게 충분히 어필할 수 없다. 이를 해결하기 위하여 부가적으로 소비자의 감성을 자극하거나 기업, 혹은 사용자의 이미지 등을 함께 이용하여 소비자를 자극시키고 이들의 구매를 유발시키고 있다. 이런 이미지를 전달하기 쉬운 텔레비전을 이용한 광고는 오래 전부터 소비자를 대상으로 한 가장 강력한 판매촉진 전략이었다.

(나) 이와 같은 상황에서 현 소비자들에게 강력하게 작용하는 광고의 유형 중의 하나가 PPL이라 불리는 제품배치(Product Placement)이다. 과거에는 영화나 드라마의 제작 여건 상황에 맞게 안정적으로 소품 및 자금의 확보가 목적이었으나 이제는 유명한 연예인 혹은 배우 등의 이미지를 이용하는 중요한 마케팅 수단으로 변화했다. 지금 이 순간에도 소비자들을 대상으로 다양한 방송광고가 사용되고 있다. 그러나 이런 광고 중에서 간접광고가 너무 지나치다는 여론이 등장하게 되면서 간접광고의 효과가 줄어들었다. 그래서 간접광고 시장의 규모 역시 작아졌다. 그리고 PPL이 소비자에게 긍정적인 반응보다 부정적인 반응을 불러일으키고 있다는 의견도 꾸준히 제기되고 있다. 그래서 이에 대한 기사들이 지속 보도되고 있으며, 이것이 소비자의 여론에도 영향을 주고 있다.

(다) 영상매체를 접할 수 있는 매개체는 날로 다양해지고 있으며, 이를 이용한 광고 역시도 다양한 방법으로 소비자에게 접근하고 있다. 청소년들은 TV보다 Youtube를 더 많이 시청하며, 종합편성채널, 즉 소위 말하는 '종편'의 드라마와 예능프로그램의 시청률이 동시간대의 지상파 방송을 압도하고 있는 시대가 도래했다. 심지어 소비자는 이를 누리는데 많은 비용이나 시간을 들일 필요조차 없어졌다. 리모컨 하나, 스마트폰으로 모든 것이 조절 및 선택이 가능하며, 검색이 가능하고 상호 비교가 가능하게 되었다.

(라) 이러한 TV 광고를 기반으로 한 방송광고시장은 높은 시청률이 광고매출액 상승의 가장 중요한 요인이다. 반대로 특정한 제품이 광고를 통해 소비자에게 긍정적인 반응을 일으키고 기업의 매출액이 상승하게 된다면, 이 역시도 프로그램의 시청률에 영향을 주기도 한다. 광고 시간이 늘어날수록 소비자에게 양질의 상품정보를 제공하는 긍정적인 효과를 불러일으킬 수 있지만, 반대로 소비자가 원하지 않는 광고를 시청해야만 하는 부정적인 효과를 동시에 야기하기도 한다. 이와 같은 문제점을 해결하기 위해 기업은 스스로를 광고하고자 연예인들을 이용한 짧은 단막극을 제작, 제공하여 소비자에게 볼거리와 기업의 광고를 동시에 병행하는 경우도 있다.

① (가)－(다)－(나)－(라)　　② (가)－(다)－(라)－(나)

③ (다)－(가)－(라)－(나)　　④ (다)－(라)－(가)－(나)

03. 다음 글의 내용에 대한 설명으로 적절하지 않은 것은?

예방 접종에 사용되는 물질을 백신이라고 하는데, 이것은 어떤 감염에 대해 인공적으로 면역을 얻기 위하여 항원에 적당한 조작을 가해서 체내의 자연면역 체제를 발동시키는 작용을 한다. 백신은 어떤 감염증에 대해 인공적으로 면역을 얻기 위해 약화시키거나 죽인 미생물이 생산한 독소액에 적당한 조작을 가하여 만든 것으로 프랑스의 미생물학자 파스퇴르에 의하여 그 명칭이 만들어졌다. 백신에 의하여 자극을 받으면 항체를 생성해 내는 세포가 그 감수성을 유지하고 있다가 후에 재감염이 이루어질 때 더 많은 항체를 효과적으로 생성할 수 있게 된다. 현재는 독감, 소아마비, 장티푸스, 홍역, 결핵 등 많은 질병에 대한 백신이 나와 있다.

우리 몸에는 면역계라는 시스템이 존재하여 외부의 해로운 물질에 대항해 신체를 지키는 자동 방어 기능을 하고 있다. 면역계에는 다양한 종류의 면역 세포들이 존재하는데 이들이 하는 일은 항체를 만들고 외부 침입 물질을 감싸서 이를 무력화시키는 기능과 외부 침입 물질을 먹어 치우거나 대항해서 죽이는 직접적인 살상 기능으로 나누어 볼 수 있다. 예방 접종은 전자의 기능을 활용한 대표적이고 성공적인 예이다.

외부에서 체내로 들어오는 물질의 수는 헤아릴 수 없이 많을 뿐 아니라 때로는 매우 해로운 물질들이 신체에 침입할 수도 있다. 따라서 우리의 몸은 외부에서 유입되는 모든 물질에 대해서 그에 대항하는 항체를 만들어 낼 수 있도록 진화해 왔다. 항원에 해당하는 외부 물질이 체내에 들어오면 면역 세포들이 이를 파악하여, 항원의 특이한 모양을 인식하고 그것만을 식별하여 선택적으로 달라붙을 수 있는 항체를 생성하게 되는데 이것이 바로 면역 과정이다. 일단 이 과정만 성공적으로 진행된다면 그 다음에는 아무런 문제가 없다. 한번 생긴 항체는 원인이 되었던 항원이 모두 제거된 이후에도 기억 세포에 그 정보가 저장되기 때문이다. 이렇게 면역 세포가 기억한 항원은 다음에 다시 침입하더라도 지난번에 만들어 두었던 기억 세포의 정보를 끄집어내어 단숨에 폭발적으로 항체를 만들어 저항하기 때문에 같은 병에 걸리지 않게 된다.

예방 접종은 생체가 가지고 있는 이러한 치유 시스템을 교묘하게 이용해서 병을 예방할 수 있게 만드는 것이다. 즉, 인간의 체내에 그 자체로 병을 일으킬 수 있는 기능이 없기 때문에 항체를 생성시킬 수 있는 것들을 일부러 주사하는 것이다.

① 예방 접종은 항체로 하여금 외부에서 침입한 항원을 살상하는 기능을 발휘토록 하는 것이다.

② 항원이 질병을 유발하지 못할수록 면역력이 더 강한 사람이다.

③ 독감 예방을 위한 백신에는 독감을 일으키는 항원이 포함되어 있다.

④ 인체는 항원의 침입 없이 자체적으로 항체를 만들어 내지 못한다.

04. 다음 글을 통해 추론할 수 없는 것은?

공정거래위원회는 계열사 간 부실위험이 전이되지 않도록 지주회사 제도를 개선, 금융 계열사의 비금융계열사 간 분리 장치를 강화하는 금산분리 관련 입법을 추진할 것으로 보인다.

우선 공정거래위원회는 금융 · 보험사가 고객 자금을 활용해 비금융사에 대한 지배력을 확장하는 것을 방해하기 위해 금융 · 보험사의 비금융계열사 보유주식 의결권 상한을 점진적으로 합산 5%까지 줄여나가는 방안을 추진하고 있다. 또 대기업 집단의 지주회사 체제 전환을 유도하되 일정한 요건을 충족하는 경우 중간금융지주회사 설치를 의무화할 계획이다. 현재 일반지주회사는 금융 · 보험사를 자회사로 둘 수 없기 때문에 금융 · 보험회사를 매각하지 않는 이상 지주회사 전환이 어렵다. 하지만 법이 개정되면 지주회사가 없는 대기업도 금융보험계열사를 보유하면서 지주회사로 전환할 수 있다. 지주회사 내 자회사들은 서로 출자할 수 없어 금융계열사와 비금융계열사 간 출자가 원천적으로 차단된다. 대신 금융 · 보험회사가 3곳 이상이거나 금융 · 보험회사 합산 자산 총액이 20조 원 이상인 경우 중간금융지주회사 도입이 의무화된다. 일반지주회사가 금융 · 보험사를 직접 보유할 수 없고, 중간금융지주회사를 통해 지배해야 하는 것이다. 이는 금산분리보다는 금융감독의 강도를 높이기 위한 조치에 가깝다. 중간금융지주회사를 도입하면 자기자본 비율 규제와 대주주 신용공여한도 설정 같은 규제를 겹겹이 받기 때문이다.

한편 금융위원회는 제2금융권에 대한 대주주 적격성 심사를 강화하는 방안을 검토하기로 했다. 당초 지난 6월 보험사와 증권사에 대해서는 이른바 '금융 연좌제'를 채택하지 않는 것을 내용으로 대주주 적격성 심사제도 개정안을 국회에 제출한 바 있으나, 논의 중인 개정안을 다시 손질하기로 한 것이다. '금융 연좌제'는 특수관계인 1명만 법을 어기더라도 최대주주에 대해 주식 강제매각을 명령할 수 있도록 한다. 그러나 규제가 지나치다는 논란이 있어 보험 · 증권 · 카드 등 제2금융권에 대해서는 적용을 보류했었다. 대주주와 특수관계인의 죄질이 가벼울 경우 대주주 의결권을 제한하지 않기로 했던 것도 재검토하기로 했다.

① 공정거래위원회는 일반지주회사의 금융자회사 보유를 허용할 방침이다.

② 공정거래위원회는 일정 요건 충족 시 중간금융지주회사의 설치를 의무화할 예정이다.

③ 공정거래위원회는 금융 · 보험사가 보유한 비금융계열사의 의결권 제한을 강화하고 있다.

④ 금융위원회는 대주주의 적격성 심사 규제가 지나치다는 논란이 있어 이를 완화하고 있다.

05. 다음 글을 참고할 때, 제50회 다보스포럼에서 논의되었을 의제로 적절하지 않은 것은?

지구촌 리더들이 모여 글로벌 현안을 논의하는 제50회 세계경제포럼(WEF), 이른바 다보스포럼이 21일부터 24일까지 4일간의 일정을 시작했다. 이번 포럼에서 특히 주목해야 할 부분은 지구 환경 관련 사안이다. 지구 온난화, 기후변화, 동 · 식물의 멸종 등의 이슈를 놓고 세계를 이끌고 있는 이해당사자들이 어떤 주장을 펴나갈지 관심이 집중되고 있다. 2016년 11월 발효된 파리 기후협약에 따르면 2021년 1월부터 195개 당사국들은 오는 2050년까지 산업화 이전 대비 지구 평균기온 상승폭을 2℃보다 더 낮은 수준인 1.5℃ 이하로 제한하기 위해 노력해야 한다. 특히 온실가스 감축량과 관련 각국은 2020년부터 5년 간격으로 자발적 감축 목표와 비교해 상향된 목표를 제출해야 한다. 또 이행 상황, 목표치 달성에 대한 보고서를 제출해야 하며, 2023년부터는 종합 점검을 받아야 한다. 다국적 회계컨설팅그룹인 PwC는 최근 보고서를 통해 대다수 기업이 환경 문제에 관심을 기울이고 있으며, 24%는 환경 문제가 기업의 미래를 좌우할 수 있다며, 정책 등 주변 상황 변화에 촉각을 곤두세우고 있다고 밝혔다. 이런 분위기 속에서 기후변화에 지극히 회의적인 트럼프 대통령이 포럼에 참석해 연설을 하고, 이에 대응해 타임지 올해(2019년)의 인물 그레타 툰베리가 각국 정부 지도자들의 무책임을 질책하면서 관계자들을 혼란에 빠뜨리고 있다. 포럼에 참석 중인 관계자들은 당초 파리 기후협약에서 합의한 것처럼 각국 지도자들이 목표한 대로 이산화탄소 배출량을 줄이고, 화석연료 사용을 줄이기 위한 조치를 적극적으로 취해나갈 수 있을지 의심의 눈초리로 바라보고 있다.

지구 환경과 함께 주목해야 할 또 다른 사안은 4차 산업혁명이다. WEF는 유비쿼터스, 디지털 기술 등 IT 기술이 사회 · 경제 발전에 큰 도움을 주었지만 사생활 침해, 사이버 공격과 같은 심각한 부작용이 함께 노출되고 있다고 지적했다. 이런 상황에서 부작용을 막을 정책적 결단과 함께 산업계에서는 준비된 투자, 미래를 대비하는 현명한 기술 개발이 요구되고 있다며, 이해당사자들이 모여 최선의 방향을 모색해 주기를 기대했다. 이번 포럼에는 특히 150명의 사이버보안 전문가들이 참석해 4차 산업혁명으로 인해 유발되는 리스크를 최소화하기 위한 방안을 모색하고 있는 중이다. 이와 함께 미래 고용, 기술, 기업 등을 위해 어떤 기술 트렌드를 제시할지 관심이 집중되고 있다. 특히 인공지능과 관련된 고용 문제는 지난해와 마찬가지로 올해에도 심각한 이슈로 떠오를 전망이다. 4차 산업혁명 시대에 구글, 페이스북과 같은 다국적 공룡기업들이 사회, 윤리적으로 어떤 입장을 취해야 할지에 대해서도 관심이 집중되고 있다. 주요 IT 기업들은 지난 1, 2차 세계 금융위기를 통해 사회적으로 큰 반발을 불러일으켜왔다. 새로운 기술로 금융가로부터 거액을 벌었으면서도 금융위기의 초래에 중심적 역할을 한 데 대해 아무런 대가도 받지 않았다는 것이다. 기술적 특성상 IT 관련 테크 기업들은 사업에 깊이 관여하지 않으면서 기술 및 데이터 사용료로 거액을 챙기는 구조를 향유해 왔다. 그러나 소셜미디어, 유튜브 등을 통해 퍼져나가는 가짜 뉴스, 포퓰리즘에 따른 정치적 불안정 등의 폐해에 대해 전혀 책임을 지지 않고 있다. 5G 시대가 본격적으로 전개되고 있는 상황에서 테크 기업의 사회적 책임 문제는 더 큰 사안으로 확대될 전망이다. 따라서 각국 정치 지도자들이 대거 참여하고 있는 가운데 책임 문제가 어떤 식으로 해소될 수 있을지 관심이 모아지고 있다.

① 기후변화에 대응하기 위한 국제적 공조 체제 재확인
② 개인의 프라이버시 침해에 따른 사이버보안 대책 모색
③ AI, IoT 등의 발달로 인한 국제적 고용 감소 문제에 대한 대책 협의
④ 종교 문제로 촉발된 중동과 유럽의 국지전에 대한 각국의 입장 표명

06. **다음 글을 통해 알 수 있는 내용으로 적절하지 않은 것은?**

수문을 완전히 개방한 금강 세종보의 녹조가 개방 전보다 41% 감소한 것으로 나타났다. 마찬가지로 수문을 완전히 개방한 금강 공주보의 녹조는 40%, 영산강 승촌보의 녹조는 37% 감소했다. 정부는 금강 · 영산강 5개 보 처리계획을 연말에 발표하고, 나머지 한강 · 낙동강 11개 보는 추가 개방 후 모니터링을 진행해 처리계획을 마련하기로 했다.

정부는 작년 6월부터 4대강 사업 이후 처음으로 총 16개 보 중 10개 보를 세 차례에 걸쳐 개방해 수질 · 수생태계 등 11개 분야 30개 항목을 모니터링 했다. 정부는 수질이 보 개방 이후 수문을 크게 연 보를 중심으로 조류농도가 유의미하게 감소했다고 밝혔다. 아울러 보 수위를 완전 개방한 세종보, 승촌보 구간에서 여울과 하중도가 생성되고, 수변 생태공간이 넓어지는 등 동식물의 서식환경이 개선된 것으로 나타났다.

이로 인해 승촌보에서는 보 개방 후 노랑부리저어새(멸종위기 Ⅱ급) 개체수가 증가했고, 세종보 상류에서는 독수리(멸종위기 Ⅱ급)가 처음 관찰되기도 했다. 생물 서식처로 기능하는 모래톱이 증가했고, 악취 및 경관훼손 우려가 컸던 노출 퇴적물은 식생이 자라나면서 빠른 속도로 변화됐다. 정부는 이를 바탕으로 "4대강 자연성 회복의 가능성을 확인할 수 있었다."고 밝혔다.

한강 · 낙동강에 위치한 11개 보는 취수장 · 양수장 때문에 개방이 제한적으로 진행됐는데, 정부는 이 상태로는 모니터링이 어렵다고 보고, 용수공급대책을 보강해 하반기부터 보 개방을 확대하고 이후 처리계획을 마련한다. 대규모 취수장이 위치한 한강 이포보, 낙동강 상주보, 강정고령보, 달성보, 합천창녕보, 창녕함안보는 취수장 운영에 지장을 주지 않는 수위까지 개방하는 것을 목표로 추진한다. 한강 강천보, 여주보, 낙동강 칠곡보는 대규모 취수장이 현재 수위에 근접해 있어 여타 보 모니터링 결과를 감안해 추후 개방을 검토하기로 했다.

① 세종보의 수문을 일부만 개방했으면 세종보의 조류농도가 덜 감소했을 것이다.
② 한강 · 낙동강에 위치한 11개 보의 수문을 개방하면 노랑부리저어새와 독수리의 개체가 더욱 증가할 것이다.
③ 보의 수문을 개방하면 취수장 운영에 영향이 있게 될 것이다.
④ 용수공급대책이 확대되면 한강 · 낙동강에 위치한 보의 수문이 더 많이 개방될 것이다.

07. 다음 보도자료를 참고할 때, 언급된 업무협약에 따른 기대효과로 적절하지 않은 것은?

보도자료		
보도일시	즉시 보도하여 주시기 바랍니다.	
담당 부서	한국수자원공사 수도개발처	박○○ 부장 / 오○○ 책임위원
		042-629-0000
배포일시	202X. 6. 29. / 총 3매	

한국수자원공사, LX한국국토정보공사와 공간정보 분야 협력 나서

□ 한국수자원공사는 LX한국국토정보공사와 양 기관의 업무효율성과 대국민서비스를 제고하기 위해 6월 29일 오전 11시, 전라북도 전주시 LX한국국토정보공사 본사에서 '공간정보 분야 상호협력체계 구축을 위한 업무협약'을 체결했다.

□ 협약 주요 내용은 △수도건설 사업의 효율적 설계를 위한 지적중첩도 작성 △국유재산의 효율적 관리를 위한 지적 · 공간정보체계 구축 △기관 간 시스템 상호 연계 추진 △지적 · 공간정보 교육 및 기술교류 등이다.

□ 한국수자원공사는 이번 협약을 통해 수도건설 사업 시 LX한국국토정보공사의 지적측량 결과를 반영하여 실제 지형과 지적을 일치시킨 도면인 '지적중첩도'를 활용할 계획이다.

○ 이를 활용하면 더 빠르고 정확하게 사전 설계를 할 수 있고, 실제 공사에 필요한 토지면적과 설계가 불일치하여 발생하는 실시계획 변경 과정 등을 최소화할 수 있다.

○ 이러한 제반조건 개선을 통해 사업부지에 편입된 토지 보상 등 전체 사업기간을 6～8개월까지 단축할 것으로 예상하고 있다.

○ 또한, 지적중첩도를 바탕으로 사업부지로 편입되는 토지면적을 오차 없이 정확히 산정하여 토지 소유자의 민원을 원천적으로 줄임으로써 공공사업에 대한 대국민 신뢰도 제고에도 기여할 것으로 기대된다.

□ 이 밖에도, 양 기관의 토지 및 공간정보시스템 상호 연계운영을 통해 측량성과물 등의 자료관리가 용이해져 업무효율성도 향상될 전망이다.

□ 양 기관은 이번 협약을 계기로 지속적인 지적 · 공간정보 분야 상호협력 체계를 구축하기 위해 지적측량 관련 전문교육 및 기술교류 등 업무협력을 이어갈 계획이다.

□ 오○○ 한국수자원공사 수도부문 이사는 "공간정보 전문기관인 LX한국국토정보공사와의 협약을 통해 앞으로 더욱 신속하고 정확하게 설계부터 보상, 건설까지 관리해 나갈 것"이라며 "안정적인 물 공급과 더불어 대국민서비스 향상에 최선을 다하겠다."라고 밝혔다.

① 수도건설 사업 시 토지면적 오차를 줄일 수 있다.
② 한국수자원공사가 진행하는 사업의 대국민 신뢰도를 높일 수 있다.
③ 첨단 건설공법을 활용할 수 있어 누수율 감소에 기여할 수 있다.
④ 토지 보상 등 한국수자원공사가 진행하는 사업의 기간을 단축할 수 있다.

08. 다음 글의 문단 (가) ~ (라)가 공통적으로 암시하는 내용으로 적절한 것은?

(가) 세계인구 증가와 산업 발달로 늘어나는 물 수요에 대처하기 위한 수자원 확보는 국가의 중요 정책과제로 대두되고 있다. 존 라이드 영국 국방장관은 2006년 2월 27일 영국 왕립국제문제연구소 연설에서 "지구온난화로 지구 곳곳에서 사막화가 진행되고 있어 20 ~ 30년 안에 물을 둘러싼 폭력적이고 정치적인 충돌이 일어날 것"이라고 경고했다.

(나) 한편, 2000년 6월 남북정상회담 이후 남북관계의 발전을 위해 개최하기로 한 남북장관급회담에서는 북한 수자원 개발사업의 공동 추진을 합의한 바 있으며, 2000년 8월 장관급회담에서 임진강 수해방지사업 공동 추진 합의 이후 2004년 3월 임진강 수해방지와 관련된 합의서 채택, 2007년 4월 임진강 수해방지와 관련된 합의서 교환방식 합의 등 10여 차례의 실무협의를 지속적으로 추진하여 왔다.

(다) 1972년 스웨덴에서 개최된 UN 인간환경회의 및 1977년 아르헨티나에서 개최된 UN 마르텔플라타 물 회의 이래 1992년 리우환경개발회의, 2002년의 남아프리카공화국에서 개최된 지구정상회의 및 2006년의 멕시코에서 개최된 제4차 세계 물포럼 각료회의에 이르기까지 물과 환경 문제에 대한 국제적인 합의와 개선 노력이 진행되고 있다. 이제 물 문제는 국제적인 규범 마련과 이를 실천하기 위한 세계적인 노력 없이, 한 국가만의 의지만으로는 해결이 어려운 상황이다.

(라) 남북관계에서 군사적 이외에 공유하천에 대한 효율적인 이용을 위하여 2000년부터 여러 차례 북한과 협의하기 위해 노력하였으나, 지속적으로 추진되지 못하였다. 공유하천의 관리는 협상과 협력을 기초로 하는 것이 원칙이며 지속적으로 추진되어야 하지만, 남북관계의 특수성으로 국제관례를 그대로 적용하기는 어려운 실정이다. 국제사례를 바탕으로 한 남북공유하천 관리를 위한 단계별 계획으로는 공동관리를 위한 조약의 체결과 관리기구의 설치, 공유하천 공동 이용방안 마련을 들 수 있다.

① 물 부족국가에는 물 선진국으로부터의 전폭적인 지원이 필요하다.
② 수자원 관리의 문제는 국제적인 협조가 필요하다.
③ 물 부족은 지구온난화로 인한 지구촌의 가장 심각한 문제이다.
④ 지구촌 물 부족 문제에 대한 해결책은 물 관련 국제기구의 설립이다.

09. '물과 물에 관한 재난'을 주제로 하여 〈보기〉의 개요에 따라 보고서를 작성하고자 한다. 문단 (가)~(다)가 삽입되어야 할 곳이 알맞게 짝지어진 것은?

보기

Ⅰ. 물의 의미
- 물이 실생활에서 갖는 의미와 역할
- (　　　A　　　)

Ⅱ. 물과 자연재해
- 물에 관한 재난의 종류
- 홍수의 특징과 대응요령
- (　　　B　　　)

Ⅲ. 물 관리의 필요성과 대응방법
- 물의 과잉/부족이 사회에 미치는 영향
- (　　　C　　　)

(가) 흔히 물 위기라고 하면 수자원의 부족이나 위생 또는 공급 시설의 부족을 언급하게 되지만 물 재해 측면에서도 위협이 증가하고 있다. 기후변화로 인한 극한 홍수와 가뭄의 증가는 이미 국제사회에서 학술적으로 인정하고 있다. 문제는 이에 대한 대비가 과거와 같은 다목적댐과 제방 위주의 집중적 방어체계에서 벗어나 유역에서 유연하게 방어하는 체계로 전환하는 것이 낮은 비용으로 잠재적 위험도를 낮추는 데 유리하다는 것이다. 실제로 2005년 미국의 허리케인 '카트리나'의 사례에서 수자원 관리자들은 설계 홍수량을 방어하는 것도 중요하지만 잠재적 홍수 피해를 최소화하는 것이 더욱 중요한 치수의 기준이 되어야 한다는 교훈을 얻었다. 이것이 최근 강조되고 있는 지속가능한 치수 정책의 핵심이라 할 수 있다.

(나) 가뭄의 직접적인 피해는 다른 자연재해에 비해 덜 명확하며 넓은 지역에 걸쳐 발생한다. 가뭄은 지진이나 홍수, 태풍과 달리 구조적인 피해를 주지 않으며, 직접적으로 인명 피해를 주는 경우가 드물다. 가뭄과 관련된 희생은 폭서나 영양실조 또는 기근을 초래하는 식량공급의 붕괴 때문이다. 가뭄은 홍수나 메뚜기 떼와 함께 기근을 유발하는 여러 물리적 인자의 하나이며, 이로 인한 기근은 전쟁, 내란 그리고 사회의 구조적인 붕괴 등을 유발하기도 한다. 이러한 가뭄에 대한 정확하고 보편적인 정의의 부재는 어떤 지역이 가뭄에 처해 있고, 또 얼마나 심각한지 추산하기 어렵게 한다. 불행하게도 가뭄의 진행을 느꼈을 때에는 이미 효과적인 조치를 실행에 옮기기에는 너무 늦은 경우가 많다.

(다) 물은 시대가 변하면서 수요가치가 다양하게 변해 왔다. 원시시대에 물은 생존을 위해 먹어야만 하는 필요재의 가치를 가졌었으며, 농경시대에는 생존뿐만 아니라 식량을 얻을 농사를 짓기 위해서도 필요했다. 또한 산업화를 거치면서 공업용수로서의 활용성이 커졌으며, 생활수준이 높아짐에 따라 심미적 기능을 가지는 경관 개념의 가치도 상승했다. 이처럼 물은 그 활용가치가 점차 확대되어 왔으며 미래에도 충분히 그럴 것이라고 생각된다. 하지만 물은 무한한 자원이 아니기 때문에, 가치가 높아지고 수요가 증가할수록 이를 적절히 분배하여 활용하기 위한 정책, 효율적으로 사용할 수 있는 기술 개발이 중요하다고 할 수 있다. 인식과 정책 부분에서 많은 전환을 거쳤음에도 지구상의 많은 지역에서 물로 인해 고통 받고 있으며, 갈등과 분쟁이 끊이지 않는 물 위기 상황에 직면해 있다.

	(A)	(B)	(C)
①	(나)	(가)	(다)
②	(나)	(다)	(가)
③	(다)	(가)	(나)
④	(다)	(나)	(가)

10. ○○공사에 다니는 한 대리는 해외에서 열리는 학술대회 출장을 앞두고, 경비지원을 받기 위해 홈페이지에 게재된 공지사항을 확인하고 있다. 이후 헷갈리는 내용이 있어 회계팀 오 대리에게 다음과 같이 질문을 하였다. 올바른 답변 내용이 아닌 것은?

〈해외학회 정산서류 제출 안내〉

• 모든 참가경비 지원은 본인 명의의 개인 카드만 사용해 주십시오(현금 결제하시는 경우 정확한 서류로 제출해 주셔야 합니다).

• 모든 제출 영수증 및 서류는 반드시 원본으로 우편(등기) 발송해 주십시오.

1) 결과보고서	– 참가 기간 동안 학술대회에서 활동한 학술활동, 수집한 최신 정보, 진료 및 연구, 교육에서 활용방안 등의 내용을 포함하여 활동 내용이 구체적으로 작성되어야 합니다. – 결과보고서 양식은 좌측메뉴 '신청내역 관리 및 결과보고'에서 다운로드하여 사용해 주시기 바랍니다.
2) 보딩패스+ E-Ticket	– 보딩패스와 E-Ticket 모두 제출해 주셔야 합니다. – 보딩패스를 분실한 경우, 마일리지 적립 내역서 또는 항공사에서 발급하는 출입국 확인서 원본과 사유서를 제출해 주십시오.
3) 항공결제 영수증	– 항공결제영수증은 항공사 or 여행사 결제영수증과 카드 승인내역서를 모두 제출해 주십시오. – 여행사를 통해 결제하신 경우 취급수수료가 기재되어 있는 영수증으로 제출해 주셔야 합니다(취급수수료 지원불가). – 결제를 현금으로 하신 경우 계좌이체 내역서 혹은 현금결제가 명시된 영수증으로 제출 부탁드립니다. – 학회기간을 제외한 앞뒤로 1일까지만 가능합니다. 이를 넘어갈 경우 관련 사유서 제출을 부탁드립니다. – 다른 클래스를 이용하실 경우, 되도록 분리결제 부탁드립니다. – 추가 비용 없이 다른 클래스의 좌석을 마일리지를 사용하여 다녀오신 경우 관련 내용을 사유서에 기재하여 추가 제출을 부탁드립니다. – 직항노선이 아닌 경유노선을 이용하였을 경우, 사유서 추가 제출을 부탁드립니다(직항노선이 없는 경우 해당 제외). – 경유 지역에서 체류하셨을 경우 출발지에서 경유지까지 항공비는 지원 불가이며, 지원 불가능한 편도 항공 금액 안내서 제출, 사유서 제출해야 합니다. – 국내노선을 이용할 경우 국외노선과 통합 여정으로 결제를 부탁드립니다(분리 결제한 경우 지원 불가).
4) 현재 교통비 영수증	– 공항 · 숙소 · 학회장 간의 교통비 영수증만 가능합니다. – 학술대회 기간 내, 1인 최대 15만 원 이내, 1일 왕복 1회 한정으로 지원 가능합니다. – 영수증에 이용날짜, 시간, 출발지 / 도착지가 명시되어야 합니다.

	- 출, 도착지 명시가 되지 않는 경우 "ㅇㅇ → ㅇㅇ"와 같이 이동 장소를 자필로 기재를 부탁드립니다. - 국내교통비와 렌터카 비용은 지원이 불가합니다. - 수기로 작성된 영수증은 증빙이 불가합니다.
5) 식대영수증	- 1인 1일 3식 기준이 적용됩니다. - 1식에 영수증 1장까지만 허용됩니다(5만 원 이내). - 식사 시간대 현지 식당에서 결제한 카드영수증 또는 현금결제영수증을 제출하셔야 합니다(현금결제가 명기되어 있어야 함). - 학회장의 소재지 행정구역 내에서만 식사 가능합니다. - 음료만 구입한 영수증과 기념품은 지원 불가합니다. - 영수증에 1인 이상 표기된 경우 1/n 가격으로 지원됩니다. - 식당에서 발급된 영수증 없이 카드 승인내역서만 제출할 경우 지원이 불가합니다.
6) 숙박내역서	- 1박당 35만 원 이내로 지원됩니다(조식 금액 제외). - 조식이 포함된 경우 조식가격이 명시되어야 하며 식사비로 처리됩니다. - 학회장의 소재지 행정구역(도시) 내에서만 숙박 가능합니다. - 숙박내역서는 호텔에서 발급하는 바우처로 1박당 금액, Check-In 날짜, Check-Out 날짜, 투숙객 성함이 기재된 서류여야 합니다. - 1인 1실 기준으로 내역서에 2인 이상 투숙으로 기재된 경우 1/n금액으로 지원됩니다. - 미니바, 영화, 세탁, 전화, 인터넷 등 부수비용은 지원하지 않습니다.
7) 숙박결제 영수증	- 숙박결제영수증은 현지에서 제공하는 결제영수증 실원본과 카드 승인내역서를 함께 제출해 주시기 바랍니다. - 분실하신 경우 카드사 홈페이지에서 조회된 카드전표 혹은 계좌이체 확인서를 제출 부탁드립니다. - 오픈마켓 및 모바일로 예약 및 결제하신 경우 해당 호텔의 바우처 발급이 어려울 수 있습니다. - 해당 회사마다 양식이 달라 예약 시 받은 메일과 예약화면 결제완료 화면, 개인카드 결제 승인내역서 등 최대한의 자료를 모아 제출을 부탁드립니다.

① 카드로 식비 결제 시 카드 승인내역서만 제출하면 되나요?
→ 네, 식대영수증의 경우 카드 승인내역서만 첨부하셔도 됩니다.

② 출, 도착지가 명시된 영수증만 제출할 수 있나요?
→ 아니요, 출 / 도착지를 영수증에 자필로 기재하여 제출하셔도 됩니다.

③ 국내노선을 이용할 경우 국외노선과 분리하여 결제해도 되나요?
→ 네, 하지만 분리 결제할 경우 국내노선 비용은 지원되지 않습니다.

④ 숙박결제영수증을 제출할 때 카드 승인내역서만 제출하면 되나요?
→ 아니요, 현지에서 제공하는 결제영수증 실원본도 함께 제출하셔야 합니다.

수리능력

⇨ 직업기초능력의 기본적인 인지 역량과 실제 업무 역량을 측정하기 위한 모듈로 구성하였습니다.

01. 다음 3개의 네모 칸 각각에 있는 수들의 조합은 일정한 규칙에 따라 나열되어 있다. 이와 동일한 규칙을 적용할 때, 가장 좌측에 20이 오는 수들의 조합 중 왼쪽에서부터 세 번째와 네 번째 수를 더한 값은?

12 6 4 3 2 1	18 9 6 3 2 1	36 18 12 9 4 3 2 1

① 8　　② 9
③ 10　　④ 12

02. 다음은 20X9년 우리나라 도지역의 상수원 보호구역 현황을 나타낸 자료이다. 이에 대한 설명으로 적절한 것은?

구분	보호구역 (개소)	지정면적 (천 m^2)	지정거리 (m)	지정폭 (m)	거주인구 (인)
경기도	11	190,247	40,285	9,476	8,190
강원도	54	99,244	234,387	12,778	1,133
충청북도	12	111,340	66,758	8,910	3,841
충청남도	6	5,542	17,930	420	329
전라북도	9	43,433	150,733	3,994	694
전라남도	71	194,388	231,476	75,025	1,532
경상북도	81	142,821	230,432	35,110	1,351
경상남도	40	122,379	115,230	37,058	2,280
제주도	13	1,823	8,410	–	121

① 보호구역 1개소당 평균 지정면적 상위 3개 지역은 경기도, 전라남도, 경상북도이다.
② 보호구역 개수 상위 3개 지역은 지정거리 상위 3개 지역에 속하는 지역이다.
③ 보호구역 내 거주인구가 많을수록 보호구역 1개소 당 평균 거주인구도 더 많다.
④ 지역별 전체 보호구역 지정면적은 거주인구와 비례한다.

03. 세 자연수 x, y, z의 최소공배수가 336이고, 연립방정식 $\begin{cases} 0.5x-0.2y=1.2z \\ -\frac{x}{3}+\frac{y}{4}=\frac{5}{6}z \end{cases}$ 가 성립할 때, $x+y+z$의 값은 얼마인가?

① 126　　② 130
③ 134　　④ 138

04. 지난해의 A 공사 직원 채용 시험에 응시한 사람 중 합격자의 평균 점수는 불합격자의 평균 점수의 1.5배보다 6점이 낮았고, 불합격자의 평균 점수는 응시자 전체의 평균 점수보다 3점이 낮았다. 합격률이 12%이었을 때, 응시자 전체의 평균 점수는 몇 점인가?

① 62점　　② 65점
③ 67점　　④ 70점

05. 다음은 우리나라의 단수로 인한 피해현황을 나타낸 자료이다. 이에 대한 설명으로 올바른 것은?

구분	사고건수(건)	사고원인(건)				사고복구비(백만 원)
		시설노후	자연재해	타 공사	기타	
계	151,313	134,741	29	16,391	152	196,606
2019년	34,778	31,696	3	3,068	11	38,318
2020년	35,117	31,254	8	3,827	28	40,960
2021년	29,342	25,964	5	3,351	22	43,935
2022년	26,166	22,938	3	3,184	41	35,682
2023년	25,910	22,889	10	2,961	50	37,711

① 제시된 5개년간의 전체 사고 건당 평균 복구비보다 더 낮은 사고 건당 평균 복구비를 보이는 연도는 3개이다.
② 제시된 5개년 동안 2020년의 사고 건수와 사고 복구비는 모두 20%를 넘는 비중을 차지한다.
③ 매년 지속적으로 감소하고 있는 사고원인은 '시설노후'와 '타 공사'이다.
④ 사고 복구비가 가장 많이 드는 사고원인은 '시설노후'이다.

[06 ~ 07] 다음은 2018년 정부가 수립한 전국수도종합계획의 주요 지표이다. 이어지는 질문에 답하시오.

〈주요 정책지표〉

(단위 : %)

4대 목표	정책 지표	2018년	1단계(~ 2020년)	2단계(~ 2025년)
안전한 수돗물의 지속가능한 공급	2025 물 공급 안전율	62.7	85	100
	누수율	10.6	8.0	5.0
안심하고 믿고 마시는 수돗물	부적절 관망 비율	0.4	0.2	0.0
	고도정수처리 도입률	22.3	45	70
	수돗물 만족도	61.5	75	85
국민과 함께하는 건전한 수도사업	상수도 요금 현실화율	77.8	90	95

1) 2025 물 공급 안전율

인구 증가와 이동성 증대, 각종 개발계획은 지역적 용수수요량의 변화를 초래하고 장래 물 부족의 원인이 되어 물 공급 안정성 저하 전망

- 2018년 총인구 4,941만 명에서 2025년 5,197만 명으로 증가 전망
- 2025년에는 60개 지자체에서 생활용수 부족 전망

2) 누수율

수돗물 누수는 정수장에서 생산한 물이 수용가까지 공급되는 과정에서 손실되는 수돗물로서 2018년 말 기준 연간 6.56억m^3(팔당호의 3배) 발생하며, 경제적 손실은 연간 5,572억 원 수준

3) 부적절 관망 비율

- 상수도관 중 아연도 강관은 오래되면 녹이 슬어 녹물이 나올 가능성이 크므로 1994년 4월 1일 이후부터 사용이 금지되었으나, 노후 건축물에 약 774km의 아연도 강관이 급수관으로 사용되고 있음.
- 흄관은 주로 하수관에 사용되며 접합부 수밀성이 낮아 상수도관으로 사용 시 누수량이 많고 외부의 오염물질이 유입될 가능성이 높아 상수관로로 사용하기 부적절하나 약 28km의 흄관이 사용되고 있음.

4) 고도정수처리 도입률

맛, 냄새 유발물질은 최근 5년간 4대강 지역에서 수질기준보다 상회하여 정수처리 과정에서 적절한 처리가 필요하나, 일반적인 정수처리 공정으로는 제거가 곤란. 강우 시 도시지역의 지표상 오염물질과 농촌지역의 농약 및 비료 등의 하천유입 등 증가된 비점오염원의 공공수역 유입으로 상수원수 내 난분해성 유기물질이 지속 검출되고 있어 고도정수처리시설을 통해 안심하고 마실 수 있는 수돗물 생산

5) 수돗물 만족도

상수원 오염 우려 및 수도시설의 노후화 진행에 따른 낮은 서비스 만족도

- 2017년 우리나라의 수돗물 서비스 만족도는 61.5% 수준으로 네덜란드 95%, 영국 86% 등 선진국 대비 낮은 수준

6) 상수도 요금 현실화율

수도요금은 생산원가에 못 미치는 수준(2018년 전국평균 77.8%)으로 상수도 재정 악화와 수도시설 관리 부실의 주요 원인으로 작용

- 물가상승에 따라 수돗물 생산원가는 증가하나, 수도요금 인상 반대 등으로 현실화율은 감소 추세

06. 위의 전국수도종합계획을 참고할 때, 향후 정부에서 취하게 될 수자원 관리 정책에 대한 판단으로 가장 적절하지 않은 것은?

① 기후변화에 따른 반복적인 가뭄과 집중호우에 대비한 물 공급 안정성을 도모하고자 할 것이다.

② 상수도관에서 아연도 강관과 흄관을 점차 폐기하여 사용률 0%를 이루고자 할 것이다.

③ 2025년까지 고도정수처리시설을 2배로 확충하여 수돗물 만족도 목표를 달성하고자 할 것이다.

④ 상수도 요금의 적절한 인상과 지속적인 생산원가 절감을 위하여 노력할 것이다.

07. 다음 중 위의 자료를 통하여 유추한 각 지표들의 산식으로 적절하지 않은 것은?

① 2025 물 공급 안전율(%)=(총 지자체 수-2025년 물 부족 지자체 수)÷총 지자체 수

② 부적절 관망 비율(%)=아연도 강관 연장÷총 상수관로 연장

③ 고도정수처리 도입률(%)=고도정수처리시설 용량÷전체 정수장시설 용량

④ 상수도 요금 현실화율(%)=상수도 요금÷생산원가

[08 ~ 09] 다음은 우리나라 주요 수력발전댐의 현황을 나타낸 자료이다. 이어지는 질문에 답하시오.

〈댐별 규모〉

구분	유역면적(km^2)	제원	
		높이(m)	길이(m)
화천댐	3,901	81.5	435.0
춘천댐	4,736	40.0	453.0
의암댐	7,709	23.0	273.0
청평댐	9,921	31.0	407.0
팔당댐	23,800	29.0	575.0
괴산댐	671	28.0	171.0
도암댐	145	72.0	300.0

〈댐별 주요 용량〉

구분	화천댐	춘천댐	의암댐	청평댐	팔당댐	괴산댐	도암댐
총 저수용량(백만 m^3)	1,018.4	150.0	80.0	185.5	244.0	15.3	51.4
유효 저수용량(백만 m^3)	658.0	61.0	57.5	82.6	18.0	5.7	39.7
홍수조절용량(백만 m^3)	213.0	14.0	16.0	19.0	–	3.0	10.4
발전용량(천 kW)	108.0	57.6	45.0	79.6	120.0	2.6	82.0

08. 다음 중 위의 수력발전댐 현황에 대한 설명으로 적절하지 않은 것은?

① 발전용량 상위 3개 댐은 총 저수용량 상위 3개 댐에도 포함된다.

② 팔당댐을 제외하면 총 저수용량이 큰 댐일수록 유효 저수용량도 더 크다.

③ 화천댐은 유역면적 상위 5개 댐 중 면적이 가장 작지만 높이가 가장 길어 총 저수용량이 가장 많다.

④ 유역면적 대비 발전용량은 도암댐이 가장 크다.

09. 다음 중 총 저수용량 대비 유효 저수용량과 홍수조절용량의 비중이 각각 가장 큰 댐의 명칭이 올바르게 짝지어진 것은?

	유효 저수용량	홍수조절용량
①	도암댐	도암댐
②	의암댐	화천댐
③	도암댐	화천댐
④	의암댐	도암댐

10. 다음은 건강보험료 산정 방법에 대한 안내문이다. 이에 대한 설명으로 옳은 것은?

〈직장가입자 건강보험료 산정 안내〉

○ 건강보험료율 : 6%

구분	계	가입자부담	사용자부담	국가부담
근로자	6%	3%	3%	–
공무원	6%	3%	–	3%
사립학교 교직원	6%	3%	2%	1%

○ 가입자부담(50%) 건강보험료 산정 = 보수월액 × 보험료율(3%)

□ 보수월액(월평균보수) = 연간 총보수액 ÷ 근무월수

□ 1인 총 건강보험료 = 가입자부담 건강보험료(10원 미만 단수 버림) × 2

보수월액 범위	보험료율(가입자부담)	월보험료 산정
28만 원 미만	3%	28만 원×3%
28만 원 이상 ~ 6,500만 원 이하	3%	보수월액×3%
6,500만 원 초과	3%	6,500만 원×3%

① 보수월액이 400만 원인 근로자 A의 총 건강보험료는 12만 원이다.

② 보수월액이 8,000만 원인 근로자 B의 총 건강보험료는 240만 원이다.

③ 보수월액이 800만 원인 공립학교 교직원 C에 대해 국가가 부담하는 건강보험료는 3만 원이다.

④ 30만 원을 건강보험료로 납부하는 근로자 D의 보수월액은 1,000만 원이다.

자원관리능력

⇨ 직업기초능력의 기본적인 인지 역량과 실제 업무 역량을 측정하기 위한 모듈로 구성하였습니다.

[01 ~ 02] 다음은 핸드폰 A ~ F의 특성을 정리한 표이다. 이어지는 질문에 답하시오.

구분	A	B	C	D	E	F
성능	좋음	좋음	보통	좋음	보통	보통
디자인	보통	보통	좋음	좋음	좋음	좋음
가격	보통	높음	낮음	보통	매우 높음	매우 높음
무게	가벼움	보통	무거움	보통	가벼움	보통
화면 크기	작음	큼	큼	작음	작음	보통

※ 성능과 디자인은 평가가 나쁠수록, 가격은 높을수록, 무게는 무거울수록, 화면 크기는 작을수록 낮은 점수를 부여한다.

※ 구매자가 원하는 특성들의 합산 점수가 높을수록 좋은 선택이다.

01. 김지호 씨는 가격이 저렴하고 가벼운 핸드폰을 원한다. 최상의 선택으로 적절한 것은?

① A 핸드폰　　② B 핸드폰

③ D 핸드폰　　④ E 핸드폰

02. 다음 중 본인의 기호에 부합하지 않는 핸드폰을 구매한 사람은?

① 진솔 : 나는 성능과 디자인에서 가장 좋은 평가를 받은 D 핸드폰을 구매했어.

② 나영 : 나는 다른 조건은 다 필요 없고, 큰 화면을 원해서 F 핸드폰을 구매했어.

③ 가은 : 나는 성능이 좋고, 가벼운 핸드폰을 사고 싶어서 A 핸드폰을 구매했어.

④ 홍주 : 나는 다른 핸드폰에 비해 화면이 큰 핸드폰 중에서 무게가 상대적으로 가벼운 B 핸드폰을 구매했어.

03. 이사를 계획하고 있는 조 사원은 출근 시간을 고려하여 A～D 4군데의 집 중 한 곳을 선택해야 한다. 집과 회사와의 거리, 교통수단 등의 정보가 다음과 같을 때, 동일한 시각에 출발하여 회사에 가장 빨리 도착할 수 있는 곳은? (단, 모든 계산은 소수점 아래 둘째 자리에서 반올림한다)

〈회사와의 거리〉

A	10km
B	12km
C	14km
D	16km

〈구간별 이용 교통수단〉

구분	버스	전철	택시
A	집～7km 지점	–	7km 지점～회사
B	10km 지점～회사	집～10km 지점	–
C	–	집～4km 지점	4km 지점～회사
D	–	–	전 구간

〈교통수단별 평균 속력〉

버스	전철	택시
40km/h	100km/h	70km/h

※ 환승 포함 언급되지 않은 사항은 고려하지 않으며, 다른 교통수단은 이용할 수 없는 것으로 가정한다.

① A ② B
③ C ④ D

04. 다음은 B사의 경력평정에 관한 규정의 일부이다. 직원 네 명의 경력평가 내역을 참고할 때, 경력평정 점수가 가장 높은 직원과 가장 낮은 직원의 점수 차이는 몇 점인가? (단, 모두 해당 직급 연차의 말일을 기준으로 한다)

제15조(평정기준) 직원의 경력평정은 회사의 근무경력으로 평정한다.

제16조(경력평정 방법) ① 평정기준일 현재 근무경력이 6개월 이상인 직원에 대하여 별첨 서식에 의거 기본경력과 초과경력으로 구분하여 평정한다.

② 경력평정은 당해 직급에 한하되 기본경력과 초과경력으로 구분하여 평정한다.

③ 기본경력은 3년으로 하고, 초과경력은 기본경력을 초과한 경력으로 한다.

④ 당해 직급에 해당하는 휴직, 직위해제, 정직기간은 경력기간에 산입하지 아니한다.

⑤ 경력은 1개월 단위로 평정하되, 15일 이상은 1개월로 계산하고, 15일 미만은 산입하지 아니한다.

제17조(경력평정 점수) 평가에 의한 경력평정 총점은 30점으로 하며, 다음 각호의 기준으로 평정한다.

1. 기본경력은 월 0.5점씩 가산하여 총 18점을 만점으로 한다.
2. 초과경력은 월 0.4점씩 가산하여 총 12점을 만점으로 한다.

제18조(가산점) ① 가산점은 5점을 만점으로 한다.

1. 정부포상 및 자체 포상 등(대통령 이상 3점, 총리 2점, 장관 및 시장 1점, 사장 1점, 기타 0.5점)
2. 회사가 장려하는 분야에 자격증을 취득한 자(자격증의 범위와 가점은 사장이 정하여 고시한다)

② 가산점은 당해 직급에 적용한다.

구분	직급 연차	휴직 등	가산점 여부
조 과장	2	–	자격증 2점, 국무총리 포상
남 대리	4	작년 1개월 휴가	사장 포상
권 부장	5	올해 정직 3개월	–
강 대리	3	사원 시절 4개월 휴가	장관 포상

① 9.6점 ② 10.0점

③ 10.2점 ④ 10.4점

[05 ~ 06] 휴가를 맞은 A 씨는 가족들과 함께 박람회를 구경하러 갈 계획이다. 다음 박람회 안내문을 보고 이어지는 질문에 답하시오.

〈박람회장 입장료〉

(단위 : 원)

구분		성인	청소년	어린이/경로
보통권		33,000	25,000	19,000
특정일권 (적용기간 : 5월 12, 13, 26 ~ 28일, 8월 10 ~ 12일)		40,000	30,000	23,000
할인권	보통권다량구매	31,000	23,000	17,000
	평일단체권	27,000	17,000	13,000
	특정일단체권	33,000	25,000	19,000
	특별권	18,000	14,000	10,000
	2일권	53,000	40,000	30,000
	3일권	69,000	53,000	40,000
	전기간권	200,000	150,000	100,000

〈입장권 구분〉

- 만 4세 미만 어린이는 성인의 보호하에 무료입장이 가능합니다.
- 보통권은 박람회 기간 중 평일, 토요일, 공휴일에 관계없이 하루를 택하여 입장할 수 있으며, 다만 특정일에는 입장을 할 수 없습니다.
- 특정일은 전기간권이나 특별권, 특정일권 표를 구입한 사람만 입장할 수 있으며, 특정일권을 예매할 경우 특정일 8일 중 하루를 정하여 아무 날이나 이용 가능하며, 특정일 이외에는 이용이 불가합니다.
- 보통권다량구매는 보통권을 30매 이상 구매할 경우에 할인되는 표이며 개인은 물론 단체로 평일, 토요일, 공휴일 어떤 날짜에도 이용할 수 있으나 특정일에는 이용할 수 없습니다.
- 평일단체권은 보통권을 30매 이상 구매할 경우에 할인되는 표이며 토요일, 공휴일, 특정일에는 이용할 수 없습니다. 평일단체권은 단체로 사용하여야 하며, 낱장으로 개인별로 입장할 수 없습니다.
- 특정일단체권은 특정일권을 30매 이상 구매할 경우에 할인되는 표입니다. 특정일 8일 중 아무 날이나 이용 가능합니다.
- 특정일단체권은 낱장으로 사용할 수 없으며, 단체로만 입장 가능합니다.

- 특별권은 국가유공자, 하사 이하 현역군인, 전 · 의경, 장애인 1 ~ 4급, 장애인 1 ~ 3급의 보호자 1인, 기초생활수급 대상자가 이용할 수 있는 표입니다.
- 특별권은 평일, 토요일, 공휴일은 물론, 특정일에도 모두 이용할 수 있습니다.
- 특별권은 본인확인 절차가 필요하므로 배송선택은 불가하며, 현장매표소에서 신분증(국가유공자증, 복지카드, 기타 증빙자료 등)을 제시 후 수령하셔야 합니다.
- 2일권, 3일권은 각 2일, 3일 연속으로만 입장 가능하며 그 기간 중 평일은 물론 주말과 공휴일 모두 이용 가능하나, 특정일은 제외됩니다. 반드시 2일 또는 3일 연속으로 사용하여야 하며, 기간을 띄어 사용할 수 없습니다.

05. 다음 중 박람회 입장 안내사항을 본 A 씨가 판단한 내용으로 적절하지 않은 것은?

① 전기간권, 특별권, 보통권 중 하나만 있으면 언제든 날짜에 관계없이 관람이 가능하다는 거구나.

② 평일단체권이 보통권다량구매보다 더 싼 이유는 주말과 공휴일 이용의 차이와 개인 관람 가능 여부 때문이군.

③ 경로자들에게 해당되는 입장권은 특별권이 아니로군.

④ 5월 10일부터 3일권을 사용하면 손해를 보는 셈이야.

06. A 씨 일행은 다음과 같은 계획으로 박람회를 구경하기 위해 입장권을 예매하려고 한다. A 씨 일행이 지불할 수 있는 가장 저렴한 입장료는 총 얼마인가?

- A 씨와 아내 2인(성인) : 5월 26일 하루 관람
- A 씨의 장인, 장모 2인(경로 우대자) : 5월 23 ~ 24일(평일) 이틀 연속 관람
- A 씨의 아들 1인(청소년), 딸 1인(어린이) : 7월 중 3일 연속 관람

① 205,000원　　② 213,000원

③ 225,000원　　④ 233,000원

[07 ~ 08] 다음 자료를 보고 이어지는 질문에 답하시오.

〈각 지점 간 경로〉

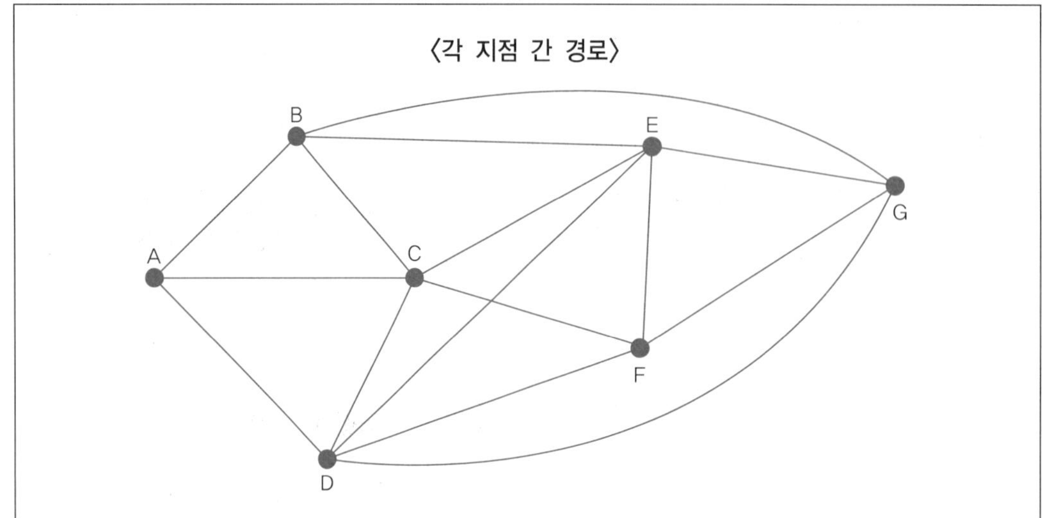

〈각 지점별 거리〉

(단위 : km)

구분	A	B	C	D	E	F	G
A	–	52	108	51	–	–	–
B	52	–	53	–	66	–	128
C	108	53	–	56	53	55	–
D	51	–	56	–	62	69	129
E	–	66	53	62	–	59	58
F	–	–	55	69	59	–	54
G	–	128	–	129	58	54	–

07. A 지점으로 출장을 나온 조 사원은 업무를 마치고 사무실이 있는 G 지점으로 운전해 돌아가고자 한다. 조 사원이 갈 수 있는 최단거리는? (단, 모든 지점을 거칠 필요는 없다)

① 159km ② 163km

③ 167km ④ 171km

08. 조 사원은 최단거리를 확인한 후 출발하려 했으나, C 지점에 출장을 갔던 박 대리가 픽업을 요청해 C 지점에 들러 박 대리를 태우고 사무실이 있는 G 지점으로 돌아가고자 한다. 박 대리를 태우고 최단경로로 이동할 경우 추가되는 이동 거리는?

① 41km ② 43km

③ 45km ④ 47km

[09 ~ 10] 다음 자료를 보고 이어지는 질문에 답하시오.

〈각 교통편 운행 노선〉

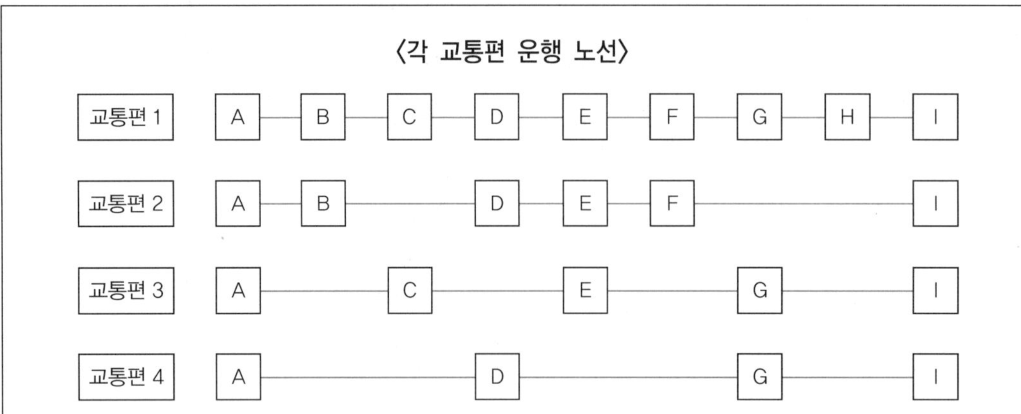

※ 전체 노선의 길이는 모든 교통편이 500km이며, 각 지점 간의 거리는 모두 동일하다.
※ A ~ I는 정차하는 지점을 의미하며 B ~ H 지점마다 15분씩의 정차 시간이 소요된다.

〈교통편별 운행 정보 내역〉

구분	평균속도(km/h)	연료	연료비/리터	연비(km/L)
교통편 1	60	무연탄	1,000	4.2
교통편 2	80	중유	1,200	4.8
교통편 3	120	디젤	1,500	6.2
교통편 4	160	가솔린	1,600	5.6

09. 교통편 1 ~ 4를 이용하는 교통수단이 같은 시각에 A 지점을 출발하여 I 지점까지 이동할 경우, 가장 빨리 도착하는 교통편과 가장 늦게 도착하는 교통편과의 시간 차이는 얼마인가? (단, 시간의 계산은 소수점 아래 둘째 자리에서 반올림하며, 0.1시간은 6분으로 계산한다)

① 5시간 50분
② 6시간 5분
③ 6시간 15분
④ 6시간 30분

10. 교통편 2를 이용하여 A ~ I까지 이동하는 데 걸리는 총 소요 시간이 교통편 3과 동일해질 수 있도록 평균속도를 더 올리고자 한다. 평균속도가 매 5km 상승할 때마다 연비가 1%씩 낮아진다고 가정할 경우, 교통편 3의 소요 시간과 동일한 시간이 소요될 때의 교통편 2의 총 연료비용 증가액은 얼마인가? (단, 연비는 소수점 아래 셋째 자리, 연료비용은 소수점 아래 첫째 자리에서 반올림하며, 각 지점의 정차 시간은 변하지 않는다)

① 12,000원
② 12,300원
③ 12,500원
④ 12,750원

직업기초 3회

기출예상문제

문항수 | 40문항
문항시간 | 40분

▶ 정답과 해설 21쪽

문제해결능력

⇨ 직업기초능력의 기본적인 인지 역량과 실제 업무 역량을 측정하기 위한 모듈로 구성하였습니다.

01. 주차장에 스포츠카, 경차, 트럭이 세워져 있으며, 세 차량의 색깔은 검은색, 흰색, 회색이다. 아래 〈조건〉을 참고할 때, 알 수 있는 사실로 올바른 것은?

조건

- 가장 왼쪽에 있는 차량은 흰색 차량이다.
- 경차는 트럭의 오른쪽에 세워져 있다.
- 트럭은 검은색이다.

① 왼쪽부터 차량의 색깔은 검은색, 흰색, 회색의 순으로 세워져 있다.

② 경차는 회색이 아니다.

③ 스포츠카는 흰색이다.

④ 가장 오른쪽에 있는 차량은 검은색 차량이다.

02. A, B, C, D, E, F, G 7명은 6층에서 함께 엘리베이터를 타고 내려갔다. 〈조건〉을 참고할 때, 적절하지 않은 것은? (단, 6층에 선 것은 고려하지 않는다)

조건

- 엘리베이터가 짝수 층에서는 한 번만 섰으며 이때 2명만 내렸다.
- 5층에서는 C만 내렸다.
- 1층과 3층에서는 각각 1명 이상이 내렸으며, 내린 사람의 수는 서로 다르다.
- A와 G는 단둘이 같은 층에서 내렸다.
- B와 E는 같은 층에서 내리지 않았다.

① D가 3층에서 내렸다면 F는 3층에서 내리지 않았다.

② G는 1층에서 내리지 않았다.

③ A는 2층과 4층 중 어느 한 층에서 내렸다.

④ B와 F가 3층에서 내렸다면 D도 3층에서 내렸다.

03. 영업팀과 생산팀으로 구성된 TF팀은 프로젝트 진행을 위해 중요 안건에 대한 찬반 의견을 개진하였다. 다음 조건을 참고할 때, 같은 의견을 개진한 사람끼리 짝지어진 조합이 아닌 것은? (단, 찬성 또는 반대 의견만 개진하는 것으로 가정한다)

- 영업팀에서는 이 부장, 박 과장, 최 대리가, 생산팀에서는 노 부장, 정 과장, 엄 대리, 김 대리가 참석하였다.
- 반대가 찬성보다 1명 더 적었으며, 박 과장은 찬성하였다.
- 최 대리와 정 과장은 서로 다른 의견을 개진하였다.
- 이 부장과 노 부장은 서로 같은 의견을 개진하였다.
- 정 과장과 김 대리는 서로 같은 의견을 개진하였다.

① 박 과장, 최 대리
② 박 과장, 정 과장
③ 박 과장, 노 부장
④ 엄 대리, 최 대리

04. 같은 회사에서 일하는 갑, 을, 병, 정 네 사람이 다음과 같이 말했다. 이 중 진실을 말하는 사람은 단 한 명뿐이며 전략기획부에 속한 사람도 한 명뿐일 때, 전략기획부에 소속되어 있는 사람은?

갑 : 을은 전략기획부 소속이다.
을 : 전략기획부의 우수사원은 정이다.
병 : 나는 전략기획부 소속이 아니다.
정 : 을은 거짓말을 하고 있다.

① 갑
② 을
③ 병
④ 정

[05 ~ 06] 다음 제시 상황을 보고 이어지는 질문에 답하시오.

○○회사 인사팀에서 근무하는 A는 직원들의 인사평가 점수를 비교하여 평가 미달인 직원에 한해 '경고' 조치를 내리고, 일부는 '우수 직원'으로 선정하려고 한다. 각 항목의 기준이 다르기 때문에 이를 표준점수로 정리하여, 항목들끼리 동질적인 점수로 볼 수 있게 하려고 한다.

항목 대상자	성실도 (팀장 평가)	친절도 (고객 평가)	민원 처리 횟수	고객 만족도 (고객 평가)
A	5	7	5	7.5
B	5	6	6	7
C	4	6	5	8.5
D	5	7	5	6
E	4	7	6	8.5
F	3	7	6	9
G	2	9	6	9.5

✓ 성실도의 평가 기준(팀장 평가) : 5점 만점으로, 근무태도를 기반으로 평가함.
✓ 친절도의 평가 기준(고객 응대 완료 후 고객의 평가) : 해당 직원을 응대한 고객이 응대 직후 10점 만점으로 직원의 친절도를 평가함.
✓ 민원 처리 횟수의 평가 기준 : 한 달 동안 해당 직원이 처리한 민원의 횟수를 집계함.
✓ 고객 만족도의 평가 기준(온라인상에서 고객이 평가) : 현재 기관 홈페이지에서 진행 중인 고객 만족도 설문조사 결과, 해당 직원에 대한 전반적인 만족도의 평균점수(10점 만점)를 산출함.

〈표준점수〉

• 표준편차를 사용하여 해당분포의 평균과 관련된 점수의 위치를 나타내는 점수로, 이를 통해 서로 다른 분포에서 나온 값들을 비교할 수 있음.
• 산출공식 : $\frac{\text{해당값} - \text{평균}}{\text{표준편차}}$

예) '친절도'의 평균은 7, 표준편차는 1일 때 'G'의 표준점수는 $\frac{9-7}{1}=2$이고, '고객 만족도'의 평균은 8, 표준평가는 1일 때 G의 표준점수는 $\frac{9.5-8}{1}=1.5$이므로, G는 친절도보다 고객만족도에서 더 높은 평가를 받았음을 알 수 있음.

05. A가 표준점수를 구하기 위해 각 항목에 대한 평균과 표준편차를 아래와 같이 정리하였다. 표준점수가 0 미만인 직원에게 '경고' 조치를 취하려고 할 때, 다음 중 어떠한 항목에도 '경고' 조치를 받지 않는 직원은?

평가 항목	성실도	친절도	민원 처리 횟수	고객 만족도
평균	4	7	6	8
표준편차	1	1	3	1

① A　② C
③ E　④ G

06. A가 05의 표를 이용하여 평가 항목별 표준점수의 합이 가장 높은 직원을 '우수 직원'으로 보고하려고 한다. 다음 중 A가 선정한 '우수 직원'은 누구인가? (단, '경고' 조치를 받은 것과는 관련 없다)

① B　② D
③ F　④ G

[07 ~ 08] ○○기업 인사팀 김 사원은 다음 사내 복지제도에 대한 설문조사 결과를 분석하고 있다. 다음 자료를 보고 이어지는 질문에 답하시오.

〈○○기업 사내 복지제도에 대한 사원들의 생각〉

※ 조사시기 : 20X1. 04. 15. ~ 04. 25.

※ 조사대상 : 사원 453명

질문	응답	인원(명)	비율(%)
귀하는 현재 직장 내 복지제도에 만족하십니까?	그렇다	91	20.1
	아니다	362	79.9
귀하가 원하는 사내 복지제도는 무엇입니까? (복수응답 가능)	자녀교육비 지원	126	34.8
	의료비 지원	124	34.3
	보육시설	52	12.4
	휴식공간	137	37.8
	여가활동 지원	250	69.1
	사내 동호회 지원	84	23.2
	휴가비 지원	192	53.0
	편의시설	121	33.4
	기타	30	8.3
현재 가장 부족하다고 생각하는 사내 복지제도는 무엇입니까?	자녀교육비 지원	45	12.4
	의료비 지원	17	4.7
	보육시설	16	4.4
	휴식공간	41	11.3
	여가활동 지원	122	33.7
	사내 동호회 지원	2	0.4
	휴가비 지원	81	22.4
	편의시설	26	7.2
	기타	12	3.3
사내 복지제도가 미흡한 이유는 무엇이라 생각하십니까?	기업 내 예산 부족	95	26.2
	정부의 지원 미비	19	5.3
	사내 복지제도에 대한 CEO의 의식 미흡	200	55.2
	조직원들의 복지제도 개선 노력 부족	41	11.2
	기타	7	2.0
사내 복지제도가 좋은 기업이라면 현재보다 연봉이 다소 적더라도 이직할 의향이 있습니까?	그렇다	311	68.7
	아니다	142	31.3

07. 김 사원은 설문조사 결과를 토대로 이 팀장과 회의를 진행했다. 빈칸 ㉠에 들어갈 복지제도로 적절한 것은?

> 이 팀장 : 설문조사 결과가 나왔는데 어떻게 분석하셨나요?
> 김 사원 : 전반적으로 예상한 결과가 나온 것 같습니다.
> 이 팀장 : 사원들이 원하는 복지제도와 부족하다고 느끼는 복지제도의 종류가 비슷하네요.
> 김 사원 : 맞습니다. 그 두 문항에서 가장 수요가 크게 나타났던 '여가활동 지원'은 단기간에 개선하기 힘든 특성이 있기 때문에 그 다음으로 수요가 많은 (㉠)을/를 먼저 개선하는 방향으로 계획했습니다.

① 여가활동 지원　② 휴가비 지원
③ 자녀 교육비 지원　④ 의료비 지원

08. 다음 중 설문조사 결과를 분석한 내용으로 옳은 것은?

① 비슷한 연봉이라면 사내 복지제도를 더 우선시하는 사원이 그렇지 않은 사원보다 적다.
② 부족하다고 생각하는 사내 복지제도 중 가장 적은 수의 사원들이 응답한 항목은 의료비 지원이다.
③ 일부 사원은 원하는 사내 복지제도에 두 개 이상을 응답했다.
④ 편의시설이 가장 부족한 복지제도라고 생각하는 사원이 편의시설을 원하는 사원보다 많다.

[09 ~ 10] ○○기관의 신도시 계획팀에서 근무하는 S는 신도시의 한복판에 위치한 사거리의 신호등 체계를 정립하는 일을 맡아 진행 중이다. 다음 <보기>를 보고 이어지는 질문에 답하시오.

※ 신호등은 전부 '횡형 4색 신호등'을 설치한다.

※ 차량용 신호등은 '직진 후 좌회전', '좌회전 후 직진', '동시신호(직진 및 좌회전)'의 세 가지 체계를 따른다.

1) '직진 후 좌회전'의 점등 순서 : 녹색 → 황색 → 적색 및 녹색 화살표 → 적색 및 황색 → 적색

2) '좌회전 후 직진'의 점등 순서 : 적색 및 녹색 화살표 → 녹색 → 황색 → 적색

3) '동시신호(직진 및 좌회전)'의 점등 순서 : 녹색 화살표 및 녹색 → 황색 → 적색

09. S는 B와 D에 '좌회전 후 직진' 신호등을 설치하기로 하였다. B와 D에서 1분간 적색 및 녹색 화살표를 점등하고 뒤이어 1분간 녹색을 점등한다고 할 때, A와 C의 횡단보도를 이용하는 보행자들은 최대 몇 초간 보도를 건널 수 있는가?

① 건널 수 없다. ② 30초

③ 60초 ④ 120초

10. S는 상사에게 다음과 같은 신호 체계안을 검토 요청하고 "차량이 언제 U턴을 할 수 있는지 검토해서 보고하라."라는 답변을 받았다. S가 보고할 내용으로 적절한 것은?

〈신호 체계안〉

작성자 : S

B와 D에서 동시에 좌회전 후 직진 신호(녹색 신호 시 A와 C에서 횡단보도 이용 가능)

A와 C에서 동시에 좌회전 후 직진 신호(녹색 신호 시 B와 D에서 횡단보도 이용 가능)

① A와 C에서 직진 신호 시 A와 C에서 U턴 가능합니다.

② A와 C에서 좌회전 신호 시 B와 D에서 U턴 가능합니다.

③ B와 D에서 직진 신호 시 A와 C에서 U턴 가능합니다.

④ B와 D에서 좌회전 신호 시 A와 C에서 U턴 가능합니다.

의사소통능력

⇨ 직업기초능력의 기본적인 인지 역량과 실제 업무 역량을 측정하기 위한 모듈로 구성하였습니다.

01. 다음 글의 필자의 의견과 일치하지 않는 것은?

> 4차 산업혁명이 문화예술에 영향을 끼치는 사회적 변화 요인으로는 급속한 고령화 사회와 1인 가구의 증가 등 인구구조의 변화와 문화다양성 사회로의 진전, 디지털 네트워크의 발전 등을 들 수 있다. 이로 인해 문화예술 소비층이 시니어와 1인 중심으로 변화하고 있으며 문화복지대상도 어린이, 장애인, 시니어로 확장되고 있다. 디지털기기 사용이 일상화되면서 문화향유 범위도 이전의 음악, 미술, 공연 중심에서 모바일 창작과 게임, 놀이 등으로 점차 확대되고 특히 고령화가 심화됨에 따라 높은 문화적 욕구를 지닌 시니어 층이 새로운 기술에 관심을 보이고 자신들의 건강한 삶을 위해 테크놀로지 수용에 적극적인 모습을 보이면서 문화예술 향유계층도 다양해질 전망이다. 유쾌함과 즐거움 중심의 일상적 여가는 스마트폰을 통한 스낵컬처적 여가활동이 중심이 되겠지만 지식과 경험을 획득하고 삶의 의미를 찾고 성취감을 느끼고 싶어 하는 진지한 여가에 대한 열망도도 점차 높아질 것으로 관측된다.
>
> 기술의 발전과 더불어 근로시간의 축소 등으로 여가시간이 늘어나면서 일과 여가의 균형을 맞추려는 워라밸(Work and Life Balance) 현상이 자리 잡아가고 있다. ○○연구원에서 실시한 국민인식조사에 따르면 기존에 문화여가를 즐기지 않던 사람들이 문화여가를 즐기기 시작하고 있다고 답한 비율이 약 47%로 나타난 것은 문화여가를 여가활동의 일부로 인식하는 국민수준이 높아지고 있다는 것을 보여 준다. 또한, 경제적 수준이나 지식수준에 상관없이 문화예술 활동을 다양하게 즐기는 사람들이 많아지고 있다고 인식하는 비율이 38%로 나타났다. 이는 문화가 국민 모두가 향유해야 할 보편적 가치로 자리잡아 가고 있다는 것을 말해 준다.
>
> 디지털 · 스마트 문화가 일상문화의 많은 부분을 차지하는 중요 요소로 자리 잡으면서 일상적 여가뿐 아니라 콘텐츠 유통, 창작활동 등에 많은 변화를 가져오고 있다. 이러한 디지털기기의 사용이 문화산업분야에서는 소비자 및 향유자들의 적극적인 참여로 그 가능성에 주목하고 있으나, 순수문화예술 부분에서는 아직까지 홍보의 부차적 수단 정도로 활용되고 있어 기대감이 떨어지고 있다.

① 4차 산업혁명은 문화의 다양성을 가져다 줄 것으로 기대된다.
② 디지털기기는 순수문화예술보다 문화산업분야에 더 적극적인 변화를 일으키고 있다.
③ 4차 산업혁명으로 인해 문화를 향유하는 사회계층이 다양해질 것이다.
④ 스마트폰의 보급으로 인해 내적이고 진지한 여가 시간에 대한 욕구는 줄어들 것이다.

02. 다음은 문서 작성 시 항목 기호 표시 규정에 대한 설명이다. 규정에 부합하는 작성 사례는? (단, 다음 항목 기호 위치는 모두 이전 항목의 2타 우측에서 시작한 것이다)

〈항목 기호 표시법〉

• 항목의 표시는 다음 표와 같은 순서로 사용하며, 필요한 경우에는 ㅁ, ○, – 등의 특수기호를 사용할 수 있다.

구분	항목기호	비고
첫째 항목	1., 2., 3., 4., …	둘째, 넷째, 여섯째, 여덟째 항목의 경우, 하., 하), (하), ㉻ 이상 계속되는 때에는 거., 거), (거), ㉮, 너., 너), (너), ㉯…로 표시
둘째 항목	가., 나., 다., 라., …	
셋째 항목	1), 2), 3), 4), …	
넷째 항목	가), 나), 다), 라), …	
다섯째 항목	(1), (2), (3), (4), …	
여섯째 항목	(가), (나), (다), (라), …	
일곱째 항목	①, ②, ③, ④, …	
여덟째 항목	㉮, ㉯, ㉰, ㉱, …	

• 표시 위치 및 띄우기

– 첫째 항목 기호는 왼쪽 기본선에서 시작한다.

– 둘째 항목부터는 위 항목 위치에서 오른쪽으로 2타씩 옮겨 시작한다.

– 항목이 두 줄 이상인 경우, 둘째 줄부터는 항목 내용의 첫 글자에 맞추어 정렬한다.

– 항목 기호와 항목의 내용 사이는 1타를 띄어 쓴다.

– 동급의 항목이 하나만 있는 경우에는 항목 기호를 부여하지 않으며, 특수기호로 대체한다.

①
```
1. 출장 목적
  가) 신제품 홍보
    ㅁ 제품의 …
      (1) 매뉴얼 …
      (2) 경쟁사의 …
  나) 계약 체결
2. 기대 효과
```

②
```
1. 출장 목적
  가. 신제품 홍보
    ㅁ 제품의 …
      1). 매뉴얼 …
      2). 경쟁사의 …
  나. 계약 체결
2. 기대 효과
```

③
```
1. 출장 목적
  가. 신제품 홍보
    ㅁ 제품의 …
      1) 매뉴얼 …
      2) 경쟁사의 …
  나. 계약 체결
2. 기대 효과
```

④
```
1. 출장 목적
  가. 신제품 홍보
    ㅁ 제품의 …
      1)매뉴얼 …
      2)경쟁사의 …
  나. 계약 체결
2. 기대 효과
```

03. 다음 글의 빈칸 ㉠에 들어갈 말로 적절한 것은?

> ○○산업기술원은 H 건설의 '독립 방틀을 이용한 하천 수변의 하안 유도 및 생태공간 조성 기술'을 녹색기술로 인증했다고 지난 2월 7일 밝혔다. 이 기술은 하천 수변에 독립 개체로 구성된 흐름 유도시설인 방틀을 설치해 침식과 퇴적을 유도함으로써 크고 작은 굴곡이 있는 자연 형태로 하천을 조성하는 기술로 과거 하천정비 사업으로 직선화 또는 단순화된 하천 수변공간을 다양성과 역동성을 가진 본래의 자연 하천 형태로 복원시키는 친환경 수생태복원 기술이다. 또한 설치된 유도시설 주변에는 침식 · 퇴적에 따른 소습지가 형성돼 수서생물에게 안정된 산란장과 서식처를 제공하므로 안정적인 생태계 유지가 가능하다. 실제로 이 기술이 적용된 강원도 평창강 금당계곡의 경우 당초 20종이었던 생물종이 기술이 적용된 지 불과 10개월 만에 39종으로 증가한 것이 관찰돼 단기간 내 효과적인 수생태복원이 가능함을 입증했다.
>
> 우리나라의 하천정비는 1960년대 도시화 · 산업화와 함께 자연 상태의 하천들을 치수 목적으로 정비하면서 시작했다. 이러한 하천 정비는 주로 재해 방지를 목적으로 이뤄진 것으로 '방재하천' 또는 원활한 배수 기능 중심의 정비라 할 수 있다. 또한 하천환경 정비사업이나 오염하천정화사업 등은 대부분 하천의 저수로에 돌 붙임을 하고 고수부지에 초목을 식재하거나 산책로 · 자전거길 설치, 운동장 · 주차장 설치 등 일종의 하천공원화 사업이다. 이러한 사업들은 치수 위주로 정비된 하천의 친수성을 높이고 하천오염 문제를 부분적으로 해소시키기 위한 것들로 이렇게 조성된 하천은 '공원하천'이라 할 수 있다.
>
> 그러나 무엇보다 하천의 환경기능 중에서 가장 기본적인 것은 생물서식처 기능이며 진정한 의미의 하천복원은 서식처의 복원이라 할 수 있다. 이는 하천을 공원화하거나 놀이장으로 만드는 것이 아니라 하천이 자연적으로 갖는 수리적 특성에 따라 다양성과 역동성을 갖도록 되돌리는 것이다.
>
> 이처럼 하천복원 사업으로 자연에 가깝게 되살아난 하천은 '자연형하천' 또는 '생태하천'이라 할 수 있으며 공원하천과 자연형하천의 기본적인 차이는 전자가 친수성을 강조한 나머지 오히려 생물서식처의 보전 · 복원을 저해시킬 수 있는 반면에, 후자는 서식처 복원을 통해 생물이 다양하게 살게 되면 친수성과 수질의 자연적인 정화능력은 따라서 회복된다는 것이다. 결국 (㉠)

① 하천의 화학적, 생물학적 복원에 앞서 물리적 복원이 먼저 이루어져야 한다.

② 생물서식처가 온전히 복원되기 위해서는 수질오염 문제부터 해결해야 한다.

③ 공원하천과 자연형하천의 균형적인 발전을 함께 도모해야 한다.

④ 진정한 하천환경의 개선을 위해서는 하천의 생물서식처 보전 · 복원이 전제돼야 한다.

04. 다음 기사를 참고했을 때 유추할 수 있는 내용으로 적절하지 않은 것은?

택배물류업이 코로나19 여파로 인한 '언택트(비대면)' 라이프스타일 및 소비트렌드의 확산과 최근 '스마트 물류센터 인증제' 도입 법안 의결로 인해 장기적으로 지속 성장할 것이란 전망이 나왔다.

글로벌 부동산종합서비스회사 C 기업은 13일 "온라인 시장 거래액이 꾸준히 증가하고 있는 가운데 코로나바이러스 확산으로 기업들 역시 언택트 트렌드에 맞는 비즈니스 서비스를 시장에 내놓는 등 전자상거래, 특히 모바일 거래의 급증에 따라 택배업 또한 지속 성장할 것"이라고 전망했다. 또, C 기업은 "지난 3월 스마트 물류센터 인증제를 도입하는 내용이 담긴 '물류시설의 개발 및 운영에 관한 법률' 일부 개정 법률안이 의결되어 택배업에 효율성과 안전성을 확보하는 제도적 인프라가 마련될 것"이라고 설명했다. C 기업은 20X9년 4분기 '물류 시장 보고서'에서 20X9년 온라인 시장 거래액은 약 37조 2천억 원으로 전분기 대비 18.42% 증가한 것으로 분석했다. 이 중 인터넷쇼핑몰의 거래액은 약 12조 8천억 원, 모바일쇼핑몰 거래액은 약 24조 3천억 원이다.

인터넷쇼핑몰 거래액 성장률은 둔화되었으며 모바일쇼핑몰의 거래액은 꾸준히 증가하는 양상을 보이고 있다. 특히 의류 및 잡화시장, 음·식료품 및 농축수산물, 가전 및 전자통신기기 시장에서 거래가 많았으며 음식서비스 거래액의 성장률이 가장 가파른 것으로 나타났다. 20X6년부터 20X9년까지 온라인 시장 거래액은 분기별로 약 5.93% 상승하는 추이를 보여주고 있다. 온라인 시장 확대에 따라 택배시장도 꾸준히 성장세를 보여 주고 있는데, 20X8년 전체 매출은 5조 4천억 원이었고, 20X9년은 6조 1천억 원에 달할 것으로 추정된다.

평균 택배 단가가 약간 낮아졌음에도 불구하고 매출이 올라 택배업 자체의 규모가 더욱 커졌음을 보여 준다. 뿐만 아니라 전자상거래의 확산에 따라 물류창고는 더 이상 단순 보관시설이 아닌, 소비자의 물류 수요와 물품별 특성에 따라 입고에서부터 출고까지 물류 전 과정을 효율적으로 수행할 수 있어야 하는 필요성이 대두되었다. 또한 효율성, 안전성 등이 우수한 물류창고를 스마트물류센터로 인증할 수 있는 제도적 발판이 마련되어 앞으로 택배 물류시설 인프라가 혁신을 거듭할 것으로 기대된다.

① 모바일 활용의 증가와 언택트 소비행태의 집중으로 택배물류업의 성장은 지속될 것이다.

② 코로나바이러스의 확산으로 인해 택배 단가가 낮아졌지만 택배업 자체의 매출규모는 성장하였다.

③ 20X9년 4분기 온라인 시장 거래액 중 인터넷쇼핑몰의 거래액보다 모바일쇼핑몰의 거래액이 월등히 더 높다.

④ 전자상거래의 확산으로 물류창고는 기존의 보관시설적인 개념보다 다양한 기능을 수행하는 혁신적인 변화가 일어날 것이다.

05. 다음 설문 결과를 참고하여 자기소개서를 작성할 때 고려할 사항으로 적절하지 않은 것은?

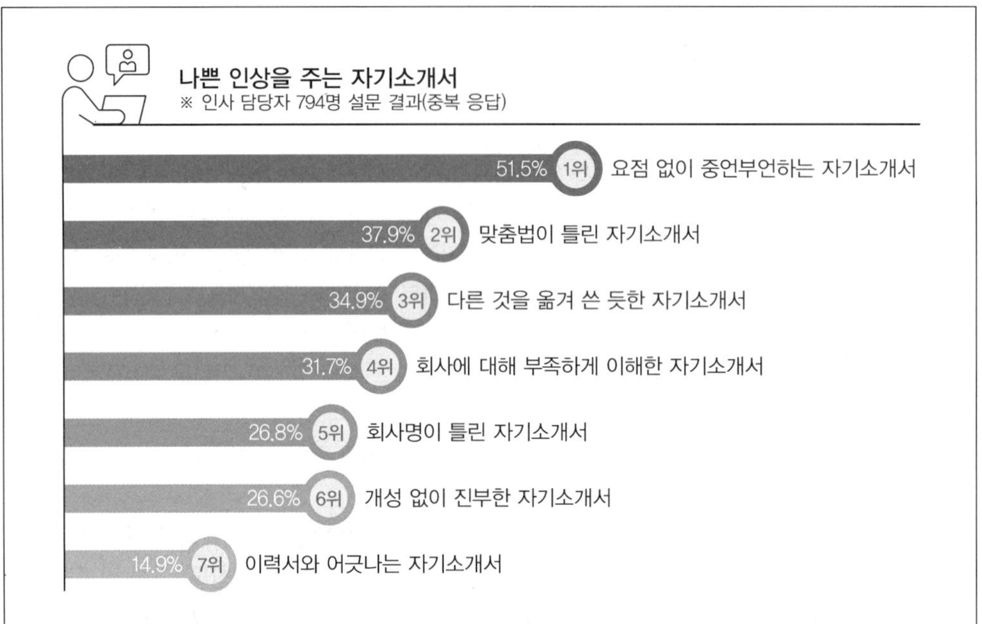

① 자기소개서 내 회사명이 정확히 기재되어 있는지 확인하기
② 지원한 회사에 관한 다양한 정보 수집하고 분석하기
③ 지원한 회사에 입사한 선배의 자기소개서 모방하기
④ 이력서에 있는 사실들을 바탕으로 자신을 어필하는 내용 쓰기

06. A 기관에서는 전 직원에게 감염병 예방을 위한 지침서로 다음과 같은 안내문을 작성하였다. 이를 본 직원들의 반응으로 적절하지 않은 것은?

〈코로나 19 방역 조치 및 단계별 행동 요령〉

<table>
<tr><th>구분</th><th>1단계</th><th>1.5단계</th><th>2단계</th><th>2.5단계</th><th>3단계</th></tr>
<tr><td>마스크 착용 의무화</td><td>중점/일반관리 시설, 의료기관, 요양시설, 보호시설, 집회장, 종교시설, 스포츠 경기장</td><td>1단계에 실외 스포츠 경기장 추가</td><td>실내 전체, 위험도 높은 실외 활동</td><td colspan="2">실내 전체, 2m 이상 거리 유지가 어려운 실외</td></tr>
<tr><td>모임/행사</td><td>500명 이상 행사는 지자체 신고 필요. 방역수칙 의무화</td><td>1단계 유지, 축제 등 일부 행사는 100인 이상 금지</td><td>100인 이상 금지</td><td>50인 이상 금지</td><td>10인 이상 금지</td></tr>
<tr><td>스포츠 관람</td><td>관중 입장 50%</td><td>관중 입장 30%</td><td>관중 입장 10%</td><td>무관중 경기</td><td>경기 중단</td></tr>
<tr><td>등교</td><td>밀집도 $\frac{2}{3}$ 원칙, 조정 가능</td><td>밀집도 $\frac{2}{3}$ 준수</td><td>밀집도 $\frac{1}{3}$ 원칙(고교 $\frac{2}{3}$), 최대 $\frac{2}{3}$ 이내에서 운영 가능</td><td>밀집도 $\frac{1}{3}$ 준수</td><td>원격수업 전환</td></tr>
<tr><td rowspan="2">직장근무</td><td>조직별 적정 비율 재택근무 실시 권고</td><td colspan="2">조직별 재택근무 확대 권고</td><td>인원의 $\frac{1}{3}$ 이상 재택근무 권고</td><td>필수인력 외 재택근무 등 의무화</td></tr>
<tr><td>고위험사업장 마스크 착용 의무화</td><td colspan="4">고위험사업장 마스크 착용, 환기 및 소독, 근로자 간 거리두기 의무화</td></tr>
</table>

① 감염 위험도가 높은 실외 활동에 마스크착용이 의무화되기 시작하는 것은 2단계가 발령되면서부터로군.

② 곧 2.5단계로 격상된다는 말이 있던데, 야구장 총 수용 인원이 35,000명이니까 그때는 최대 3,500명까지만 입장이 가능하겠군.

③ 고등학생인 아들의 학급 인원이 30명이니까 2단계하에서는 최대 20명까지만 등교를 하겠군.

④ 2.5단계가 발령되어도 어쩔 수 없는 경우에는 팀원 전원이 출근을 할 수도 있는 거군.

[07 ~ 08] 다음 글을 읽고 이어지는 질문에 답하시오.

(가) 태양에서 전하를 가진 하전입자를 대규모로 방출하는 이른바 태양풍이 초속 450km로 달 표면에 도달하면 이 중 양성자가 달에 있던 전자와 상호작용하며 수소(H) 원자를 만든다. 이 수소 원자는 달의 토양을 구성하는 이산화규소나 표토의 기타 분자가 갖고 있던 산소(O)와 결합해 물의 주요한 구성 성분인 수산기(OH) 분자를 형성하는 것으로 나타났다. 태양풍은 또 달의 토양을 구성하는 주요 성분인 규소와 철, 산소 원자의 결합력을 와해시켜 산소 원자가 표면으로 흘러든 수소 원자와 결합하게 하는 작용도 하는 것으로 분석됐다.

(나) 그러나 수산기 분자에서 어떻게 물을 만들지는 연구가 더 필요한 것이 지적되었다. 달에 수소나 수산기 등 물의 성분은 물론 얼음 형태의 물이 존재한다는 것은 과학적으로 이미 확인된 사실이다. 그러나 물이나 물의 성분이 어떻게 생겨나 얼마나 있는지는 여전히 연구대상이 돼왔다. 혜성 충돌에 따른 화학작용의 결과라는 주장과 태양풍이 시발점이라는 설이 맞서왔는데 이번 시뮬레이션 결과는 후자 쪽에 무게를 싣는 것이다.

(다) 이 물 분자들은 표토 알갱이에 단단히 붙어 있다가 한낮에 표면 온도가 절정에 달할 즈음 열로 인해 떨어져 나와 분자 형태를 유지할 수 있는 인근의 온도가 낮은 다른 알갱이를 찾아 움직여 그 분포는 매일 다르게 나타난다. 물 분자는 온도가 내려가면 다시 표토 알갱이에 붙게 된다. 이는 달의 물이 극지 충돌구의 햇빛이 닿지 않는 곳에서 얼음 형태로만 존재할 것으로 생각되던 것과는 차이가 있다.

(라) 이번 연구는 또 그간 달에서 측정된 수소의 양이 지역별로 차이를 보이는 이유도 규명했다. 달의 적도처럼 온도가 높은 곳에서는 수소가 태양 에너지를 받아 외기권으로 빠르게 빠져나가 덜 축적되는 반면 기온이 낮은 극지 인근에서는 그 반대로 외기권으로 빠져나가는 속도가 느려 더 많은 수소가 존재하게 되는 것으로 나타났다. 연구팀은 우주인을 달에 보내 상주시키려면 달에 얼마만큼의 물과 물 성분이 있는지를 이해하는 것이 중요하다고 강조했다. 달에서 수소의 역학을 이해함으로써 "어디에서 수소를 구할 수 있는지를 알게 됐다."라고 말했다.

(마) 고다드 센터의 플라스마 물리학자 윌리엄 패럴 박사는 "우주의 모든 암석은 태양풍에 노출된 뒤에 물을 만들 수 있는 잠재력을 갖게 된다."라고 이번 연구결과에 대해 확대된 의미를 부여했다. 태양풍은 태양계 끝까지 뻗어나가며, 암석에서 작은 먼지 알갱이에 이르기까지 이산화규소 성분을 가진 것이라면 잠재적으로 수산기를 형성해 물을 만들 수 있는 화학 공장이 될 수 있다는 것이다.

07. 윗글의 (가) 문단을 참고할 때, (나)～(마) 중 전체 글의 내용과 어울리지 않는 문단은?

① (나)
② (다)
③ (라)
④ (마)

08. 다음 중 윗글의 주제로 적절한 것은?

① 달에서도 물을 만들어 쓸 수 있게 되었다.
② 달에서도 물이 생성될 수 있다는 과학적 근거가 마련되었다.
③ 달에서의 물 생성 비밀이 밝혀졌다.
④ 태양풍은 물 분자의 이동을 촉진한다.

[09 ~ 10] 다음 보도자료를 참고하여 이어지는 질문에 답하시오.

보도자료			
보도일시	즉시 보도해 주시기 바랍니다.		
담당 부서	한국수자원공사 기술계획처	손○○ 부장 / 안○○ 차장	
		042-000-0000	
배포일시	202X. 7. 5. / 총 4매		

한국수자원공사, 물 분야 개방형 혁신 연구과제 공모

◇ 8월 10일부터 8월 31일까지 누리집과 우편, 방문 접수 받아

◇ 유역 공동체가 참여하는 국민 중심의 물관리 및 창의적 혁신기술 개발 위한 4개 분야 연구과제 공모

□ 환경부 산하 한국수자원공사(사장 박○○)는 수요자인 국민 중심의 물 관리 강화를 위해 국내의 대학과 정부출연기관, 연구기관, 환경부로부터 인가받은 사회협동조합, 대학원생 등을 대상으로 8월 10일부터 8월 31일까지 '개방형 혁신 연구 개발(R&D)' 과제를 공모한다.

○ '개방형 혁신 연구 개발(R&D)'은 물 분야 연구기관의 전문성 활용 및 유역 공동체 참여를 통해 지속 가능한 물 관리 기술과 정책개발을 지원하기 위한 공모 사업(프로그램)이다.

□ 공모과제는 물 분야 미래기술 확보를 위한 '지정과제', 유역 공동체 참여와 정책개발 및 기술을 위한 '정책과제', 4차 산업혁명 및 디지털 기술 등 창의적 과제(아이디어)를 위한 '자유과제', 물 분야 학업 진행 및 대학원생 논문 지원을 위한 '학생 과제(아이디어)'로 나뉜다.

○ 먼저 '지정과제'는 △수생태계 연결성 회복 및 강화기술, △사물인터넷(IoT) 기반 관로상태 자가진단 및 노후도 예측 기술, △스마트워터시티 요소 기술을 주제로 삼는다. 이 과제 선정 시 최대 2년 간 4억 원 이내의 예산을 지원한다.

○ '정책과제'는 △유역 공동체 참여를 통한 민 · 관 협력관리(거버넌스), △물 배분 등 사회문제 해결을 위한 갈등관리, △물 산업 정보화(디지털화) 및 수질, 수생태 전략 개발을 위한 기술정책을 주제로 삼는다. 이 과제 선정 시 최대 1년간 1억 원 이내의 예산을 지원한다.

○ '자유과제(최대 1년간 1억 원 지원)'와 '학생과제(최대 1년간 1천만 원 지원)'는 국민중심 물관리(그린뉴딜) 및 국제(글로벌) 기술선도(디지털뉴딜)와 관련된 공모안내서에 제시된 세부주제(16개)를 바탕으로 공모자가 자유롭게 연구를 기획하면 된다.

□ 공모 접수는 누리집 접수(온라인) 및 우편, 방문접수로 할 수 있다. 공모안내서 및 신청 양식 등 세부사항은 한국수자원공사 누리집(www.kwater.or.kr)을 참고하면 된다.

□ 한국수자원공사는 이번 공모를 통해 국내 각계의 물 분야 단체들과 폭넓게 협력하여 환경, 시민사회, 지역적 특성 등이 복합적으로 연결되어 있는 유역별 물 문제를 해결하는 데 도움이 될 것으로 전망하고 있다.

□ 박○○ 한국수자원공사 사장은 "물과 관련된 다양한 문제를 해결하기 위해 유역 공동체가 참여하는 국민 중심의 물관리를 강화하고 다양한 전문가들과 협력을 더욱 넓혀 갈 것"이라며, "국민이 체감할 수 있는 물관리 혁신을 이루기 위해 최선을 다하겠다."라고 밝혔다.

붙임 1. 개방형 혁신 연구개발 공모 개요 1부.
2. 개방형 혁신 연구개발 공모 포스터 이미지 1매. 끝.

09. 위 보도자료를 참고할 때, 공모전 안내를 위해 포함된 내용이 아닌 것은?

① 공모전 배경
② 공모전 기간
③ 공모전 합격생 교육일정
④ 공모전에 따른 기대

10. 위 보도자료를 이해한 내용으로 옳지 않은 것은?

① 공모전에는 모든 국민이 참여가 가능하다.
② 연구 세부 주제는 자유로이 선택 가능하다.
③ 이번 공모전은 국민 중심의 물 관리 강화를 위해 개최되었다.
④ 공모 신청방법은 방문, 인터넷, 우편접수 모두 가능하다.

수리능력

⇨ 직업기초능력의 기본적인 인지 역량과 실제 업무 역량을 측정하기 위한 모듈로 구성하였습니다.

01. 지난해 A 공사의 직원 채용 시험에 응시한 사람은 모두 1,100명이었다. 응시자 전체의 필기시험 평균 성적은 66.5점, 합격자의 평균 성적은 75점, 불합격자의 평균 성적은 64점이었다. 지난해 A 공사의 시험에 합격한 인원은 몇 명인가?

① 250명
② 253명
③ 255명
④ 258명

02. 어느 연구소에서 식품 A, B, C의 유통기한 측정 실험을 하고 있다. 실험 조건하에서 대장균은 20분마다 두 배로 증식하며, 실험 초기에 식품 A, B, C에는 각각 2마리/cc, 1마리/cc, 3마리/cc의 대장균이 있다. 20분 간격으로 검사하여 식품 A는 1,000마리/cc, 식품 B는 800마리/cc, 식품 C는 700마리/cc 이상의 대장균이 검출되면 상한 식품으로 판정한다고 할 때, 식품이 상하는 순서대로 바르게 나열한 것은?

① A－B－C
② A－C－B
③ B－A－C
④ C－A－B

03. 다음 숫자들의 배열 규칙에 따라 ㉠, ㉡에 들어갈 두 숫자의 합은?

37	7	5	2
31	6	5	1
25	㉠	3	4
19	4	4	㉡

① 8
② 10
③ 13
④ 15

04. 다음 A 대리, B 대리의 사내 시험 결과를 참고할 때, B 대리가 맞힌 문제의 수는?

- 사내 시험의 문항 수는 43문제이고, 2점, 3점, 5점짜리 문제로만 구성되어 있으며, 130점 만점이다.
- A 대리는 2점짜리 8문제, 3점짜리 10문제, 5점짜리 6문제를 맞혀 76점을 받았다.
- B 대리가 맞힌 2점짜리 문제의 개수는 A 대리와 동일하다.
- B 대리가 받은 점수는 38점이다.

① 14개 ② 15개

③ 16개 ④ 17개

05. 다음 자료에 대한 설명으로 적절하지 않은 것은?

〈서울시의 양변기 누수량〉

(단위 : 천 톤)

구분	계	20X6년	20X7년	20X8년	20X9년
누수량	7,042	1,755	1,696	1,933	1,658

〈서울시 수돗물 누수 원인별 건수〉

(단위 : 건)

구분	배관 노후	양변기 고장	배관 동파	물탱크 고장	기타 보일러 등	합계
20X6년	26,143	22,141	2,548	382	1,013	52,227
20X7년	25,456	20,108	569	392	727	47,252
20X8년	42,060	22,974	3,319	499	690	69,542
20X9년	30,141	20,933	633	446	1,101	53,254

① 연도별 건수의 증감 추이가 다른 것들과 동일하지 않은 누수 원인 2개는 '물탱크 고장'과 '기타 보일러 등'이다.

② '배관 노후'는 매년 전체 건수의 50% 이상을 차지하는 가장 큰 누수 원인이다.

③ 연도별 양변기 고장 건당 평균 누수량은 20X7년 이후 점차 감소하고 있다.

④ '물탱크 고장'은 매년 1 ~ 1.3%의 가장 적은 비중을 보이는 누수 원인이다.

06. 다음은 우리나라 해역별 표층수온 변화와 이에 따른 어종 어획량 변화를 나타낸 자료이다. 이에 대한 설명으로 적절한 것은?

〈해역별 표층수온 변화〉

(단위 : ℃)

구분	1968	1970	1980	1990	2000	2005	2010	2015	2018	2020
A 해역	15.9	16.3	16.0	18.0	16.8	16.8	16.9	16.7	18.2	17.6
B 해역	14.4	13.9	13.9	14.6	15.1	15.3	15.5	15.5	15.9	14.7
C 해역	17.9	18.0	17.9	19.2	19.0	19.5	18.8	18.6	19.6	19.3

〈수온 변화에 따른 어획량 변화〉

(단위 : ℃, 톤)

구분	1970	1980	1990	2000	2005	2010	2015	2020
표층수온	16.1	15.9	17.3	17.0	17.2	17.1	16.9	17.2
고등어류	38,256	62,690	96,297	145,908	135,596	99,534	140,623	115,260
멸치	54,047	169,657	130,192	201,192	249,001	249,636	211,574	210,943
오징어	72,142	48,490	74,172	226,309	189,126	159,130	155,743	87,024
꽁치	25,036	12,395	5,301	19,883	4,319	2,564	574	757
명태	13,418	28,112	9,798	766	25	1	3	1

① 1968년 대비 2020년의 표층수온은 C 해역>A 해역>B 해역 순으로 많이 상승하였다.

② 해역별 표층수온이 가장 높은 곳과 가장 낮은 곳은 매 시기 동일하지 않다.

③ 1970 ~ 2020년 동안의 어획량 변화로 볼 때, 고등어, 멸치는 한류성 어류, 명태는 난류성 어류라고 볼 수 있다.

④ 2020년의 평균 표층수온은 1968년보다 1.1℃ 상승하였다.

07. 다음은 우리나라의 특정 기간 수계별 재산 피해액을 나타내는 자료이다. 이에 대한 설명으로 옳지 않은 것은?

〈자료 1〉 2011 ~ 2020년 수계별 재산 피해액

구분	한강	낙동강	금강	영 · 섬강
피해액(억 원)	22,603	6,422	2,993	3,827
비율(%)	63.1	17.9	8.3	10.7

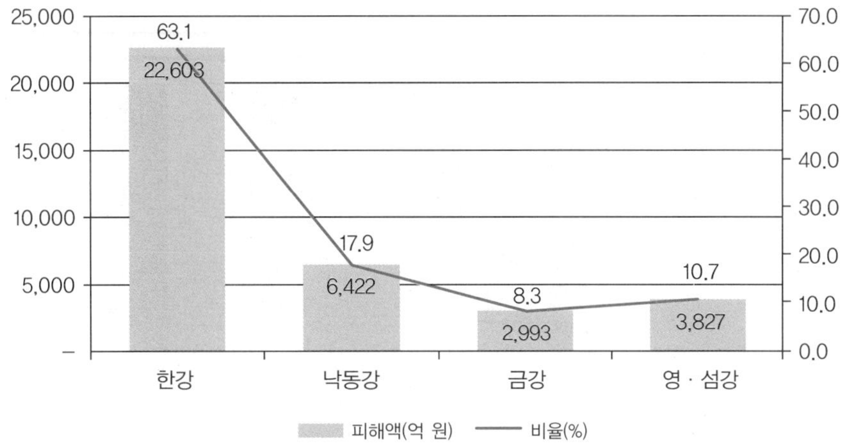

〈자료 2〉 2019 ~ 2020년 수계별 재산 피해액

구분	한강	낙동강	금강	영 · 섬강
피해액(억 원)	257	1,453	191	142
비율(%)	12.6	71.1	9.3	7.0

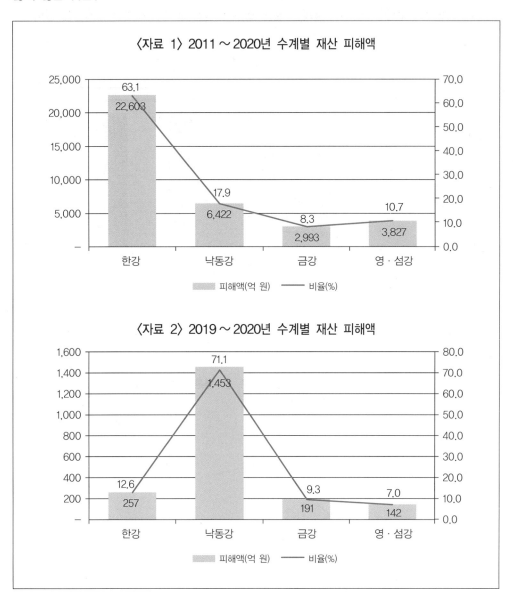

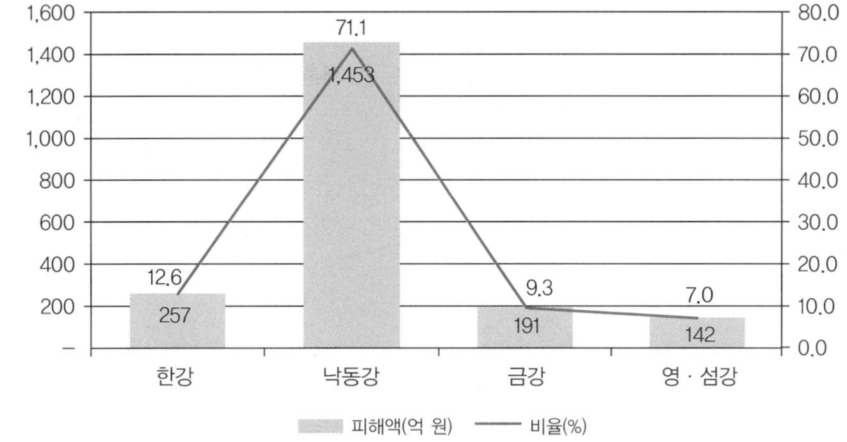

① 2019 ~ 2020년의 피해액은 2011 ~ 2020년 피해액의 5%가 넘는다.

② 2019 ~ 2020년의 낙동강수계 피해액은 2011 ~ 2020년 동안의 피해액의 20%가 넘는다.

③ 2011 ~ 2018년 동안의 피해액은 영 · 섬강수계가 낙동강수계보다 더 많다.

④ 2011 ~ 2018년 동안의 피해액 규모의 순위는 2011 ~ 2020년 동안의 피해액 규모 순위와 동일하다.

08. 다음은 A 도시의 전년 대비 혼인 건수 증감률과 연도별 혼인 건수 중 재혼이 차지하는 비율을 나타낸 자료이다. 20X0년 혼인 건수가 15,300건일 때, 자료에 대한 설명으로 옳은 것을 〈보기〉에서 모두 고르면? (단, 증감률과 비율은 소수점 아래 둘째 자리에서 반올림한 값이다)

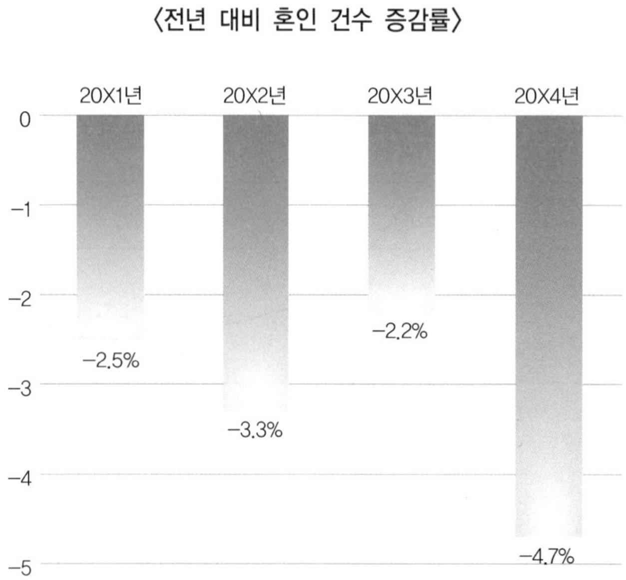

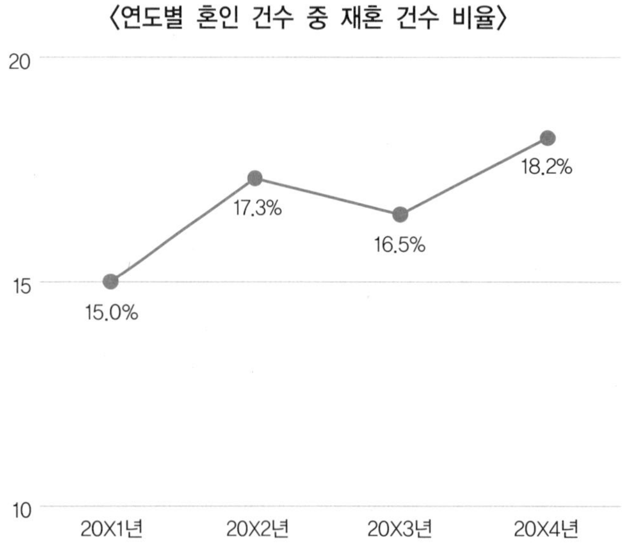

〈전년 대비 혼인 건수 증감률〉

구분	20X1년	20X2년	20X3년	20X4년
증감률	−2.5%	−3.3%	−2.2%	−4.7%

〈연도별 혼인 건수 중 재혼 건수 비율〉

구분	20X1년	20X2년	20X3년	20X4년
비율	15.0%	17.3%	16.5%	18.2%

※ 혼인한 남성과 여성이 모두 초혼인 경우를 제외하고 나머지는 모두 재혼으로 계산함.

보기

㉠ 20X4년 혼인 건수는 13,000건 미만이다.
㉡ 20X2년 남성과 여성이 모두 초혼인 건수는 11,000건 이상이다.
㉢ 20X3년의 재혼 건수가 2,330건이면 혼인 건수는 14,000건 이상이다.
㉣ 20X1년의 재혼 건수 중 남성의 재혼 비율이 63%라면 남성의 재혼 건수는 1,500건 이상이다.

① ㉠, ㉢
② ㉡, ㉢
③ ㉡, ㉣
④ ㉠, ㉡, ㉢

09. 다음은 Q 국가의 하천 120개에 대하여 미생물을 이용한 수질 개선 방안을 도입한 후, 도입 전과 도입 후의 수질 등급 변화를 나타낸 자료이다. 이에 대한 설명으로 적절하지 않은 것은? (단, A 등급이 최고, E 등급이 최저 등급이다)

(단위 : 개소)

도입 후 / 도입 전	A 등급	B 등급	C 등급	D 등급	E 등급
A 등급	5	7	5	8	2
B 등급	7	8	2	8	8
C 등급	3	2	4	3	3
D 등급	9	6	6	2	2
E 등급	8	5	2	4	1

① 수질 개선 방안 도입 전과 후의 등급에 변화가 없는 하천의 개수는 모두 20개이다.
② 미생물을 이용한 방안으로 수질 등급이 더 높아지지 않은 하천의 개수는 모두 68개이다.
③ A, B 등급 하천의 개수는 개선 방안 도입 후 변화가 없으나, D, E 등급 하천의 개수는 더 적어졌다.
④ 수질 개선 방안 도입 전과 도입 후 각 등급에 해당하는 하천의 개수는 다섯 등급 모두 달라졌다.

10. 다음은 수질 오염 측정에 관한 자료이다. 이에 대한 올바른 설명을 〈보기〉에서 모두 고른 것은?

수질 오염의 정도를 알아보는 지표로 사용되는 것들은 수소 이온 농도 지수, 용존 산소량, 생화학적 산소 요구량, 화학적 산소 요구량 등이 있다.

수소 이온 농도 지수(pH)는 용액의 산성 및 알칼리성의 세기를 나타내는 값으로 중성은 7, 7보다 작을수록 산성, 7보다 클수록 알칼리성을 의미한다. 용존 산소량(DO)은 물속에 녹아 있는 산소의 양을 의미하며 수온이 높을수록, 플랑크톤 등의 생물이 이상 증식할수록 수질이 나빠지게 된다. 생화학적 산소 요구량(BOD)은 물속의 유기 물질을 호기성 박테리아가 분해하는 데 필요한 산소의 양으로, 생물학적으로 분해 가능한 유기물의 총량을 파악하는 데 유용한 지표가 된다. 화학적 산소 요구량(COD)은 물속의 유기 물질을 화학적 산화제를 사용하여 분해, 산화하는 데 필요한 산소의 양으로, 오염 물질 중 생물학적으로 분해할 수 없는 유기 물질의 양을 파악하는 데 유용한 지표로 쓰인다.

〈유역별 수질 오염도 측정 결과〉

구분	pH	DO	BOD	COD
A 유역	5.5	6.0	1.5	4.5
B 유역	8.3	5.0	5.0	4.9
C 유역	7.8	4.6	4.5	4.3

※ A 유역이 상류, B 유역이 중류, C 유역이 하류이다.

보기

(가) A 유역은 B 유역보다 산성이 강하다.
(나) 용존 산소량으로 판단하면, A 유역은 C 유역보다 맑고 깨끗한 물이다.
(다) 생화학적 산소 요구량으로 판단한 수질은 B 유역이 가장 나쁘다.
(라) 상류에서 하류로 이동하면서 생물학적으로 분해할 수 없는 유기물의 양은 증가하다가 감소하였다.

① (가), (나)　　② (가), (다), (라)
③ (나), (다), (라)　　④ (가), (나), (다), (라)

자원관리능력

⇨ 직업기초능력의 기본적인 인지 역량과 실제 업무 역량을 측정하기 위한 모듈로 구성하였습니다.

01. ○○기업 김 대리는 미국 캘리포니아로 출장가기 위해 항공편을 알아보고 있다. 미팅은 현지시각 2월 17일 14시로 예정되어 있고, 적어도 하루 전에는 현지에 도착하여 숙박하려고 한다. 경비를 최소로 사용해야 하며 김 대리가 조사한 항공편과 숙소 비용이 다음과 같을 때, 김 대리가 선택할 항공편은? (단, 돌아오는 날짜는 동일하다)

〈인천 공항 → 온타리오 공항 항공편〉

항공권	출발시간	소요시간	가격(원)	비고
A	2/17 21:15	13:30	1,700,000	직항
B	2/14 07:30	16:50	1,280,000	경유 1회
C	2/15 11:35	15:30	1,340,000	경유 1회
D	2/16 15:55	17:00	1,420,000	경유 1회
E	2/13 10:20	22:15	970,000	경유 2회

※ 서울시간 : GMT+9 / 태평양표준시 : GMT−8

〈날짜별 숙박 비용〉

(단위 : 원)

날짜	2/13	2/14	2/15	2/16	2/17	2/18	2/19
숙박비	150,000	150,000	180,000	180,000	130,000	130,000	150,000

① B　② C

③ D　④ E

[02 ~ 03] 다음은 ○○공사의 진급대상자인 A ~ D의 특성을 정리한 표이다. 이어지는 질문에 답하시오.

구분	근속년수	실적	교육이수 학점	건강상태	인성		
					사회성	책임감	신중함
A	19	하	중	상	상	중	상
B	15	중	중	중	중	중	상
C	13	하	상	상	하	상	하
D	13	중	중	중	상	중	중

※ 근속년수를 제외한 모든 특성에 다음과 같이 점수를 부여함.
상 : 3점, 중 : 2점, 하 : 1점

02. A ~ D 중 책임감과 신중함 점수가 가장 높은 사람을 선정한 후, 그중에서 실적이 가장 높은 사람을 진급시키려고 한다. 다음 중 진급할 사람은?

① A
② B
③ C
④ D

03. 다음 중 위 표의 내용과 일치하지 않는 것은?

① A는 근속년수가 가장 길고 건강상태 점수도 높지만, 실적은 낮은 편이다.
② B는 매우 신중하지만, 다른 모든 특성에서 중간 수준이다.
③ C는 교육이수 학점, 건강상태, 책임감에서 가장 높은 점수를 받았지만 사회성은 가장 낮은 점수를 받았다.
④ D는 책임감과 신중함에서 가장 높은 점수를 받았지만 교육이수 학점이 가장 낮다.

[04 ~ 05] 다음 설명을 읽고 이어지는 질문에 답하시오.

K 지역의 지리는 다음과 같은 막대기 모양을 하고 있으며, A 지점에서 E 지점까지는 총 2km이다. 각 지점 간 간격은 0.5km씩으로 동일하며, 주민들은 지점 전체에 고르게 분포해 있다.

A 지점 B 지점 C 지점 D 지점 E 지점

K 지역에서는 생필품을 판매하는 가게인 갑과 을을 각각 B와 D 지점에 설치하고, 생필품 세트의 판매 가격을 1,000원으로 정했다. 지역 주민은 생필품 세트로부터 4,000원의 편익을 얻으며, 상점까지 갔다 오는 데에 km당 1,000원의 비용이 발생한다. 각 주민은 생필품 세트의 구입에 따른 순편익(편익－비용)을 고려하여 구입 여부와 구입할 상점을 결정한다.

※ 편익이란 인간에게 주는 만족, 효용을 의미하며, 돈, 금, 자동차, 신발 등의 재화나 용역(서비스)을 포함하는 경제적인 편익과 쾌감, 안락, 여가 등 화폐로 표시할 수 없는 비경제적인 편익이 있다.

04. **K 지역의 상황에 대한 다음 설명 중 올바르지 않은 것은?**

① 생필품 세트 구입으로부터 얻는 순편익은 B와 D 지점 주민들이 가장 크다.
② 어느 상점에서 구입해도 C 지점 주민들의 순편익은 동일하다.
③ 모든 주민들이 생필품 세트를 구입할 것이다.
④ 상점 갑을 A 지점으로, 상점 을을 E 지점으로 옮기면 두 상점 모두 매출액이 감소할 것이다.

05. **K 지역의 두 생필품 상점의 위치를 자유롭게 정하게 될 경우, 각 상점이 가능한 한 많은 생필품을 판매하고자 할 때, 상점 갑과 을의 위치와 전체 주민들의 순편익 합계의 변화를 올바르게 짝지은 것은?**

	상점 갑	상점 을	순편익 합계
①	A	E	증가
②	B	D	증가
③	C	C	감소
④	D	B	증가

[06 ~ 07] 다음 자료를 보고 이어지는 질문에 답하시오.

S사는 중국에 영업사무소를 설치하고 현지 외주 공장에 의뢰하여 생산된 신발을 판매한다. 올 여름 성수기에 대비하여 A, B, C, D 4개 유형의 디자인을 개발하였으며, 디자인별 적정 수량을 합한 총 생산 수량 1,500개를 5월 22일까지 공급받고자 한다. 다음은 디자인별 특징과 외주 공장별 제작 현황이다.

〈디자인 유형별 소비자 선호도 및 단가〉

구분	외관	기능	실용성	가격	자재단가(원/개)	판매가(원/개)
A형	3.9	4.1	4.2	4.3	3,300	12,000
B형	4.4	3.8	3.5	3.2	4,000	20,000
C형	3.7	4.0	3.7	4.7	2,900	10,000
D형	3.4	4.8	4.1	3.5	3,700	18,000

※ 선호도는 점수로 표시했으며, 점수가 더 높을수록 선호도가 높은 것을 의미함.

〈외주 공장별 생산 현황〉

구분	갑 공장	을 공장	병 공장	정 공장
생산비(원/100개)	50,000	74,000	62,000	72,000
생산수량(개/일)	80	90	85	90
휴일	매 주말	2, 4번째 일요일	매주 일요일	2, 4번째 주말

※ '주말'은 토요일과 일요일을 의미함.

06. S사가 1,500개 수량에 대한 총 매출액이 2,500만 원을 넘지 않도록 하면서 평균 선호도가 더 높은 디자인 1개만을 선택해 생산 의뢰를 할 때, 예상되는 매출액은?

① 1,500만 원
② 1,800만 원
③ 2,000만 원
④ 2,200만 원

07. 다음 5월 달력을 참고할 때, 5월 4일에 발주를 할 경우 기한 내에 모든 수량을 공급할 수 있는 공장을 모두 고른 것은? (단, 디자인별 1일 생산수량은 모두 동일하며, 발주일과 공급일도 생산하는 것으로 가정한다)

일	월	화	수	목	금	토
					1	2
3	4	5	6	7	8	9
10	11	12	13	14	15	16
17	18	19	20	21	22	23
24/31	25	26	27	28	29	30

① 갑 공장, 을 공장
② 을 공장, 정 공장
③ 병 공장, 정 공장
④ 갑 공장, 을 공장, 병 공장

[08 ~ 10] 성진이는 다섯 곳의 여행지 A ~ E를 여행할 계획을 세우고 있다. 이어지는 질문에 답하시오.

〈자료 1〉 여행 지도

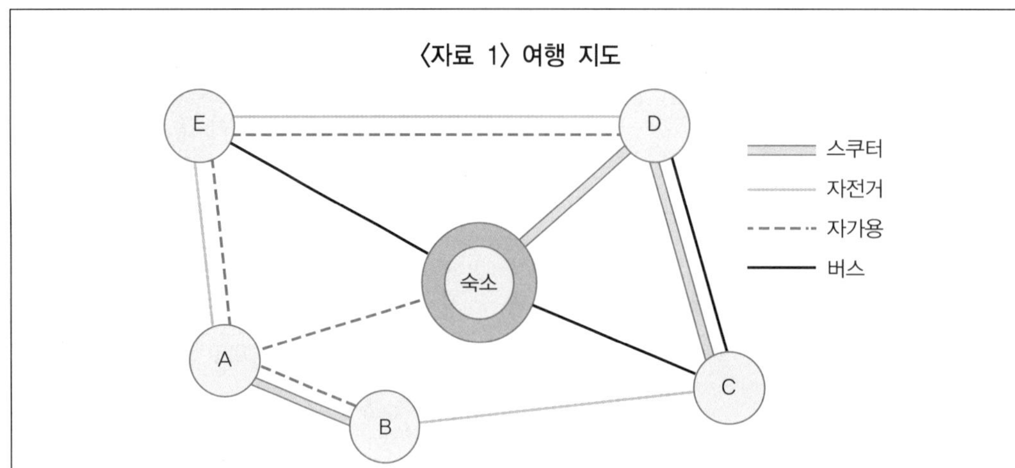

〈자료 2〉 여행지 간 거리

(단위 : km)

구분	숙소	A	B	C	D
A	60				
B		30			
C	90		60		
D	60			45	
E	90	120			150

〈자료 3〉 이동수단별 속력 및 시간당 경비

구분	속력	시간당 경비
스쿠터	30km/h	2,000원
자전거	15km/h	무료
자가용	60km/h	4,000원
버스	45km/h	3,000원

08. 성진이는 숙소에서 출발하여 최단 거리로 세 곳의 여행지를 둘러보고 다시 숙소로 돌아오려고 한다. 성진이가 이동할 거리는 총 몇 km인가?

① 200km ② 240km

③ 280km ④ 320km

09. 성진이는 숙소에서 출발하여 최단 시간으로 모든 여행지를 둘러보고 숙소로 돌아오려고 한다. 성진이가 이동할 시간은 몇 시간인가? (단, 한 번 갔던 여행지는 다시 가지 않는다)

① 10시간 ② 11시간

③ 11시간 30분 ④ 12시간

10. 성진이는 숙소에서 출발하여 최저비용으로 모든 여행지를 둘러보고 숙소로 돌아오려고 한다. 성진이가 교통비로 사용할 금액은 얼마인가? (단, 한 번 지나간 길은 다시 지나가지 않는다)

① 12,000원 ② 15,000원

③ 18,000원 ④ 21,000원

기출예상문제

문항수 | 40문항
문항시간 | 40분

▸ 정답과 해설 30쪽

문제해결능력

⇨ 직업기초능력의 기본적인 인지 역량과 실제 업무 역량을 측정하기 위한 모듈로 구성하였습니다.

01. Y사 직원 A ~ H 8명이 영국, 독일, 중국, 미국으로 출장을 가야 한다. 다음 〈보기〉의 조건을 고려할 때, 적절하지 않은 것은?

보기

- 한 국가당 두 명씩 배정된다.
- A와 B는 유럽 국가에만 출장을 갈 수 있다.
- B와 G는 함께 출장을 갈 수 없다.
- D와 F는 함께 출장을 갈 수 없다.
- E는 A와 함께 출장을 가야 한다.
- F와 G는 영어권 국가로 출장을 가지 않는다.
- C는 중국으로 출장을 간다.

① A는 영국으로 출장을 가고 H는 미국으로 출장을 간다.
② E는 독일로 출장을 갈 수 없다.
③ B는 독일로 출장을 가고 D는 미국으로 출장을 간다.
④ F와 C는 함께 중국으로 출장을 간다.

02. 다음 글에 나타나는 논리적 오류와 같은 형태의 오류를 범하고 있는 것은?

이번 수학능력시험에서 A 고등학교의 점수가 B 고등학교의 점수보다 더 높았대. 아마 A 고등학교에 다니는 민수가 B 고등학교에 다니는 철수보다 더 높은 점수를 받았을 거야.

① 세상에서 이 TV의 성능이 가장 좋을 거야. 왜냐하면 이 TV는 최고 성능의 부품들로 만들어졌거든.
② 영민이의 아버지께서 축구 국가대표 출신이래. 분명 영민이도 축구를 잘할 거야.
③ 국민 5명 중 1명이 이 영화를 보았대. 따라서 이 영화가 올해 최고의 영화라고 할 수 있지.
④ 미선이는 일류 대학에 들어갈 수 있어. 작년에 그녀의 학교가 가장 많은 일류 대학 합격자를 배출했으니까.

03. 갑, 을, 병, 정 네 명의 이번 달 지필고사 성적과 출석률을 각각 A, B, C, D 중 하나로 나타내었다. 다음 <보기>의 조건을 참고하여 수강 과목의 수가 가장 많은 사람의 지필고사 성적과 출석률을 차례대로 나열한 것은? (단, 같은 평가영역 내에서 같은 등급을 여러 사람이 중복해서 받을 수는 없다)

보기

- 갑은 지필고사 성적이 B인 사람보다 수강한 과목의 수가 많다.
- 갑과 정은 지필고사 성적과 출석률에서 서로 반대로 받았다.
- 출석률에서 A를 받은 사람은 출석률에서 C를 받은 사람보다 수강한 과목의 수가 많다.
- 을은 수강한 과목의 수가 가장 적지만 이번 달 지필고사 점수는 A, 출석률은 B를 받았다.

① B, C　　② C, A

③ C, D　　④ D, C

04. A, B, C 세 사람은 각각 영업팀, 회계팀, 총무팀 중 서로 다른 부서에서 일하고 있다. 회계팀에서 일하는 사람은 항상 진실을 말하고, 총무팀에서 일하는 사람은 항상 거짓을 말한다고 할 때, <보기>의 진술에 따라 각각의 사원이 일하는 부서를 바르게 짝지은 것은?

보기

- A : C가 회계팀에서 일한다.
- B : A의 말은 틀렸다. C는 영업팀에서 일한다.
- C : 나는 회계팀도, 영업팀도 아니다.

	A	B	C
①	영업팀	총무팀	회계팀
②	회계팀	총무팀	영업팀
③	총무팀	영업팀	회계팀
④	총무팀	회계팀	영업팀

05. 〈자료 1〉을 보고 〈자료 2〉를 참고할 때 2022년에 점검을 시행해야 할 펌프가 아닌 것은?

〈자료 1〉

펌프를 분해하여 점검 작업을 실시할 때 점검자는 점검 전 개인별 안전보호구를 착용해야 한다. 점검 책임자는 정비작업 전 정비자에게 작업 시 안전수칙을 주지시키고 작업을 시작해야 한다. 또한 PDA 단말기, 기술자료, 유지보수설명서, 도면, 전회 정비기록 사항, 공기구 및 측정장비를 사전에 준비한다.

점검자는 설비별 점검 실시기준에 의거하여 각 항목별로 빠짐없이 점검을 실시한 후 감독 및 운전책임자에게 보고하여야 한다. 이후 감독이나 운전책임자의 입회 또는 승인을 득한 후에 시운전을 실시한다. 시운전이 완료된 후에는 PDA를 활용하여 CMMS(유지관리시스템)에 상세히 기록한다. 만약 점검 중 가동 중인 설비에 경상정비(동작시험, 소모품 교체, 볼트조임 등)가 필요할 경우 운전책임자에게 즉시 보고하고 입회 또는 승인을 득한 후 주 기체와 예비호기 간의 교체운전을 실시한다.

〈펌프 분해점검 기준〉

사용연수	분해점검 기준		
	가동시간	조건	경과연수
4 ~ 5년	10,000	or	4년
6 ~ 10년	8,000	or	4년
11 ~ 15년	6,000	or	4년
16년 이상	5,000	or	4년

※ 가동시간은 펌프 분해점검 이후 누적가동시간이다.

※ 경과연수의 기준시점은 펌프 분해점검 실시연도이다.

〈자료 2〉

2022년을 기준으로 사업장에서 운영되고 있는 펌프는 총 네 대이다. A 펌프는 가동을 시작한 지 5년, B 펌프는 8년, C 펌프는 13년, D 펌프는 18년이 경과되었다.

A 펌프의 누적가동시간은 9,000시간이며, B 펌프는 7,000시간, C 펌프는 5,000시간, D 펌프는 5,000시간이다. 이 중 A 펌프는 분해점검을 한 번도 실시하지 않았고, B 펌프는 2017년에 분해점검을 실시했으며, C 펌프와 D 펌프는 2020년에 분해점검을 실시했다.

① A 펌프 ② B 펌프

③ C 펌프 ④ D 펌프

06. P 대리는 제품 생산 공장과 계약하기 위하여 후보군을 다음과 같이 정리하였다. 주어진 조건을 토대로 판단하였을 때, 공장 A ~ D 중 최종 선정될 곳은?

구분	1일 생산개수(개)	비용(원/개)	운송거리(km)	소비자 만족도(10점 만점)
A	300	1,200	120	8
B	250	900	50	7
C	310	1,300	150	7
D	280	1,400	220	9

- 조건에 따라 공장별 순위를 매기고 순위 점수 환산표에 따라 점수를 부여하여 합산함.
- 1일 생산개수가 많을수록, 총 생산비용이 낮을수록, 운송거리가 가까울수록, 소비자 만족도가 높을수록 높은 순위를 부여함.
- 동점일 경우 총 생산비용이 더 낮은 공장을 선정함.
- 총 생산비용=1일 생산개수×개당 비용

〈순위 점수 환산표〉

순위	1	2	3	4
점수	10	7	5	3

① A ② B

③ C ④ D

[07 ~ 08] △△기업에서 근무하는 C 씨는 해외진출 지원 업무를 담당하고 있다. 이어지는 질문에 답하시오.

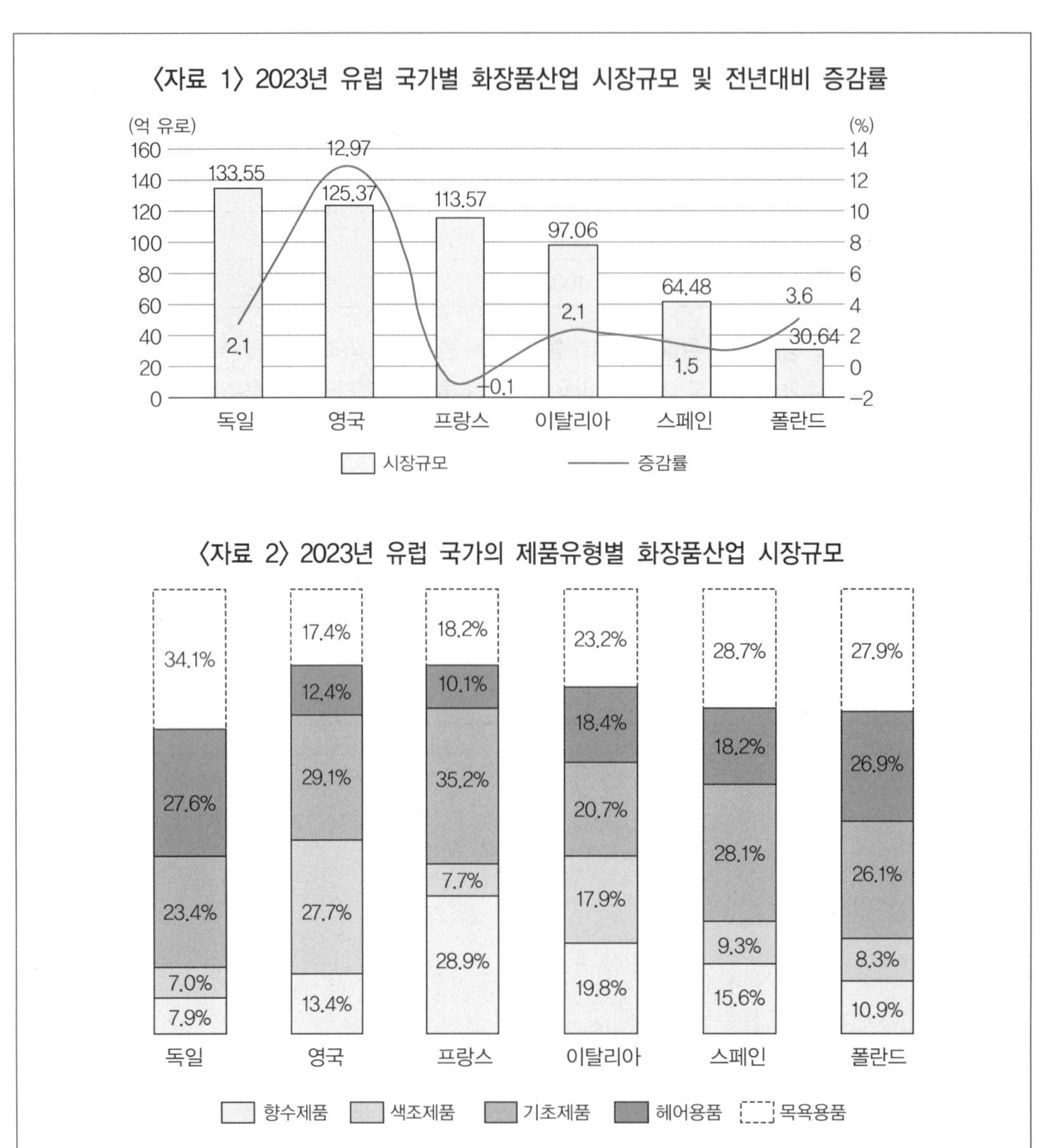

〈자료 3〉 유럽 주요국 화장품산업 시장 동향

구분	특징
독일	사용하던 제품을 계속 구매하는 경향이 높으며, 단기적인 제품 사이클에 익숙하지 않음. 어두운 색의 파운데이션을 선호하는 경향이 큼.
영국	오프라인 상점을 통한 화장품 유통이 월등히 높음. 색조 화장품의 경우, 소비자들이 색상이나 기능 등 화장품 품질 측면을 매우 중요하게 여김.
프랑스	혁신적이고 참신한 제품에 대한 선호가 있으며, 디자인에 민감한 경향이 있음.
이탈리아	유기농 화장품에 대한 관심이 높아지고 있음. 하지만 제품 특성상 유통기한이 짧아 먼 지역에서의 수입이 쉽지 않음. 이를 고려할 때 EU 내 생산 제품의 경쟁력이 더 높음.
스페인	남성용 화장품의 수요가 확대되고 있으며, 스페인의 남성상 역시 '강인함', '터프함'에서 점차 '세련됨'으로 변모하고 있음.
폴란드	최근 헤어용품에 대한 관심이 떨어지고 있는 반면, 기초화장품류에 대한 관심이 급격히 늘어나고 있음.

〈자료 4〉 해외진출 지원 요건

진출 대상국	유럽국
지원 금액	6 ~ 7억 원
사업기간	24개월 이내
사업목적	국내기업들의 진출 유망 분야 및 투자대상 협력사업 등을 발굴하여 국내 화장품업체의 유럽 화장품시장 진출 제고

07. 위 자료를 바르게 해석한 것은?

① 2023년과 같은 추세라면 2024년 유럽 화장품 시장규모 1위는 영국이 될 가능성이 높으므로 영국 화장품산업에 대한 투자를 고려해 볼 만하다.

② 독일의 기초화장품 시장규모가 유럽 내에서 가장 크기 때문에 기초화장품을 주력으로 하는 업체에게는 독일 시장 진출을 추천하는 것이 바람직하다.

③ 이탈리아에서 유기농 화장품에 대한 관심이 높아진 것으로 볼 때 이탈리아의 소비자들은 가격과 품질에 민감할 것이다.

④ 폴란드는 시장규모는 작지만 전년 대비 증감률이 높은 만큼 투자할 만한 가치가 있으므로 폴란드 헤어용품 시장에 대한 국내 기업의 진출을 장려해야 한다.

08. 화장품 해외진출 사업에 A, B, C, D 기업이 지원 서류를 제출하였다. 다음의 모든 자료를 고려할 때 지원을 받을 수 있는 기업은?

〈해외진출 지원 신청 사업체 현황〉

사업체	신청현황			
	해외진출 대상국	사업 내용	사업비용 (억 원)	사업기간
A 기업	프랑스	혁신&참신 이미지 마케팅을 통한 기초화장품 시장 공략	6.6	2024. 01.~ 2025. 10.
B 기업	독일	고품질 마케팅과 주기적인 신제품 출시를 통한 목욕용품 시장 공략	6.7	2024. 01.~ 2025. 09.
C 기업	영국	높은 품질을 내세운 마케팅으로 오프라인 상점을 통한 해외시장 진출	6.9	2024. 04.~ 2026. 01.
D 기업	스페인	높은 가격 경쟁력을 바탕으로 '세련된' 남성상에 알맞은 기초화장품 출시	6.2	2024. 04.~ 2025. 11.

〈사업체별 화장품산업 경쟁력〉

사업체	가격	품질	디자인	주력 제품 유형
A 기업	높음	중간	낮음	색조, 기초
B 기업	중간	높음	중간	헤어, 목욕
C 기업	낮음	높음	높음	향수, 색조
D 기업	높음	낮음	중간	향수, 색조

① A 기업

② B 기업

③ C 기업

④ D 기업

[09 ~ 10] 2023년 A 건축사무소는 B 기관의 건축물 유지관리 및 점검을 실시하였다. 이어지는 질문에 답하시오.

〈표 1〉 세부적 항목 계량적 평가 기준(5점 척도)

점수	건축물의 상태
1	• 사용승인도서에 부적합하고 시급한 성능개선이 요구되는 경우 • 안정상 문제가 있어 시급한 개선이 요구되는 경우
2	• 사용승인도서에 부적합하나, 성능개선이 요구되는 경우 • 사용승인도서에 부적합하나, 성능이 보통으로 유지되는 경우 • 안정성에 문제가 있는 것으로 우려되는 경우
3	사용승인도서에 적합하고 성능이 보통으로 유지되는 경우
4	사용승인도서에 적합하고 성능이 우수하게 유지되는 경우
5	사용승인도서에 적합하고 성능이 매우 우수하게 유지되는 경우 (최근 5년 이내 리모델링, 보수, 보강 또는 설비교체 등을 통해 안전 및 성능 개선을 한 경우)

※ 1(매우 불량)－2(불량)－3(보통)－4(양호)－5(매우 양호)

〈표 2〉 점검항목별 상세점검

에너지 및 친환경관리 등	열손실 방지	단열성능 유지여부 (출입문, 창호, 외벽 등)	• 출입구, 창호, 외벽 등의 훼손, 변경으로 개선이 요구되는 경우에는 불량 이하 • 출입구, 창호, 외벽 등의 유지관리가 잘되고 있는 경우에는 에너지 성능의 유지관리 정도에 따라 보통 이상
		결로 발생 여부	• 건축물의 내벽에 결로가 발생하여 지하층의 기능을 상실한 경우에는 불량 이하 • 지하층의 기능에 지장이 없는 경우에는 보통, 결로가 발생되지 않은 경우에는 양호
		창호 기밀성 성능 유지여부	• 건축물의 노후화로 창틀과 창호 간의 틈새가 발생되어 개선이 요구되는 경우에는 불량 이하 • 창틀과 창호 간의 틈새가 없는 경우에는 에너지성능의 정도에 따라 보통 이상
	친환경 건축물 인증	친환경건축물 인증의 유지 관리 여부	• 인증 유효기간 : 녹색건축 인증서 발급일부터 5년 • 친환경건축물 인증을 받은 건축물이 해당기간 내에 재인증을 받은 경우에는 매우 양호로 판단하여 '인증'에 체크, 받지 않은 경우에는 보통으로 판단하여 '미인증'에 체크 • 친환경건축물 인증을 받지 않은 건축물은 '해당없음'에 체크

	지능형 건축물 인증	지능형건축물 인증의 유지관리 여부	• 인증 유효기간 : 지능형건축물 인증일부터 5년 • 지능형건축물 인증을 받은 건축물이 해당 기간 내에 재인증을 받은 경우에는 매우 양호로 판단하여 '인증'에 체크, 받지 않은 경우에는 보통으로 판단하여 '미인증'에 체크 • 지능형건축물 인증을 받지 않은 건축물은 '해당없음'에 체크
	에너지 효율 등급 인증	에너지 효율등급 인증의 유지관리 여부	• 인증 유효기간 : 에너지효율등급 인증서 발급일부터 10년 • 건축물 에너지효율등급 인증내용을 유지하고 있는 경우에는 매우 양호로 판단하여 '인증'에 체크, 유지하고 있지 않은 경우에는 보통으로 판단하여 '미인증'으로 체크 • 에너지효율등급 인증을 받지 않은 건축물은 '해당없음'에 체크

〈표 3〉 점검 점수표 예시

점검기준 도면 등 자료	[ ]사용승인도면 [ ]건축물대장(현황도) [ ]현황도면(별도작성) [ ]기타 참고자료(직접기술) ______________ ※ 해당되는 곳에 체크, 중복 체크 가능

점검 대항목	「건축법」 및 관련기준	점검소항목 설계도서와의 직접 여부	점검세부항목
에너지 및 친환경 관리 등 (점)	제64조의2	열손실 방지(점) [ ]적합 [ ]개선필요 [ ]해당없음	• 단열성능 유지여부(출입문, 창호, 외벽 등) (점) • 결로 발생 여부(점) • 창호기밀성 성능 유지여부(점)
	제65조	친환경건축물 인증(점) [ ]인증 [ ]비인증 [ ]해당없음	• 친환경건축물 인증의 유지관리 여부(점)
	제65조의2	지능형건축물 인증(점) [ ]인증 [ ]비인증 [ ]해당없음	• 지능형건축물 인증의 유지관리 여부(점)
	제60조의2	에너지효율등급 인증(점) [ ]인증 [ ]비인증 [ ]해당없음	• 에너지효율등급 인증의 유지관리 여부 (점)

09. A 건축사무소는 B 기관을 대상으로 열손실 방지와 관련된 설계도서와의 적합여부를 점검 후 다음과 같은 사항을 발견하였다. 점검 세부항목을 보고 단열성능 유지여부－결로 발생 여부－창호 기밀성 성능유지여부에 대해 차례대로 알맞게 점수를 부여한 것은?

점검세부항목		
단열성능 유지여부	결로 발생 여부	창호 기밀성 성능 유지여부
지난 7월 태풍의 피해로 B 기관의 건물 일부 중 유리재질의 창호, 외벽이 25%가 훼손되었음. 사용승인도서가 부적합하고, 안전상 매우 위험하므로 시급한 개선이 요구됨.	창호 및 외벽의 훼손으로 열손실이 발생하고 있으며 건물의 15%가 결로현상이 관찰됨. 건축물의 내벽에 결로가 발생하여 지하층의 기능은 상실된 것으로 보임.	건축물이 노후화 되지는 않았지만 훼손으로 인해 창틀과 창호 간의 틈새가 발생하여 개선이 필요해 보임.

① 1점－2점－2점　　② 1점－2점－3점

③ 2점－2점－3점　　④ 3점－2점－1점

10. A 건축사무소는 B 기관을 대상으로 인증과 관련된 항목에 대해 점검하였다. 인증의 유지관리 여부에 차례대로 알맞게 점수를 부여한 것은?

점검세부항목		
친환경건축물 인증	지능형건축물 인증	에너지효율등급 인증
해당 건축물은 2021년에 친환경건축물 재인증을 받음.	해당 건축물은 업무시설로 지능형건축물 인증가능 대상이나 의무취득대상이 아니므로 이와 관련해서는 인증을 받지 않음.	해당 건축물은 업무시설로 2019년에 건축물 에너지효율등급 인증을 받았으나 이후 재인증을 받지 않음.

① 5점－해당없음－3점　　② 5점－해당없음－5점

③ 해당없음－3점－5점　　④ 해당없음－5점－5점

의사소통능력

⇨ 직업기초능력의 기본적인 인지 역량과 실제 업무 역량을 측정하기 위한 모듈로 구성하였습니다.

01. 다음 글의 제목으로 가장 적절한 것은?

> 공동주택이 고층화, 고밀화되면서 나타나는 여러 가지 장단점에 대해 그동안 많은 논의가 있었지만 그 중에서 논의의 필요성과 중요성이 점점 커지고 있는 것이 이웃과의 관계이다. 공동주택의 주거문화를 비단 경제적으로뿐만 아니라 사회문화적인 면에서도 안정적으로 정착시키기 위해서는 이웃과 함께 살아가는 공유 공간, 사회적 공간으로서 공동체의 규범과 신뢰를 우리 스스로 구축할 필요가 있다.
>
> 공동주택은 개인 주거공간으로서의 특성과 이웃과 함께 살아가는 사회적 공간으로서의 특성을 동시에 갖는다. 독립된 생활공간으로서의 편리함과 안정성을 보장받을 권리가 있는 한편, 공동주택으로서 함께 사는 이들에 대한 기본적인 이해와 배려도 필요하다. 예전처럼 자연스럽게 이웃과 소통하며 살지 않게 되었기 때문에 더욱 적극적으로 혹은 필연적으로 그러한 노력을 기울여야 하는지도 모른다.
>
> 사회, 경제 그리고 인구구조의 변화는 주거문화에 영향을 미치고, 주거문화는 사람의 라이프스타일을 변화시킨다. 이 과정에서 일어나는 의견 충돌이나 새로운 양상은 '문제'가 아니라 '숙제'다. 새로운 국면을 맞이할 때면 언제나 발생하고 풀어나가야 하는 과정일 뿐이다. 그러니 올바른 공동주택 주거문화에 대해 함께 고민하고 서로 이야기하면 된다.
>
> 앞으로 우리 사회의 주거환경은 또 어떻게 진화하고 바뀌어갈지 알 수 없다. 하지만 앞으로 또 어떤 변화가 일어난다 해도 바뀌지 않는 사실이 있다. 우리는 누구나 이웃과 함께 살아간다는 점이다. 새로운 주거환경을 맞이하면 또 그에 맞는 공동체 생활방식과 규범을 정리하고, 조화롭게 살아가는 방법을 찾아야 하는 것이다.

① 공동주택 주거문화의 문제점

② 우리나라의 공동주택 현황

③ 공동주택과 새로운 주거문화

④ 진화돼가는 이웃과의 관계

02. 다음 글을 읽고 알 수 있는 내용이 아닌 것은?

> 자외선은 피라미딘(Pyrimidine) 두 분자를 연결하는 이합체(Dimer)를 만듦으로써 DNA가 관여하는 유전인자를 손상시키지만 정상인의 피부 세포에는 자외선에 의해 손상된 피부를 치유하는 효소가 있다. 그러나 이 효소가 부족하거나 문제가 있으면 피부에 질병이 발생할 확률이 높아진다.
>
> 인간의 피부색은 출생지의 태양빛 세기와 일치하도록 되어 있다. 인간은 태어날 때 멜라닌 색소를 갖고 태어나는데 그 양은 백인, 황색인, 흑인 순으로 증가한다. 그러나 거대한 민족 이동은 이 균형을 깨뜨렸다. 더운 지방의 백인은 피부 화상과 피부암으로 고통 받고, 추운 지방의 흑인 또는 검은 천으로 얼굴을 가리고 살아가는 여인들은 비타민D 결핍증에 잘 걸린다.
>
> 멜라닌은 일반적으로 2단계에 걸쳐 태양빛과 반응한다. 첫 번째 단계에서는 피부 표면에 있는 산화되지 않은 옅은 색의 멜라닌이 태양빛에 의하여 암갈색으로 변하면서 산화한다. 이 반응은 한 시간 이내에 일어나며 피부를 그을리게 하고 하루가 지나면 흔적이 사라지게 된다. 두 번째 단계에서는 피부 단백질에 풍부하게 존재하는 아미노산 티로신(Tyrosine)으로부터 새로운 멜라닌이 합성되는데 이때 햇볕에 노출하는 시간이 길어질수록 멜라닌 합성이 많아지고 이러한 고분자 화합물의 깊이가 깊어져 더 진한 색을 띠게 되며 오랫동안 지속된다.
>
> 평소에 피부를 관리하지 않으면 생길 수 있는 피부암 중 위험한 것으로 흑색종(Melanoma)이 있다. 흑색종은 햇볕에 노출되면 증가하지만 1920년대 이후 노출되지 않은 부위에서도 발견된다는 보고가 있었다. 우리나라 병원에서는 별 이야기를 하지 않던 검은 점에 대해 미국에서는 신경을 쓰는 이유는 바로 악성피부암인 흑색종 때문이었다. 미국인들에게 피부암은 발생률 1위의 암으로 전체 암의 50%에 육박한다. 그중 악성인 흑색종은 피부암 전체의 2%도 안 되지만 피부암 사망자의 80%가 흑색종일 만큼 치명적이다.

① 피부가 햇볕에 노출되는 시간과 멜라닌 합성은 정비례한다.

② 피부 질병이 생기는 것은 성별의 차이와 관련이 있다.

③ 피부암의 한 종류인 흑색종(Melanoma)은 햇볕에 노출되지 않는 부위에서도 발생할 수 있다.

④ 태양빛에 피부가 그을리는 것은 멜라닌이 암갈색으로 변하면서 산화되기 때문이다.

03. 다음 글의 필자가 주장하는 바로 적절한 것은?

> 일본산 수산물 유통과 일본 국적의 활어차를 규제해 달라는 청와대 국민청원 인원이 지난 달 말 20만 명을 훌쩍 넘어섰는데도 아직까지 정부는 아무런 답변을 내놓지 않았다. 각종 시급한 현안에 해당 이슈가 가려진 탓이 크겠지만, 정부가 사안의 심각성을 제대로 알지 못하는 건 아닌지 우려스럽다. 일본 번호판을 그대로 단 일본 활어 차량이 국내 도로를 질주하면서 난폭 운전과 불법 주 · 정차를 일삼고 방사능 안전성이 검증되지 않은 방사능 폐기물을 바다에 무단 방류해 왔다는 것은 어제오늘 일이 아니다. 한 · 일 갈등 국면 속에서 방사능 오염에 대한 국민적 불안감이 엄연한데, 정부가 여태껏 이 문제를 방치하고 있는 것은 납득하기 힘들다.
>
> 언론 보도에 따르면 페리에 실려 부산국제여객터미널을 통해 국내에 들어오는 일본 활어차는 연간 약 2,500대에 이른다고 한다. 문제는 차량에 대한 방사능 검사는 이뤄지지만 정작 차에 실린 활어나 바닷물에 대해서는 제대로 된 검역 절차가 없다는 것이다. 이게 사실이라면 부실한 검역을 거친 일본산 활어차가 전국의 활어 이송지로 흩어지고 그 활어들이 그대로 국내 소비로 이어진다는 얘기가 된다. 우리 국민의 먹거리 안전에 구멍이 뚫린 것 아니냐는 의혹이 들 수밖에 없다. 근래에는 일본산을 국내산으로 속여 파는 사례마저 빈번하다 하니 더욱 그렇다.
>
> 일본은 올 6월부터 한국 수산물에 대한 수입 검사 강화에 나섰다. 반면 우리 정부는 지난해 4월부터 일본산 수입 어류 검역 절차를 크게 완화한 바 있다. 이런 불균형이 국내 양식어가와 수출업계의 피해를 키우고 있는 것도 안타까운 현실이다.
>
> 현재 원전 폭발 사고가 난 일본 후쿠시마 등 8개 현의 국내 수산물 수입은 전면 금지된 상태다. 그러나 활어차를 통해 국내에 들어오는 일본산 활어는 아무런 제약 없이 국내 식당과 가정의 식탁에 버젓이 오르고 있다. 이 과정에서 활어차가 곳곳에 흘리는 일본 바닷물 역시 안전성 우려를 자아내기에 충분하다. 무엇보다 정부 차원의 실태 조사가 시급하다. 철저한 감시 및 검사 체계와 안전 대책을 세워 국민들의 우려를 불식시켜야 한다.

① 일본산 수산물 유통과 일본 활어차 규제를 시급히 추진해야 한다.

② 부산국제여객터미널로 수입되는 일본 활어차에 대한 전수 검사를 실시해야 한다.

③ 일본 원전 폭발 사고로 인한 일본 식품의 방사능 오염에 대한 국민들의 우려를 불식시키는 것이 시급하다.

④ 일본 활어차를 통해 함께 유입되는 방사능 오염수를 차단할 방도를 마련해야 한다.

04. 다음 중 빈칸 ㉠에 들어갈 내용으로 적절한 것은?

성당이나 교회 또는 절에 가면 대부분의 사람들은 저절로 옷 매무새를 가다듬는다. 그런 장소들에서는 각자 나름대로의 경건함이 느껴지기 때문이다. 즉 삶에 찌든 속세와는 거리가 먼, 어떤 분위기가 있어 보인다. 그러나 성당이나 절에서도 세속과 마찬가지로 살림은 해야 한다. 절에서 살림을 맡는 것을 '사판'이라 하고, 도를 닦는 것을 '이판'이라고 한다. '사판'을 맡으면 '이판'을 제대로 하기 어렵다. 절이 제대로 운영되기 위해 노력하는 스님(동시에 도 닦기도 원하시는)들로서는 큰 희생을 감내하시는 것이다. 그것이 바로 '사판'이 지불해야 하는 비용이다.

요새 대학의 등록금을 내는 일이 만만치가 않다. 대학에 다니는 자제가 두 명이나 되면 부모들의 등은 휘어진다고 말해도 과언이 아닐 것이다. 또한 등록금 이외에 부담해야 할 교재 비용도 만만치 않다. 오죽했으면 대학의 총학생회장들이 삭발까지 하면서 등록금 대책을 호소하고 있을까. 그러나 대학 진학의 비용에는 등록금, 교재 비용 등과 같은 명시적인 비용만 있는 것이 아니다. 명시적 비용 이외에 묵시적인 비용도 발생한다. 묵시적 비용에는 대학 진학으로 인하여 '고등학교를 졸업하고 곧장 일자리를 잡았다면 받을 수 있는 경제적 이익'에 대한 포기가 포함된다. 이 경제적 이익은 대학 교육을 받기 위해 포기한 비용이다.

누구에게나 일상생활은 선택의 연속이다. 스님들은 '이판'과 '사판' 가운데 하나를 선택해야 하고, 고졸자들은 진학과 취업 가운데 하나를 선택해야 한다. 하나를 선택하면 다른 대안들을 선택할 수 있는 기회는 포기해야 한다. 결국 선택된 하나의 비용은 포기한 다른 것에 대한 기회이다. 경제학에서는 이러한 선택의 비용을 '포기한 다른 선택에 대한 가치'로 측정하고, 이를 기회비용(opportunity cost)이라고 한다. '사판'을 선택한 스님의 기회비용은 '이판'일 것이고, 대학 진학을 선택한 학생의 경우 기회비용은 대학교육에 소요되는 비용과 취업을 포기한 결과로 발생하는 금전적 손실의 합일 것이다.

경제적 행위에서는 선택의 대가로 지불해야 하는 기회비용이 반드시 발생한다. 때에 따라서 '공짜'로 얻은 것도 실상 따져 보면 포기해야 하는 다른 '공짜'가 반드시 존재하기 마련이다. 절친한 친구가 선물로 준 '공짜' 영화표에도 꼬리표가 붙는데 그 꼬리표는 언젠가 그 친구에게 다른 형태로 선물을 해 주어야 한다는 것이다. 설령 되갚지 않는다 하더라도 (㉠) 그래서 경제학자들은 "공짜 점심은 없다."라고 설명한다. 이것이 경제학의 기본 전제이다.

① 친구에 대한 마음의 빚이 남게 될 것이다.

② 나에게 공짜로 표를 제공한 친구는 그만큼 금전적 손실을 감내할 수밖에 없다.

③ 영화가 마음에 들지 않을 경우 그만큼의 시간을 즐겁지 않게 보내야 하는 가능성도 존재한다.

④ 그 공짜표로 영화를 보는 시간에 영화를 보지 않았다면 즐길 수 있었던 게임은 포기되어야 한다.

05. 다음 글의 (가) ~ (라)를 문맥에 따라 바르게 나열한 것은?

(가) 국내 총생산을 지출 측면에서 파악하면 최종 소비 지출, 총자본 형성 및 재화와 용역의 수출입으로 구성된다. 이러한 분석을 통해 한 나라의 소비 수준, 자본 축적 정도, 재정의 역할 등을 알 수 있다. 소비수준을 파악하기 위해서는 국내 총생산 중 소비 지출 비중, 투자 정도를 파악하기 위해서는 국내 총생산 중 투자 지출 비중 등이 국제 비교에서 자주 사용된다.

(나) 국민 경제의 총량 지표로 국민 총소득(GNI)과 국내 총생산(GDP)이 있다. GNI는 한 나라의 국민이 생산 활동에 참여한 대가로 받는 소득의 합계로서 해외로부터 국민(거주자)이 받은 소득(국외 수취 요소 소득)은 포함되지만, 국내 총생산 중에서 외국인에게 지급한 소득(국외 지급 요소 소득)은 제외된다. 반면에 GDP는 국내에 거주하는 모든 생산자가 생산한 부가 가치를 합산한 것으로서 대외 거래에 의하여 발생하는 생산은 고려하지 않는 것이므로 양자는 국외 순수취 요소소득(대외 수취 요소 소득－대외 지급 요소 소득) 만큼의 차이를 갖는다.

(다) 또한 각국 경제 구조를 파악하는 지표 가운데 가장 자주 사용되는 것이 국내 총생산 중 제조업 생산비중과 서비스업 생산 비중이다. 이는 제조업과 서비스업이 그 나라의 총 부가 가치 산출에 얼마만큼 기여하고 있는지를 보여 준다.

(라) 자본과 노동의 이동이 활발하게 이루어지는 개방경제하에서는 자국 국민의 총생산보다는 자국 내의 총생산이 한 나라 경제 활동과 보다 밀접한 연관을 갖기 때문에 최근에는 국민 총소득보다는 국내 총생산이 한 나라의 경제를 평가하는 지표로 주로 이용되고 있다. 또한 경제 성장률을 파악함에 있어서도 GDP 기준을 일반적으로 사용하고 있다.

① (나)－(라)－(다)－(가)
② (나)－(라)－(가)－(다)
③ (가)－(나)－(다)－(라)
④ (가)－(나)－(라)－(다)

06. 조 사원은 다음 지침을 참고하여 동의서 입력 초안을 작성하였다. 이에 대한 설명으로 옳지 않은 것은?

〈온라인용 개인정보 수집 · 이용 동의서 양식 작성 지침〉

1. 정보를 수집하는 기업 및 관련 파트너사에 대한 구체적인 정보(기업명, 소재지 등)를 제공해야 함.
2. 개인정보 수집의 구체적인 목적과 보유 기간 등을 명확하게 밝혀야 함.
3. 정보 주체에게 동의를 거부할 권리가 있음을 알려야 함.
4. 정보 주체가 정보 접근 권한에 대해 알 수 있도록 해당 글에 구체적으로 공지해야 함.
5. 동의는 정보 주체의 진술 혹은 적극적인 행위로 이루어져야 함(가령 동의 여부를 묻는 칸의 기본 값이 '동의함'으로 설정되어 있을 경우, 정보 주체가 동의 의사를 적극적으로 표현했다고 볼 수 없음).

〈온라인용 개인정보 수집 · 이용 동의서(초안)〉

AA 홈쇼핑에서는 개인정보 보호법 제15조 제1장에 의거해 회원 가입, 서비스 제공 및 변경 안내, 상담 등을 위해 아래와 같이 개인정보를 수집 · 이용하고자 합니다. 고객이 동의할 경우 수집된 개인정보가 파트너사와의 정보 연계를 통해 회원 식별 및 주문, 각종 서비스 제공에 활용됩니다(정보 접근 권한과 관련된 자세한 안내를 원할 경우 '여기'를 클릭하세요).

– 수집하는 개인정보 : ID, 비밀번호, 전화번호, 이메일
– 수집 목적 : 회원 식별 및 주문, 각종 서비스 제공

귀하는 개인정보 수집 · 이용에 대한 동의를 거부할 권리가 있으며, 이 경우 해당 정보에 대한 확인이 불가하여 회원제 서비스 이용이 제한될 수 있습니다.

개인정보 수집 · 이용에 동의합니다.

☑ 예　　☐ 아니오

[제출]　[취소]

※ 개인정보 수집 · 이용 주요사 및 파트너사
AA 홈쇼핑(서울특별시 마포구 XX로 XX길 XX, 대표 김○○)
KJ 통신(경기도 성남시 분당구 XX로 XX번길 XX, 대표 황△△)

① 지침 2번 항목을 완벽하게 지켰다고 볼 수는 없다.

② 정보 주체의 권리에 대한 내용이 분명하게 명시되지 않아 잘못 작성된 양식이다.

③ 정보 접근 권한 안내가 빠져 있으므로 잘못 작성된 양식이다.

④ 개인정보 수집 · 이용 동의 체크 박스는 모두 비워 두거나 기본값이 '아니오'여야 한다.

[07 ~ 08] 다음 글을 읽고 이어지는 질문에 답하시오.

일찍이 경제학자 클라크는 산업을 자연으로부터 원료를 채취하거나 생산하는가, 그 원료를 가공하는가, 가공된 원료를 유통하는가에 따라 1차, 2차, 3차 산업으로 분류했다. 그러나 이 방식으로는 설명할 수 없는 산업이 생겨나고 있다. 가령, 제조업과 서비스업을 모두 포함하는 정보 통신 산업은 어디에 속할까? 이처럼 기술이 진보하고 산업 구조가 변화함에 따라 새로운 분류 기준이 필요해졌고, 실제로 산업을 바라보는 관점과 목적에 따라 다양한 분류 기준이 존재하게 되었다.

먼저, 국가에서 제정한 표준산업분류가 있다. 이 분류는 소비자의 관점에서 재화 또는 서비스의 특성이 얼마나 유사한지, 생산자의 관점에서 투입물이나 산출물의 물리적 구성 및 가공 단계가 얼마나 유사한지를 모두 고려하여 작성된 것으로, 이 기준으로 분류된 제품이나 서비스의 집합을 동일한 산업으로 정의한다. 대분류, 중분류 등 모두 다섯 단계로 구성된 이 분류 방법은 주로 통계적 목적을 위하여 사용되고 있다. 그러나 각 산업의 기술 수준을 판단할 정보는 포함하지 않는다.

기술 수준에 따른 분류 체계의 대표적인 것으로 경제협력개발기구(OECD)의 기준이 있는데, 이 기준은 연구 개발 투자가 많은 산업을 첨단 기술 산업으로 본다. 기술 수준을 측정하는 지표로는 기업의 총 매출액 대비 연구 개발 투자액의 비율로 정의되는 '연구 개발 집약도'를 사용하며, 그 평균이 4% 이상이면 그 산업을 첨단 기술 산업으로 분류한다. 이 방법은 첨단 기술 산업을 객관적으로 규정해 준다는 점에서 유용하다. 그러나 산업의 평균을 토대로 하기 때문에 산업 전체로는 첨단 기술 산업이지만 그 안에 얼마든지 저급 기술 기업이 있을 수 있다.

한편, 기술이 진보한 결과 새로운 기술 영역이 출현하는 경우도 있는데 이렇게 등장한 기술 영역은 신속한 실용화의 요구 때문에 그대로 새로운 산업으로 형성되는 모습을 보이기도 한다. 예를 들어 정보 기술에서 비롯된 정보 기술 산업은 이미 핵심적인 산업으로 자리 잡았고 바이오 기술, 나노 기술, 환경 기술 등도 미래의 유망 산업으로 부각되고 있다.

산업의 변화는 기술 이외에 시장 수요의 측면에서도 그 원인을 찾을 수 있다. 가령, 인구 구성과 소비 가치가 변화함에 따라서 과거의 고정관념에 얽매이지 않는 수많은 새로운 산업이 나타나고 있다. 패션 산업, 실버산업, 레저 산업 등은 표준산업분류에 나오지 않지만 현실적으로 이미 중요한 산업으로 인식되고 있다.

이러한 추세를 고려할 때 앞으로 산업을 정의하거나 분류할 때에는 고정된 기준이나 체계보다 신축적이고 실질적인 접근 방식을 많이 사용할 것으로 보인다. 또 기술 혁신이 가속화되고 구매력을 가진 인구의 구성이 달라지면 새로운 산업이 생겨나고 오래된 산업이 사라지는 현상도 더 활발히 일어나게 될 것이다. 이제 산업의 정의나 분류도 유연하고 전략적인 관점에서 접근해야 할 시대가 도래한 것이다.

07. 다음 중 윗글의 내용과 일치하지 않는 것은?

① 클라크의 산업 분류는 기술 진보의 정도를 반영한 것이다.
② 표준산업분류는 소비자와 생산자의 관점을 반영한 것이다.
③ 연구 개발 집약도가 4% 이상인 산업이라도 그 안에 저급 기술 기업이 있을 수 있다.
④ 새로운 기술 영역이 새로운 산업을 형성하는 경우가 있다.

08. 윗글을 참고할 때, 다음 〈보기〉의 빈칸에 들어갈 말로 적절한 것은?

> **보기**
>
> 대학교는 기존의 어느 학과에도 소속시킬 수 없는 새로운 학문을 가르치기 위해 그 학문의 명칭을 사용한 학과를 신설하였다. 그래서 로봇공학을 가르치기 위해 로봇공학과를, 분자생물학을 가르치기 위해 분자생물학과를 신설하였다. 이것은 새로운 학문의 명칭을 그대로 학과 명칭에 사용했다는 점에서, 위 글에서 설명한 기준이나 관점 중에 (   ) 과 유사하다.

① 클라크의 기준
② 표준산업분류의 기준
③ 경제협력개발기구(OECD)의 기준
④ 기술 영역을 중시하는 관점

[09 ~ 10] 다음 글을 읽고 이어지는 질문에 답하시오.

기억체계의 구조는 1960년대 정보처리모형의 관점에 근거하여 기억체계가 여러 개의 기억저장고로 이루어진 구조라고 보는 다중기억이론들이 제안되면서 세분화되고 체계화되었다. 다중기억모형(Multi-store Model of Memory)에 의하면 기억은 감각기억, 단기기억, 장기기억으로 구조화되어 있다. 이 중 단기기억은 감각기억을 통해 받아들인 제한된 용량의 정보를 일시적으로 저장해 두는 기능을 하고, 이 정보가 되뇌어지고(Rehearsal) 나면 장기기억이 된다.

시간이 흘러 1980년대 이후, 심리학자 앨런 배들리가 작업기억이라는 개념을 제시하였다. 그가 제안한 작업기억이란 단순히 정보를 저장하는 수동적인 개념이 아니라 일시적으로 정보를 저장하고 그것을 조작하거나 통합하는 역동적인 작업이 포함된 기억의 개념이다. 들어온 정보가 일시적으로 머무르는 것이기 때문에 단기기억과 유사한 부분이 있지만 작업기억은 단기기억과 달리 기억체계가 정보를 저장하고 그것을 조작하거나 통합한다는 능동성이 더 강조된 개념임을 가정하고 있다. 이처럼 작업기억이론은 기억내용에 대한 인지적 작업이 발생하기 때문에 단기 기억을 확장하고 기억의 기능을 세분화한 것으로 볼 수 있다.

앨런 배들리는 최초의 작업기억의 기억 요소를 ㉠ 중앙집행장치, 시공간잡기장, 음운고리로 구성하였고, 2000년대에 들어서는 ㉡ 일회적완충기가 하위 요소로 주기억장치에 추가되었다. 각 하위 요소들은 위계적으로 구조화되어 있다. 시공간잡기장은 시각적 정보를 부호화*한다. 일회적완충기는 시공간잡기장, 음운고리, 중앙관리자로부터 정보를 모으고 통합하는 임시저장소 역할을 하며, 이전의 경험들을 해석하고 새로운 문제를 해결하며 미래 활동을 계획하기 위해 정보를 능동적으로 조작하는 역할을 한다. 중앙집행장치는 음운고리와 시공간잡기장 그리고 일회적완충기의 정보들을 통합하고 어느 것에 얼마나 주의를 기울여야 하고 또 어떤 것을 무시해야 하는지를 결정한다는 점에서 앞서 언급한 세 가지 요소들보다 상위에 위치한다. 중앙집행장치는 불필요한 정보를 억압함으로써 통제자의 역할을 하며 문제해결을 위한 전략을 선택하게 하고 판단과정을 처리하지만 정보를 저장하지는 않는다.

* 부호화 : 나중에 필요할 때에 잘 기억해 낼 수 있는 형태로 기억하는 과정

09. 다음 중 윗글의 내용과 일치하지 않는 것은?

① 작업기억의 구성 요소들은 병렬적으로 구성되어 있지 않다.
② 되뇌어지는 과정을 충분히 거치지 않으면 단기기억은 장기기억이 될 수 없다.
③ 단기기억은 작업기억보다 기억 체계의 수동적 측면이 더 많이 강조된 개념이다.
④ 최초의 작업기억의 기억 요소는 중앙집행장치, 시공간잡기장, 음운고리이다.

10. 다음 중 윗글의 ㉠과 ㉡에 대한 설명으로 옳지 않은 것은?

① ㉠은 ㉡의 기능을 통제하는 역할을 한다.
② ㉠의 기능이 손상되면 기억 저장에 어려움을 겪는다.
③ 작업기억 모형에서 ㉡이 ㉠보다 비교적 더 최근에 등장한 개념이다.
④ ㉡의 기능이 손상되면 앞으로 할 일을 계획하는 데에 어려움을 겪을 수 있다.

수리능력

⇨ 직업기초능력의 기본적인 인지 역량과 실제 업무 역량을 측정하기 위한 모듈로 구성하였습니다.

01. 갑 회사의 노트북을 만드는 두 공장 A, B는 각각 갑 회사의 노트북 전체 생산량의 30%, 70%를 만들고, 그중에서 불량품은 각각 3%, 5%라고 한다. 두 공장에서 생산된 노트북 중 임의로 선택한 제품 하나가 불량품이었을 때, 그 제품이 공장 A에서 생산된 제품일 확률은?

① $\frac{9}{44}$
② $\frac{11}{44}$
③ $\frac{15}{36}$
④ $\frac{21}{36}$

02. ○○회사는 국내 대학생과 외국인 대학생이 참여하는 국제 학생 교류 프로그램을 주최한다. 프로그램에 참여하는 국내 학생 한 명당 3점, 외국인 학생 한 명당 4점씩 계산하여 프로그램 운영 평가 점수를 받는다고 할 때, 다음 〈보기〉의 조건에 따라 받을 수 있는 프로그램 운영 평가 점수는 최대 몇 점인가?

보기

- 최대 126명의 학생이 참여할 수 있다.
- 학생 한 명당 필요한 지원금은 국내 학생이 200만 원, 외국인 학생이 300만 원이다.
- 지원금은 최대 3억 1,500만 원까지 사용할 수 있다.

① 423점
② 429점
③ 435점
④ 441점

03. 7월 기준 클라이밍 파크에서 1달 정기 이용권을 구매한 수강생은 35명, 클라이밍 10회 이용권을 구매한 수강생은 55명, 1달 강습권을 구매한 수강생은 40명이다. 이용권 및 강습권 요금에 관한 정보가 다음과 같을 때, 클라이밍 파크의 7월 매출액은 얼마인가? (단, 클라이밍 파크에서 기타 이용권이나 강습권은 판매하지 않는다)

- 클라이밍 10회 이용권과 1달 강습권의 요금 합은 460,000원이다.
- 1달 정기 이용권과 1달 강습권의 요금 합은 300,000원이다.
- 클라이밍 10회 이용권과 1달 정기 이용권의 요금 합은 400,000원이다.

① 2,180만 원 ② 2,360만 원
③ 2,420만 원 ④ 2,680만 원

04. 다음과 같이 구분된 구역에 색을 칠하고자 한다. 인접한 구역은 서로 같은 색으로 칠할 수 없으며 모든 구역을 색칠하는 데 최소 종류의 색을 이용한다고 할 때, 그림을 색칠하는 방법은 몇 가지인가?

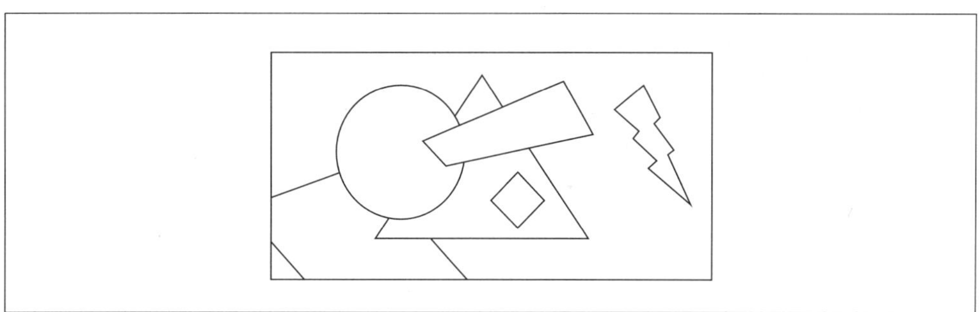

① 120가지 ② 288가지
③ 432가지 ④ 648가지

05. 다음은 광역상수도 요금 산정에 관한 자료이다. 이번 달 계약량 2,000m^{3}인 정수를 2,500m^3 사용한 A 기관과 이번 달 계약량 3,000m^{3}인 침전수를 3,600m^3 사용한 B 기관 중 이번 달 광역상수도 요금이 더 많은 기관과 두 기관의 요금 차이를 바르게 묶은 것은? (단, 제시된 물 이외의 추가로 사용한 물은 없으며, 세금 등 다른 항목은 고려하지 않는다)

아래는 ○○공사가 공급하는 물 종류별 광역상수도 요금 단가 및 요금 계산방법을 나타낸 것이다(단, 요금 계산 시에 계약량, 사용량 등은 월 단위를 기준으로 한다).

〈물 종류별 광역상수도 요금 단가(원/m^3)〉

물 종류	기본요금	사용요금
원수	80	150
정수	150	300
침전수	100	200

〈광역상수도 요금 계산방법〉

1. '광역상수도 요금=기본요금+사용요금' 식을 이용하되 해당 물 종류별 요금 단가를 적용한다.
2. 기본요금은 다음과 같이 계산한다.
   (1) '사용량≤계약량'인 경우
   기본요금=계약량×기본요금 단가
   (2) '계약량<사용량≤계약량의 120%'인 경우
   기본요금=사용량×기본요금 단가
   (3) '계약량의 120%<사용량'인 경우
   기본요금=계약량의 120%×기본요금 단가
3. 사용요금은 다음과 같이 계산한다.
   (1) '사용량≤계약량'인 경우
   사용요금=사용량×사용요금 단가
   (2) '계약량<사용량≤계약량의 120%'인 경우
   사용요금=사용량×사용요금 단가
   (3) '계약량의 120%<사용량'인 경우
   사용요금=(사용량×사용요금 단가)+(사용량 중 계약량의 120% 초과분×사용요금 단가)

> 예 물 종류가 원수인 광역상수도 요금 계산 사례
> (1) 계약량 100m³, 사용량 90m³
> (100×80)+(90×150)=8,000+13,500=21,500(원)
> (2) 계약량 100m³, 사용량 110m³
> (110×80)+(110×150)=8,800+16,500=25,300(원)
> (3) 계약량 100m³, 사용량 130m³
> (120×80)+(130×150)+(10×150)=9,600+19,500+1,500=30,600(원)

① A 기관, 6만 원 ② A 기관, 8만 원
③ B 기관, 6만 원 ④ B 기관, 8만 원

06. 다음은 실리콘웨이퍼 태양전지와 박막 태양전지의 제조비용 및 전기전환효율을 조사한 자료이다. 이에 대한 설명으로 옳지 않은 것은?

〈기술별 제조비용 및 전기전환효율〉

구분		실리콘웨이퍼		박막		
		단결형	다결형	a-5i	CdTe	CIS/CIGS
제조비용($)		2.96	2.77	1.85	1.75	1.35
전기전환효율(%)		17.0	14.0	8.0	9.4	11.0
구현 가능한 전환효율(%)	선도 기술			13.0	16.5	19.5
	국내 기술			9.5	14.0	17.8

① 실리콘웨이퍼가 박막보다 제조비용이 높다.
② 전기전환효율이 높을수록 제조비용이 높다.
③ 박막 기술 중 제조비용 대비 전기전환효율은 CIS/CIGS가 가장 높다.
④ 구현 가능한 전환효율의 국내 수준이 선도 기술에 가장 근접한 것은 CIS/CIGS이다.

[07 ~ 08] 다음 자료를 보고 이어지는 질문에 답하시오.

〈자료 1〉 우리나라 학력별 임금 격차(임금지수)

(단위 : %)

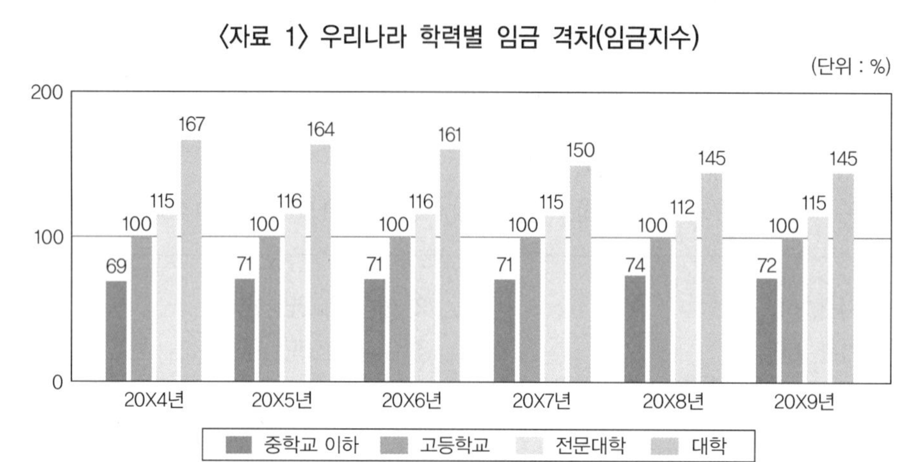

※ 임금지수는 고등학교 졸업자의 평균 임금을 100으로 하여 환산함(25 ~ 64세 성인인구).

※ 수치 간 차이가 클수록 학력별 임금 격차가 심한 것으로 볼 수 있음.

〈자료 2〉 20X9년 주요국 학력별 임금 격차(임금지수)

(단위 : %)

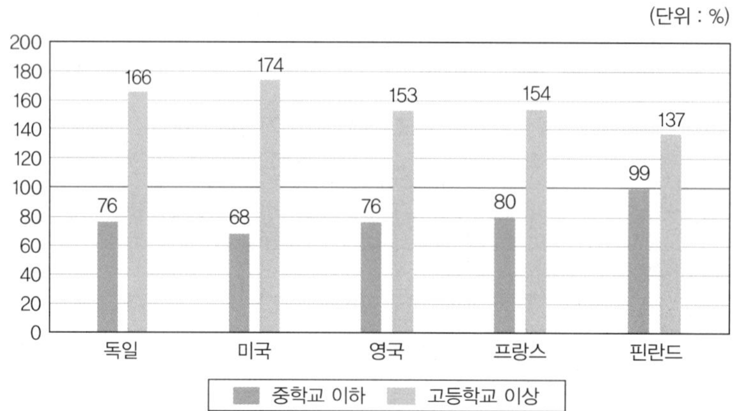

〈자료 3〉 주요국 고등교육 이상 졸업자의 임금수준 변화 추이(임금지수)

(단위 : %)

구분	한국	미국	영국	뉴질랜드	스위스
20X5년	147	177	157	118	155
20X6년	147	174	156	123	158
20X7년	145	176	151	139	156
20X8년	138	168	148	146	143
20X9년	141	174	153	154	151

※ 고등교육 이상은 전문대학, 대학을 포함한 전체 고등교육기관을 의미함.

07. 다음 중 위 자료에 대한 해석으로 가장 적절한 것은?

① 20X9년 한국, 미국, 영국, 뉴질랜드의 고등교육 이상 졸업자 임금지수는 20X5년보다 감소하였다.

② 20X9년 한국의 중학교 이하 졸업자와 고등교육 이상 졸업자의 임금지수 차이는 68이다.

③ 20X4년부터 20X9년까지 한국의 중학교 이하 졸업자와 대학 졸업자의 임금 격차는 지속적으로 감소하고 있다.

④ 20X9년 독일과 프랑스의 고등학교 졸업자 평균 임금이 동일하다고 가정했을 때, 두 나라 간 고등교육 이상 졸업자의 임금지수 차이는 10 이상이다.

08. 20X8년 한국의 전문대학 졸업자 평균 임금이 180만 원이라면 20X8년 한국의 대학 졸업자 평균 임금은 얼마인가? (단, 소수점 아래 첫째 자리에서 반올림한다)

① 225만 원

② 233만 원

③ 238만 원

④ 241만 원

[09 ~ 10] 다음 자료를 보고 이어지는 질문에 답하시오.

〈자료 1〉 2014 ~ 2023년 한국 농업 및 낙농업 연평균 물 사용량

(단위 : 억 m^3/년)

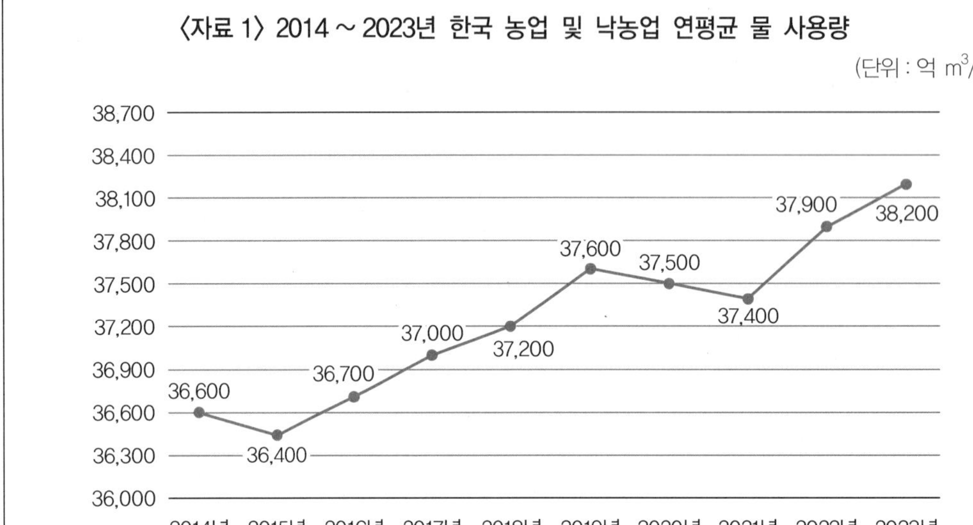

〈자료 2〉 주요 농업 및 낙농업 품목 평균 물 사용량

(단위 : 억 m^3/년)

품목	물 사용량	품목	물 사용량
쌀	2,895	닭고기	3,918
밀	1,334	달걀	3,340
옥수수	909	우유	990
소고기	12,497	치즈	4,914
돼지고기	4,856		

09. 다음은 위 자료들을 바탕으로 제작한 보고서이다. ㉠～㉣ 중 옳은 것은 몇 개인가?

〈보고서〉

농업 및 낙농업 연평균 물 사용량은 당해 연도 동안 사용된 농업 및 낙농업의 연평균 농업 용수량을 의미한다. 연평균 물 사용량이 적다는 것은 해당 지역에서 어떤 낙농업 제품에 대한 생산량이 적다는 것을 의미한다. ㉠ 우리나라의 농업 및 낙농업 연평균 물 사용량은 2015년부터 2023년까지 지속적으로 증가하였다. 또, ㉡ 최근 2년간(2021 ~ 2023)의 추세가 유지될 때 앞으로 물 사용량은 지속적으로 감소할 전망이다.

한편 주요 농업 및 낙농업 품목에 대한 평균 물 사용량에 따르면 농업 및 낙농업 제품 생산에 필요한 용수량을 대략적으로 알 수 있다. ㉢ 예를 들어 옥수수 생산에는 가장 적은 물이 요구되는 반면, 소고기 생산에는 가장 많은 물이 필요하다. 표에는 제시되지 않았지만 가장 많은 물을 필요로 하는 작물은 커피다. 커피는 대략 연간 19,028억 m^3의 용수가 필요하다. ㉣ 이것은 주요 농업 및 낙농업 평균 물 사용량의 상위 3개 품목을 합친 것보다도 많은 용수를 필요로 하는 것이다.

① 1개 ② 2개
③ 3개 ④ 4개

10. 상사의 지시에 따라 2024년도 우리나라 농업 및 낙농업 연평균 물 사용량을 추산하여 〈보고서〉에 추가하려 한다. 다음 빈칸 ㉠에 들어갈 수치는? (단, 소수점 아래 셋째 자리에서 반올림한다)

〈보고서〉

우리나라의 2024년도 농업 및 낙농업 연평균 물 사용량에 대한 추정치는 직전 3개 연도의 평균 증감률(%)을 각각 산출하여 그 평균값으로 계산하였다. 즉, 2021년 대비 2022년의 물 사용량 증감률과 2022년 대비 2023년 물 사용량 증감률을 각각 산출한 후 그 둘의 평균 증감률을 2024년 농업 및 낙농업 연평균 물 사용량 추정치로 하였다. 따라서 2024년 농업 및 낙농업 연평균 물 사용량은 2023년 대비 약 (㉠)% 증가할 전망이다.

① 1.09 ② 1.07
③ 1.03 ④ 1.00

자원관리능력

⇨ 직업기초능력의 기본적인 인지 역량과 실제 업무 역량을 측정하기 위한 모듈로 구성하였습니다.

[01 ~ 03] 다음 상황을 보고 이어지는 질문에 답하시오.

S 제조사 신제품기획부서에 근무하는 Y는 신제품 출시를 앞두고 생산 제품과 협력업체를 결정하고 판매에 따른 수익을 예측하는 업무를 담당하게 되었다.

S 제조사 신제품 기획
• 생산 제품명 : SX1－1323T • 총 생산 개수 : 1,500개 • 생산 완료 날짜 : 20X1년 4월 22일

〈제품의 특성별 선호도 및 단가〉

구분	색상	기능	디자인	가격	재료단가(원/개)	판매가(원/개)
A 제품	3.9	4.1	4.2	4.3	3,300	12,000
B 제품	4.4	3.8	3.5	3.2	4,000	20,000
C 제품	3.7	4.0	3.7	4.7	2,900	10,000
D 제품	3.4	4.8	4.1	3.5	3,700	18,000

※ 선호도는 설문조사 대상자들이 1점에서 5점까지 점수를 부여한 것의 평균이며 점수가 높을수록 선호도가 높다.

〈협력업체별 현황비교〉

구분	가 공장	나 공장	다 공장	라 공장
생산비용(원/100개)	50,000	74,000	62,000	72,000
하루 제작수량(개)	80	90	85	90
휴무일	매주 주말	2, 4주째 일요일	매주 일요일	2, 4주째 토, 일요일

01. Y는 〈조건〉에 따라 생산할 제품을 최종 결정하기로 했다. 다음 중 Y가 선택한 제품은?

조건

1. 제품의 제품단가를 고려하여 총 제품단가가 500만 원을 넘지 않도록 한다.
2. 〈제품의 특성별 선호도 및 단가〉에 나타난 선호도 점수의 평균이 높은 제품을 선택한다.

① A 제품 ② B 제품
③ C 제품 ④ D 제품

02. 다음은 20X1년 4월의 달력이다. 〈조건〉에 따를 때 Y가 제품을 생산하기 위해서 선택할 공장은? (단, 4월의 첫째 주는 4월 1일이 포함된 주라고 가정한다)

조건

1. 주문일과 완료일에도 생산을 진행한다.
2. 정해진 기한 내에 생산수량을 맞출 수 있는 공장 중 생산비용이 저렴한 곳을 선택한다.

4월						
일	월	화	수	목	금	토
					1	2
3	4 주문	5	6	7	8	9
10	11	12	13	14	15	16
17	18	19	20	21	22 완료	23
24	25	26	27	28	29	30

① 가 공장 ② 나 공장
③ 다 공장 ④ 라 공장

03. Y는 생산제품과 생산공장이 아직 정해지지 않은 상황에서 예상되는 수익에 대한 보고서를 쓰려고 한다. 주어진 제품과 공장에 따른 제품 한 개당 수익을 계산했을 때 옳지 않은 것은? (단, 제품 한 개당 수익은 제품의 판매가에서 개당 재료단가와 생산비용을 뺀 것이다)

구분	제품	공장	한 개당 수익
①	A	가	8,200원
②	B	나	15,260원
③	C	다	6,420원
④	D	라	13,580원

04. ○○공사 인사부 신입사원 K는 근로기준법에 따라 평균임금을 고려하여 지급하여야 할 퇴직금을 알아보기 위해 각 직원들의 근태관리표를 작성하였다. 이를 참고할 때, 각 직원의 퇴직금으로 옳은 것은? (단, 퇴직금은 산정 시점의 평균임금으로 한다)

〈근로기준법〉

제2조(정의) ① 이 법에서 사용하는 용어의 뜻은 다음과 같다.

⋮

6. "평균임금"이란 이를 산정하여야 할 사유가 발생한 날 이전 3개월 동안에 그 근로자에게 지급된 임금의 총액을 그 기간의 총 일수로 나눈 금액을 말한다. 근로자가 취업한 후 3개월 미만인 경우도 이에 준한다.

⋮

〈근로기준법 시행령〉

제2조(평균임금의 계산에서 제외되는 기간과 임금) ①「근로기준법」(이하 "법"이라 한다) 제2조 제1항 제6호에 따른 평균임금 산정기간 중에 다음 각호의 어느 하나에 해당하는 기간이 있는 경우에는 그 기간과 그 기간 중에 지급된 임금은 평균임금 산정기준이 되는 기간과 임금의 총액에서 각각 뺀다.

1. 근로계약을 체결하고 수습 중에 있는 근로자가 수습을 시작한 날부터 3개월 이내의 기간
2. 법 제46조에 따른 사용자의 귀책사유로 휴업한 기간
3. 법 제74조에 따른 출산전후 휴가 기간
4. 법 제78조에 따라 업무상 부상 또는 질병으로 요양하기 위하여 휴업한 기간

5. 「남녀고용평등과 일 · 가정 양립 지원에 관한 법률」 제19조에 따른 육아휴직 기간
6. 「노동조합 및 노동관계조정법」 제2조 제6호에 따른 쟁의행위기간
7. 「병역법」, 「예비군법」 또는 「민방위기본법」에 따른 의무를 이행하기 위하여 휴직하거나 근로하지 못한 기간. 다만, 그 기간 중 임금을 지급받은 경우에는 그러하지 아니하다.
8. 업무 외 부상이나 질병, 그 밖의 사유로 사용자의 승인을 받아 휴업한 기간

② 법 제2조 제1항 제6호에 따른 임금의 총액을 계산할 때에는 임시로 지급된 임금 및 수당과 통화 외의 것으로 지급된 임금을 포함하지 아니한다. 다만, 고용노동부장관이 정하는 것은 그러하지 아니하다.

※ 근로기준법에 따른 사용자 : ① 사업주 ② 경영담당자 ③ 기타 근로자에 관한 사항에 대하여 사업자를 위하여 행위하는 자

〈202X년 4 ~ 6월* ○○공사의 근태관리표〉

직위	임금 지급 총액	휴가 사유 (법적 근거)	휴가 일수	휴가 기간 동안 지급 받은 임금
L 과장	12,680,000원	부친상	5일	355,000원
P 대리	9,630,000원	육아휴직	15일	180,000원
S 사원	7,920,000원	무단 결근	2일	-
G 사원	7,650,000원	경조사, 결혼 준비	5일	-
H 사원	7,020,000원	업무 외 질병으로 요양	12일	-

* 202X년 4 ~ 6월의 총 일수는 90일로 가정함.

① L 과장 – 144,000원
② P 대리 – 126,000원
③ S 사원 – 90,000원
④ G 사원 – 80,000원

[05 ~ 06] ○○공단이 운영하는 K 수영장 이용 시간표를 보고 이어지는 질문에 답하시오.

〈평일 이용시간〉

구분	시간	사용레인	대상	입장료
1부	06:10 ~ 07:20	3개	청소년/성인	유아/어린이 : 2,000원 청소년 : 2,500원 성인 : 3,000원 ※ 1, 3, 5부 정원(40명) 초과 시 입장 제한될 수 있으며, 단체 이용 불가
2부	07:40 ~ 08:50	8개	제한 없음.	
3부	09:10 ~ 12:30	3개	청소년/성인여성	
4부	13:10 ~ 17:30	4 ~ 8개	제한 없음.	
5부	18:10 ~ 21:30	3개	청소년/성인	

〈토요일 입장시간〉

구분	시간	사용레인	대상	입장료
1부	06:00 ~ 08:30	6 ~ 8개	제한 없음. (단체 이용 불가)	유아/어린이 : 2,000원 청소년 : 2,500원 성인 : 3,000원
2부	09:00 ~ 11:30			
3부	12:00 ~ 14:30			
4부	15:00 ~ 17:30			

〈일요일/국공휴일 이용시간〉

구분	시간	사용레인	대상	입장료
1부	09:00 ~ 11:30	8개	제한 없음. (단체 이용 불가)	유아/어린이 : 2,500원 청소년 : 3,000원 성인 : 3,500원 ※ 성수기(7 ~ 8월) 06:00 ~ 08:30 추가 운영
2부	12:00 ~ 14:30			
3부	15:00 ~ 17:30			

〈10월 수영장 일정표〉

일	월	화	수	목	금	토
		1	2	3	4	5
				개천절		
6	7	8	9	10	11	12
				단체 예약		
13	14	15	16	17	18	19
욕조수 교체휴장						
20	21	22	23	24	25	26
정기휴장			건물 정기 점검 휴장		시설 안전 점검일	
27	28	29	30	31		
	단체 예약	단체 예약				

05. 다음 중 K 수영장 이용에 대한 설명으로 옳지 않은 것은?

① 사용 대상이 제한된 경우는 3개의 레인으로 한정되어 있다.
② 10월 2일, 3일, 5일의 수영장 입장 요금은 모두 다르다.
③ 개천절에는 아침 9시 이전에 수영장을 이용할 수 없다.
④ 3개의 레인만 운영할 시 40명이 이용할 수 있다.

06. ○○공단의 조합원 가족들은 10월 중 총 100명의 자녀들을 대상으로 3일간 연이어 외부 수영 강사를 섭외하여 K 수영장에서 수영 강습회를 실시하고자 한다. 수영 강습회에 대한 설명으로 바르지 않은 것은? (단, 내부 일정으로 인해 첫째 주에는 강습회를 실시할 수 없으며, 단체가 아니라고 가정한다)

① 수영 강습회는 6일 또는 7일에 시작하여야 한다.
② 아침 9시 이후의 오전 수영 강습회는 6일에만 실시할 수 있다.
③ 수영 강습회에 청소년과 어린이가 절반씩 참여한다면 1일 총 입장료는 225,000원 또는 275,000원이다.
④ 3일을 연이어 아침 9시 이전에 수영장을 이용할 수 있는 경우는 없다.

[07 ~ 09] 다음 〈보기〉는 W사 각 영업팀의 업무 성과별 특징을 정리한 표이다. 이어지는 질문에 답하시오.

보기

구분	매출액	수익성	판매량	사고율	지출 비용
국내영업 1팀	★★★☆☆	★★★★★	★★☆☆☆	★☆☆☆☆	★☆☆☆☆
국내영업 2팀	★★☆☆☆	★★★☆☆	★★★★☆	★★★★★	★☆☆☆☆
국내영업 3팀	★★★★☆	★★★☆☆	★★★★☆	★★★★★	★★★★☆
해외영업 1팀	★★☆☆☆	★★★★☆	★☆☆☆☆	★★☆☆☆	★★★★★
해외영업 2팀	★★★★★	★★★☆☆	★★★☆☆	★★★★☆	★★☆☆☆

※ ★★★★★ : 매우 좋음, ★★★★☆ : 좋음, ★★★☆☆ : 보통, ★★☆☆☆ : 나쁨, ★☆☆☆☆ : 매우 나쁨
※ 사고율의 경우, 별의 개수가 많을수록 사고율이 적음을 의미함.
※ 지출 비용의 경우, 별의 개수가 많을수록 적은 비용을 쓰고 있음을 의미함.

07. 다음 중 W사의 매출액과 판매량의 제고에 있어 가장 우수한 성과를 보인 두 팀은?

① 국내영업 3팀, 해외영업 2팀
② 국내영업 3팀, 해외영업 1팀
③ 국내영업 1팀, 해외영업 2팀
④ 국내영업 2팀, 국내영업 3팀

08. 다음 중 각 영업팀에 대한 회사 경영진의 평가로 올바른 것은?

① 국내영업 2팀은 많은 비용을 쓰고 있는 데 반해 판매량이 좋지 않군.
② 국내영업 3팀은 전 분야에서 2위 이상의 성과를 보이고 있으니 대단하군.
③ 국내영업 1팀의 판매량은 적지만 수익성이 가장 좋으니 결국 순이익이 매우 좋겠군.
④ 해외영업 1팀은 수익성은 좋은데 리스크가 있는 과제는 좀 피해야겠군.

09. W사의 CEO는 위의 업무 성과별 특징표를 보고 가장 우수한 영업팀과 그 팀에서 가장 개선해야 할 항목을 선정하였다. CEO가 선정한 팀과 개선 항목을 순서대로 나열한 것은?

	팀	개선 항목
①	국내영업 3팀	판매량
②	해외영업 2팀	매출액
③	해외영업 2팀	비용
④	국내영업 3팀	수익성

10. K는 국내에서 열릴 OECD 진행위원회 소속으로 회의 참석자들의 숙소 예약을 담당하게 되었다. 진행위원장에게 전달받은 다음의 내용을 토대로 예약할 때, 예약 가능한 최소 비용은?

〈S 호텔 예약안내〉

□ 이용요금 안내

• 연회장

회장	최대 수용인원	기본요금	추가요금
대연회장	150명	1,000,000원	20,000원/인
야외 연회장	80명	800,000원	
중/소 연회장	60명	500,000원	

– 연회장 이용 고객에 숙박 고객 포함 시 기본요금으로 이용 가능

– 기본요금＝대관료＋식사비

• 숙박시설(2박 기준)

객실	구성	기본인원	기본요금	추가요금
스탠다드 A	침실 1, 욕실 1, 화장실 1	2명	250,000원	30,000원/인
스탠다드 B	침실 2, 욕실 1, 화장실 2	3명	300,000원	
스위트	침실 2, 욕실 2, 화장실 2	2명	400,000원	

– 기본인원에서 최대 1인 추가 가능(스탠다드 B 객실은 제외)

– 객실 모두 침대 추가 가능

• 식사

구분	메뉴	기본요금	비고
조식	오늘의 메뉴	15,000원/인	조식 이외 모든 일반으로 제공
일반	오늘의 메뉴	25,000원/인	

– 숙박 이용 시 기본요금 20% 할인

[위원장]

회의 일정은 2박 3일로 회의 장소와 가까운 S 호텔에서 진행하기로 결정되었습니다. 인원은 총 30명이고 식사는 아침, 점심, 저녁 모두 제공할 수 있도록 부탁드립니다. 첫째 날은 회의 이후 점심을 먹고 호텔로 이동할 예정입니다. 마지막 날은 아침까지만 제공해 주시면 됩니다. 식사 예약에 참고해 주세요. 호텔 예약으로 배정된 예산은 총 550만 원이므로 참고하시면 되겠습니다. 첫째 날 저녁에는 OECD 회의 국내 개최 축하 공연을 열고자 합니다. 호텔에 머무는 인원은 모두 참여하고 추가로 30명이 참여할 예정입니다. 예산 내에서 가능하다면 야외 연회장으로 예약해 주세요.

① 5,020,000원 ② 5,220,000원 ③ 5,320,000원 ④ 5,420,000원

직업기초 5회

기출예상문제

문항수 | 40문항
문항시간 | 40분

▸ 정답과 해설 39쪽

문제해결능력

⇨ 직업기초능력의 기본적인 인지 역량과 실제 업무 역량을 측정하기 위한 모듈로 구성하였습니다.

01. 다음 〈보기〉의 내용에 따라 빈칸 ㉠에 들어갈 전제로 적절한 것은?

보기

[전제] 하얀 옷을 입는 사람들은 모두 깔끔하다.
깔끔한 사람들은 모두 안경을 쓴다.
(㉠)
[결론] 따라서 수인이는 하얀 옷을 입지 않는다.

① 하얀 옷을 입지 않는 사람은 수인이가 아니다.
② 수인이는 안경을 쓰지 않는다.
③ 안경을 쓰는 사람들은 모두 하얀 옷을 입는다.
④ 깔끔하지 않은 사람들은 모두 안경을 쓰지 않는다.

02. A ~ E 다섯 학생 중 한 명이 선생님의 자리에서 출석부를 가지고 갔다. 선생님이 이들을 불러 누가 출석부를 가지고 갔는지 물었고 학생들은 〈보기〉와 같이 대답했을 때, 다섯 명의 학생들 중 진실을 말하는 사람과 선생님의 자리에서 출석부를 가지고 간 사람을 순서대로 바르게 나열한 것은?

보기

- A : 제가 출석부를 가져갔어요.
- B : C가 출석부를 가져갔어요.
- C : E는 출석부를 가져가지 않았어요.
- D : 저는 출석부를 가져가지 않았고, A가 하는 말은 사실이에요.
- E : B랑 C 중에 출석부를 가져간 사람이 있어요.

① A, B　　② B, E
③ C, D　　④ D, E

03. ○○기업 홍보팀에서는 다음 주 월요일부터 목요일까지 2명씩 외부 행사에 지원을 나가기로 하였다. 다음과 같은 〈조건〉에 따라 짝을 지어 지원을 나갈 때, 같이 지원을 나갈 수 있는 직원의 조합이 아닌 것은?

조건

- 홍보팀 직원은 남자 4명(강 군, 박 군, 안 군, 최 군) 여자 4명(박 양, 신 양, 조 양, 최 양)이다.
- 행사 지원은 남자, 여자 1명씩 짝을 지어 나가야 한다.
- 같은 성씨를 가진 사람은 함께 행사 지원을 나갈 수 없다.
- 강 군과 신 양은 서로 다른 날 행사 지원을 나가고, 수요일에는 행사 지원을 나갈 수 없다.
- 박 양은 신 양이 행사 지원을 나간 날 이후에 행사 지원에 나갈 수 있다.
- 최 양은 박 군보다 먼저 행사 지원에 나가야 한다.
- 최 양이 지원을 나가고 3일 뒤에 강 군이 행사 지원을 나갈 수 있다.

① 안 군 – 최 양
② 최 군 – 신 양
③ 강 군 – 신 양
④ 박 군 – 조 양

04. G사의 영업팀장 A, B, C가 모여서 하반기 우수사원 갑, 을에 대한 포상을 논의하기로 하였다. 우수사원에 대한 포상안은 크게 연봉 상승, 휴가 연장, 직급 상승이 제시되었다. 그리고 다음과 같은 〈원칙〉을 고려하여 포상안을 적용하기로 합의되었다. 이때 주어진 정보를 통해 추론할 수 없는 것은?

〈원칙〉

- 한 책임자가 갑에게 줄 포상안 한 개, 을에게 줄 포상안 한 개를 선택한다.
- 선택된 포상안 중 가장 다수의 책임자가 선택한 포상안을 해당 사원에게 적용한다.
- 갑의 연봉 상승에 반대하면, 을의 직급 상승에는 찬성한다.
- 을의 휴가 연장에 찬성하면, 갑의 직급 상승에도 찬성한다.

→

상의 결과, A, B, C 팀장의 입장은 다음과 같았다.

A : 갑의 연봉 상승을 반대한다.
B : 을의 직급 상승을 반대한다.
C : 갑의 직급 상승을 반대한다.

① A는 을의 직급 상승에 찬성한다.
② B는 갑의 연봉 상승에 찬성한다.
③ C는 을의 연봉 상승에 반대한다.
④ B는 을의 휴가 연장에 반대한다.

05. 다음 자료에 대한 설명으로 옳은 것은?

축산물 유통이란?

축산물이 생산자로부터 소비자에게 이르기까지 전 과정. 축산물은 가축으로부터 얻어진 식육, 포장육, 원유, 식용란, 식육가공품, 유가공품, 알가공품을 말함(축산물위생관리법).

※ 식육이란 식용을 목적으로 하는 가축의 지육 · 정육 · 내장 기타 부분을 말함.

※ 포장육이란 판매(불특정 다수인에게 무료로 제공하는 것도 포함)를 목적으로 식육을 절단하여 포장한 상태로 냉장 또는 냉동한 것으로서 화학적 합성품 등 첨가물 또는 식품을 첨가하지 아니한 것을 말함.

▣ 유통활동

- 상적유통 : 상품의 소유권 이전
- 물적유통 : 수송 · 보관 · 하역 · 포장 · 가공 등 물류 흐름
- 정보유통 : 생산자 · 소비자 간 정보 흐름

▣ 유통기관

- 생산과 소비 사이에 존재하는 공간 · 거리의 조정기능을 하는 사회적 조직이라고 할 수 있음.
- 분류
  - 직접유통기관 : 직접 거래에 참여하는 유통기관
  - 유통조성기관 : 거래에 직접 참여하지는 않지만 수송, 보관, 하역, 금융 등을 전문적으로 수행하는 기관

▷ 유통마진 : 유통과정에서 발생하는 모든 유통비용이 포함된 개념

※ 유통마진은 유통비용과 상인이윤으로 구성되어 있으나, 유통마진을 이윤으로만 생각하는 일반적인 오해가 있어 넓은 의미로 유통비용 개념을 도입함.

▷ 유통비용 : 직접비, 간접비, 이윤으로 구성

※ 직접비 : 작업비, 운송비, 포장재비, 상 · 하차비, 수수료, 감모비 등

※ 간접비 : 점포유지관리비, 인건비, 제세공과금, 감가상각비 등

※ 이윤 : 총수입에서 임대, 지대, 이자, 감가상각비 따위를 빼고 남는 순이익

① 유통마진은 유통 과정에서 발생하는 이윤을 의미한다.

② 축산물 유통은 축산가공품에는 적용되지 않는 개념이다.

③ 유통 관련 금융서비스를 제공하는 곳은 직접유통기관에 포함된다.

④ 식육을 절단해 냉장한 것으로, 첨가물이나 식품 등을 넣게 되면 포장육이 아니다.

06. 다음은 ○○공사의 '지방상수도 운영효율화 사업'에 관한 자료이다. 이를 참고할 때 경기도 지역 사업 대상 자료에 대한 내용으로 옳지 않은 것은?

K-Water는 지방상수도의 운영 여건을 개선하기 위해 지자체의 지방상수도를 위탁받아 운영하면서 관망관리시스템을 구축하고 노후시설을 집중 개선해 오고 있다. 특히 2018년에는 스마트 물관리 기술을 접목한 원격누수감지센서를 설치하고 수압관리 46개소, 노후관 교체 68km, 계량기 교체 57,253건 등 노후시설을 적기에 개선했다.

〈지방상수도 운영 효율화 사업 개요〉

지방상수도 운영 효율화 사업 종류	사업 선정 대상	소요 시간
원격누수감지센서 설치	유수율 70% 미만 시 · 군	2시간
노후관 교체	경과연수 20년 이상	3시간
계량기 교체	경과연수 10년 이상	1시간
수압관리	수압관리 신청 시 · 군	2.5시간/개소

〈경기도 지역 사업 대상 자료〉

지역	유수율	수도관 경과연수	계량기 경과연수	수압관리
파주시	60%	10년	9년	2개소 신청
양주시	70%	20년	20년	3개소 신청
동두천시	80%	15년	8년	5개소 신청
광주시	68%	25년	15년	1개소 신청

① 사업에 필요한 소요 시간이 가장 짧은 곳은 파주시이다.
② 양주시는 노후관 교체를 받을 수 없지만 계량기 교체는 가능하다.
③ 동두천시는 수압관리만 받을 수 있다.
④ 광주시는 모든 종류의 사업에 선정된 유일한 지역이다.

[07 ~ 08] 다음은 A 중국어 어학원의 강의 시간표이다. 이어지는 질문에 답하시오.

학원장 : 철규 씨, 3 ~ 4월 시간표를 참고해서 오는 5 ~ 6월 수업 시간표를 작성해 줘요. 우리 학원은 입문 – 초급 – 중급 – 고급의 4단계로 이루어져 있으니까 5 ~ 6월 시간표는 3 ~ 4월 강좌보다 한 단계 높은 수준으로 개설해 주세요. 예를 들어 3 ~ 4월에 초급반이 있었으면 이번에는 중급반을 넣으면 됩니다. 대신 3 ~ 4월에 고급반이 있었다면 입문반으로 다시 돌아가면 됩니다. 그리고 종합반은 2개 차시로 묶어서 개설되는 것 알죠? 시간대는 종합반은 3 ~ 4월 시간표 그대로 하고, 직장인 대상 비즈니스반은 밤 8시 이후여야 해요. 강좌별 개설 가능 시간은 강사들의 스케줄을 고려해서 잡아야 할 거예요. 모든 강좌는 꼭 주 2회 이상 있어야 하는 건 알고 있죠?

〈5 ~ 6월 강좌 예상 일정〉

강좌명	개설 가능 요일	비고
종합반	매일	학생 대상
성조반	수, 금	
회화반 A	매일	
회화반 B	화, 목, 금	
독해반	매일	
문법반	월, 화, 목	
청취반	화, 목	
비즈니스반	월, 목	직장인 대상
한자반	월, 수, 금	학생 대상

〈3 ~ 4월 시간표〉

<table>
<tr><th>구분</th><th>월</th><th>화</th><th>수</th><th>목</th><th>금</th></tr>
<tr><td>16 : 00 ~ 16 : 50</td><td rowspan="2">종합반
(초급)</td><td>회화반 A
(고급)</td><td rowspan="2">종합반
(초급)</td><td>회화반 A
(고급)</td><td rowspan="2">종합반
(초급)</td></tr>
<tr><td>17 : 00 ~ 17 : 50</td><td>한자반
(초급)</td><td>한자반
(초급)</td></tr>
<tr><td>19 : 00 ~ 19 : 50</td><td>회화반 B
(초급)</td><td>성조반
(중급)</td><td>회화반 B
(초급)</td><td>성조반
(중급)</td><td>회화반 B
(초급)</td></tr>
<tr><td>20 : 00 ~ 20 : 50</td><td>문법반
(중급)</td><td>독해반
(고급)</td><td>문법반
(중급)</td><td>독해반
(고급)</td><td>문법반
(중급)</td></tr>
<tr><td>21 : 00 ~ 21 : 50</td><td>청취반
(입문)</td><td>비즈니스반
(입문)</td><td>청취반
(입문)</td><td>비즈니스반
(입문)</td><td>청취반
(입문)</td></tr>
</table>

07. 다음은 철규 씨가 5 ~ 6월 시간표를 작성하기 전에 각 강좌의 개설 가능 시간을 표로 정리한 것이다. 위의 자료를 참고할 때 요일 분배가 적절하지 않은 것은?

구분	월	화	수	목	금
성조반	×	×	○	×	○
회화반 B	×	○	×	○	○
문법반	×	○	×	○	×
한자반	○	×	○	×	○
회화반 A	○	○	○	○	○

① 성조반
② 회화반 B
③ 문법반
④ 한자반

08. 다음은 철규 씨가 작성한 5 ~ 6월 시간표이다. 이에 대한 지적으로 가장 적절한 것은?

구분	월	화	수	목	금
16:00 ~ 16:50	종합반 (중급)	회화반 B (중급)	종합반 (중급)	회화반 B (중급)	종합반 (중급)
17:00 ~ 17:50		독해반 (입문)		독해반 (입문)	
19:00 ~ 19:50	한자반 (중급)	청취반 (초급)	한자반 (중급)	청취반 (초급)	한자반 (중급)
20:00 ~ 20:50	비즈니스반 (초급)	회화반 A (입문)	회화반 A (입문)	비즈니스반 (초급)	회화반 A (입문)
21:00 ~ 21:50	문법반 (초급)	문법반 (초급)	성조반 (고급)	문법반 (초급)	성조반 (고급)

① 목요일 독해반은 중급반으로 수정되어야 한다.
② 한자반의 요일과 단계가 모두 수정되어야 한다.
③ 비즈니스반과 회화반 A의 요일을 서로 바꾸어야 한다.
④ 밤 9시에 열리는 문법반은 고급반으로 수정되어야 한다.

[09 ~ 10] 다음 자료를 바탕으로 이어지는 질문에 답하시오.

○○기업 경영지원부에서 근무하는 P는 일자리 안정자금 관련 업무를 담당하고 있다.

〈자료 1〉 20X8년 일자리 안정자금

• 일자리 안정자금이란?
최저임금 인상에 따른 소상공인 및 영세중소기업의 경영부담을 완화하고 근로자의 고용불안을 해소하기 위한 지원 사업입니다.

• 지원대상 기업
30인 미만 고용사업주(단, 공동주택 경비 · 청소원은 30인 이상 고용사업주도 지원)
※ 제외 ⅰ) 고소득 사업주(과세소득 5억 원 초과)
ⅱ) 임금체불 명단 공개 중인 사업주
ⅲ) 공공기관, 국가로부터 인건비 재정지원을 받고 있는 사업주
ⅳ) 당해 연도 최저임금을 준수하지 않는 사업주

• 지원 요건(지원대상 근로자)
대상 기업의 근로자 중 아래의 요건을 충족한 근로자에 대해 인건비 중 일부를 사업주에게 지원
ⅰ) 월평균 보수액 190만 원 미만 근로자(단, 배우자, 사업주의 직계존비속은 제외)
ⅱ) 1개월 이상 고용을 유지하고 있는 근로자

〈자료 2〉 20X9년 달라지는 일자리 안정자금

• 지원대상이 확대되었습니다.
55세 이상 고령자를 고용하고 있는 경우, 고용규모가 30인 이상 300인 미만이면 지원 가능합니다(단, 공동주택 경비 · 청소원을 포함 사회적기업, 장애인활동지원기관, 자활기업, 노인돌봄서비스제공기관, 노인장기요양기관의 경우 기업 규모와 상관없이 지원 가능).

• 월평균 보수액 기준이 확대되었습니다.
월평균 보수액 210만 원 이하 근로자에게 일자리 안정자금이 지원됩니다.

• 5인 미만 사업장의 경우 근로자 1인당 2만 원이 추가로 지원됩니다.
5인 미만 사업장의 경우 근로자 1인당 15만 원, 5인 이상 사업장의 경우 근로자 1인당 13만 원이 지원됩니다.

• 20X9년 최저임금 기준이 반영됩니다.
월평균 보수액을 월평균 근로시간으로 나눈 금액이 20X9년 최저임금(8,350원)보다 적은 근로자가 있는 사업장에 대한 지원은 불가능합니다.

09. 다음 중 20X8년 대비 20X9년에 새롭게 지원대상 기업이 될 수 있는 사업주의 개수는? (단, 최저임금 기준은 모두 충족하며, 20X8년과 20X9년에 모두 신청했다고 가정한다)

〈20X9년 일자리 안정자금 지원신청 내역〉

사업주	고용 규모(명)	과세소득(원)	업종	비고
A	35	4억	공동주택 경비	-
B	30	5억	소매업	-
C	310	3억	노인돌봄 서비스제공	-
D	30	4억	운수업	55세 이상 고령자 고용 기업
E	4	2억	소매업	-
F	15	5억	유치원	국가 인건비 재정지원
G	300	4억	사회적기업	55세 이상 고령자 고용 기업
H	29	5억 5천	운수업	-
I	29	5억	요식업	-
J	15	4억 5천	요식업	임금체불 명단 공개 중
K	40	4억	공동주택 청소	-

① 2개 ② 3개 ③ 4개 ④ 5개

10. 다음 자료를 바탕으로 할 때, 사업주가 지원받을 수 있는 금액은?

〈20X9년 일자리 안정자금 지원신청 세부내용〉

1. 기업 정보

업종	과세소득	비고
장애인활동지원기관	4억 9천만 원	55세 이상 고용

2. 고용인 정보

성명	20X8년 월평균 보수액	20X9년 월평균 보수액	20X9년 월평균 근로시간	비고
김○○	1,800,000원	1,800,000원	200시간	
윤○○	2,000,000원	2,100,000원	209시간	
송○○	2,000,000원	2,000,000원	200시간	사업주의 직계 비속
이○○	2,400,000원	2,500,000원	209시간	
최○○	1,600,000원	1,650,000원	209시간	

① 지원 불가능 ② 26만 원 ③ 39만 원 ④ 45만 원

의사소통능력

⇨ 직업기초능력의 기본적인 인지 역량과 실제 업무 역량을 측정하기 위한 모듈로 구성하였습니다.

01. 다음 글의 제목으로 가장 적절한 것은?

> 새로운 기술혁명의 결과, 경제는 국가 단위에서 세계적인 단위로 변화하게 되었다. 인류 역사에서 최초로 전 세계에서 가장 값싼 물건을 구매해 가장 비싼 값으로 팔 수 있는 시대가 된 것이다. 이러한 세계화는 경제뿐 아니라 사람들의 일상생활에까지 깊은 영향을 끼치고 있다.
>
> 근대국가는 확정된 지리적인 공간을 기반으로 했다. 그러나 세계화의 진행과 함께 이러한 지리적 공간이 의미를 상실하게 되면서 국가의 통제력은 갈수록 약화되고 있다. 특히 인터넷의 발달을 통해 인류의 사업범위와 교제범위가 사이버 공간이라는 비물질적인 세계에서 행해지게 되면서 정부의 지위는 크게 흔들리고 있다. 사이버 공간에서 이루어지는 개인과 기업의 경제활동이 증가하면서 무엇보다 세금을 산정하고 거두기가 어려워지고 있다. 상업 활동이 나중에 합산을 해야만 제대로 식별이 되는 자잘한 정보의 다발로 쪼개지는 네트워크 경제체제에서는 조세 당국이 모든 거래를 추적하는 것이 불가능하기 때문이다.
>
> 정부의 힘은 이렇게 약화되는 반면 다국적 회사의 역할과 힘은 증대되고 있다. 대형 다국적 회사들은 임금이 싸고 투자환경이 가장 유리한 나라를 골라 투자할 수 있지만 각국의 정부는 이들 기업에게 투자를 간청하고 기업들이 떠나지 않도록 하기 위해 갖가지 혜택을 줄 수밖에 없게 된다. 한편으로 정부는 더 이상 관세나 쿼터제 등을 이용하여 외국 경쟁자로부터 자국기업을 보호해 줄 수 없게 된다. 만약 국가가 자국시장에서 자국기업을 보호하려 한다면 그 기업들은 점차 경쟁력을 상실하면서 세계 시장에서 축출될 것이기 때문이다.

① 조세 확보 어려움에 따른 국가통제 약화

② 경제의 단위 주체 변화

③ 다국적 기업의 권력 확장과 전망

④ 경제적 세계화의 부정적 측면

02. 다음 글의 빈칸 ㉠에 들어갈 내용으로 가장 적절한 것은?

이 책의 저자는 당신이 잘 아는 것, 사소한 것, 당신의 실패와 변화에 대해 쓰라고 말한다. 사소한 것과 우리가 잘 아는 것은 사실 같은 것이다. 일상에 묻혀 살아온 사람이 거창한 지식을 갖기는 어렵다. 까다롭고 복잡한 이론체계에 친숙해진다는 것도 쉬운 일이 아니다. 그러나 그가 확보하고 있는 지식이 반드시 적은 것이라고 말할 수는 없다. 한 부부가 거창한 이론에 관해서는 자신 있게 말할 수 없지만, 어느 시간에 어느 시장으로 나가야 좋은 배추를 값싸게 살 수 있는지에 대해서는 더욱 잘 알고 있다. 그런데 이 모든 것들은 다 사소한 것들이며, 사소한 것은 거창한 지식을 바탕으로 하지 않더라도 어떤 상황에서는 세상의 큰 목소리들과 엄밀한 이론 체계들이 답하지 못하는 일에 대해 답할 수 있기도 하다. 그래서 (㉠)

우리의 실패와 변화도 이 사소한 것들과 세상의 거창한 이론들이 맺게 되는 관계와 다르지 않다. 우리가 배웠던 것, 세상의 큰 목소리들이 확신에 차서 말하는 것들과 우리의 사소한 경험이 잘 맞아 떨어지지 않고 엇나갈 때 우리는 실패한다. 우리들 개인에게 가장 절실한 문제가 저 큰 목소리들 앞에서는 항상 '당신의 사정'이 된다. 그런데 우리는 그 실패의 순간마다 변화한다. 사람들마다 하나씩 안고 있는 이 사소한 당신의 사정들이 실상은 서로 연결되어 있다는 데까지는 생각이 미치지 못하더라도 적어도 그 사정 이야기를 들어 줄 사람이 어딘가에는 분명히 있을 것이라고 믿게 되는 것이 바로 그 변화이다.

우리를 하나로 묶어 줄 것 같은 큰 목소리에서 우리는 소외되어 있지만, 외따로 떨어진 것처럼 보이는 당신의 사정으로 우리는 연결되어 있다. 글쓰기가 독창성과 사실성을 확보한다는 것은 바로 당신의 사정을 이해하기 위해 나의 '사소한' 사정을 말한다는 것이다. 그래서 이 책의 저자는 당신이 쓰고 있는 글에 자신감을 가지라고 말한다. 자신감을 가진다는 것은 자신의 사소한 경험을 이 세상에 알려야 할 중요한 지식으로 여긴다는 것이며, 자신의 사소한 변화를 세상에 대한 자신의 사랑으로 이해한다는 것이다.

① 사소한 것들과 복잡한 이론 체계들은 늘 갈등 관계에 있다.

② 사소한 것들은 바로 그 때문에 독창적인 힘을 가지고 있다.

③ 큰 목소리와 이론체계들은 사소한 것에 관심이 없다.

④ 세상을 살아가는 데는 거창한 지식보다 사소한 것을 잘 아는 것이 더 중요하다.

03. A 과장은 다음 글을 참고하여 직원들을 대상으로 하는 사내 교양 교육을 진행하려고 한다. 교육 자료 내용으로 적절하지 않은 것은?

> 법률에는 시효(時效)라는 제도가 있다. 민법에서는 일정한 기간이 끝나면 권리를 소멸(소멸 시효)시키거나, 권리를 인정(취득 시효)하고 있다. 형사소송법과 형법에서도 일정 기간이 경과하면 권리를 소멸시키는 세 가지 시효 제도가 인정되고 있다. 첫째는 '공소 시효(公訴時效)' 제도이다. 범죄 행위가 종료된 후에 일정한 기간 동안 검사가 그 범죄자에 대해 공소를 제기하지 않으면(또는 못하면) 그 범죄에 관한 검사의 공소권이 소멸된다. 둘째는 '재판 시효' 제도이다. 공소가 제기된 후 재판이 확정되지 않고 일정 기간이 경과하면 법원의 재판권이 소멸된다. 셋째는 '형의 시효' 제도이다. 재판에 의하여 형이 확정된 후에 일정 기간이 경과하면 국가의 형집행권이 소멸된다. 이렇듯 일정한 기간이 경과하면 검사의 공소권, 법원의 재판권, 국가의 형집행권이 각각 소멸되는 제도는 세계 각국의 보편적인 현상이라고 할 수 있다.
>
> 공소 시효 제도는 범죄가 있으면 검사는 법률이 정한 일정 기간 내에 반드시 공소를 제기하여야만 한다는 뜻이다. 이러한 공소 시효 제도를 두는 이유는 여러 가지가 있다. 범죄 후 장기간이 경과하면 그 범죄에 대한 사회적 관심이 약해진다는 점, 범죄 후 장기간의 경과로 인하여 생긴 사실상의 상태를 법률도 존중해야 한다는 점, 범죄 후 장기간이 경과한 범인의 사회 생활의 안정을 뒤흔들어서는 안 된다는 점, 범죄 후 장기간이 경과되어 증거가 없어짐으로써 공정한 재판을 기대하기 어렵다는 점, 범인이 장기간 도피 생활을 함으로써 형벌의 고통 못지않은 심리적 불안과 고통을 받았다는 점 등이 이유가 된다.
>
> 공소 시효의 기간은 형사소송법에서 범죄의 법정형을 기준으로 하여 정해놓고 있는데, 최장 기간은 25년이고 최단 기간은 1년으로 되어 있다. 즉 법정형이 사형에 해당하는 범죄는 25년, 무기 징역 또는 금고에 해당하는 범죄는 15년, 장기 10년 이상의 징역 또는 금고에 해당하는 범죄는 10년, 장기 10년 미만의 징역 또는 금고에 해당하는 범죄는 7년, 장기 5년 미만의 징역 또는 금고에 해당하는 범죄는 5년이다. 예를 들어 살인죄의 법정형은 '사형, 무기 또는 5년 이상의 징역'으로서 사형이 포함되어 있으므로, 살인 범죄인은 범죄 후 만 25년 동안 공소 제기됨이 없이 기간이 경과하면(다시 말해서 도피하여 잡히지 않는다면) 공소 시효 제도 때문에 공소권이 소멸하여 국가는 그를 처벌할 수 없게 된다. 범죄 후 도피한 범죄자에 대하여 일정 기간이 경과하였다고 하여 처벌할 수 없도록 한 공소 시효 제도가 국민의 상식이나 정서에 어긋나는 것처럼 보일 수 있으나, 어쨌든 공소 시효 제도는 대부분의 문명국가가 채택하고 있다.

① 시효 제도에는 크게 3가지가 있으며, 그중 공소 시효란 검사가 법률이 정한 기간 내에 공소를 제기해야만 한다는 것을 의미한다.

② 공소 시효를 두는 이유 중에는 장기간이 경과한 범인의 사회 생활의 안정을 뒤흔드는 것을 방지하는 이유도 있다.

③ 공소 시효의 최장 기간은 25년이며, 이는 사형에 해당하는 범죄에 한하여 적용된다.

④ 공소 시효 제도는 국민의 상식이나 정서를 반영하여 대부분의 문명 국가가 채택하고 있다.

04. 다음은 인구구조 변화에 대한 글이다. 이를 읽고 ○○공사 직원들이 수자원 분야에서의 시사점에 대해 나눈 대화 내용으로 적절하지 않은 것은?

1. 인구구조 변화 추이 및 전망
   - (세계 인구) 2015년 기준 세계 인구는 73억 5천만 명이며, 2050년에는 97억 3천만 명으로 1.32배 증가할 것으로 전망
   - (한국 인구) 2015년 기준 한국 인구는 5,107만 명이며, 2050년 4,433만 명 수준으로 감소 전망
     - (인구고령화) 기대수명 증가 및 저출산으로 노인인구 비중이 급격히 증가하여 2026년 초고령 사회 진입 예정
     - (국제인구 이동) 2010 ~ 2013년 중 연평균 6만 8천 명의 외국인 유입
2. 한국사회에 미치는 영향
   - (재정 지출 증가) 인구감소와 인구고령화로 인한 출산장려금, 노인부양비 등 사회보장 지출 증가로 인한 재정 부담 심화
     - 정부 공공지출은 증가하지만 경제성장 둔화로 인한 재정 수요 압박
   - (노동시장 규모 감소) 총 인구 수 감소에 따른 생산인구 부족으로 노동시장 내 불안정 심화 및 잠재성장률 둔화
     - 인구 고령화로 생산에 참여할 수 있는 핵심노동력(25 ~ 49세) 부족 및 산업 경쟁력 저하
   - (노인빈곤의 가속화) 독거노인 증가 및 노후생활 자금 부족으로 인한 노인 빈곤율 증가 및 노인성 질환 위험 노출
   - (국제인구 유입증가) 부족한 노동력 대체를 위한 외국인력 유입으로 인한 범죄, 불법체류 등 사회적 갈등 심화

① A 사원 : 인구 감소에 따른 정부의 공공지출 증가를 고려하여 재정의 지속 가능성 확보를 위해 물값을 조정할 필요가 있습니다.

② B 사원 : 고령화 인구를 민간 소수력 발전 분야 등에 활용한다면 수자원 분야가 노동 시장에서의 경쟁력을 갖추고 잠재 성장률을 높일 수 있습니다.

③ C 사원 : 공공부문과 민간부문의 협력으로 맞춤형 물 산업 해외진출을 계획할 수 있습니다.

④ D 사원 : 유입하는 해외 인력 중 능력 있는 글로벌 전문가를 채용 및 활용하여 물 산업의 해외시장 진출을 마련할 수 있습니다.

05. 다음 글의 ㉠ ~ ㉣ 중 〈사례〉와 가장 관련이 깊은 것은?

보통 지명이 우리의 생활과 동떨어져 있다고 생각하기 쉽다. 그러나 우리는 일상 속에서 늘 지명을 이야기하고, 지명에 해당하는 장소를 찾아다닌다. 예를 들어 누군가가 우리에게 사는 곳을 물었을 때 우리는 지명으로 대답한다. 친구랑 여행 장소를 정하거나 시내로 쇼핑을 하러 갈 때도 지명을 말한다. 또한 우리의 이름 속에도 지명이 숨겨져 있다. 우리의 성명은 성씨(姓氏)와 이름으로 구성되어 있는데, 모든 성씨에는 본관(本貫)이 있다. 이때 본관은 조상의 고향이거나 경제적 근거지였던 곳인 경우가 많다. 어떤 사람이 전주(全州) 이(李)씨라면, 그의 조상의 고향 혹은 경제적 근거지가 전주였다는 것을 의미한다. 따라서 모든 한국 사람의 성씨에는 지명이 숨어 있는 것이다.

우리나라의 지명은 역사적으로 많은 우여곡절을 겪으면서 변천해 왔다. 그러나 자세히 관찰해 보면 우리나라 지명만이 갖는 특징이 있는데, 이는 우리 지명의 대부분이 지형, 기후, 정치, 군사 등에서 유래되었다는 점이다.

우리나라의 지명에는 山(산), 谷(곡), 峴(현), 川(천), 新(신), 大(대), 松(송) 등의 한자 지명이 매우 많다. 이는 한반도의 산과 골짜기를 넘는 고개, 그 사이를 굽이치는 하천을 반영한 것이다. 그 다음으로 南(남), 東(동), 上(상), 內(내), 下(하) 등의 한자가 많이 쓰였다. 그 가운데 남, 동이 많이 쓰인 것은 우리 민족이 전통적으로 남동 방향을 선호했다는 증거이다. 또 石(석), 岩(암), 水(수), 浦(포), 井(정) 등이 많은 것은 큰 바위가 이정표 역할을 했다거나 물을 중심으로 생활했다는 것을 반영하고 있다. 한편 평지나 큰 들이 있는 곳에는 坪(평), 平(평), 野(야), 原(원) 등의 한자가 많이 쓰였다.

조선시대에 생겨난 지명에는 촌락의 특수한 기능이 반영되는 경우가 많았는데, 특히 교통 및 방어와 관련된 촌락이 그러하였다. 하천 교통이 발달한 곳에는 도진취락(渡津聚落)이 발달했는데, 이러한 촌락의 지명에는 ~도(渡), ~진(津), ~포(浦) 등의 한자가 들어간다. 한편 주요 역로를 따라 역원취락(驛院聚落)이 발달했다. 역은 공문서의 전달과 관리의 내왕(來往), 관물(官物)의 수송 등을 주로 담당했고, 원은 관리나 일반 여행자에게 숙박 편의를 제공했다. 따라서 ~역(驛), ~원(院) 등의 한자가 들어가는 지명은 과거에 육상 교통이 발달했었던 곳이다.

광복 후, 국토 공간의 변화에 따라 지명에도 큰 변화가 있었다. 국토 개발에 따라 새로운 지명이 생겼고, ㉠ <u>고유의 지명이 소멸되거나 변질되기도 했다</u>. 서울의 경우 인구 증가로 인해 새로운 동(洞)이 만들어지면서 공항동, 본동과 같은 ㉡ <u>낯선 지명이 새로 생겨났으며</u>, 반면에 굴레방다리, 말죽거리, 장승배기, 모래내, 뚝섬과 같은 ㉢ <u>고유 지명은 행정구역 명칭이 되지 못해 잊혀져 가고 있다</u>. 또한 ㉣ <u>방향 착오를 일으키는 지명도 많다</u>. 인천의 각 구의 명칭을 보면, 동구의 동쪽에 서구가 있으며 북구와 서구는 같은 위치에 있다. 한편, 무미건조한 숫자로 된 지명도 많아지고 있는데 이는 그 지역의 유서 깊은 고유지명을 외면한 행정편의적 발상이다.

〈사례〉

경기도 안산시 고잔동(古棧同)이라는 지명은 원래 우리말로 '곶(바다로 돌출된 육지 부분)의 안쪽'이라는 뜻으로 불리던 곳이었다. 이처럼 동떨어진 고잔(古棧)에서 '곶안'이라는 의미를 찾아내기란 거의 불가능하다.

① ㉠ ② ㉡
③ ㉢ ④ ㉣

06. 다음 글의 중심 내용으로 가장 적절한 것은?

로마는 기술 편중주의 정책을 시도하였으며, 일반적으로 이론과학보다도 응용과 실제에 집중하였기 때문에 그들의 기술적 성과는 대단히 훌륭했다.

그 예로 헤론의 연구 성과를 들 수 있는데, 어떤 면에서 보면 근대적 수준을 보여 주었다고도 할 수 있다. 헤론은 각종 사이펀의 이용 압축 기술, 기계 팽창의 응용, 기체와 액체의 성질에 대한 연구, 펌프와 기체 온도계의 제작, 증기반동 터빈의 모형 등 놀랄 만한 기술적 성과를 보였지만, 이 같은 연구는 실제적인 목적보다는 오히려 유희적인 것이었다.

하지만 이와 같은 기술적 원리는 사회에서 환영받지 못하여 실용적인 단계까지 도달하지 못하였다. 당시 노예제도로 인하여 노동력이 풍부하였으므로 구태여 노동을 함에 있어 기계의 도움이 필요하지 않았기 때문이라 생각된다. 따라서 과학과 기술은 그 사회의 요구에 따른다고 볼 수 있다.

더욱이 로마의 경제 침체는 상업을 후퇴시키고 생산 활동을 침체시켜 결국은 기술까지도 침체되게끔 하였다. 이러한 경기 후퇴는 과학의 발달을 촉진시키는 자극을 제거하였고 이에 따라 자연을 이용하고 기술을 개발하려는 의욕이 상실되어 과학의 침체를 가져오게 된 것이다.

① 로마 과학기술의 성과와 한계
② 기술 편중주의 정책의 실패 사례
③ 로마의 근대적 과학기술 수준
④ 로마 과학기술 실용화의 어려움과 극복 과정

[07 ~ 08] 다음 글을 읽고 이어지는 질문에 답하시오.

(가) 이러한 문제를 해결함과 동시에 2000년대 들어 국내 상수도 산업의 문제점으로 제기되던 수도사업자의 전문성 부족, 상수도 사업 규모의 영세성 등의 문제를 해결하기 위해 정부는 상수도 사업을 행정단위가 아닌 유역단위로 통합하여 관리하는 정책을 제시하였다. 상수도 사업의 전문성을 가진 수도전문기관으로 하여금 일정 권역을 통합하여 상수도 사업을 운영하게 함으로써 운영의 효율화를 추구하겠다는 것이 정책의 목적이다.

(나) 상수도 서비스는 다른 수익사업들과 달리 인간의 삶을 영위하는 데 기본적인 필수 요소이며, 전기 · 가스 · 통신 등 다른 공공재에 비하여도 공공성이 가장 높은 것으로 인식되고 있다. 따라서 정부는 보편적인 상수도 서비스 제공을 위하여 다양한 정책을 추진해 왔다. 그러나 다른 공공재와는 달리 상수도 서비스는 지방공공요금으로 분류되어, 국가가 직접 상수도 서비스에 대한 관리를 하지 못하고 지방자치단체가 운영권한을 가지고 있다. 따라서 우리나라 상수도 서비스는 국가 차원에서의 시설, 요금결정 등이 이루어지지 못하고, 162개 지방자치단체별로 각자의 재정형편 등에 따라 시설 및 요금수준에서 편차가 크다. 특히 상수도 산업은 사업 초기에 막대한 시설투자가 들어가는 장치산업으로, 규모가 영세한 대부분의 군 단위급 지방 상수도는 높은 원가와 그에 못 미치는 요금으로 인해 만성적인 재정적자가 발생하는 구조적인 문제를 가지고 있다.

(다) 지방 상수도 요금에 통합요금제가 적용되어야 한다는 당위성으로 보편적 서비스 개념을 들 수 있다. 보편적 서비스의 개념은 '언제 어디서나 누구라도 동일한 수준의 적절한 요금으로 서비스를 이용할 수 있는 것'을 의미하고 있다. 상수도 사업에 있어 보편적 서비스란 우리나라의 어느 지역에 거주하든 모든 국민은 국가로부터 자신이 필요로 하는 물에 대하여 적절한 양과 질, 가격으로 공급받을 수 있는 권리가 있으며, 국가는 물에 대한 보편적 서비스를 제공해야 한다는 것이다. 나아가 일부 전문가들은 상수도 서비스의 형평성에 대하여 누구에게나 동일한 요금을 책정한다는 것이 아니라 소득이 낮은 계층에게는 가능한 부담을 줄이고, 소득이 높고 수요량이 많은 계층에게는 더 높은 요금을 부과하여 부의 재분배를 통해 사회후생을 극대화하는 것이라고 말하고 있어 기존 논의보다 진보적인 입장을 취하고 있다.

(라) 상수도 요금과 관련하여 전기와 통신은 지방자치단체별로 차등 없이 전국 단일 요금제를 적용하고 있으나 상수도 요금의 경우에는 지방자치단체별로 차등요금제를 도입하고 있다. 지방 상수도 요금체계의 차이는 지방자치단체별로 취수원의 오염도, 시설의 노후도 및 자동화 정도 등에 따라 생산비용의 차이가 있고, 또한 지방자치단체 간 목표 현실화율에 대한 차이로 인하여 발생하고 있다. 여기에 업종별 분리에 따른 차이까지 감안한다면 지방자치단체별로 상수도 요금의 차이는 더욱 커진다. 특히 동일하게 지방공공요금으로 분류되는 버스, 도시가스 요금의 지역별 편차가 최대 30% 미만인 점을 감안한다면, 지방 상수도의 요금편차는 지방공공요금 중 최고이다.

(마) 자발적 요금통합이 어려운 가장 큰 이유는 요금 인상에 대한 우려가 가장 큰 원인이다. 요금현실화율이 80%에도 미치지 못하는 현 상수도 요금 수준에서 통합 권역 내 지방자치단체 간에도 상수도 요금이 상이한 상수도 사업의 현실을 본다면 그와 같은 우려는 당연할 수 있다.

권역 내에서 요금이 낮은 지방자치단체에는 상수도 사업이 타 지방자치단체와 통합되는 경우 발생할 수 있는 요금의 인상과 주민의 반대여론을 염려하여 통합에 소극적이게 되는 것이다. 따라서 이와 같은 문제를 해결하고 고품질의 상수도 서비스를 제공하기 위해서는 권역별 통합을 통한 대형화 및 전문경영기법 도입이 필요하다. 또한 이를 통하여 상수도 사업 현대화와 서비스 품질 및 형평성을 높이고 경쟁력을 강화시키면 안전하고 좋은 물을 효율적으로 제공할 수 있을 것이라 본다. 그에 맞추어 요금통합이 이루어지면 도농 간, 지역 간 상수도 요금 및 상수도 서비스 격차가 점차 완화되어 수돗물에 대한 보편적 서비스가 확대될 것이라 기대한다.

(바) 이처럼 지방 상수도 요금을 통합한 사례는 제주특별자치도와 통합창원시를 들 수 있다. 제주특별자치도의 경우 통합 후 요금체계는 통합 전 4개 지방자치단체 중 상수도 요금이 가장 낮았던 제주시의 요금으로 통합하였으며, 통합창원시는 통합 후 목표 요금의 현실화율을 고려한 평균 요금을 적용하였다. 하지만 이들 사례는 통합 권역 내 지방자치단체들의 자발적 상수도 통합 정책의 참여에 의한 요금통합이 아닌, 행정구역 통합으로 인해 수동적으로 요금이 통합되었다는 점에서 요금통합의 사례로는 한계가 있다.

07. 윗글의 (가) ~ (바)를 문맥에 맞도록 적절하게 배열한 것은?

① (가)－(다)－(바)－(라)－(나)－(마)
② (나)－(라)－(가)－(다)－(바)－(마)
③ (다)－(라)－(가)－(마)－(나)－(바)
④ (라)－(바)－(마)－(나)－(다)－(가)

08. 윗글의 내용과 일치하는 것은?

① 보편적 서비스는 소득이 높고 수요가 많은 계층에게 더 높은 요금을 부과하여 형평성을 갖추어야 한다는 견해가 일반적이다.
② 보편적인 상수도 서비스를 제공하려는 정부의 노력에 따라 수도요금을 중앙에서 직접 징수하는 통합운영 시스템이 구축되었다.
③ 지방 상수도의 요금 편차는 업종별 분리에 따른 차이에 따라 버스 요금 및 도시가스 요금과 더불어 동일한 수준의 편차를 보이고 있다.
④ 자발적 요금통합을 이루기 위해서는 권역별 통합을 통한 전문경영기법을 도입하고 지역 간 격차를 줄여 요금 인상에 대한 우려를 줄여야 한다.

[09 ~ 10] 다음 글을 읽고 이어지는 질문에 답하시오.

(가) 강의 수질은 BOD(생물학적 산소요구량), COD(화학적 산소요구량), TP(총인) 같은 측정기준에 따라 상이하게 평가될 수 있으며, 측정 지역의 위치(예컨대 상류지역인지 하류지역인지)뿐만 아니라 강수량이나 기온 등의 자연적 요인에 따라서도 차이가 많이 난다. 이 때문에 특정한 강의 수질을 종합적으로 평가할 수 있는 지수(index)가 아직까지 개발되어 있지 않다.

(나) 4대강의 수질은 1990년대 중반 이후 정부의 '물 관리 종합대책'에 따라 시행된 하수처리장 같은 환경기초시설의 확충 및 고도처리의 효과로 조금씩 나아졌다. 정부는 2006년에 '물환경관리 기본계획'을 수립하여 4대강 하천 115개 중권역 중에서 2015년까지 97개 중권역을 '좋은물(BOD 3mg/ℓ 이하)'로 개선하는 것을 목표로 제시하였다. 2015년 말 중권역 기준으로 한강과 낙동강권역은 모두 목표를 달성하였고, 금강과 영산강은 각 1개 중권역만 목표에 미달한 상태이다. 이는 4대강의 주요 상수원 취수구역의 BOD, COD, TP 농도를 살펴보면 알 수 있다.

(다) 4대강의 주요 상수원 취수구역(한강의 팔당, 낙동강의 물금, 금강의 대청, 영산강의 주암)의 수질을 기준으로 볼 때, 2018년 기준 낙동강을 제외한 3대강은 BOD 2mg/ℓ 이하의 '좋음' 수준을 달성하고 있다. 낙동강의 경우 1990년대의 BOD 4 ~ 5mg/ℓ 수준에 비하면 수질이 많이 개선되었지만, '약간 좋음' 수준으로 여전히 다른 강에 비해 오염도가 심한 편이다.

(라) 하지만 4대강의 주요 상수원 취수구역의 COD 수치는 BOD와는 다른 변화 모습을 보이고 있다. 우선 BOD와 달리 개선 추세에 있다고 평가하기 어려우며, 금강의 경우에는 2000년대 중반 이후 오히려 악화되는 모습을 보이고 있다. 2018년 기준으로 낙동강과 영산강은 '보통(7mg/ℓ 이하)' 수준이고 금강은 '약간 좋음(5mg/ℓ 이하)' 수준으로, BOD 기준 평가에 비해 상대적으로 좋지 않은 편이다.

(마) 반면, 4대강 주요 상수원 취수구역의 TP 농도는 BOD와 비슷한 변화를 보이고 있다. 영산강과 금강은 '매우 좋음(0.02mg/ℓ 이하)'을 유지하고 있으며, 한강은 최근에는 '좋음(0.04mg/ℓ 이하)' 수준으로 개선되었다. 가장 수질이 나빴던 낙동강은 '보통(0.2mg/ℓ 이하)' 수준에서 '약간 좋음(0.1mg/ℓ 이하)'으로 가장 많이 개선되었다.

09. 윗글의 내용과 가장 거리가 먼 것은?

① 강의 수질을 종합적으로 평가할 수 있는 지수의 개발을 위해서는 일관성있는 측정이 가능해야 한다.

② 2018년 기준으로 낙동강의 화학적 산소요구량은 생물학적 산소요구량보다 높다.

③ 정부가 2006년에 수립한 '물환경 관리 기본계획'의 목표는 달성되지 못했다.

④ TP 농도의 '보통' 수준과 COD 농도의 '보통' 수준은 25배 이상 차이가 난다.

10. 다음은 2000년대 이후 4대강 BOD 및 COD 농도에 대한 표이다. 윗글을 참고할 때, 표에서 수치가 옳지 않게 기입된 강을 모두 고른 것은?

〈4대강 BOD 농도〉

(단위 : mg/ℓ)

구분	2000년	2005년	2010년	2015년	2018년
한강(팔당댐)	3.5	3.3	3.0	2.5	2.4
낙동강(물금)	4.8	4.5	4.0	3.8	3.2
금강(대청댐)	3.2	3.1	2.5	2.0	1.8
영산강(주암댐)	3.0	2.6	2.3	2.2	2.0

〈4대강 COD 농도〉

(단위 : mg/ℓ)

구분	2000년	2005년	2010년	2015년	2018년
한강(팔당댐)	5.5	5.8	5.6	5.7	5.5
낙동강(물금)	7.0	7.3	7.6	7.5	7.6
금강(대청댐)	7.0	6.3	5.8	5.0	4.5
영산강(주암댐)	6.5	6.3	6.6	6.2	6.0

① 낙동강, 금강
② 한강, 낙동강, 금강
③ 낙동강, 금강, 영산강
④ 한강, 낙동강, 금강, 영산강

수리능력

직업기초능력의 기본적인 인지 역량과 실제 업무 역량을 측정하기 위한 모듈로 구성하였습니다.

01. 영희가 출발점에서 시속 6km로 먼저 출발하였고, 철수는 20초 후에 시속 10km로 뒤따라갔다. 철수가 출발한 후 영희를 따라잡게 되는 시점은 언제인가?

① 30초 후
② 35초 후
③ 40초 후
④ 45초 후

02. 세 정육면체 주사위 A, B, C를 동시에 던졌을 때, 나온 눈의 곱이 짝수가 되는 경우의 수는 몇 가지인가?

① 27가지
② 108가지
③ 189가지
④ 216가지

03. K사의 홍보팀 직원 8명은 야유회 용도로 운동복 상 · 하의를 이번 달 말까지 단체 주문하고자 한다. 쇼핑몰에서는 매달 17일마다 8% 할인쿠폰이 발행된다. 그동안의 구매로 인해 적립된 포인트 34,830점이 이번 달 15일에 소멸될 예정이며 포인트는 구매금액의 최대 10%까지만 사용이 가능하다. 운동복 상의 가격은 21,000원, 하의 가격은 36,000원이며 K사의 홍보팀은 최저가로 구매할 수 있는 방법을 선택한다고 할 때, 할인되는 금액은 얼마인가? (단, 포인트 1점은 현금 1원과 같은 가치이며, 포인트는 1,000원 단위로 사용 가능하다. 또한 할인쿠폰과 포인트 결제는 중복 적용이 불가하다)

① 34,000원
② 34,640원
③ 36,000원
④ 36,480원

04. 전체 인원이 55명인 모임에서 남성의 $\frac{1}{6}$, 여성의 $\frac{2}{5}$가 스마트폰을 사용하고 있다. 스마트폰을 사용하는 사람이 전체의 $\frac{3}{11}$일 때, 이 모임을 구성하는 남성과 여성의 비는?

① 2 : 9
② 3 : 8
③ 5 : 6
④ 6 : 5

05. 재석과 명수의 첫 월급을 합치면 700만 원이다. 1년 후 재석의 월급이 5% 증가하고, 명수의 월급이 10% 증가하여 두 사람의 월급을 합친 금액이 750만 원이 된다고 할 때, 재석의 첫 월급은 얼마인가?

① 300만 원
② 350만 원
③ 400만 원
④ 450만 원

06. 다음 그림과 같은 원뿔 모양의 그릇이 있다. 이 그릇 높이의 $\frac{1}{4}$만큼 물을 부었을 때, 수면의 넓이는 몇 cm^2인가? (단, π는 3으로 계산한다)

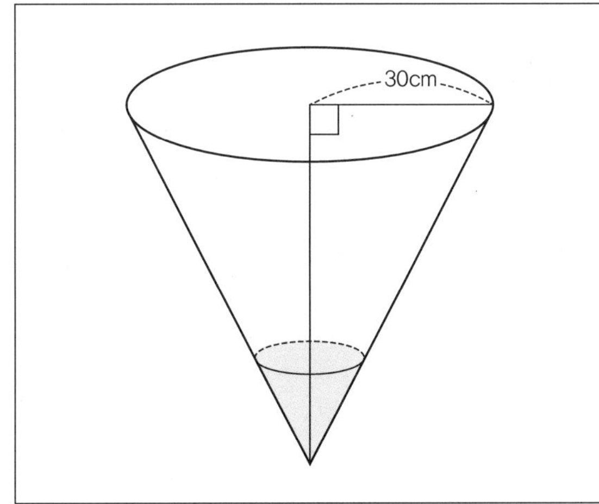

① $126.75cm^2$
② $147cm^2$
③ $168.75cm^2$
④ $192cm^2$

[07 ~ 08] 다음 자료를 참고하여 이어지는 질문에 답하시오.

다음은 기상 및 농업용수를 기준으로 한 가뭄 경보 기준 및 A, B 두 지역의 강수량과 저수량 자료이다.

〈가뭄 경보 기준〉

구분	기준
주의	• 기상 : 최근 6개월 누적 강수량이 평년 대비 약 55% 이하인 경우 • 농업용수 : 저수지 저수율이 평년의 60% 이하인 경우
심각	• 기상 : 최근 6개월 누적 강수량이 평년 대비 약 45% 이하인 경우 • 농업용수 : 저수지 저수율이 평년의 50% 이하인 경우
매우 심각	• 기상 : 최근 6개월 누적 강수량이 평년 대비 약 45% 이하로 21일 이상 지속된 경우 • 농업용수 : 저수지 저수율이 평년의 40% 이하인 경우

※ 기상 및 농업용수의 두 기준을 적용하였을 때, 종합 경보는 둘 중 높은 단계의 경보를 발령함.

〈A, B 지역의 강수 및 저수량〉

구분	A 지역		B 지역	
	6개월 누적 강수량 (mm)	저수량 (백만 m^3)	6개월 누적 강수량 (mm)	저수량 (백만 m^3)
평년	968.1	1,877.5		2,315.0
9월 5일	572.1	1,283.1	485.2	1,272.2
9월 10일	543.5	1,189.4	420.9	1,194.0
9월 15일	529.8	1,163.7	438.8	1,035.7
9월 20일	511.8	1,010.2	404.3	908.0
9월 25일	511.8	918.7	460.8	1,058.5
9월 30일	556.2	1,057.6	460.8	971.7
10월 5일	628.2	1,280.0	617.9	1,377.4
10월 10일	747.5	1,545.1	639.2	1,426.9

※ 발령된 경보는 다음 측정일 전날까지 유효함.
예) 9월 10일에 심각 단계의 경보 발령 시 9월 14일까지 유효함.

07. A 지역에서 발령된 최고 경보 단계와 해당 경보의 발령 기간을 바르게 짝지은 것은?

	경보 단계	발령 기간		경보 단계	발령 기간
①	주의	9월 15일 ~ 9월 29일	②	주의	9월 15일 ~ 10월 4일
③	심각	9월 20일 ~ 10월 4일	④	심각	9월 25일 ~ 9월 29일

08. B 지역에 다음과 같은 가뭄 경보가 발령되었다고 할 때, B 지역의 6개월 누적 강수량의 평년값을 바르게 예측한 것은?

날짜	경보
9월 5일	주의
9월 10일	심각
9월 15일	심각
9월 20일	매우 심각
9월 25일	심각
9월 30일	매우 심각
10월 5일	주의
10월 10일	-

① 882.2mm 이상 1,078.2mm 미만
② 882.2mm 이상 1,123.5mm 미만
③ 1,024mm 이상 1,078.2mm 미만
④ 1,024mm 이상 1,123.5mm 미만

[09 ~ 10] 다음은 2019년 OECD 성불평등 지수 및 여성 국회의원 비율을 나타낸 자료와 2021년 기준 OECD 가입국 여성 국회의원 수의 순위 및 2019 ~ 2020년 여성 국회의원 수를 나타낸 자료이다. 이어지는 질문에 답하시오.

〈표 1〉 2019년 OECD 성불평등 지수 및 여성 국회의원 비율

국가		성불평등 지수	여성 국회의원 비율(%)
아시아	한국	0.063	17.0
	이스라엘	0.098	27.5
	일본	0.103	13.7
	터키	0.317	14.6
북아메리카	캐나다	0.092	30.1
	멕시코	0.343	41.4
	미국	0.189	19.7
유럽	오스트리아	0.071	33.6
	벨기에	0.048	41.4
	체코	0.124	21.1
	덴마크	0.040	37.4
	에스토니아	0.122	26.7
	핀란드	0.058	42.0
	프랑스	0.083	35.4
	독일	0.072	31.5
	그리스	0.120	18.3
	헝가리	0.259	10.1
	아이슬란드	0.062	38.1
	아일랜드	0.109	24.3
	이탈리아	0.087	30.1
	라트비아	0.196	16.0
	리투아니아	0.123	21.3
	룩셈부르크	0.066	28.3
	네덜란드	0.044	35.6
	노르웨이	0.048	41.4
	폴란드	0.132	25.5
	포르투갈	0.088	34.8
	슬로바키아	0.180	20.0

	슬로베니아	0.054	28.7
	스페인	0.080	38.6
	스웨덴	0.044	43.6
	스위스	0.039	29.3
	영국	0.116	28.5
오세아니아	오스트레일리아	0.109	32.7
	뉴질랜드	0.136	38.3

※ 성불평등 지수가 0에 가까울수록 국가 내 성차별적 요소가 적다.

※ 여성 국회의원 비율은 전체(여성+남성) 국회의원에서 여성 국회의원이 차지하는 비중을 의미한다.

〈표 2〉 2021년 기준 OECD 가입국 여성 국회의원 수의 순위 및 2019～2020년 여성 국회의원 수

(단위 : 명)

순위	대륙	국가	2021년	2020년	2019년
1	북아메리카	멕시코	241	213	213
2	유럽	프랑스	229	225	149
3	유럽	이탈리아	225	195	195
4	유럽	독일	219	218	233
5	유럽	영국	208	208	195
6	유럽	스웨덴	165	152	152
7	유럽	스페인	144	137	137
8	유럽	폴란드	134	129	129
9	아시아	터키	104	80	82
10	북아메리카	미국	102	84	83
11	북아메리카	캐나다	90	91	88
12	유럽	핀란드	83	84	84
13	유럽	포르투갈	82	80	80
14	유럽	노르웨이	69	70	67
15	유럽	오스트리아	68	63	56
⋮	⋮	⋮	⋮	⋮	⋮
20	아시아	한국	51	51	51
21	오세아니아	뉴질랜드	48	46	41
22	아시아	일본	47	47	44
23	유럽	네덜란드	47	54	57
⋮	⋮	⋮	⋮	⋮	⋮

09. 위 자료에 대한 설명으로 옳은 것을 〈보기〉에서 모두 고르면?

보기

㉠ 2020년 네덜란드의 여성 국회의원이 한국의 여성 국회의원보다 더 많았으므로 2020년 기준 여성 국회의원 수 순위에서 한국은 21위를 차지하였을 것이다.
㉡ 2021년 기준 여성 국회의원 수 20위 이내의 국가 중 유럽이 차지하는 비중은 최대 75%이다.
㉢ 2021년 기준 여성 국회의원 수 10위 이내의 국가 중에서 2019 ~ 2021년 동안 지속적으로 여성 국회의원 수가 증가해 온 국가는 없다.
㉣ 2021년 기준 여성 국회의원 수가 가장 많은 국가의 2020년 여성 국회의원 수는 독일의 2019년 여성 국회의원 수의 91% 이상이다.

① ㉠, ㉡　　② ㉠, ㉣
③ ㉡, ㉢　　④ ㉡, ㉣

10. 성불평등 지수로 성평등 실현 정도를 파악할 때, 북아메리카에서 성평등이 가장 잘 실현되고 있는 국가와 아시아에서 성평등이 가장 잘 실현되고 있는 국가의 2019년 남성 국회의원 수는 각각 몇 명인가? (단, 소수점 아래 첫째 자리에서 반올림한다)

	북아메리카	아시아
①	204명	277명
②	204명	249명
③	301명	249명
④	338명	277명

01. 다음 인사 기록표와 부서별 요청 사항을 참고할 때, A ~ E 씨에 대한 인사팀의 부서배치로 적절한 것은?

〈인사 기록표〉

이름	성별	전공	경력	인성 및 기타
A 씨	남	수학	국제 회계사 자격증 보유	영어권 국가 거주 경험
B 씨	남	전기	컴퓨터 프로그램 제작사 근무	폭넓은 대인관계
C 씨	여	컴퓨터	수학 학원 강사	창의성 풍부
D 씨	여	영문	무역회사 2년 근무	조직 친화적 성격
E 씨	여	법학	해외 계약서 번역 업무	금융실무 교육 이수

〈부서별 요청 사항〉

- 영업 1팀 : 컴퓨터활용능력 우수자 중 여직원을 포함한 2인
- 영업 2팀 : 직원들과 원만한 관계를 유지하고 미국 바이어와 무역실무 협의가 가능한 자
- 영업 3팀 : 외환업무 및 거래 계약 실무가 가능한 남녀직원 각 1인

	영업 1팀	영업 2팀	영업 3팀
①	A 씨, E 씨	B 씨, C 씨	D 씨
②	C 씨, D 씨	E 씨	A 씨, B 씨
③	A 씨, D 씨	B 씨	C 씨, E 씨
④	B 씨, C 씨	D 씨	A 씨, E 씨

[02 ~ 03] 다음은 같은 제품을 판매하는 A 업체와 B 업체의 제품을 동시에 광고했을 때 나타나는 월 수익을 표로 정리한 것이다. 이어지는 질문에 답하시오.

〈제품별 월 수익〉

(단위 : 억 원)

구분		B 업체		
		L 제품	M 제품	N 제품
A 업체	L 제품	(4, 3)	(−1, 2)	(5, 3)
	M 제품	(13, −2)	(11, −5)	(−9, 16)
	N 제품	(−4, 9)	(−5, 13)	(5, −9)

• 표 안의 숫자는 (A 업체의 월 수익, B 업체의 월 수익)을 의미한다.

〈명절별 소비자 선호 제품〉

구분	새해	설날	추석
선호 제품	L 제품	L 제품, N 제품	M 제품

• 소비자 선호 제품은 명절별로 다르며 각 명절에 해당하는 선호 제품을 홍보 시, 수익은 50% 증가하고 손해는 50% 감소한다.

02. 다음 중 각 제품을 동시에 광고했을 때, A 업체와 B 업체가 얻게 되는 수익의 합이 가장 큰 경우로 적절한 것은?

	A 업체	B 업체		A 업체	B 업체
①	M 제품	L 제품	②	M 제품	N 제품
③	L 제품	L 제품	④	L 제품	N 제품

03. 다음 중 각 제품을 설날에 광고했을 때, A 업체와 B 업체가 얻게 되는 수익의 합이 가장 큰 경우로 적절한 것은?

	A 업체	B 업체		A 업체	B 업체
①	M 제품	L 제품	②	M 제품	N 제품
③	L 제품	L 제품	④	L 제품	N 제품

[04 ~ 05] P 사원은 클라우드 서비스 업체를 선정하기 위해 다음과 같이 업체별 특성을 정리하였다. 이어지는 질문에 답하시오.

〈업체별 점수표〉

구분	인지도	가격	A/S 및 서비스	사용 만족도	품질 및 성능 (100점 만점)
A	최하	중간	★★☆☆☆	★★★★☆	70점
B	상	매우 낮음	★★★★☆	★☆☆☆☆	80점
C	중	높음	★★★★★	★★★★★	50점
D	최상	낮음	★☆☆☆☆	★★☆☆☆	90점

〈순위 · 점수 환산표〉

순위(위)	1	2	3	4
점수(점)	5	4	3	2

※ 기준에 따른 4개 업체의 순위를 매기고 순위에 따라 환산표에 의한 점수를 부여함.

※ 인지도, AS 및 서비스, 사용 만족도, 품질 및 성능은 높을수록, 가격은 낮을수록 높은 순위를 부여함.

04. 가격 조건에 다른 조건보다 두 배의 가중치를 두고 점수 환산을 할 때, 선정되는 업체는?

① A　　② B

③ C　　④ D

05. P 사원은 E 업체의 정보가 누락된 것을 알게 되어 다음과 같이 추가하였다. 이때 합산 점수가 가장 낮은 업체는? (단, 환산표에 의해 점수를 합산할 때 5위 업체는 1점을 부여한다)

구분	인지도	가격	A/S 및 서비스	사용 만족도	품질 및 성능
E	하	매우 높음	★★★☆☆	★★★☆☆	95점

① A　　② B

③ D　　④ E

[06 ~ 07] 다음은 ○○기업의 박찬욱 과장이 □□기업 이차원 차장으로부터 받은 이메일이다. 이어지는 질문에 답하시오.

To	Parkchanook@email.com	일자	20X2년 2월 2일
From	leechaone@email.com		
제목	A 제품, C 제품 부품 주문 문의		

안녕하세요, 박찬욱 과장님.
□□기업 구매지원팀 이차원 차장입니다.
저희 회사 제품에 대한 부품 구매 건으로 연락드립니다.
저희 회사는 이번 상반기 A 제품 150개, C 제품 100개 생산 예정이며, 늦어도 2월 20일까지 부품이 저희 공장에 도착하였으면 합니다.
만약 모든 부품의 생산이 시일 내에 불가하면 A 제품에 들어가는 부품을 우선적으로 생산해 주셨으면 합니다.
확인 후 다시 연락해 주시길 바랍니다.
감사합니다.

〈자료 1〉 제품 1개 생산 시 필요한 부품 수

구분	A 제품	B 제품	C 제품	D 제품
㉠ 부품	2개	2개	–	4개
㉡ 부품	2개	–	6개	3개
㉢ 부품	–	1개	3개	3개
㉣ 부품	1개	1개	–	–

〈자료 2〉 부품별 재고 및 생산 현황

구분	㉠ 부품	㉡ 부품	㉢ 부품	㉣ 부품
현재 재고	350개	700개	200개	120개
1일 생산 가능 수량	10개	20개	15개	10개
개당 제품 원가	1,000원	500원	800원	1,000원

06. □□기업이 요청한 주문량을 ○○기업이 모두 생산 가능할 때, 주문량에 대한 총 제품 원가는?

① 1,040,000원　　② 1,080,000원
③ 1,140,000원　　④ 1,180,000원

07. 다음과 같은 조건을 토대로 할 때, ○○기업에 대한 설명으로 옳지 않은 것은?

> • 현재 ○○기업은 대기된 주문이 없는 상황이다.
> • 부품 생산은 2월 3일부터 가능하며, 부품 운송일은 총 2일이 소요된다.
> • 교대근무를 통해 주말에도 생산한다.

① 부품 생산부터 운송까지 걸리는 총 소요일수는 12일이다.
② 현재 ⓛ 부품의 재고가 600개라면 시일 내에 모든 제품에 대해 납품이 가능하다.
③ 현재 ⓒ 부품의 재고가 없다면 C 제품에 필요한 부품은 모두 생산할 수 없다.
④ 현재 ⓒ 부품의 재고가 없어도 모든 제품을 시일 내에 납품할 수 있다.

08. ○○공사 인사처는 다음과 같은 임원연수를 계획하고 있다. 일정상 임원 50명은 3월 3일 오전에 김포에서 모두 같은 비행기를 탑승하여야 한다. 다음 〈항공편 운항 정보〉를 활용하여 인사처 직원 K가 임원 50명의 제주행 편도 항공권을 구입하고자 할 때, 예산 지출이 가장 적은 항공편은?

〈○○공사 2023년 3월 임원연수 일정 안내〉

◇ 일시 : 2023년 3월 3일(수) ~ 5일(금) (2박 3일)

◇ 장소 : 제주 P 호텔

◇ 임원연수 세부 일정

일시		내용	강연자
등록 및 개회식	10:00 ~ 10:10	등록	
	10:10 ~ 10:45	개회사	
강연	10:45 ~ 11:00	휴식	
	11:00 ~ 11:50	리더의 자세	A사 대표이사
	12:00 ~ 13:00	점심시간	
(이하 생략)			

〈김포 → 제주 항공편 운항 정보〉

편명	출발 시각	도착 시각	운항 요일							운항기간	가격(원)
			월	화	수	목	금	토	일		
KE1251	07:40	08:50	●	●	●	●	●	●	●	22. 10. 01. ~ 23. 03. 26.	91,500
OZ8915	07:50	09:00	●	●	●	●	●	●	●	22. 10. 01. ~ 23. 03. 06.	112,200
LJ305	08:05	09:15	●		●		●		●	22. 10. 01. ~ 23. 03. 24.	81,900
7C107	08:15	09:25				●	●		●	22. 02. 01. ~ 23. 03. 04.	101,000
TW703	08:20	09:35			●			●	●	22. 03. 01. ~ 23. 03. 31.	99,900

※ 반드시 등록 시간 이전에 도착하여야 한다.

※ 공항에서 P 호텔까지 버스로는 60분, 택시로는 40분 소요되지만 택시를 이용했을 때 버스보다 50만 원 더 사용된다.

※ 모든 항공사와 제휴를 맺어 단체 10인 이상이면 총 비용의 10%를 할인받는다.

① KE1251
② OZ8915
③ LJ305
④ TW703

[09 ~ 10] Y 백화점 F&B부는 고객들의 식음료 구매 성향을 반영하여 하반기 자사 식품 매장을 다음 배치도와 같이 리모델링하고자 한다. 이어지는 질문에 답하시오.

〈식품 매장 배치도〉

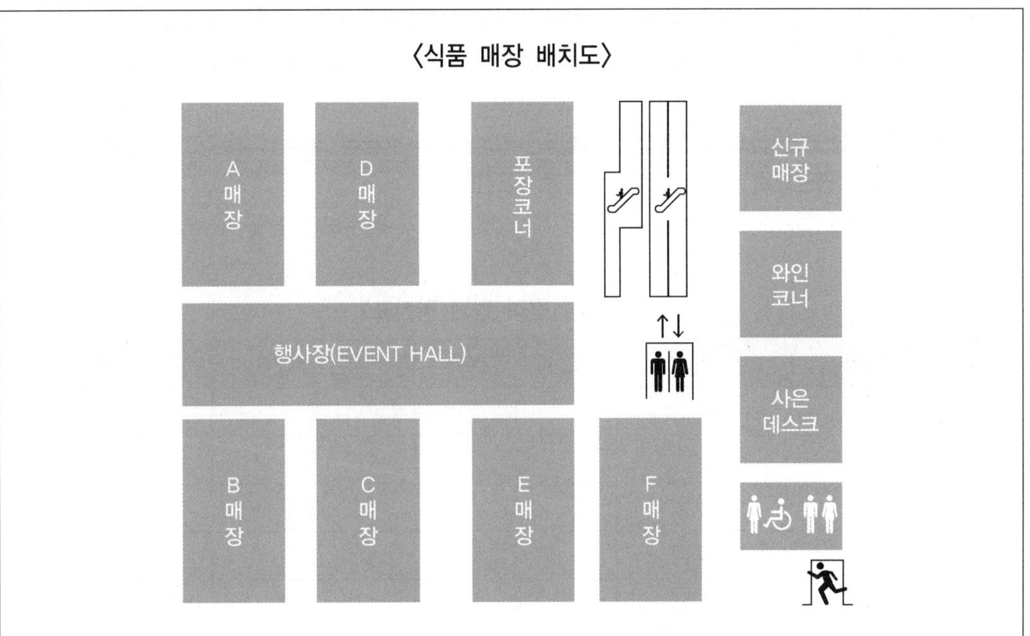

〈식품 매장별 상반기 매출액〉

(단위 : 만 원)

매장	업종 설명	상반기 매출액
A	저염식 중식 레스토랑	3,822
B	짭짜름한 미국식 햄버거 프랜차이즈 식당	71,080
C	유기농 채식당	2,460
D	자극적이지 않은 한식당	4,168
E	50가지 달달한 토핑 선택이 가능한 아이스크림 카페	38,967
F	매운맛 떡볶이 프랜차이즈 식당	47,460

09. 다음 평가표에 따라 신규 입점 계약을 하게 될 업체는? (단, 모든 평가 항목은 100점 기준이다)

- 신규 입점 업체는 기존 업체 중 매출액 하위 세 업체와 같은 업종으로 한정한다.
- 기존 업체에 대해서는 매출액 하위 세 업체에 대해 평가를 실시하였고 모두 88점으로 동일하였다.
- 등급은 1 ~ 5등급으로 구분하고 1등급은 100점, 한 등급당 20점씩 차감한다. 평가 요소들의 점수 평균으로 해당 업체의 점수를 결정한다.
- 신규 입찰 업체의 점수가 기존 하위 세 업체의 평가 점수보다 높을 때 입점하도록 한다.

〈입찰 참여 업체 평가표〉

업체	업종	소비자 선호도	예상 매출액	임대료
㉠	중식	1	2	2
㉡	중식	3	4	1
㉢	채식당	1	3	2
㉣	한식당	2	1	1
㉤	한식당	4	3	3

① ㉠ ② ㉡ ③ ㉢ ④ ㉣

10. Y 백화점 F&B부 J 사원은 일부 매장의 매출액 저조로 인해 O 부장의 지시에 따라 식품 매장 배치도를 다음과 같이 변경하였다. J 사원이 작성한 배치도에 대해 H 차장이 수정을 지시할 내용으로 적절하지 않은 것은?

보낸 사람 : O 부장(Ohs@hanmaek.co.kr)
받은 사람 : J 사원(Jmg@hanmaek.co.kr)
날짜 : 202X년 09월 01일
제목 : 매장 배치도 변경 건

J 사원 안녕하세요. 일부 매장의 상반기 매출액이 저조함에 따라 매장 배치도를 변경하고자 합니다. 다음 사항을 포함하여 변경된 배치도를 5일까지 회신 부탁합니다.

신규 매장은 고객들의 접근성이 뛰어나야 하므로 엘리베이터와 에스컬레이터가 가까운 위치에 배치하되 화장실 바로 옆 매장은 피해 주시기 바랍니다. 포장코너는 와인매장과 서로 자리를 교체하여 사은데스크 바로 옆에 위치하도록 배치해야 합니다. 상반기 매출액에 따라 매출액이 가장 높았던 두 매장 사이에는 매출액이 가장 낮았던 매장을 배치하도록 합니다. 또한 신규 브랜드에 맞추어 매운 음식을 판매하는 매장 바로 옆에는 단 음식을 판매하는 매장을 배치합니다. 기존의 A와 D 매장의 위치에 "Fresh Zone"을 구성하여 자극적이지 않고 염분이 적은 매장들로 배치를 수정하기 바랍니다.

추가로 행사장과 사은데스크의 위치는 기존과 동일합니다. 변경사항은 반드시 H 차장의 검토를 거쳐 수정 후에 보고해 주세요.

〈J 사원이 작성한 식품 매장 배치도〉

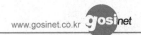

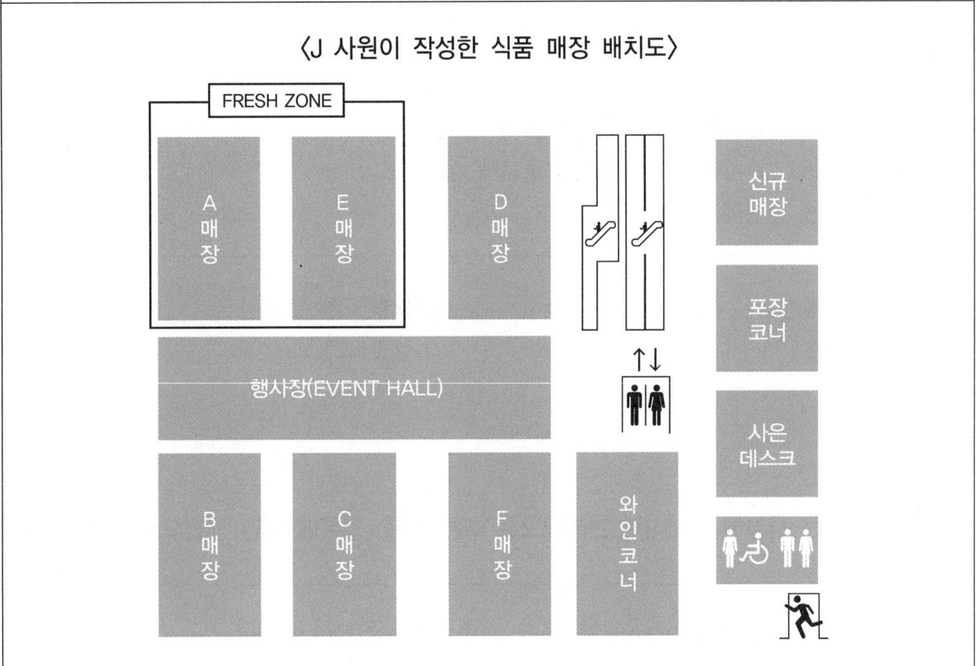

① 와인코너는 포장코너와 자리를 교체한다는 조건이 있으므로 이를 고려하여 재배치하기 바랍니다.

② C 매장은 유기농 음식을 판매하므로 "FRESH ZONE" 구역으로 위치를 수정해 주시기 바랍니다.

③ 포장코너와 사은데스크의 매장 배치는 O 부장의 메일에 따라 적절하게 작성하였으므로 수정하지 않아도 됩니다.

④ F 매장은 매운 음식을 판매하고 있으며, E 매장은 단 음식을 판매하고 있으므로 두 매장이 인접하도록 배치도를 수정하기 바랍니다.

직업기초 6회

기출예상문제

문항수 | 40문항
문항시간 | 40분

▸ 정답과 해설 49쪽

문제해결능력

⇨ 직업기초능력의 기본적인 인지 역량과 실제 업무 역량을 측정하기 위한 모듈로 구성하였습니다.

01. 다음은 댐을 방류하는 달에 대한 사원들의 대화이다. 이 중 한 사람이 거짓을 말하고 있을 때, 댐을 방류하는 달은 언제인가?

> • 가 사원 : 1월과 2월은 동시에 방류하거나 방류하지 않아.
> • 나 사원 : 1월과 4월은 각각 방류하거나 방류하지 않아.
> • 다 사원 : 댐을 방류하지 않는 달은 두 달이야.
> • 라 사원 : 나 사원은 방류하는 달을 잘못 알고 있어.
> • 마 사원 : 3월에는 댐을 방류해.

① 1월, 2월
② 2월, 3월
③ 1월, 4월
④ 3월, 4월

02. 다음 제시된 사실에 근거하여 논리적으로 추론할 때, 결론에 대한 판단으로 옳지 않은 것은?

> • R사 구내식당에서는 제육볶음, 돈가스, 비빔밥을 판매하고 있다.
> • 제육볶음은 돈가스보다 값이 1,000원 더 저렴하다.
> • 돈가스는 제육볶음의 판매량보다 20% 적게 팔리고, 비빔밥의 판매량보다 10% 많이 팔린다.
> • 돈가스와 비빔밥의 총 매출액은 같다.

① 제육볶음과 비빔밥의 가격은 1,000원 이상 차이난다.
② 가장 저렴한 메뉴는 제육볶음이다.
③ 비빔밥의 총 매출액은 제육볶음 총 매출액보다 크다.
④ 제육볶음의 판매량은 비빔밥의 약 1.4배이다.

03. 제시된 명제가 모두 참일 때, 다음 중 벤다이어그램으로 가장 잘 나타낸 것은?

> • 커피를 좋아하는 사람은 모두 딸기주스를 좋아한다.
> • 딸기주스를 좋아하는 사람의 일부는 우유를 좋아한다.
> • 우유를 좋아하는 사람의 일부는 녹차를 좋아한다.
> • 녹차를 좋아하는 사람의 일부는 아이스크림을 좋아한다.

①
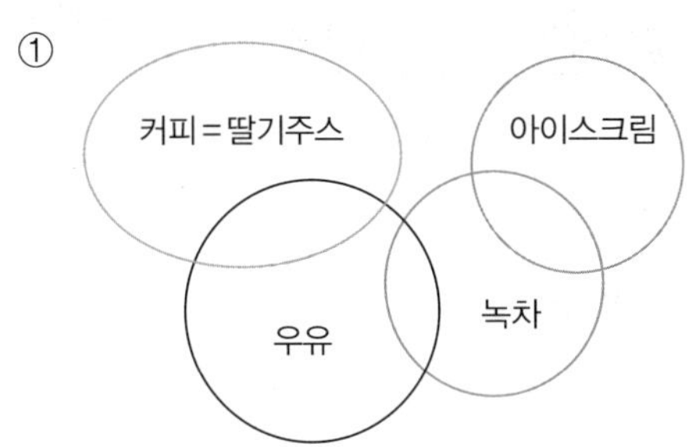

②
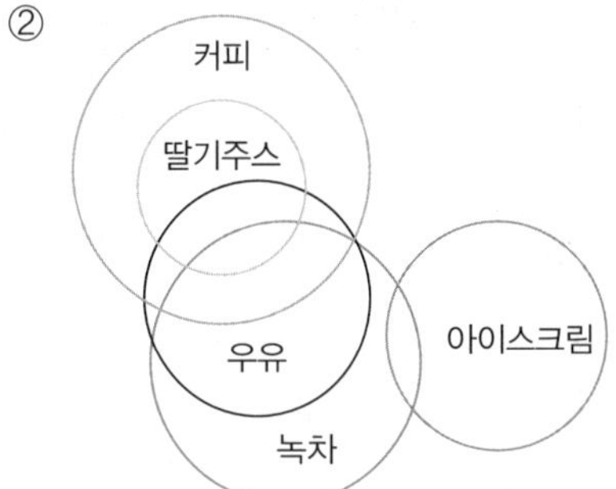

③
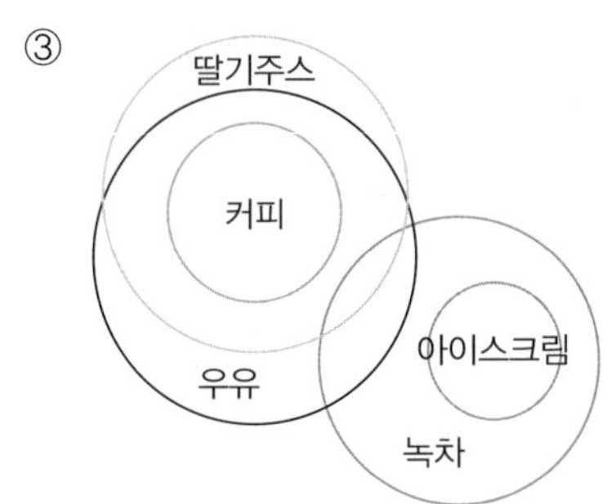

④
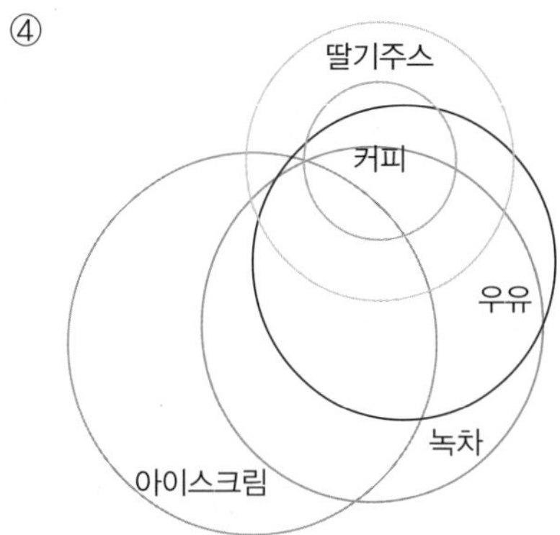

[04 ~ 05] 다음 상황을 보고 이어지는 질문에 답하시오.

N 사원은 프로젝트 팀의 LA 출장을 앞두고 출장과 관련된 사항을 준비하여 보고하는 업무를 담당했다.

1) 항공사별 인천-LA 1인 왕복항공권 가격 비교(출발시각은 각 나라별 기준)

항공편	출국편 출발시각	출국편 소요시간	귀국편 출발시각	귀국편 소요시간	항공료
CA101	12월 25일 10:00AM	13시간 12분	12월 29일 11:20PM	14시간 30분	796,500원
JA208	12월 26일 03:20AM	12시간 20분	12월 29일 02:45AM	13시간 24분	865,700원
EV104	12월 26일 00:30AM	17시간 10분	12월 29일 11:45PM	15시간 50분	876,400원
NW102	12월 24일 11:40PM	11시간 55분	12월 28일 10:30PM	12시간 10분	1,036,500원
UN203	12월 25일 09:45AM	11시간 50분	12월 30일 01:30AM	13시간	1,079,300원
KA102	12월 25일 11:50AM	12시간	12월 28일 06:30PM	12시간 40분	1,252,300원

※ LA 시간대는 서울보다 17시간 늦음.

2) 주요 출장 일정 (현지시간 기준)
- 12월 25일 오후 12시 LA ○○센터 12층 회의실
- 12월 26일 오전 10시 클라이언트 △△시 방문 및 회의
- 12월 30일 오후 1시 회사 복귀 후 출장 일정 보고 프레젠테이션

3) 기타 참고사항
- LA 공항부터 ○○센터까지 택시(약 40분 소요, 인당 20,000원) 또는 공항 리무진 이용 가능 (약 1시간 소요, 인당 8,000원)
- 출장 종료 후 ○○센터부터 LA 공항까지는 클라이언트사의 차량 이용
- 숙박이 필요할 경우 ○○센터 근처에 숙소를 예약하되, 해당 비용은 클라이언트사에서 부담
- 인천 공항부터 회사까지 회사버스 이용(약 1시간 소요)

04. 다음 중 모든 출장 일정을 고려할 때 N 사원이 선택 가능한 항공편으로만 바르게 짝지은 것은? (단, 탑승 수속이나 짐을 찾는 시간 등은 고려하지 않는다)

① CA101, JA208
② CA101, NW102
③ EV104, UN203
④ NW102, KA102

05. N 사원은 이용 가능한 항공편을 보고한 후, 다음과 같은 추가 지시를 받았다. 이에 따라 계산한 출장비용은?

> 상사 : N 씨, 출장 예산이 넉넉하지 않은 편이어서 비용을 최소화하는 방면으로 계획을 짜 주었으면 좋겠어요. 우리 팀 부서 4명 모두 같은 항공편과 이동수단을 이용할 건데, 관련 출장비용 보고 좀 부탁할게요.

① 3,542,000원
② 4,178,000원
③ 4,226,000원
④ 5,041,200원

[06 ~ 07] 다음은 물분야 데이터 분석 공모전에 대한 자료이다. 이어지는 질문에 답하시오.

〈개요〉

• (공모주제) 국민이 원하는 물정보 서비스
 – 물분야 데이터 분석으로 국민들이 물정보에 대한 궁금증을 해소할 수 있는 물정보 서비스 아이디어 및 데이터 분석결과
 – 물분야 데이터와 다른 분야의 데이터를 함께 분석하여 새로운 서비스를 도출하거나 물관리 현안을 해결할 수 있는 분석과제
 – 물분야 데이터 분석을 통해 환경분야 신규 비즈니스(사업) 모델을 제시하는 자유 분석과제
 ※ 위에 제시된 공모주제 설명을 참고하여 물과 관련된 어느 주제나 가능함.
• (활용자료) 공공데이터포털(data.go.kr) 등 환경분야 데이터를 제공하는 정보시스템*을 활용하여 분석대상 데이터 확보, 활용
 * 공공데이터포털, 물정보포털, 국가가뭄정보시스템, 국가지하수정보시스템, 물환경정보시스템, 국가통계포털 등
• (응모자격) 공공 빅데이터에 관심 있는 국민 누구나 참여 가능하며 '일반국민'과 '데이터 관련 분석 전문가' 전형으로 나누어 응모
 – (일반국민) 학생, 일반국민 등 개인 또는 팀 형태로 참가
 – (전문가) 데이터, 시스템 관련 중소기업 · 스타트업 형태로 참가
• (접수기간) ~ 20X9. 9. 19.(목)
• (접수방법) 이메일을 통한 개별접수
 ※ 이메일주소 : bigdata@kwater.or.kr
• (제출서류) 과제 수행계획서 및 개인정보 수집 · 활용 동의서
• (주요일정) 분석 참가신청(~ 9. 19.) → 과제수행 및 결과보고서 제출(~ 10. 15.) → 빅데이터 콘테스트 행사(10월 말)
 ※ 일정은 내부 상황에 따라 변동 가능
• (분석내용) 과제 제안, 데이터 처리, 결과해석 및 시사점 도출
 – 데이터 수집 · 정제, 분석모형 개발 및 적용, 결과해석 등
 – 과제를 통해 개발된 분석모형의 현업 적용방안 및 시사점 도출
 ※ 타분야 공공데이터와 융합 활용하여 새로운 가치를 발굴한 과제 우대

〈결과물 제출〉

• (제출기한) ~ 20X9. 10. 15.(화) 18:00까지
• (제출방법) 이메일을 통한 개인 제출 ※ 향후 별도 공지 예정
• (제출내용) 분석보고서 및 발표자료
 – (보고서) 한글문서(hwp) 또는 pdf 변환파일 제출
 – (발표자료) 파워포인트(ppt, pptx) 또는 pdf 변환파일 제출
 ※ 상기 제출물 중 어느 하나라도 제출하지 않은 경우 심사대상에서 제외

06. 다음 중 위 자료를 토대로 작성한 FAQ의 내용으로 적절하지 않은 것은?

① Q : 저는 데이터 분석 전공자가 아닌데 이 공모전에 참가할 수 있나요?
A : 학생이나 일반 국민도 개인 또는 팀 형태로 참가 가능합니다. '일반국민' 전형을 참고 바랍니다.

② Q : 과제 수행 시간은 얼마나 주어지나요?
A : 과제 수행계획서는 9월 19일까지, 최종 결과물은 10월 15일까지 제출입니다.

③ Q : 최종 결과물은 언제까지, 어디에 제출해야 하나요?
A : 10월 15일 화요일 18시까지 bigdata@kwater.or.kr로 제출해 주시면 됩니다.

④ Q : 과제 분석보고서를 제출할 때 가능한 파일 확장명은 무엇이 있나요?
A : 최종 결과물 제출 시 보고서는 한글문서(hwp) 또는 pdf 변환파일로 제출해 주시면 됩니다.

07. 다음은 최종 결과물의 평가 방법에 대한 자료이다. 평가 결과 원점수가 다음과 같을 때, 세 팀 중 총점이 가장 높은 팀과 낮은 팀을 순서대로 나열한 것은?

〈평가 및 시상〉

- 1차 서면심사 및 2차 발표심사로 진행되며, 1차 서면심사는 내 · 외부 전문가로 구성된 심사위원단을 통한 서면심사
- 1차 심사 결과, 발표평가 대상과제로 선정된 팀에 한하여 2차 발표평가를 진행하여 최종 수상작 선정
- (1차 심사) 분석결과물 제출과제 대상 서면심사

심사지표	창의성	실현가능성	적합성	파급성	완성도
배점	25	25	20	10	20

- (2차 심사) 1차 심사결과, 상위팀 대상으로 발표평가
  - 1차 심사점수(40%)와 2차 발표 심사점수(60%) 합산

심사지표	심사내용	반영 비율
1차 심사점수	1차 심사점수 환산	40%
2차 심사점수(발표평가)	현장평가단 점수(30%)	60%
	심사위원 평가점수(70%)	

구분	1차 심사(100)					2차 심사(100)	
	창의성(25)	실현가능성(25)	적합성(20)	파급성(10)	완성도(20)	현장평가단(50)	심사위원(50)
A	20	15	16	6	17	36	42
B	18	20	18	8	18	35	40
C	22	16	18	9	16	40	38

① A, B ② B, A ③ B, C ④ C, A

[08 ~ 09] 다음은 수도요금계산 방법에 대한 내용이다. 이어지는 질문에 답하시오.

〈단기계약(1년 이내)〉

계약기간 내 계약량 변경이 가능하며, 사용량이 계약량의 120%를 초과하면 초과요금이 발생합니다.

구분		내용
계약기간		1년 이내, 계약량 변경(6회/년) 가능
요금		기본요금+사용요금
계산방법	기본요금	계약량×기본요금단가 ※ 사용량이 계약량을 초과하는 경우 기본요금은 월간 사용량의 120% 한도액으로 적용
	사용요금	사용량×사용요금단가 ※ 월간 계약량이 120%를 초과하여 사용한 경우 다음을 가산 - 사용요금단가×월간 계약량의 120% 초과사용량

※ 요금계산사례(단기계약)

사례	요금계산
(원수 사용) 월간계약량은 $100m^3$, 월간사용량은 $95m^3$	기본요금 : 70.0(원/m^3)×100(m^3)=7,000(원)
	사용요금 : 163.7(원/m^3)×95(m^3)=15,551.5(원)
	요금 합계 : 7,000(원)+15,551.5(원)=22,551.5(원)

〈장기계약(2 ~ 5년)〉

수도사업자인 지방자치단체 고객만 신청 가능합니다.

계약량은 전년도 일평균 사용량과 전년도 최대사용월의 일평균 사용량을 평균한 물량으로 결정되며, 매년 재산정됩니다.

구분		내용
계약기간		2 ~ 5년, 매년 계약량 재산정
요금		기본요금+사용요금
계산방법	기본요금	계약량×기본요금단가
	사용요금	사용량×사용요금단가

※ 요금계산사례(장기계약)

- 전년도 일평균 사용량 $70m^3$, 전년도 최대사용월의 사용량 $2,480m^3$일 경우
  * 계약량={70(m^3)+2,480(m^3/월)÷31(일)}÷2=75(m^3/일) (31일 : 해당 월의 일수)

사례	요금계산
1개월 2,300m^3 사용	기본요금 : 70.0(원/m^3)×75(m^3/일)×31(일)=162,750(원)
	사용요금 : 163.7(원/m^3)×2,300(m^3)=376,510(원)
	요금 합계 : 162,750(원)+376,510(원)=539,260(원)

08. 위 자료를 토대로 고객 게시판의 문의사항에 대해 응답하였다. 다음 중 적절하지 않은 것은?

① Q : 이번에 제가 건물을 매매하여 수도를 3년 단위로 계약하고 싶습니다. 계약량은 어떻게 산정되나요?

A : 장기계약 시 계약량은 전년도 일평균 사용량과 전년도 최대사용월의 일평균 사용량을 더한 값의 평균 값으로 산정됩니다.

② Q : 수도 장기계약 사용자입니다. 지난해 1년간 일평균 사용량은 80m^{3}였고 가장 사용량이 많았던 8월에는 한 달간 2,840m^{3}를 사용했는데요, 올해 계약량은 얼마로 산정되는지 궁금합니다.

A : 계약량 산정 공식에 따라 계산하면 약 85.8m^{3}로 산출됩니다.

③ Q : 월간 계약량을 120m^{3}로 해 두었으나 실제 사용량은 90m^{3}이었습니다. 이런 경우 기본요금을 할인받을 수는 없나요?

A : 한 번 월간 계약량이 설정되면 실제 사용량이 월간 계약량에 못 미치더라도 수도 요금계산 방법에 따라 수도요금이 부과됩니다. 단, 연 6회까지 월간 계약량을 변경할 수 있으므로 참고 부탁드립니다.

④ Q : 6개월 계약을 하면서 월간 계약량을 100m^{3}로 해 두었는데 실제로 사용한 사용량은 140m^{3}이었습니다. 총 사용요금으로 얼마를 지불해야 하나요?

A : 사용량이 월간 계약량의 120%인 120m^{3}를 초과하였기 때문에 초과요금을 부담하셔야 합니다. 따라서 총 사용요금은 34,592원이 부과될 예정입니다.

09. 다음은 수도요금 연체금 계산에 관한 사항이다. P 씨가 다음 달 납부해야 할 총 수도요금은? (단, 소수점 아래 둘째 자리에서 반올림한다)

〈연체금 일할계산(수돗물공급규정 제46조, 댐용수공급규정 제21조)〉

고객이 요금을 납기일까지 납부하지 아니한 때에는 다음 각호에 따라 연체금을 부담하여야 하며, 연체금은 다음 번 청구요금에 가산하여 청구할 수 있습니다.

1. 납기일 다음 날부터 1개월 이내 납부 시 : 미납요금$\times\frac{2}{100}\times\frac{\text{연체일수}}{\text{월력일수}}$
2. 납기일 다음 날부터 1개월 경과 후 2개월 이내 납부 시 : $\left(\text{미납요금}\times\frac{2}{100}\right)+\left(\text{미납요금}\times\frac{1}{100}\times\frac{\text{처음 1개월 경과 후 연체일수}}{\text{2개월째 월력일수}}\right)$
3. 납기일 다음 날부터 2개월 경과 후 납부 시 : 미납요금$\times\frac{3}{100}$

2005년 10월 수돗물공급규정 및 댐용수공급규정 개정 전에는 미납요금에 대해 실제 연체일수와 관계없이 1개월 단위로 연체금을 부과하였으며, 이 경우 1일 연체한 경우나 30일 연체한 경우나 연체금이 동일하여 고객의 불만요소가 되었습니다. 따라서 수돗물공급규정 및 댐용수공급규정 개정을 통하여 2006년 1월 1일부로 연체금 일할계산제도를 도입함으로써 실제 연체일수에 따라 연체금을 차등 부과하여 고객만족도를 제고하였습니다.

- P 씨는 3월 2일부터 8개월간 단기 계약을 하였으며, 월간 계약량은 $100m^3$이다.
- 4월 한 달간 $110m^3$, 5월 한 달간 $125m^3$을 사용했으나 사정상 수도요금을 납부하지 못하였다.
- 6월 5일에 4, 5월 두 달치의 수도요금을 지불하려 한다.
- 수도요금 납기일은 매달 1일이다.

① 52,646.8원　　② 54,930.2원
③ 56,015.5원　　④ 58,896.9원

10. 윤 사원은 재무팀의 지난달 카드 사용내역을 바탕으로 이번 달 혜택을 예상하고 있다. 가장 큰 혜택을 받기 위해 윤 사원이 선택할 카드는?

○○기업 재무팀에 근무하는 윤 사원은 팀에서 사용할 새로운 법인카드가 필요하다는 상사의 지시에 따라 카드의 종류를 조사하고 있다.

• 카드 종류별 혜택 및 조건

구분	혜택(결제 금액 기준)	조건
A	- 식당 14시 이전 결제건 1% 할인(할인금액 3만 원 한도) - 커피전문점 10% 할인(할인금액 3만 원 한도) - 주유소 3% 할인 - 대중교통비 9만 원 이상일 경우 5% 할인	전월 실적 350만 원 이상일 경우에 혜택 제공
B	- 서점 10% 할인(할인금액 2만 원 한도) - 주유소 1% 할인 - 식당 14시 이전 결제건 1%, 18 ~ 22시 결제건 2% 할인 (할인금액 4만 원 한도)	연회비 12만 원(월 분할 납부)
C	- 식당 18 ~ 22시 결제건 3% 할인 - 대중교통비 10% 할인 - 주유소 5% 할인	- 전월 실적 300만 원 이상일 경우에 혜택 제공 - 총 혜택 금액 6만 원 한도

※ 단, 한도 이외의 혜택 금액은 버린다.

• 재무팀의 지난달 카드 사용내역

내용	금액(원)
식비(점심)	1,300,000
식비(초과근무 시, 회식)	850,000
기타식비(카페)	180,000
업무 관련 도서비	215,000
유류비	380,000
대중교통비	79,000
합계	**3,004,000**

※ 점심은 14시 이전, 초과근무 시는 18시 30분에 식사하며, 회식은 22시 이전에 끝내는 것을 기준으로 한다.

① A 카드
② B 카드
③ C 카드
④ 모두 동일

의사소통능력

⇨ 직업기초능력의 기본적인 인지 역량과 실제 업무 역량을 측정하기 위한 모듈로 구성하였습니다.

01. 다음 글의 내용으로 적절하지 않은 것은?

> 오랫동안 빛의 속도는 측정 자체가 불가능하다고 여겨졌다. 대부분의 사람들은 빛이 측정할 수 없을 만큼 무한히 빠른 속도로 움직인다고 믿었다. 빛의 속도를 처음으로 측정하려고 시도한 사람은 16세기에 태어난 갈릴레오이다. 그는 빛이 두 사람 사이를 왕복하는 데 걸리는 시간을 측정하기 위해 한 동료와 함께 각자 등불과 덮개를 가지고 약 1.6km쯤 떨어진 언덕 위로 올라갔다. 처음에는 두 사람 모두 덮개를 덮고 있다가 한 사람이 먼저 덮개를 열면 상대방은 그 빛을 보는 순간 자기의 덮개를 연다. 이때 첫 번째 사람이 덮개를 여는 순간부터 두 번째 사람이 불빛을 본 순간까지 걸린 시간이 바로 빛이 두 사람 사이를 왕복하는 데 걸린 시간일 것이라는 착상이었다.
>
> 1675년 덴마크의 천문학자 뢰머에 의하여 처음으로 빛의 속도가 성공적으로 측정되었다. 뢰머는 목성의 위성 중 하나인 이오의 월식 관측 자료에 빛 속도 측정의 기반을 두었다. 이오는 목성 주위를 도는데, 목성이 지구와 이오 사이에 있는 동안 이오가 보이지 않는 월식이 일어난다. 뢰머는 이 월식이 일어나는 시간이 지구가 목성에서 멀어질 때보다 목성 쪽으로 향할 때 더 짧아진다는 것을 알아냈다. 그는 이러한 현상이 빛의 속도가 유한하기 때문에 생기는 것이라고 바르게 해석하였다.
>
> 이 월식을 수년간에 걸쳐 관측한 결과로 뢰머는 빛의 속도가 초속 225,000km 정도라고 계산하였다. 그 당시 목성과 지구 사이의 거리에 관한 정확한 지식이 없어 실제보다 약 3분의 1 정도 작은 값을 얻었지만 뢰머의 방법은 빛의 속도가 무한하지 않다는 명백한 증거를 제공하였고 실제 값에 대한 타당한 계산 값을 주었다.

① 빛의 속도를 측정하려는 시도는 16세기부터 시작되었다.

② 뢰머의 측정값이 실제 빛의 속도보다 적었던 이유는 천체 간의 거리에 관한 지식이 부족했기 때문이다.

③ 이오의 월식은 지구와 목성 사이에 이오가 놓여 세 천체가 일직선상에 있을 때 일어난다.

④ 갈릴레오가 시도한 빛의 속도 측정 시험은 정확한 값을 얻어내기 어려운 것이었다.

02. 다음 (가)～(바)를 문맥에 맞도록 순서대로 바르게 배열한 것은?

(가) 그중에서도 계통 안정성의 문제가 심각한데, 대부분의 재생에너지원은 간헐성을 띠어 가동시간이나 출력이 일정하지 않기 때문이다.
(나) 다시 말해 전력수요가 높을 때 발전량이 낮게 나타나거나, 전력수요가 낮은 경우에 발전량이 높게 나타나기도 하는 등의 문제로 전력 관리가 어려울 수 있음을 의미한다.
(다) 따라서 현재의 에너지 정책이 지속되기 위해서는 전력계통의 신뢰도 제고를 위한 방안으로 재생에너지 설비용량에 상응하는 규모의 전원 보호 장치 도입이 이루어져야 한다.
(라) 석탄과 원자력 등 일부 전원을 대체하려는 노력의 일환으로 재생에너지 공급이 확대됨에 따라 잠재량의 문제, 발전단가의 문제 그리고 계통안정성의 문제가 예측되고 있다.
(마) 전력계통의 특성인 생산과 소비의 동시성으로 인해 수요와 공급이 실시간으로 조절되어야 한다는 점을 고려하면 발전량의 통계의 예측이 어렵다는 것은 심각한 문제이다.
(바) 에너지원의 변동성과 예측불가능성은 전체 전력계통의 유연성과 안정성을 저해할 수 있으며, 이 문제는 해당 에너지원의 비중이 증가함에 따라 심각해지기 때문이다.

① (다)－(가)－(나)－(라)－(마)－(바)
② (다)－(라)－(나)－(가)－(마)－(바)
③ (라)－(가)－(나)－(마)－(바)－(다)
④ (라)－(다)－(마)－(가)－(바)－(나)

03. 다음 글의 제목으로 적절한 것은?

보험은 보험자인 보험회사가 일정한 보험료를 내는 보험 가입자에게 특정한 손실이 발생했을 경우 사전에 약정한 보험금을 가입자 또는 수혜자에게 지불하는 명문화된 약정이다. 보험금액은 사전에 결정되는 경우도 있고, 손실 비용의 전액 또는 일부를 사후에 보전할 수도 있다. 즉, 보험은 보험 가입자에게 보험 약관에 명시된 재해에 의해 발생한 경제적 손실을 보상해 주는 계약이다. 보험 가입자는 미래에 발생할 수 있는 손실을 보험자로부터 보장받기 위해 일정하게 약정된 금액을 지불해야 한다. 이러한 방법에 의해 보험 가입자는 미래에 발생할 수 있는 잠재적인 경제적 위험을 보험회사에 이전시키는 것이다. 결국 예상되기는 하지만 발생이 불확실한 손실의 위험이 피보험자로부터 보험자에게로 이전되는 것이 보험이다.

① 명문화된 보험의 중요성
② 차근차근 알아보는 보험의 원리
③ 손실에 대비하는 최고의 방법, 보험
④ 보험자와 피보험자 사이의 갑을 관계

04. 다음 글을 읽고 추론한 내용으로 적절하지 않은 것은?

> 지구에 대한 달의 기조력은 지구와 달이 마주 보고 있을 때 달을 향한 쪽과 그 반대쪽에 미치는 달의 중력의 차이다. 지구 전체에 미치는 태양의 중력은 달에 비해 훨씬 크지만 태양을 향한 쪽, 즉 낮인 지역과 그 반대쪽의 밤인 지역에 미치는 태양의 인력 차이는 크지 않다. 지구－태양 간 거리에서 지구의 지름이 차지하는 비율이 0.0087%밖에 되지 않을 만큼 지구의 지름에 비해 태양까지의 거리가 너무 멀기 때문이다.
>
> 하지만 달이 지구에 미치는 힘은 다르다. 지구의 지름은 약 13,000km로 지구에서 달까지의 평균 거리인 38만 km에 대해 3.4%나 된다. 중력은 거리의 제곱에 비례하지만 기조력은 거리의 세제곱에 비례한다.
>
> 결국 달을 마주 보고 있는 쪽과 그 반대쪽에서 미치는 달의 중력 차이, 곧 기조력은 태양을 마주 보고 있는 쪽과 그 반대쪽에서 느끼는 태양의 기조력보다 두 배나 크게 나타난다. 다른 말로 하면 달이 만드는 기조력이 태양의 기조력에 비해 두 배나 크다는 뜻이다.
>
> 해와 달이 일직선상에 있을 때(삭이나 망의 위치)는 달의 기조력과 태양의 기조력이 합해져서 평소보다 훨씬 큰 기조력이 생긴다. 해와 달이 반대 방향에 있을 때도 달의 기조력과 태양의 기조력이 합해진다. 기조력은 달을 향한 쪽과 그 반대쪽에 동시에 작용하는 힘이기 때문이다.
>
> 따라서 해와 달이 같은 방향에 놓이는 음력 1일경이나 서로 반대 방향에 놓이게 되는 음력 15일경은 기조력이 가장 커지는 시기로, 이때를 '사리'라 한다. 반대로 해와 달이 서로 직각이 되면 서로의 기조력이 상쇄되어 약해지기 때문에 밀물과 썰물의 조차가 작아지는 '조금' 기간이 된다.

① 한 물체가 다른 물체에 의해 중력을 받을 때 가까운 쪽이 더 큰 힘을 받고 반대쪽은 더 약한 힘을 받는데, 이 현상으로 기조력이 발생하게 된다.

② 지구에 미치는 태양의 중력은 지구에 미치는 달의 중력보다 훨씬 크다.

③ '사리' 때는 '조금' 때보다 기조력이 훨씬 큰데, 그 이유는 해와 달의 기조력이 합쳐지는 효과가 나타나기 때문이다.

④ 달이 만드는 기조력이 태양의 기조력에 비해 두 배나 큰 주된 이유는 달이 지구에게 미치는 중력의 크기가 매우 크기 때문이다.

05. 다음 (가) ~ (라)의 문단별 중심 내용으로 적절하지 않은 것은?

(가) 포렌식을 국내에서는 '범죄과학' 정도로 번역하지만 영국의 저명한 옥스퍼드 사전은 '범죄조사에 적용하는 과학적 방법과 기술'이라고 정의하고 있다. 결국 포렌식은 범죄를 밝혀내기 위한 모든 과학적 수단이나 방법이라고 볼 수 있다. 범죄현장에 남은 지문이나 DNA 등을 분석하는 '증거물 분석(Trace Evidence)'이 가장 대표적인 포렌식 분야로 꼽힌다.

(나) 1979년 8월, 검찰은 국내 최초로 거짓말 탐지기를 수사에 활용했다. 범죄 혐의자가 진실을 말하는지, 거짓말을 하는지 가려 주는 신기한 장치인 거짓말 탐지기는 당시 수사 기법 중 가장 과학적인 기법으로 통했다. 검찰의 과학수사는 바로 이때부터 시작됐다고 해도 과언이 아니다. 이후 검찰은 1986년 문서감정실을 설치했고, 1989년에는 형사사진실과 음성분석실도 가동했다. 그러나 사실 이 수준을 과학수사라고 보기는 힘들다. 전문가들은 2007년 서울중앙지검에 신설된 디지털 포렌식팀의 가동으로 국내 과학수사 기법이 본격적으로 꽃을 피웠다고 본다.

(다) 대검 디지털수사과는 서울고검과 부산고검, 대구고검, 광주고검, 대전고검 등 5개 고검 관내의 지검들에 설치된 디지털 포렌식팀을 총 지휘한다. 특히 지식정보화 사회를 맞아 디지털 증거의 수집과 분석은 수사에 없어서는 안 될 도구로 인식되고 있다. 디지털수사과는 압수 현장에서 입수한 컴퓨터와 노트북, 외장하드 등에 저장된 자료들을 복구하고 분석하는 컴퓨터 포렌식과 스마트폰이나 태블릿 PC의 내부 메모리로부터 데이터를 추출해 문자메시지와 전화번호부, 동영상, 사진, 통화 내역 등을 복원하는 모바일 포렌식으로 나뉜다. 여기에 컴퓨터 emd 디지털 증거물의 암호 해제도 디지털수사과의 핵심 기능이다. 총기 사고가 잦은 미국 등에서는 탄피의 운동궤적이나 탄피가 긁힌 흔적 등을 분석하는 탄도학(Ballistics) 또한 포렌식에서 중요한 분야를 차지한다.

(라) 그렇다면 이런 포렌식은 실제 범죄 수사에 어떻게 적용될까. 희대의 사기꾼 조희팔 사건에서 검찰은 이메일 1만 5,000건과 예금계좌 140만 건, 통화 13만 건, 삭제 파일 65GB를 정밀 분석해 조희팔의 차명 휴대전화를 확인하고 도피처를 파악했다. 검찰은 이와 함께 2,000만 건의 금융거래내역도 샅샅이 뒤져 조희팔이 운영하던 기업의 매출 규모가 5조 원에 달한다는 것을 적발하고, 차명계좌에 은닉한 자금도 색출해 냈다. 근로시간 조작 등 기업의 노동법 위반 혐의를 밝혀내는 데도 디지털 포렌식이 결정적인 역할을 하고 있다. 서울지방고용노동청 포렌식팀은 N 기업 계열사 12곳에서 전체 노동자 3,250명 가운데 2,057명의 법정노동시간 초과와 연장근로수당 44억 원 체불을 적발했다. 건물 출입 기록과 컴퓨터 사용 기록, 야근 교통비 및 식대 지급 내역 등을 찾아내 분석한 결과다. 이 밖에 P 기업이 협력업체 제빵기사들의 퇴근 시간을 전산 조작해 연장근로수당을 축소 지급한 혐의도 디지털 포렌식을 통해 밝혀졌다.

① (가) – 포렌식의 정의
② (나) – 최초 포렌식 기법인 거짓말 탐지기
③ (다) – 포렌식 조직과 수사 범위
④ (라) – 디지털 포렌식 적용 사례

06. 다음 보도자료의 제목으로 알맞은 것은?

전북 정읍 신태인농협(조합장 류○○)이 11일 농업용 지게차 발대식을 하고 농가에 13대를 임대했다.

신태인농협은 고령화와 부녀화에 따른 영농작업의 어려움을 해결하기 위해, 농업용 지게차를 임대하는 방식으로 사업을 추진하고 있다. 이를 위해 올 초 시범사업에 참여 신청을 한 16농가 중 이론교육 6시간과 기능교육 6시간을 이수한 뒤 지게차 운전면허를 취득한 13농가에 지게차를 임대하기로 최종 결정했다.

지게차를 임차한 이□□씨(71세, 감곡면 삼평리)는 "비료 등 무거운 자재 운반뿐 아니라 벼 건조작업에도 지게차가 필요해 운전면허를 취득했다."라고 말했다.

농업용 지게차를 임차한 농가들은 영농회의 농작업을 대행하면서 지게차 구입비의 90%를 6년간 나눠 내고 7년차에 나머지 10%를 내면 소유권을 이전받게 된다. 신태인농협은 소형 굴착기 임대도 농기계은행사업으로 확대할 계획이다. 류○○ 조합장은 "고령 · 여성조합원들이 10년 이상 된 중고 지게차를 쓰기 때문에, 잦은 고장으로 인한 비용부담이 크고 사고위험에 노출돼 있어 시범사업을 추진하고 있다."라고 했다.

① 농기계 은행사업의 확대
② 노후된 지게차의 사고율과 대책
③ 부녀자들의 지게차 면허 취득 지원
④ 농업용 지게차 임대사업 시범 추진

07. 다음은 ○○공단 직원들이 아래 보도 기사를 읽고 나눈 대화 내용이다. 기사 내용을 잘못 이해하고 있는 사람은?

〈비점오염원에 의한 하천 오염 심각〉

수질오염원은 생활하수, 산업폐수, 축산폐수처럼 오염물질이 특정 지점에서 발생하는 점오염원과 도로 노면이나 농경지 배수 등과 같이 산재해 있던 쓰레기나 농약 등이 빗물에 쓸려와 하천을 오염시키는 비점오염원으로 나뉜다. 요즘 들어 비점오염원으로 인한 하천오염이 늘어나 이에 대한 대책이 시급한 실정이다. 그러나 배출지점이 명확한 점오염원과 달리 비점오염원은 배출 지점을 알 수 없어 관리가 어렵다. 도로변 쓰레기나 가축분뇨, 농경지 비료 등 비점오염원의 배출 지점이 광범위하고 전국적으로 산재해 있어서 이에 대한 대책을 세우기 쉽지 않기도 하다. 이처럼 관리가 힘든 만큼 4대강 수질오염 가운데 비점오염원이 차지하는 비중 역시 급증하고 있다. 지난 2000년에 35%였던 것이 2003년에는 두 배 가까이 증가했고, 2019년에는 무려 70%를 크게 넘었다. 비점오염원을 적정하게 관리하지 않고는 하천의 수질 개선을 기대하기 어렵다. 그러나 정부는 여전히 하천 오염 관리대책을 점오염원에만 초점을 둔 채로 강구하고 있다.

A 사원 : 비점오염원을 고려하지 않고는 깨끗한 수질을 관리하기가 어렵겠구나.
B 사원 : 정부는 점오염원에만 중점이 맞춰진 현재의 하천 오염 관리대책을 수정할 필요가 있겠어.
C 사원 : 비점오염원의 배출 지점은 명확히 알 수 없으니 배출 지점을 제외한 다른 방식으로 접근하는 방책이 필요하겠어.
D 사원 : 정부 차원뿐만 아니라 '도로변 쓰레기 버리지 않기' 등 국민들이 자발적으로 실천하는 대책을 마련할 수 있겠어.

① A 사원 ② B 사원 ③ C 사원 ④ D 사원

08. **다음 글을 통해 알 수 있는 내용으로 적절하지 않은 것은?**

DNA 손상은 세포 노화(Cellular Senescence)를 일으킬 수 있다. 세포의 수명을 결정한다고 알려진 텔로미어(Telomere)에서 발생한 DSB는 지속적으로 DDR을 유발하는데, 이 DDR에 의해 세포의 운명이 결정되는 것이 관찰되었다. 일반적인 DNA의 DSB는 일시적으로 DDR을 유발하는 것에 반하여 텔로미어의 DSB는 어떻게 지속적인 DDR을 유발하는가? 이는 텔로미어와 그 주변에서 생긴 DSB는 복구되지 않는다는 것으로 설명할 수 있다. 따라서 텔로미어에는 DSB가 계속 남아 있게 되고, 이를 인식한 DDR은 지속적으로 활성화되어 세포를 정지상태(Quiescent State)로 만들어 놓는다. DDR이 일시적이라는 특징을 가진 일반적인 경우와는 다른 상황에 처한 것이다.

유전 독성을 가진 화합물도 처치 농도에 따라 세포 노화를 일으킬 수 있다. 예를 들어 신경교종(Glioma) 치료에 사용되는 메틸화 물질인 테모졸로미드(Temozolomide)는 ATM과 ATR을 활성화시키고 세포의 노화를 유발한다는 것이 임상 결과로 확인되었다. 그러므로 텔로미어에 존재하는 복구되지 못한 DSB가 세포 노화를 일으키는 유일한 메커니즘은 아닌 것으로 보인다. 따라서 어떤 농도의 유전 독성 물질이 텔로미어와 독립적인 방식으로 세포 노화를 유발하는지, 그리고 노화 상태에 도달한 세포가 다시 성장 상태로 변할 수 있는지는 앞으로 해결해야 할 문제로 남아 있다. 또한 암세포가 이러한 방식으로 유전 독성 치료를 회피할 수 있는지도 확인해야 할 과제이다.

① 텔로미어의 DSB는 일반적인 DNA의 DSB와 DDR을 유발하는 빈도가 다르다.
② 세포 노화의 원인은 텔로미어의 복구되지 못한 DSB 외에도 존재한다.
③ 텔로미어의 DSB와 일반적인 DNA의 DSB가 세포에 유발하는 것은 동일하다.
④ 텔로미어의 DSB가 복구되지 않는 원인을 임상 결과로 확인하였다.

[09 ~ 10] ○○기업의 K 사원은 수도요금의 산정에 대한 보고서 초안을 다음과 같이 작성하였다. 이어지는 질문에 답하시오.

〈수도요금 산정〉
우리나라 수도요금 현황 및 문제점

가. 우리나라의 수도요금 현황
- 2010년 기준 전국 평균 수도요금이 다른 OECD 국가에 비하여 상당히 낮음.
  - OECD 회원국 중 수자원 여건이 가장 열악한 국가이나, 물 사용량은 선진국보다 많고 수도요금은 최저 수준
  - 요금 현실화율도 선진국에 비해 매우 낮은 수준에 머물러 있음.
  - 수도요금은 꾸준히 상승하나 원가도 인상되어 현실화율은 개선되지 않음.
- 낮은 수도요금은 결국 빈곤층에게 가장 큰 피해를 입힘.

나. 우리나라의 수도요금 문제점

㉠ 수도요금 원가의 부적정한 산정
- 상하수도 서비스의 외부효과 및 물 사용의 기회비용 미반영
- 비공기업 사업자의 원가산정 신뢰성 저하
- 지자체에 따라서는 원가가 실제 원가의 $\frac{1}{4}$도 안 되는 경우도 있음.

㉡ 낮은 수도요금으로 인한 과도한 물 사용
- 지역적 물 부족 초래
- 신규 수도시설 조기 건설, 늘어난 하수처리량으로 인한 비용 낭비

㉢ 수도사업자 재정 악화로 적절한 시설 투자 장애
- 상하수도 사업으로 인한 부채액 매년 증가

㉣ 재정부족으로 인한 물 산업 육성 장애
- 하수 재이용사업, 해수담수화 사업 등 경쟁력 확보 곤란

09. **K 사원은 우리나라의 수도요금 현황에 대한 이해를 돕기 위해 추가 자료를 찾아 달라는 팀장의 지시를 받고, 현황 부분에 그래프를 추가하려고 한다. 다음 중 보고서에 들어갈 그래프로 적절하지 않은 것은?**

① 주요 국가 수도요금 현황

② 전국 수도요금 변화 추이

③ 타 공공요금과 차이 비교

④ OECD 국가별 가용수자원 대비 취수량

10. **K 사원이 작성한 보고서 초안에 대해 팀장은 우리나라의 문제점을 기반으로 한 개선 방안을 추가하는 것이 좋겠다는 의견을 주었다. 보고서에 다음과 같은 내용을 추가하려고 할 때, 팀장의 의견과 거리가 먼 것은?**

〈우리나라 수도요금 체계 개선방안〉

가. 수도요금 원가산정의 적정화
- 수도요금 계산 시 총비용 회수원칙을 적용하여 수도 서비스 제공에 소요되는 모든 비용을 원가에 반영 ………… ⓐ
- 기타 비공기업으로 운영되는 수도사업자의 원가계산의 정확성 확보 ………… ⓑ

나. 요금 부과체계의 합리화
- 수돗물은 필수재로서 수요자의 경제적 능력에 관계없이 필수 사용량을 고려한 정책적 배려 필요 ………… ⓒ

다. 요금 현실화율 제고
- 수도 서비스 지속성 확보 및 소비자의 효율적인 물 사용 유도를 위해 필요
- 수도요금 현실화율과 국고보조금 지원 연계 등 지자체의 현실화 유도를 위한 제도적 장치 마련 ………… ⓓ

① ⓐ　　② ⓑ

③ ⓒ　　④ ⓓ

수리능력

⇨ 직업기초능력의 기본적인 인지 역량과 실제 업무 역량을 측정하기 위한 모듈로 구성하였습니다.

01. 총 8팀이 참가한 축구 대회가 있다. 4팀씩 2개조로 나뉘어 토너먼트 형식으로 경기를 치른다고 할 때, 8팀을 2개조로 나누는 경우의 수는?

① 12가지　　② 28가지
③ 70가지　　④ 80가지

02. 다음 숫자들의 배열 규칙에 따라 '?'에 들어갈 숫자로 알맞은 것은?

1	3	6
2	5	14
4	9	39
5	12	(?)

① 66　　② 68
③ 70　　④ 72

03. ○○기업 신입사원 200명은 인사팀의 요청에 따라 한 명도 빠짐없이 A, B, C 세 가지 강좌 중 최소 1개, 최대 2개의 강좌를 신청하였다. A, B, C 강좌를 신청한 신입사원이 각각 74명, 80명, 85명이었고, A 강좌와 B 강좌를 동시에 신청한 신입사원이 12명, B 강좌와 C 강좌를 동시에 신청한 직원이 20명일 때, A 강좌와 C 강좌를 동시에 신청한 신입사원은 몇 명인가?

① 7명 ② 8명
③ 9명 ④ 10명

04. 다음 그림과 같은 작은 텃밭의 경계에 울타리를 세우려고 한다. 울타리에는 2m 간격으로 기둥을 세우되, 4m 너비의 정면 출입구와 2m 너비의 측면 출입구에는 울타리를 치지 않을 때, 필요한 기둥의 개수는? (단, 텃밭의 모서리와 출입구의 경계에는 반드시 기둥을 세우며 기둥의 너비는 고려하지 않는다)

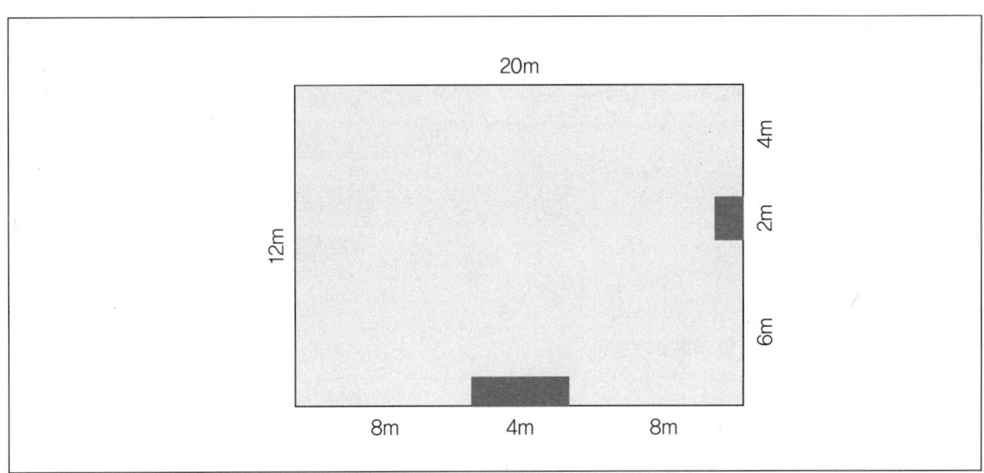

① 30개 ② 31개
③ 32개 ④ 33개

[05 ~ 06] 다음 자료를 보고 이어지는 질문에 답하시오.

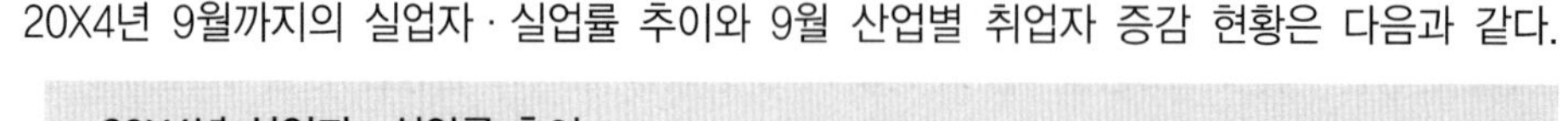

20X4년 9월까지의 실업자 · 실업률 추이와 9월 산업별 취업자 증감 현황은 다음과 같다.

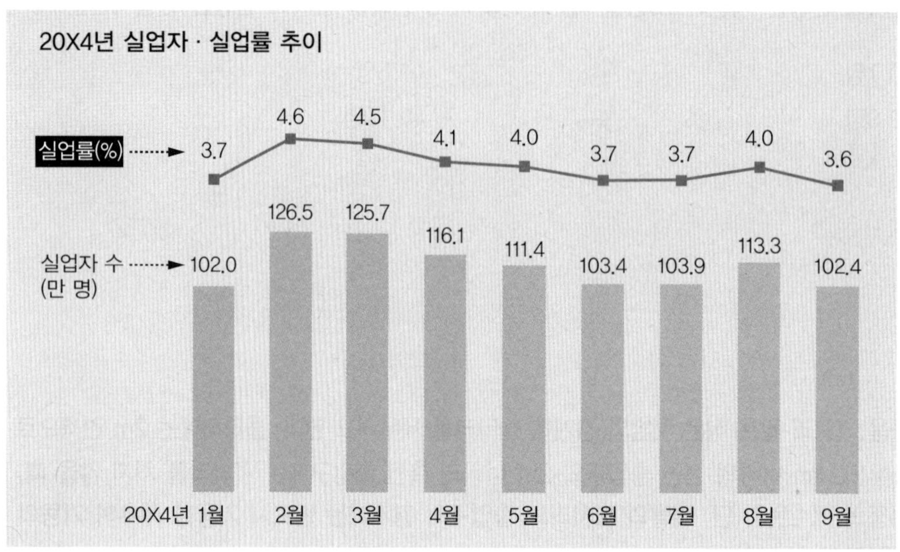

9월 산업별 취업자 증감 현황 (전년 동월 대비, 단위 : 만 명)

사업시설관리, 사업지원 및 임대서비스업	−13.0
도매 및 소매업	−10.0
숙박 및 음식점업	−8.6
제조업	−4.2
교육 서비스업	−1.2
공공행정 · 국방 및 사회보장 행정	2.7
건설업	4.5
금융 및 보험업	5.1
농림어업	5.7
정보통신업	7.3
부동산업	8.0
보건업 및 사회복지서비스업	13.3

05. 다음 중 위 자료에 대한 설명으로 옳은 것은?

① 20X4년 1월부터 9월까지의 평균 실업률은 4% 이상이다.
② 전년 동월 대비 취업자가 두 번째로 많이 증가한 산업은 도매 및 소매업이다.
③ 20X4년 9월 실업자 수는 1,024,000명으로, 9개월째 100만 명을 상회하고 있다.
④ 20X4년 9월에 전년 동월 대비 취업자가 감소한 산업의 취업자 총 감소량은 35만 명 미만이다.

06. 다음은 20X4년 9월에 전년 동월 대비 취업자 수가 감소한 산업의 지난 3년간 산업별 취업자 수이다. 이 5개의 산업에 대한 설명으로 옳지 않은 것은?

(단위 : 천 명)

구분	20X1년 9월	20X2년 9월	20X3년 9월
교육 서비스업	1,852	1,890	1,869
제조업	4,632	4,538	4,555
숙박 및 음식점업	2,217	2,318	2,298
도매 및 소매업	3,793	3,773	3,819
사업시설관리, 사업지원 및 임대서비스업	1,361	1,401	1,400

① 20X4년 9월 취업자 수가 가장 많은 산업은 제조업이다.
② 20X1년 9월 대비 취업자 수가 증가한 20X4년 9월의 산업은 교육 서비스업이다.
③ 20X1년 9월의 취업자 수 순위와 20X4년 9월의 취업자 수 순위는 동일하다.
④ 20X4년 9월의 제조업 취업자 수는 숙박 및 음식점업 취업자 수의 2배 미만이다.

[07 ~ 08] 다음 자료를 읽고 이어지는 질문에 답하시오.

정부는 고질적인 물 부족 문제의 대책을 마련하고자 관계부처와 함께 시행 중인 통합 가뭄 예·경보의 법적 근거를 마련하고 현행 3단계 예·경보 단계를 4단계(관심·주의·경계·심각)로 세분화할 계획이다. 이에 따라 가뭄 경보는 평년 대비 저수율이 60 ~ 70%는 '관심', 50 ~ 60%는 '주의', 40 ~ 50%는 '경계', 40% 미만은 '심각' 등 4단계로 분류된다.

한편, 유입량과 강수량은 저수량에 영향을 미치는 요인으로 유입량과 강수량이 증가하면 저수량이 증가한다고 볼 수 있다. 저수량이 일정수준을 넘어가면 댐의 수문을 개방해 방류량을 늘려 수위를 조절한다.

〈표 1〉 2010 ~ 2020년 주요저수지 평균 저수율 현황

(단위 : %)

구분	남강댐	대청댐	밀양댐	섬진강댐	안동댐	용담댐	주암(본)댐	주암(조)댐	충주댐
2010년	34.5	58.8	55.5	48.7	48.7	52.8	49.4	61.1	56.4
2011년	28.9	54.6	62.2	31.6	45.6	42.5	44.6	61.3	53.9
2012년	27.0	50.3	54.6	30.9	35.8	36.5	37.9	55.8	48.1
2013년	46.2	55.2	61.6	52.0	38.9	50.7	56.3	65.4	52.8
2014년	44.4	52.2	51.6	45.0	35.9	50.3	46.3	69.4	50.9
2015년	55.1	62.8	69.3	55.0	54.8	63.5	59.6	70.0	56.0
2016년	54.9	53.3	57.9	44.2	49.9	65.6	54.3	65.1	56.1
2017년	47.6	47.8	59.7	32.9	41.2	38.1	39.4	57.9	34.6
2018년	48.6	53.1	64.2	35.6	46.4	37.5	48.9	62.3	43.0
2019년	41.0	62.0	54.7	33.0	47.2	44.9	40.1	60.2	48.2
2020년	58.3	66.7	44.4	16.8	25.0	30.5	21.9	61.4	33.6

〈표 2〉 2018 ~ 2019년 주요저수지 강수량, 유입량, 방류량

구분	2018년		2019년		
	유입량(백만 m^3)	방류량(백만 m^3)	강수량(mm)	유입량(백만 m^3)	방류량(백만 m^3)
군위댐	11.0	23.3	1,106.0	38.9	27.0
김천부항댐	16.7	35.4	1,409.4	55.8	39.2
보령댐	84.6	79.8	1,675.4	163.4	117.7
성덕댐	4.1	14.0	1,472.5	27.6	18.6
소양강댐	1,976.3	1,895.7	1,357.9	2,111.9	2,025.6
임하댐	274.0	382.9	1,099.8	617.4	489.1
장흥댐	40.9	93.2	1,562.9	133.3	77.4
합천댐	193.1	58.9	1,380.3	610.1	56.6
횡성댐	130.0	129.1	1,364.7	121.6	106.3

07. 다음 중 위 자료에 대한 설명으로 옳지 않은 것을 모두 고르면?

㉠ 횡성댐의 2019년 강수량은 유입량의 10배 이상이다.
㉡ 주요저수지의 2019년 방류량 순위는 2018년과 동일하다.
㉢ 2017 ~ 2020년 동안 평균 저수율이 전년 대비 지속적으로 증가한 저수지가 있다.

① ㉠, ㉡
② ㉠, ㉢
③ ㉡, ㉢
④ ㉠, ㉡, ㉢

08. 평년 저수율은 당해 연도를 제외한 최근 10개년도의 평균 저수율의 평균값으로 계산한다. 이를 바탕으로 평년 대비 2020년 저수율을 계산할 때, 2020년에 경계 단계가 발령될 지역은?

① 남강댐
② 대청댐
③ 주암(본)댐
④ 충주댐

[09 ~ 10] 다음 자료를 보고 이어지는 질문에 답하시오.

〈상품군별 모바일쇼핑 거래액 구성비(%)〉

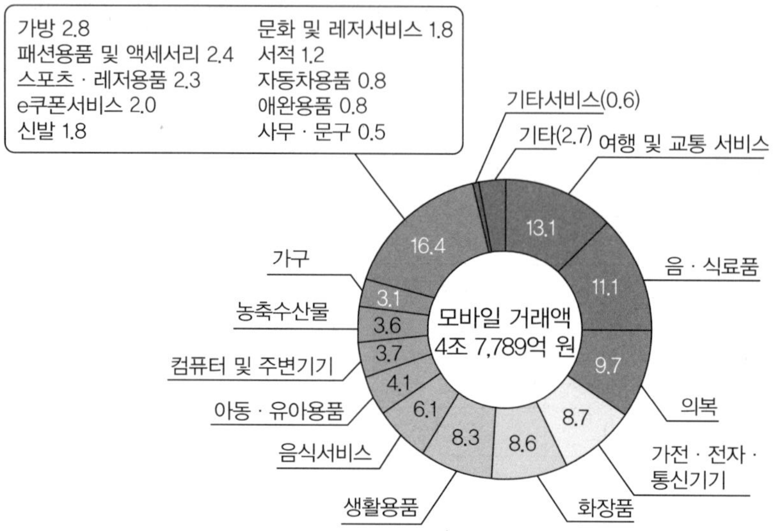

가방 2.8
패션용품 및 액세서리 2.4
스포츠 · 레저용품 2.3
e쿠폰서비스 2.0
신발 1.8
문화 및 레저서비스 1.8
서적 1.2
자동차용품 0.8
애완용품 0.8
사무 · 문구 0.5

16.4
기타서비스(0.6)
기타(2.7)
여행 및 교통 서비스 13.1
음 · 식료품 11.1
의복 9.7
가전 · 전자 · 통신기기 8.7
화장품 8.6
생활용품 8.3
음식서비스 6.1
아동 · 유아용품 4.1
컴퓨터 및 주변기기 3.7
농축수산물 3.6
가구 3.1

모바일 거래액
4조 7,789억 원

〈상품군별 온라인쇼핑 거래액 구성비(%)〉

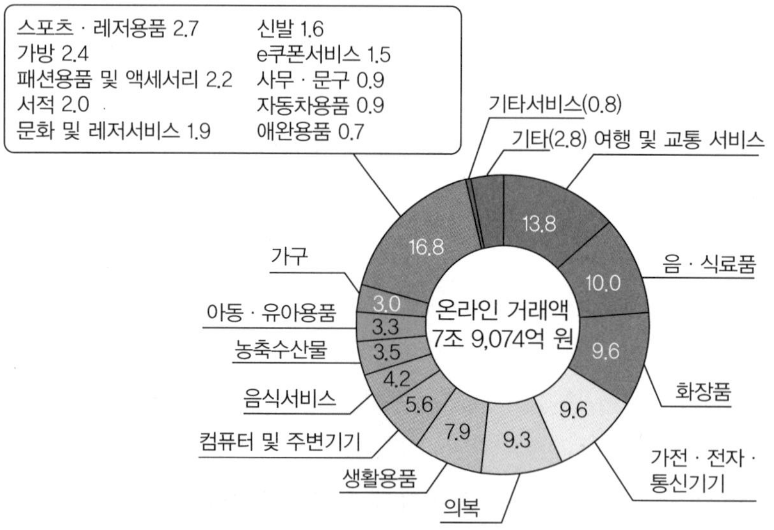

스포츠 · 레저용품 2.7
가방 2.4
패션용품 및 액세서리 2.2
서적 2.0
문화 및 레저서비스 1.9
신발 1.6
e쿠폰서비스 1.5
사무 · 문구 0.9
자동차용품 0.9
애완용품 0.7

16.8
기타서비스(0.8)
기타(2.8)
여행 및 교통 서비스 13.8
음 · 식료품 10.0
화장품 9.6
가전 · 전자 · 통신기기 9.6
의복 9.3
생활용품 7.9
컴퓨터 및 주변기기 5.6
음식서비스 4.2
농축수산물 3.5
아동 · 유아용품 3.3
가구 3.0

온라인 거래액
7조 9,074억 원

09. 다음 중 온라인쇼핑(A)과 모바일쇼핑(B)에 의한 서적 거래액이 순서대로 바르게 나열된 것은? (단, 천 만 단위에서 반올림하여 억 원으로 표기한다)

	(A)	(B)		(A)	(B)
①	1,518억 원	573억 원	②	1,581억 원	633억 원
③	1,518억 원	633억 원	④	1,581억 원	573억 원

10. 다음 중 위의 자료를 바르게 분석한 것은?

① 모바일쇼핑 거래액의 구성 비중이 16.4%인 군소 항목 거래액의 2.8%는 가방의 거래액이다.

② 온라인쇼핑과 모바일쇼핑의 거래액 구성비가 가장 큰 세 가지 항목은 모두 여행 및 교통 서비스, 음·식료품, 의복이다.

③ 온라인쇼핑과 모바일쇼핑의 거래액 구성비가 가장 큰 항목은 서로 동일하다.

④ 온라인쇼핑 거래액은 모바일쇼핑 거래액의 1.5배를 넘지 않는다.

자원관리능력

⇨ 직업기초능력의 기본적인 인지 역량과 실제 업무 역량을 측정하기 위한 모듈로 구성하였습니다.

01. 다음의 이동수단별 가격과 시간 지수를 고려할 때, 가장 효율적인 이동수단은?

○○공사는 상반기 업무를 종료하고 부서별 워크숍을 권장하였다. 기획부의 박 부장은 1박 2일 워크숍을 계획하고 홍 대리에게 워크숍 준비를 지시하였다. 홍 대리는 먼저 이미 정해진 워크숍 장소로 어떻게 이동할 것인지에 대해 고려하기 시작했다. 이동수단을 결정할 때 중요한 것은 가격과 시간이라고 생각하여 이를 상대적인 지수로 환산하여 표를 작성하였다.

〈이동수단별 가격과 시간 지수〉

구분	KTX	고속버스	자가용	비행기
시간 지수	1	2	2.5	0.6
가격 지수	1	0.7	0.8	1.8

- KTX의 시간과 가격 지수를 1로 하였을 때, 다른 이동수단의 상대적인 지수를 표시함.
- 공항, 역, 터미널, 자가용 주차장 등에서 펜션까지는 도보로 이동할 수 있으며, 모두 같은 시간이 걸린다고 가정함.
- 부서원 8명의 가격을 기준으로 산출함.

※ 이동수단 결정식=(시간 지수×가격 지수)의 값이 가장 낮은 수단 선택

① KTX
② 고속버스
③ 자가용
④ 비행기

02. ○○공사 인사부 이몽룡 대리는 A 지사 인력 파견에 관한 보고서를 작성하고 있다. 다음 자료를 토대로 할 때, (ㄱ), (ㄴ)에 들어갈 사람으로 적절하게 짝지어진 것은?

〈A 지사 인력 파견에 관한 건〉

• 희망 근무지 신청 결과(A 지사 파견을 희망한 신청자/5명)

번호	이름	희망 순위	직급	영어 점수	고과 점수
1	김한수	2순위	사원	900점	92점
2	김정목	1순위	팀장	750점	83점
3	박수택	4순위	대리	850점	90점
4	이강주	3순위	과장	950점	96점
5	최아영	1순위	사원	730점	91점

• A 지사의 요구 사항을 반영한 파견인력 선별을 위한 고려 사항

고려 사항	세부 사항(순서대로 우선순위 높음-낮음)
희망 순위	1순위-2순위-3순위-4순위
직급	과장-대리-팀장-사원
영어 점수	1구간(990 ~ 900점)-2구간(899 ~ 850점)-3구간(849 ~ 800점)-4구간(799점 이하)
고과 점수	1구간(100 ~ 95점)-2구간(94 ~ 90점)-3구간(89 ~ 80점)-4구간(79점 이하)

▷ 고려 사항별 최대 점수와 최소 점수는 모두 동일하며, 세부 항목의 순위 간 점수 차도 동일하게 하여 점수를 계산함. A 지사 근무 희망을 원하는 직원들의 점수를 계산하여 전체 점수의 합이 가장 높은 1인을 파견인력 1순위로, 두 번째로 높은 1인을 후보로 지정함.

▷ 파견인력 1순위는 (ㄱ), 후보자로는 (ㄴ)이/가 적합하다고 사료됨.

	(ㄱ)	(ㄴ)		(ㄱ)	(ㄴ)
①	이강주	김한수	②	김정목	최아영
③	박수택	김정목	④	김한수	박수택

[03 ~ 04] 다음은 경쟁 관계에 있는 J 영화관과 K 영화관의 상영 영화 장르에 따른 평균 예상 수익을 정리한 표이다. 이어지는 질문에 답하시오.

〈영화 장르별 한 달 평균 예상 수익〉

(단위 : 억 원)

구분		K 영화관			
		액션	로맨스	드라마	공포
J 영화관	액션	(3, 9)	(8, 12)	(11, 3)	(4, 6)
	로맨스	(10, 9)	(7, 7)	(3, 10)	(3, 1)
	드라마	(11, 4)	(7, 2)	(8, 3)	(3, 11)
	공포	(7, 5)	(6, 6)	(0, 7)	(10, 6)

- 같은 시기에 개봉한 영화를 1편씩 상영하며, 상영 기간은 4개월이다.
- 괄호 안의 숫자는 J 영화관과 K 영화관이 각 장르의 영화를 상영한다고 했을 때 얻을 수 있는 한 달 평균 수익을 의미한다(J 영화관의 한 달 평균 수익, K 영화관의 한 달 평균 수익).

  예) J 영화관은 액션영화, K 영화관은 로맨스 영화를 배급하는 경우 J 영화관은 한 달 평균 8억 원, K 영화관은 한 달 평균 12억 원의 수익을 얻게 된다.

〈분기별 선호 장르〉

구분	선호 장르
1분기	액션
2분기	로맨스
3분기	공포
4분기	드라마

- 상영 영화의 장르가 분기별 관객 선호 장르에 속할 경우 해당 월의 평균 수익이 2배가 된다.

  예) J 영화관은 액션, K 영화관은 로맨스 영화를 배급하는 경우, 1분기에 영화가 상영된다면 J 영화관의 한 달 평균 수익은 16억 원이 되고 2분기에 영화가 상영된다면 K 영화관의 한 달 평균 수익은 24억 원이 된다.

03. 두 영화관이 한 달 동안 같은 장르의 영화를 상영한다고 할 때, 두 영화관이 얻는 수익의 합이 최대가 되기 위해 상영해야 할 영화 장르는? (단, 분기별 관객 선호 장르는 고려하지 않는다)

① 액션
② 로맨스
③ 드라마
④ 공포

04. 두 영화관이 3분기부터 영화를 상영하려고 한다. K 영화관에서 로맨스 영화를 상영한다고 할 때, J 영화관이 얻을 수 있는 영화 한 편의 최대 수익은 얼마인가?

① 32억 원
② 35억 원
③ 42억 원
④ 48억 원

[05 ~ 06] 다음 자료를 바탕으로 이어지는 질문에 답하시오.

금융회사에 근무하는 김○○ 씨는 사업 투자 프로젝트에 참가한 기업들 중 우수기업을 선별하고 있다.

〈프로젝트 신청 기업 매출표〉

연도 / 기업명 [화폐단위]	2X11년	2X12년	2X13년	2X14년	2X15년
A[US$]	100,000	120,000	90,000	110,000	130,000
B[HK$]	624,000	780,000	936,000	1,092,000	1,240,000
C[Rupee]	4,670,000	5,871,000	6,446,000	6,100,000	7,051,000
D[Yen]	7,182,000	7,581,000	9,760,000	10,070,000	12,100,000
E[Can$]	110,000	110,000	110,000	132,000	156,000
F[Euros]	91,000	96,000	96,000	64,000	90,000
G[A$]	130,000	110,000	110,000	110,000	130,000

〈해당 기간 환율 내역〉

국가(통화단위)별 US$ 기준	2X11년	2X12년	2X13년	2X14년	2X15년
미국(US$)	1.00	1.00	1.00	1.00	1.00
한국(Won)	1,107	1,126	1,095	1,053	1,131
홍콩(HK$)	7.78	7.76	7.76	7.75	7.75
인도(Rupee)	46.67	53.44	58.60	61.03	64.14
일본(Yen)	75.81	79.79	97.60	105.95	121.04
캐나다(Can$)	0.99	1.00	1.03	1.11	1.25
영국(Pound)	0.62	0.63	0.61	0.61	0.65
유럽지역(Euros)	0.72	0.78	0.75	0.75	0.90
오스트레일리아(A$)	0.97	0.97	1.04	1.11	1.33

05. 다음 〈선정 방법〉을 참고할 때 A～G 중 선정될 3개 기업은?

〈선정 방법〉

- 최근 3개년 동안의 매출 합을 계산한다.
- 최근 3개년 매출 기준 상위 3개 기업을 우수기업으로 선정하되, 제시된 기간 동안 US$를 기준으로 했을 때 매출이 두 번 이상 하락한 기업은 제외한다.
- 모든 계산 및 비교는 달러화를 기준으로 한다.

① A, B, C　② A, B, E

③ B, E, F　④ B, F, G

06. (05와 이어짐) 우수기업을 선정하던 김○○ 씨는 〈프로젝트 선정 기업 매출 표〉에 다음과 같은 수정사항이 있다는 것을 알게 되었다. 수정사항을 고려했을 때, 김○○ 씨가 선정하게 될 기업은? (단, 언급되지 않은 모든 사항은 05의 조건을 따른다)

[긴급] 투자 프로젝트 관련

보내 드렸던 자료에 다음과 같은 오류가 있다고 하여 연락 드립니다.
먼저 A 기업의 화폐정보와 B 기업의 화폐정보가 서로 바뀌었다고 합니다.
또한 E 기업의 자료가 잘못되어 있어 수정본을 첨부하겠습니다.
추가적으로, 기존에 있던 매출하락의 기준이 완화되어 가장 최근인 2X14년과 2X15년 사이의 기록이 하락한 기업만 제외하는 것으로 수정되었다고 합니다. 이를 참고하여 다시 선정해 주세요.

기업명[화폐단위]	2X11년	2X12년	2X13년	2X14년	2X15년
E[Pound]	84,000	78,000	72,000	66,000	70,000

① A, B, C　② A, B, E

③ B, C, F　④ B, F, G

[07 ~ 08] 권 사원은 대중교통을 활용하여 세미나 장소에 가려고 한다. 회사에서 세미나 장소까지 지하철이나 버스, 택시를 이용하여 이동할 수 있다고 할 때, 이어지는 질문에 답하시오.

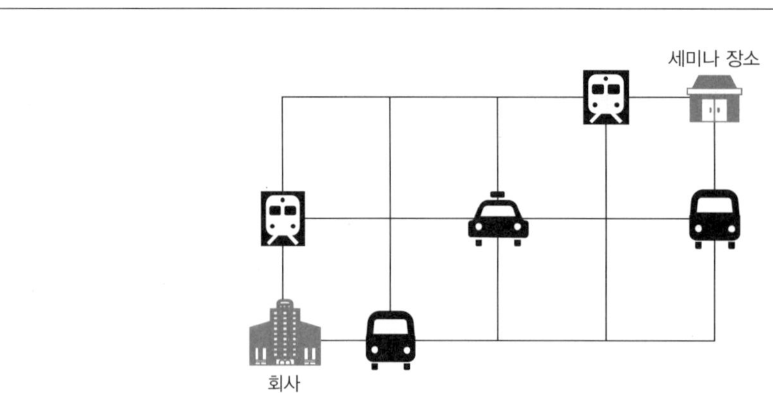

구분	교통수단	속력	요금
	지하철	15km/h	• 기본요금(1km까지) : 1,500원 • 추가요금 : 1km당 100원
	버스	20km/h	• 기본요금(1km까지) : 1,200원 • 추가요금 : 1km당 200원
	택시	30km/h	• 기본요금(1km까지) : 2,000원 • 추가요금 : 1km당 300원

※ 한 변은 1km임.

※ 도보는 1km 이동하는 데 10분이 소요됨.

※ 한 가지의 교통수단만 이용 가능하며, 모든 교통수단은 해당 교통수단의 정류장에서 승하차하고 택시의 경우 세미나 장소에서 하차함.

07. 세미나 장소까지 가장 빨리 도착할 수 있는 교통수단과 시간이 알맞게 짝지어진 것은?

① 지하철, 32분　　② 지하철, 36분
③ 버스, 32분　　④ 택시, 36분

08. 권 사원은 각 교통수단을 최단거리로 이동했을 때의 요금을 비교해 보기로 하였다. 버스와 지하철의 요금 차이는 얼마인가?

① 차이 없음.　　② 100원
③ 200원　　④ 300원

[09 ~ 10] 다음 상황을 보고 이어지는 질문에 답하시오.

의류회사 상품기획부 M 사원은 신제품 출시를 앞두고 상품 제작을 위한 원단 종류와 협력 업체를 결정한 후, 제품의 원가를 책정하려 한다.

상품 주문서

- 제작 상품 : 가방
- 제품 원단(제품 1개 제작 시) : 외피-가죽(3평) / 내피-스웨이드(2평)
- 제작 수량 : 500개
- 출고 일정 : 20XX년 2월 10일

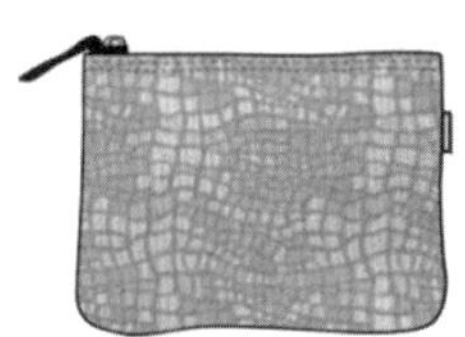

◈ 원단별 내구성 및 단가

원단 종류		내구성	단가(원/1평)
외피	플럽 가죽	중	15,000
	슈렁큰 가죽	상	17,000
	베지터블 가죽	중	18,000
	램스킨 가죽	상	17,500
내피	천연 스웨이드	중	4,000
	인조 스웨이드	중	3,000
	합성 스웨이드	상	3,000

※ 가죽 1평=가로 30cm×세로 30cm

◈ 협력업체별 현황 비교

공장	가	나	다	라
공임비(원/개)	23,000	20,000	25,000	20,000
일일 최대 제작수량(개)	50	45	60	55
휴무일	매월 1 · 3주째 일요일	매주 토요일	매주 토 · 일요일	매월 2 · 4주째 토 · 일요일

09. M 사원은 〈보기〉의 조건에 따라 제품의 원단을 최종 결정하기로 했다. 다음 중 M 사원이 선택한 원단으로 올바르게 짝지어진 것은?

보기

- 제품 한 개당 제작 원가가 저렴한 원단을 우선으로 선택한다.
- 제품 제작 시 각 원단의 제작 원가가 7,000원 이상 차이 나지 않을 때에는 내구성이 강한 원단을 선택한다.

① 플럽 가죽, 천연 스웨이드　　② 플럽 가죽, 합성 스웨이드

③ 슈렁큰 가죽, 합성 스웨이드　　④ 램스킨 가죽, 합성 스웨이드

10. 다음의 2월 달력을 참고할 때, 가장 빨리 제품을 제작하기 위해 M 사원이 선택할 협력업체는 어느 공장인가? (단, 제작 주문일부터 바로 제작을 시작한다)

2월						
일	월	화	수	목	금	토
			1	2	3 제작주문	4
5	6	7	8	9	10	11
12	13	14	15	16	17	18
19	20	21	22	23	24	25
26	27	28				

① 가 공장　　② 나 공장

③ 다 공장　　④ 라 공장

직무능력평가란? 해당 기업 · 기관의 모집분야별 직무와 NCS를 비교 · 분석하여 선발 인원이 필수적으로 갖추어야 할 지식, 기술, 태도를 객관적 · 타당적으로 평가하는 검사이다.

한국수자원공사

직무능력평가

직무능력 1회

기출예상문제

▸ 정답과 해설 58쪽

K-water 수행사업

⇨ 수행사업 평가는 채용시험 전체 직렬에 해당합니다.

01. 다음 중 K-water의 사업전략별 전략방향에 해당하지 않는 것은?

① 저탄소 · 청정에너지 기반 사업성과 창출
② 국민 누구나 믿고 마실 수 있는 물 공급 보장
③ 글로벌을 선도하는 물가치 넥서스 구현
④ 기후변화에 안전한 통합물관리 실현

02. 다음 중 K-water가 관리하는 댐 중 다목적댐에 해당하지 않는 것은?

① 소양강댐　② 운문댐
③ 안동댐　④ 섬진강댐

03. 다음은 「수도법」 제3조에서 정하고 있는 상수도의 종류별 정의이다. ㉠ ~ ㉢에 들어갈 내용이 바르게 연결된 것은?

- (　㉠　)란 지방자치단체가 관할 지역주민, 인근 지방자치단체 또는 그 주민에게 원수나 정수를 공급하는 일반수도를 의미한다.
- (　㉡　)란 지방자치단체가 대통령령으로 정하는 수도시설에 따라 100명 이상 2,500명 이내의 급수인구에게 정수를 공급하는 일반수도를 의미한다.
- (　㉢　)란 100명 이상을 수용하는 기숙사, 임직원용 주택, 요양소 및 그 밖의 시설에서 사용되는 자가용의 수도와 수도사업에 제공되는 수도 외의 수도를 의미한다.

	㉠	㉡	㉢
①	광역상수도	지방상수도	마을상수도
②	지방상수도	마을상수도	전용상수도
③	지방상수도	전용상수도	마을상수도
④	광역상수도	마을상수도	전용상수도

04. 홍수기에 저수지의 저수용량을 산정하는 기준에 관한 설명으로 옳지 않은 것은?

① 홍수기 제한수위(RWL ; Restricted Water Level)는 홍수조절용량을 더 확보하기 위해 홍수기에 제한하는 수위로 일반적으로 상시만수위보다 높게 설정한다.

② 상시만수위(NHWL ; Normal High Water Level)는 비홍수기에 저수할 수 있는 상한 수위로 이수용량의 최대범위이다.

③ 홍수위(FWL ; Flood Water Level)는 홍수조절을 위한 최대 유입홍수저장수위로, 200년 빈도홍수를 기준으로 산정한다.

④ 최고수위(MWL ; Maximum Water Level)는 가능최대홍수량이 댐에 유입되었을 때를 가정한 수위로, 여기에 여유고를 두어 댐 마루표고를 결정한다.

05. 수력발전소의 운용방식 및 낙차를 얻는 방식에 따른 분류에 대한 설명으로 옳지 않은 것은?

① 저수지식은 우기에는 저수를 하고 건기에는 저장한 물을 공급하는 운용방식으로 연중 발전이 가능하다는 장점이 있다.

② 조정지식은 전력수요가 적을 때에는 물을 저장하고 단시간 내 전력수요가 많이 발생하는 때에는 발전을 하는 운용방식이다.

③ 댐식은 주로 하천 경사가 느리고 유량이 풍부한 중 · 하류에 높은 댐을 설치하여 수력발전에 필요한 낙차를 얻는 방식이다.

④ 수로식은 하천을 따라 수로를 설치하여 급경사와 굴곡을 이용해 수력발전에 필요한 낙차를 얻는 방식으로, 유입량의 조절이 가능하다는 장점이 있다.

06. 다음에서 설명하는 제도의 명칭은?

> 500MW 이상의 발전설비를 보유한 발전사업자에게 일정량의 신재생에너지 공급을 의무화하는 제도로, 일정한 의무공급량을 할당받은 의무자는 그 이행사실을 증명하는 신재생에너지 공급인증서(REC)를 정부에 제출하여 이를 증명하여야 하는데, 이 공급인증서는 신재생에너지를 생산을 통해 자체조달하거나 외부에서 구매할 수 있다는 특징을 가지고 있다. K-water는 태양광에너지 의무공급량을 할당받아 자체 건설과 외부구매를 통해 의무이행하고 있으며, 태양광 이외의 신재생에너지 공급인증서는 판매하여 수익을 달성하고 있다.

① RE100
② 몬트리올 의정서
③ 더 클라이밋 그룹(The Climate Group)
④ 신재생에너지 공급의무화제도(RPS)

07. 다음에서 설명하는 K-water의 업무는?

> 하천의 관리 및 국가개발계획의 수립 등을 위해 하천유역의 기본현황과 이수 · 치수 · 하천환경 등 수자원의 이용 · 관리에 대해 조사하는 것으로, K-water는 환경부로부터 업무를 위탁받아 이를 수행하고 있다. 조사는 2006년 건설교통부(현 국토교통부) 훈령으로 조사지침이 제정된 이래 매년 시행되고 있으며, 그 결과는 국가수자원관리종합시스템을 통해 국민들에게 제공되고 있다.

① 조류(藻類)조사
② 수문조사
③ 유역조사
④ 환경영향평가

08. 다음 중 K-water의 댐 및 수도요금을 결정하기 위해 채택하고 있는 공공요금의 결정원리에 해당하는 것은?

① 서비스의 생산원가 기준으로 요금을 결정하는 서비스 원가주의
② 서비스 이용자가 느끼는 가치를 기준으로 요금을 결정하는 서비스 가치주의
③ 서비스의 경쟁시장을 가정하여 수요와 공급의 원칙으로 요금을 결정하는 경쟁가격주의
④ 서비스 이용자의 지불능력을 고려하여 결정하는 사회적 원리주의

09. 표준정수처리시설의 주요 공정별 역할에 대한 설명으로 옳지 않은 것은?

① 착수정은 취수시설에서 들어오는 원수를 받아 흐름을 안정화시켜 모래 등의 큰 입자를 가라앉히고 후속 공정의 유량부하를 안정시키는 역할을 한다.
② 혼화지에서는 탁질물질 제거를 위해 응집제를 주입하여 탁질을 미소 플록(Floc)으로 만들고, 응집지에서 이를 성장시켜 침전지에서 침전시킨다.
③ 여과지는 침전지에서 침전되지 않은 미세플록을 모래나 자갈 등을 이용하여 최종적으로 제거하는 과정이다.
④ 소독시설에서는 수인성 미생물을 완전히 죽이는 멸균 과정을 통해 안전한 음용수를 생산하여 이를 정수지에 저장한다.

10. 다음 글의 빈칸에 공통으로 들어갈 용어로 적절한 것은?

> 환경부는 25일 김포시, K-water와 '김포 환경재생 혁신복합단지 조성사업'을 위한 업무협약을 체결하였다. 조성사업의 대상이 되는 지역은 김포시 대곶면 거물대리와 초원지리 일대이다.
>
> 2003년 국토법 개정으로 거물대리가 계획관리지역으로 지정되고 이어진 공장입지 규제 완화를 앞세워 주택지와 인접하여 소규모 공장들이 난립하기 시작하였다. 지역 내 주물공장 등에서 배출되는 중금속 배출로 환경이 급속도로 악화되고 마을 주민들이 각종 질환을 앓기 시작하면서, 2019년부터 환경부는 「환경오염피해 배상책임 및 구제에 관한 법률」에 따라 환경오염 피해를 인정하고 피해 주민들에게 환경 피해 구제 급여를 지급하기로 결정하였다.
>
> 김포 환경재생 혁신복합단지는 난개발로 인한 환경피해지역인 (   )를 친환경도시인 그린필드(Green Field)로 복원하는 사업으로, 2033년까지 6조 원의 사업비를 투자하여 오염토양 정화, 환경기초시설 확충 및 영세공장 지원, 신재생에너지 공급 및 수소 · 전기차 산업단지 조성 등을 추진한다.
>
> ---
>
> K-water의 지분(자기자본)의 투자가 수반되는 투자사업의 유형은 사업추진의 방식에 따라 신규시설의 건설 · 운영을 하는 방식인 그린필드(Green Field)와 기존 시설을 인수 · 운영하는 방식인 (   )로 나누어 볼 수 있다. 기존시설 인수 · 운영방식은 지분 인수를 통해 프로젝트에 참여하는 방식으로, 주로 유럽 등의 성숙시장이나 중국 등에서 발주되는 경우가 많다. 이 방식은 현지 조사와 타당성 조사를 통해 해당 사업의 가치를 적정하게 평가하고, 인수 금액을 협상하는 것이 중요하다.

① 레드필드(Red Field)
② 브라운필드(Brown Field)
③ 옐로우필드(Yellow Field)
④ 퍼플필드(Purple Field)

직무능력 2회

기출예상문제

▸ 정답과 해설 59쪽

K-water 수행사업

⇨ 수행사업 평가는 채용시험 전체 직렬에 해당합니다.

01. 다음 ㉠ ~ ㉢에 해당하는 기업 경영 요소를 순서대로 바르게 나열한 것은?

> ㉠ 기업이 중장기적으로 이루고자 하는 바람직한 미래 모습을 나타낸 것
> ㉡ 기업이 효율적으로 미션을 수행하고, 비전을 달성할 수 있도록 사업의 추진방향 및 실행과제를 체계화한 것
> ㉢ 조직의 존재가치와 업(業)의 개념을 정의하고, 국민 등 이해관계자에게 기여할 것을 표현한 것

① 미션, 전략체계, 비전　　② 미션, 비전, 전략체계
③ 비전, 전략체계, 미션　　④ 비전, 미션, 전략체계

02. 다음 중 「한국수자원공사법」에 의한 K-water의 사업범위에 해당하지 않는 것은?

① 요금 또는 사용료의 징수
② 신 · 재생에너지설비의 설치 및 운영 · 관리
③ 이주단지 등의 조성 및 공유수면의 매립
④ K-water의 공단 및 특수지역에 대한 신규 개발사업 시행

03. 수질관리를 위한 유역관리대책은 유역 내 오염원 관리대책이라고 할 수 있으며, 유기물, 질소나 인과 같은 영양염류 등의 오염물질들은 점 또는 비점오염원 형태로 유역으로부터 유입된다. 다음 중 비점오염원의 특징으로 적절하지 않은 것은?

① 배출원은 대지, 도로, 논, 밭, 임야와 대기 중의 오염물질 등이다.
② 오염물질의 유출경로와 배출지점이 명확하다.
③ 강수량 등 자연적 요인에 따라 배출량 변화가 심해 예측이 곤란하다.
④ 처리시설의 설계 및 유지관리가 어렵다.

04. 다음은 수원에서 취수한 원수가 산업체에 공급되는 과정을 도식화한 것이다. 빈칸 (가) ~ (다)에 들어갈 내용이 올바르게 짝지어진 것은?

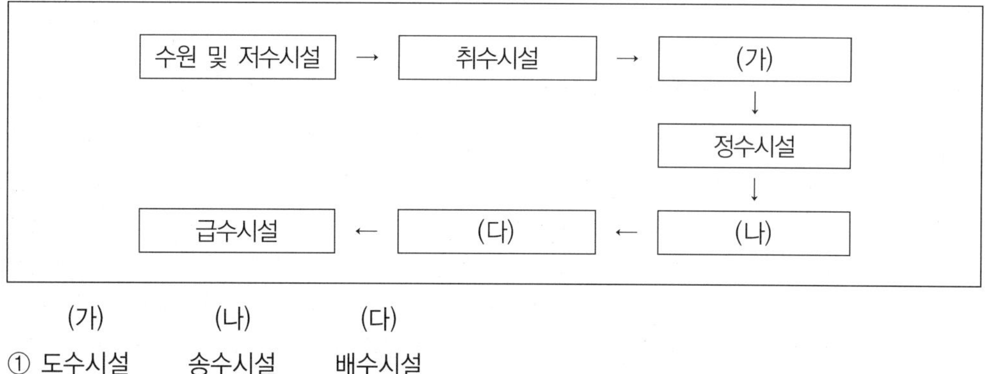

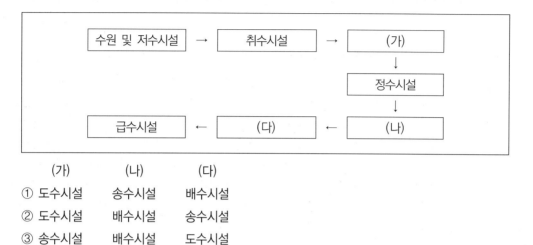

	(가)	(나)	(다)
①	도수시설	송수시설	배수시설
②	도수시설	배수시설	송수시설
③	송수시설	배수시설	도수시설
④	송수시설	도수시설	배수시설

05. 다음은 「공공기관의 운영에 관한 법률」에 따른 공공기관의 분류를 표로 정리한 것이다. 이를 참고할 때, K-water가 속하는 기업 형태로 알맞은 것은?

유형		분류기준	운영방향
공기업	시장형	- 자산규모 2조 원 이상 - 자체수입이 총수입 대비 $\frac{85}{100}$ 이상	- 민간기업 수준의 자율 보장 - 내부견제시스템 강화
	준시장형	자체수입이 총수입 대비 $\frac{50}{100}$ 이상이고, $\frac{85}{100}$ 미만인 경우	- 자율성 확대 - 일부 공공성 감안 외부감독 강화
준정부기관	기금관리형	국가재정법에 따라 기금관리 또는 위탁관리	기금운용 이해 관계자 참여 보장
	위탁집행형	기금관리형 외 준정부기관	주무부처 정책과 연계성 확보

① 시장형 공기업
② 준시장형 공기업
③ 기금관리형 준정부기관
④ 위탁집행형 준정부기관

06. 다음 중 K-water에서 추진하고 있는 신재생에너지 사업이 아닌 것은?

① 수력에너지 사업 ② 해양에너지 사업 ③ 풍력 사업 ④ 바이오매스 사업

07. 다음 글의 빈칸 ㉠, ㉡에 들어갈 수치가 순서대로 올바르게 짝지어진 것은?

> 유역물관리종합계획은 「물관리기본법」 제28조에 따라 수립되는 물 관련 유역단위 최상위 법정계획으로 (㉠)년 단위로 수립하고 (㉡)년마다 타당성 여부를 검토하여 보완하게 되어 있으며, 국가 물관리기본계획의 정책 가이드라인에 따라 유역특성 분석 및 현안 진단을 통해 관리 목표를 수립하고 정책방향을 제시하는 유역 계획이다. 유역물관리위원장이 계획 수립(안)을 마련하면 중앙행정기관 · 지자체장 협의 및 국가 · 유역물관리위원회 최종 심의 · 의결을 거쳐 최종 확정되며 현재 한강, 낙동강, 금강, 영섬 · 제주 4개 권역으로 나누어 수립 중에 있다.

	㉠	㉡
①	10	5
②	10	3
③	15	10
④	15	5

08. 다음 글의 빈칸 (가) ~ (다)에 들어갈 저수지 수위 명칭이 올바르게 짝지어진 것은?

> 사수위(DSL, Dead Storage Level)는 유사 퇴적으로 저수기능이 상실되는 상한 표고를 말하며, 100년간 퇴사량으로 결정한다. 저수위(LWL, Low Water Level)는 댐의 저수를 이용할 수 있는 최저수위이다. 규모가 큰 댐에서는 이상가뭄 발생 시 비상용수공급을 위해서 저수위와 사수위 사이에 비상용수 방류관을 설치하는 것이 일반적이다. (가)는 홍수조절용량을 더 확보하기 위해 홍수기에 제한하는 수위로서 일반적으로 상시만수위보다 낮다. (나)는 비홍수기에 저수할 수 있는 상한 수위로 이수용량의 최대범위이다. (다)는 홍수조절을 위한 최대 유입홍수저장수위이며, 200년 빈도홍수를 기준으로 산정한다. 최고수위(MWL, Maximum Water Level)는 가능최대홍수량(PMF, Probable Maximum Flood)이 댐에 유입되었을 때를 가정한 수위로, 최고수위에 여유고를 두어 댐 높이를 결정하는 기준이 된다.

	(가)	(나)	(다)
①	홍수기 제한수위	상시만수위	홍수위
②	홍수기 제한수위	홍수위	상시만수위
③	상시만수위	홍수기 제한수위	홍수위
④	상시만수위	홍수위	홍수기 제한수위

09. 다음은 요금제 구성 방식 중 단일요금제와 이부요금제를 비교한 그림이다. 이를 참고할 때, 이부요금제에 대한 설명으로 올바르지 않은 것은?

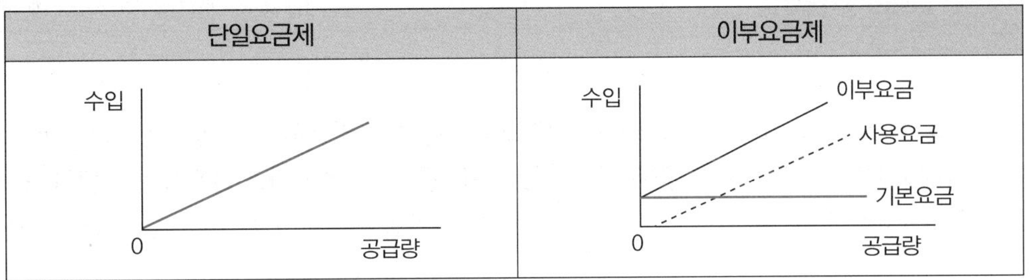

① 기본요금을 통해 고정비를 회수할 수 있다.
② 사용요금은 종량요금제 방식이다.
③ 고속도로 통행료는 이부요금제의 사례이다.
④ 정액요금제로 총 요금을 부과하는 방식은 이부요금제의 특징이다.

10. 다음은 우리나라의 해역별 표층수온의 시기별 변화를 나타낸 자료이다. 이에 대한 설명으로 올바르지 않은 것은?

(단위 : ℃)

구분	1975	1980	1985	1990	1995	2000	2005	2010	2015	2020
평균	16.0	16.9	15.9	16.6	17.3	16.9	16.9	17.2	17.1	16.9
동해	16.3	16.9	16.0	16.8	18.0	16.3	16.8	16.8	16.9	16.7
서해	13.9	14.6	13.9	14.7	14.6	15.2	15.1	15.3	15.5	15.5
남해	18.0	19.1	17.9	18.3	19.2	19.1	19.0	19.5	18.8	18.6

① 1975년 대비 2020년의 수온 변화는 서해가 가장 크다.
② 평균적인 수온은 등락을 반복하며 완만한 상승세를 나타내고 있다.
③ 평균 수온과의 편차가 가장 큰 시기는 3개 해역이 모두 동일하다.
④ 매 시기 서해의 수온은 평균보다 낮지만, 남해의 수온은 평균보다 높다.

기출예상문제

▸ 정답과 해설 62쪽

K-water 수행사업

⇨ 수행사업 평가는 채용시험 전체 직렬에 해당합니다.

01. 다음 중 K-water에서 진행하고 있는 사업으로, 손실보상을 통해 자연 상태(전 · 답 · 임야 등)의 미개발 토지를 취득하여 사업목적에 부합한 토지이용계획을 수립하고 이에 맞는 기반시설공사(연약지반처리, 전기, 상 · 하수도, 도로 등)를 완료하여 수요자에게 조성된 토지를 공급하는 사업은?

① 발전사업　　② 수변사업

③ 공적개발원조사업　　④ 지방상수도 운영효율화 사업

02. 다음은 대표적인 재무제표에 대한 작성원리를 도식화한 그림이다. (가), (나)에 들어갈 말이 올바르게 짝지어진 것은?

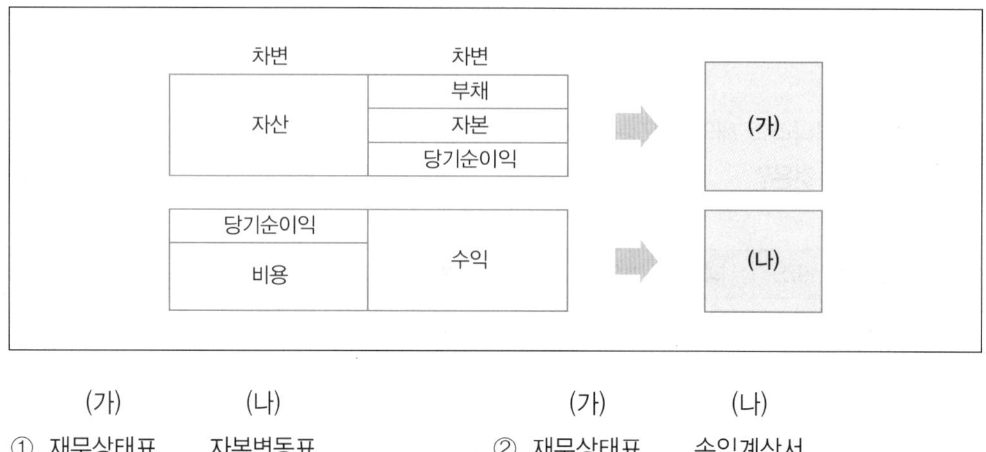

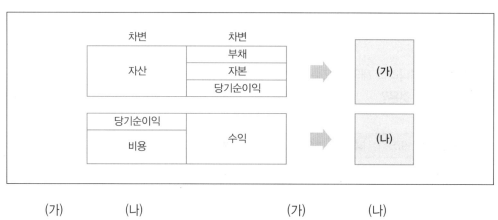

	(가)	(나)		(가)	(나)
①	재무상태표	자본변동표	②	재무상태표	손익계산서
③	현금흐름표	손익계산서	④	현금흐름표	자본변동표

03. 유속을 측정하는 방법에는 도섭법, 교량법, 보트법이 있다. 다음 중 교량법의 특징으로 올바른 것은?

① 큰 하천에서 자주 이용하며 유속이 빠르거나 수심이 깊을 경우 이용한다.

② 선박을 이용하여 하천의 유속을 측정한다.

③ 유속의 흐름을 육안으로 확인할 수 있다.

④ 적은 인원으로 정확한 유량측정이 가능하다.

04. 다음 글의 밑줄 친 '수문조사' 항목에 해당하지 않는 것은?

> 수자원 조사는 하천 및 하천유역의 기본현황 등 수자원에 관한 정보를 수집하여 분석하는 것으로, <u>수문조사</u>(水文調査), 유역조사 등으로 구분할 수 있다. 수문조사는 「수자원법」 등을 근거로 수행하고 있으며 수문조사 결과는 홍수 · 가뭄 예경보 및 대책 수립, 수자원 관련 계획 수립, 수자원시설물의 효율적인 운영 등에 필수적인 기초자료로 활용되고 있다. 따라서 부정확한 수문자료가 생성되면 국가적인 예산 낭비와 홍수예측 오차 등의 문제가 발생할 수 있으므로 관측과 더불어 품질 관리를 통해 신뢰도 높은 자료를 생산하여야 한다.

① 강수량 조사
② 환경생태 조사
③ 수위 조사
④ 유량 조사

05. 다음 그림과 같은 방식을 통해 에너지를 생산하는 방식의 발전설비에 대한 설명으로 적절하지 않은 것은?

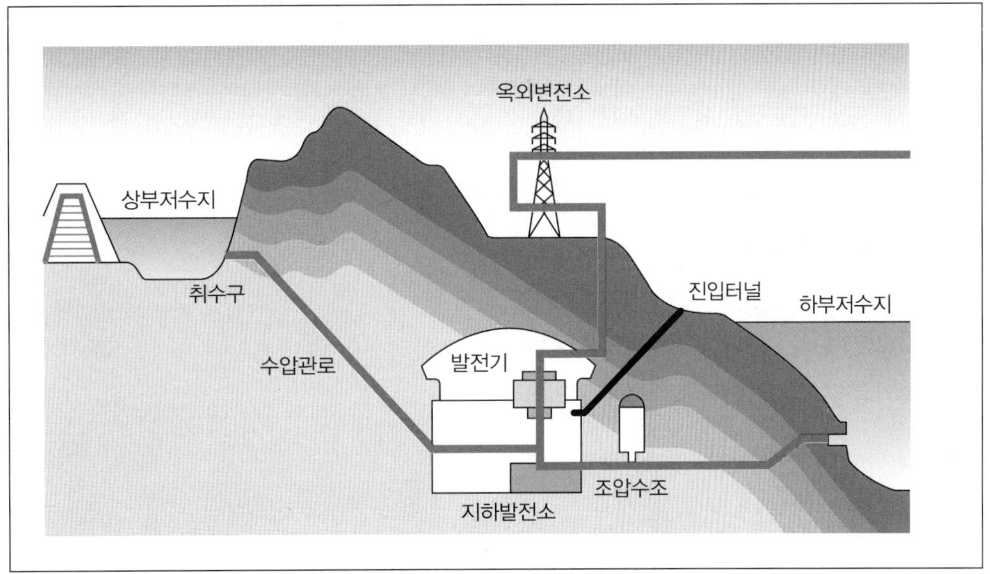

① 위치 차이에 의한 에너지 생성을 근간으로 하는 발전 시스템이다.
② 해당 지역에 충분한 물이 모일 수 있는 저장 공간이 확보되어야 한다.
③ 항상 두 개의 저수공간을 필요로 한다.
④ 발전을 위하여 하부의 물을 상부로 끌어올려야 하며 발전 과정상 전력 소비가 발생하지 않는다.

06. 다음 글의 빈칸 ㉠에 들어갈 내용으로 적절하지 않은 것은?

> 이수(利水)란 물을 이용하는 것을 말하며, 이수조사 시에는 용수이용 현황, 이수시설 현황 및 수리권 등을 조사하여야 한다.
>
> 용수이용 현황 중 생활용수 이용량은 상수도 이용량, 미급수지역 이용량 등으로 구분하여 조사한다. 상수도 이용량은 일정규모 이상의 인구가 거주하는 지역을 대상으로 상수도시설에 의해 공급되어 이용되는 양을 말한다. 공업용수 이용량은 계획입지공단 이용량과 자유입지업체 이용량을 구분하여 산정한다. 계획 입지공단 이용량은 특정지역에 계획되어 다수의 공장들이 집단으로 입주되어 있는 산업단지와 농공단지에서 이용되는 용수량이다. 자유입지업체 이용량은 도시지역에 산재 분포된 개별 공장에서 이용되는 양이다. 농업용수 조사는 농경지 면적을 기준으로 유역별로 산정한다.
>
> 이수시설 현황조사는 (㉠   ) 등의 기초자료 및 세부사항을 조사하는 것이다. 수리권은 물을 이용하는 권리이며, 현재 수리권에 관한 제도가 체계적으로 법제화되어 있지 않는 등의 사정으로 합리적인 물배분이 이루어지지 못하고 있다. 수리권 조사 시에는 우리나라의 수리권제도와 외국의 수리권제도를 함께 조사한다.

① 다목적 댐 및 발전용 댐 제원 정보
② 광역 및 공업용수도 현황
③ 마을 및 소규모 급수시설 현황
④ 전력수요 및 공급 현황

07. 다음 중 수자원장기종합계획에서 다루는 사항이 아닌 것은?

① 수자원의 개발 · 공급 및 관리에 관한 사항
② 홍수 등 재해방지에 관한 사항
③ 유역 물관리 비용의 추계와 재원조달 방안
④ 기후변화 대응을 위한 수자원 관리대책

08. 다음 중 댐의 종류 및 구분에 대한 설명으로 적절하지 않은 것은?

① 건설목적에 따라 단일목적댐과 다목적댐으로 구분한다.
② 수리구조에 따라 월류댐과 비월류댐으로 구분한다.
③ 기능에 따라 홍수조절댐과 용수공급댐으로 구분한다.
④ 건설 재료에 따라 필댐과 콘크리트댐으로 구분한다.

09. 다음 글의 밑줄 친 ㉠~㉣ 중 올바르지 않은 설명은?

> 보(洑)란 각종 용수의 취수 · 주운 등을 위하여 수위를 높이고 조수의 역류를 방지하는 하천 횡단방향의 제방의 기능을 갖지 않는 시설을 말한다. ㉠ 일반적으로 보는 하천 수위를 조절하는 경우는 많지만 유량을 조절하는 경우는 드물다. 그러나 최근에는 유량을 조절하여 유수의 정상적인 기능을 유지하기 위한 보가 설치되고 있기 때문에 ㉡ 높이, 건설목적 등에서 댐과의 구별이 쉽지 않다.
>
> 보를 설계할 때는 계획홍수위 이하 수위의 유수 작용에 대해 안전한 구조로 하여야 한다. ㉢ 보의 평면형상 및 설치방향은 홍수 시 물의 흐름방향을 고려하여 결정하여야 하며, 계획홍수량이 크고 하사경사가 급하거나 하상재료의 입경이 굵은 하천구간에서 자동수문 등과 같은 전도식 수문의 설치는 신중히 검토하여야 한다. 또한, ㉣ 보 상류의 관리수위가 제내지보다 높을 때에는 제방의 누수 및 습윤화에 대한 방지대책을 수립하여야 한다.

① ㉠　　② ㉡

③ ㉢　　④ ㉣

10. 다음은 K-water가 실시하고 있는 조류경보제 운영기준을 표로 나타낸 것이다. 조류경보제 조사주기로 올바른 것은?

구간	단계	기준
상수원 구간	관심	2회 연속 채취 시 유해 남조류세포수가 1,000 세포/mL 이상 10,000 세포/mL 미만인 경우
	경계	2회 연속 채취 시 유해 남조류세포수가 10,000 세포/mL 이상 1,000,000 세포/mL 미만인 경우
	대발생	2회 연속 채취 시 유해 남조류세포수가 1,000,000 세포/mL 이상인 경우
	해제	2회 연속 채취 시 유해 남조류세포수가 1,000 세포/mL 미만인 경우
천수활동 구간	관심	2회 연속 채취 시 유해 남조류세포수가 20,000 세포/mL 이상 100,000 세포/mL 미만인 경우
	경계	2회 연속 채취 시 유해 남조류세포수가 100,000 세포/mL 이상인 경우
	해제	2회 연속 채취 시 유해 남조류세포수가 20,000 세포/mL 미만인 경우

① 주 1회 이상('경계' 이상 발령 시 주 2회 이상)

② 주 1회 이상('대발생' 이상 발령 시 주 2회 이상)

③ 주 2회 이상('경계' 이상 발령 시 주 3회 이상)

④ 주 2회 이상('대발생' 이상 발령 시 주 3회 이상)

기출예상문제

▸ 정답과 해설 64쪽

K-water 수행사업

⇨ 수행사업 평가는 채용시험 전체 직렬에 해당합니다.

01. 상부 저수지, 하부 저수지, 수로 및 발전소로 구성되며, 주로 주간에 저수지의 물로 발전을 하고 야간에 전력수요가 적을 때 하부 저수지의 물을 상부로 끌어올리는 수력발전 방식은?

① 유입식
② 저수지식
③ 조정지식
④ 양수식

02. 표준정수처리공정은 착수정, 혼화지, 응집지, 침전지, 여과지, 정수지의 과정을 거친다. 다음 설명에 해당하는 공정은?

> 약품과 미세물질을 반응시켜 크고 무거운 덩어리(플록)를 만드는 수조로서, 플록 형성시간은 계획 정류량에 대하여 20 ~ 40분간을 기준으로 교반기 주변속도 15 ~ 80cm/s, 지(池) 내부에 단락부나 정체부가 생기지 않는 구조로 충분히 교반되도록 설계하여야 한다.

① 혼화지
② 응집지
③ 침전지
④ 여과지

03. 다음 중 '고도정수처리공정'에 해당하지 않는 것은?

① 완속 여과지 처리
② 오존처리
③ 활성탄처리
④ 막여과 공정

04. 다음 글에서 설명하는 제도로 적절한 것은?

> 500MW 이상의 발전설비를 보유한 발전사업자에게 일정량의 신재생에너지 공급을 의무화하는 제도로, 공급의무자는 K-water, 한국전력공사 발전 자회사 등이 있다.

① REC
② RE100
③ SMP
④ RPS

05. 다음 그림과 같은 단면도가 의미하는 발전 방법으로 적절한 것은?

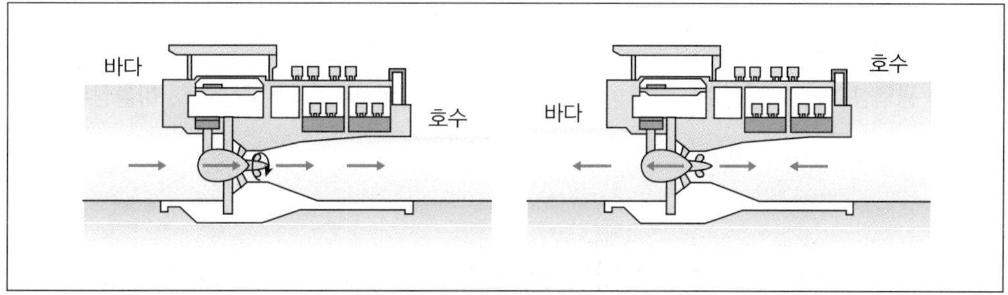

① 수력발전
② 양수발전
③ 풍력발전
④ 조력발전

06. 댐 주변지역 지원사업에는 '지역지원사업', '주민지원사업', '기타지원사업'이 있다. 지역지원사업은 시장 · 군수 · 구청장이 시행하고, 주민지원사업과 기타지원사업은 K-water가 시행한다. 다음 중 K-water가 시행하는 댐 주변지역 지원사업이 아닌 것은?

① 주민 건강진단 및 의료보험 지원 사업
② 댐 주변경관을 활용한 시설 등을 설치하기 위한 사업
③ 주민 자녀들에 대한 장학금 지급 사업
④ 댐 저수사용료 보조사업

07. 다음은 수도의 구분을 도식화하여 나타낸 그림이다. K-water가 운영주체인 일반수도로 올바르게 짝지어진 것은?

① 광역상수도　　② 지방상수도
③ 광역상수도, 지방상수도　　④ 광역상수도, 지방상수도, 마을상수도

08. 4대강 수계에는 총 16개의 보(洑)가 운영되고 있다. 다음 중 가장 많은 보가 포함된 수계는?

① 한강수계　　② 낙동강수계
③ 금강수계　　④ 영산강수계

09. 다음은 광역상수도 요금 단가표이다. (가) ~ (다)에 들어갈 수돗물의 명칭이 올바르게 짝지어진 것은?

구분	요금단가	기본요금단가	사용요금단가
(가)	233.7원/m³	70원/m³	163.7원/m³
(나)	432.8원/m³	130원/m³	302.8원/m³
(다)	328.0원/m³	98원/m³	230원/m³

	(가)	(나)	(다)
①	정수	원수	침전수
②	정수	침전수	원수
③	원수	정수	침전수
④	원수	침전수	정수

10. 다음은 한국수자원공사의 스마트 물관리 개념도이다. 이를 통해 알 수 있는 스마트 물관리 활용 요소가 아닌 것은?

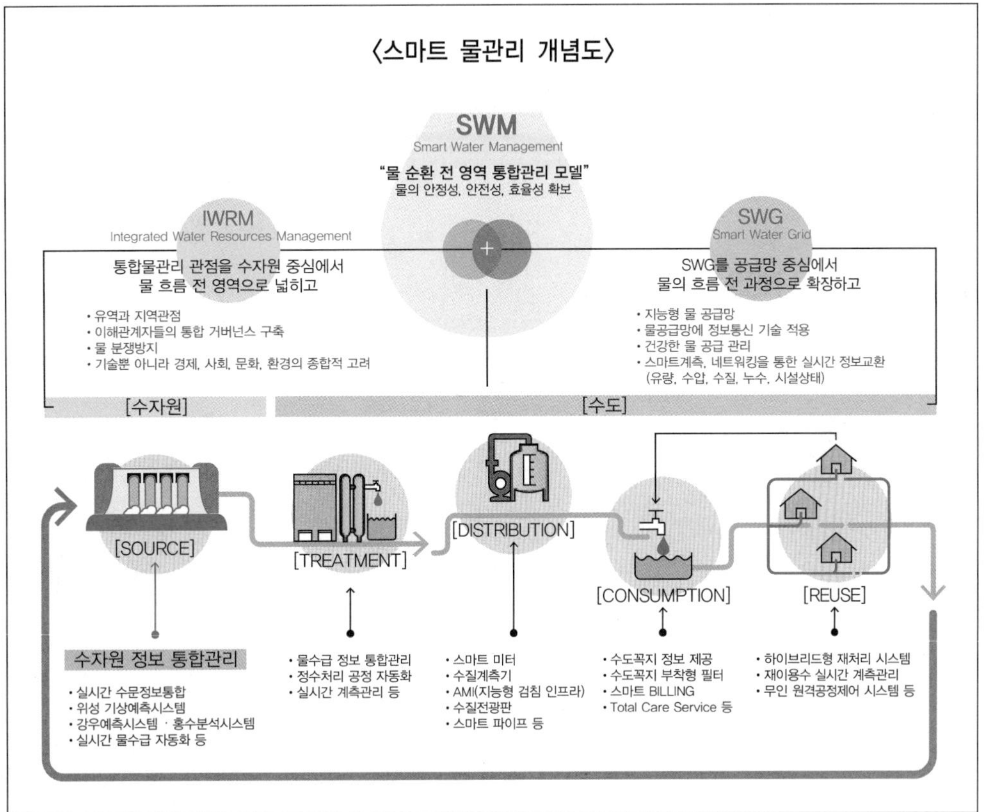

① 지능형 관망 운영

② 단방향 데이터 수집을 통한 정보 통합관리

③ 효율적인 수질확인 및 물 절약

④ 유효수 재활용 및 수질 관리

고시넷 한국수자원공사 NCS

파트 2 인성검사

인성검사의 이해

1 인성검사, 왜 필요한가?

채용기업은 지원자가 '직무적합성'을 지닌 사람인지를 인성검사와 NCS기반 필기시험을 통해 판단한다. 인성검사에서 말하는 인성(人性)이란 그 사람의 성품, 즉 각 개인이 가지는 사고와 태도 및 행동 특성을 의미한다. 인성은 사람의 생김새처럼 사람마다 다르기 때문에 몇 가지 유형으로 분류하고 이에 맞추어 판단한다는 것 자체가 억지스럽고 어불성설일지 모른다. 그럼에도 불구하고 기업들의 입장에서는 입사를 희망하는 사람이 어떤 성품을 가졌는지 정보가 필요하다. 그래야 해당 기업의 인재상에 적합하고 담당할 업무에 적격한 인재를 채용할 수 있기 때문이다.

지원자의 성격이 외향적인지 아니면 내향적인지, 어떤 직무와 어울리는지, 조직에서 다른 사람과 원만하게 생활할 수 있는지, 업무 수행 중 문제가 생겼을 때 어떻게 대처하고 해결할 수 있는지에 대한 전반적인 개성은 자기소개서를 통해서나 면접을 통해서도 어느 정도 파악할 수 있다. 그러나 이것들만으로 인성을 충분히 파악할 수 없기 때문에 객관화되고 정형화된 인성검사로 지원자의 성격을 판단하고 있다.

채용기업은 필기시험을 높은 점수로 통과한 지원자라 하더라도 해당 기업과 거리가 있는 성품을 가졌다면 탈락시키게 된다. 일반적으로 필기시험 통과자 중 인성검사로 탈락하는 비율이 10% 내외가 된다고 알려져 있다. 물론 인성검사를 탈락하였다 하더라도 특별히 인성에 문제가 있는 사람이 아니라면 절망할 필요는 없다. 자신을 되돌아보고 다음 기회를 대비하면 되기 때문이다. 탈락한 기업이 원하는 인재상이 아니었다면 맞는 기업을 찾으면 되고, 경쟁자가 많았기 때문이라면 자신을 다듬어 경쟁력을 높이면 될 것이다.

2 인성검사의 특징

우리나라 대다수의 채용기업은 인재개발 및 인적자원을 연구하는 한국행동과학연구소(KIRBS), 에스에이치알(SHR), 한국사회적성개발원(KSAD), 한국인재개발진흥원(KPDI) 등 전문기관에 인성검사를 의뢰하고 있다.

이 기관들의 인성검사 개발 목적은 비슷하지만 기관마다 검사 유형이나 평가 척도는 약간의 차이가 있다. 또 지원하는 기업이 어느 기관에서 개발한 검사지로 인성검사를 시행하는지는 사전에 알 수 없다. 그렇지만 공통으로 적용하는 척도와 기준에 따라 구성된 여러 형태의 인성검사지로 사전 테스트를 해 보고 자신의 인성이 어떻게 평가되는가를 미리 알아보는 것은 가능하다.

인성검사는 필기시험 당일 직무능력평가와 함께 실시하는 경우와 직무능력평가 합격자에 한하여 면접과 함께 실시하는 경우가 있다. 인성검사의 문항은 100문항 내외에서부터 최대 500문항까지 다양하다. 인성검사에 주어지는 시간은 문항 수에 비례하여 30 ~ 100분 정도가 된다.

문항 자체는 단순한 질문으로 어려울 것은 없지만 제시된 상황에서 본인의 행동을 정하는 것이 쉽지만은 않다. 문항 수가 많을 경우 이에 비례하여 시간도 길게 주어지지만 단순하고 유사하며 반복되는 질문에 방심하여 집중하지 못하고 실수하는 경우가 있으므로 컨디션 관리와 집중력 유지에 노력하여야 한다. 특히 같거나 유사한 물음에 다른 답을 하는 경우가 가장 위험하다.

3 인성검사 척도 및 구성

1 미네소타 다면적 인성검사(MMPI)

MMPI(Minnesota Multiphasic Personality Inventory)는 1943년 미국 미네소타 대학교수인 해서웨이와 매킨리가 개발한 대표적인 자기 보고형 성향 검사로서 오늘날 가장 대표적으로 사용되는 객관적 심리검사 중 하나이다. MMPI는 약 550여 개의 문항으로 구성되며 각 문항을 읽고 '예(YES)' 또는 '아니오(NO)'로 대답하게 되어 있다.

MMPI는 4개의 타당도 척도와 10개의 임상척도로 구분된다. 500개가 넘는 문항들 중 중복되는 문항들이 포함되어 있는데 내용이 똑같은 문항도 10문항 이상 포함되어 있다. 이 반복 문항들은 응시자가 얼마나 일관성 있게 검사에 임했는지를 판단하는 지표로 사용된다.

구분	척도명	약자	주요 내용
타당도 척도 (바른 태도로 임했는지, 신뢰할 수 있는 결론인지 등을 판단)	무응답 척도 (Can not say)	?	응답하지 않은 문항과 복수로 답한 문항들의 총합으로 빠진 문항을 최소한으로 줄이는 것이 중요하다.
	허구 척도 (Lie)	L	자신을 좋은 사람으로 보이게 하려고 고의적으로 정직하지 못한 답을 판단하는 척도이다. 허구 척도가 높으면 장점까지 인정받지 못하는 결과가 발생한다.
	신뢰 척도 (Frequency)	F	검사 문항에 빗나간 답을 한 경향을 평가하는 척도로 정상적인 집단의 10% 이하의 응답을 기준으로 일반적인 경향과 다른 정도를 측정한다.
	교정 척도 (Defensiveness)	K	정신적 장애가 있음에도 다른 척도에서 정상적인 면을 보이는 사람을 구별하는 척도로 허구 척도보다 높은 고차원으로 거짓 응답을 하는 경향이 나타난다.
임상척도 (정상적 행동과 그렇지 않은 행동의 종류를 구분하는 척도로, 척도마다 다른 기준으로 점수가 매겨짐)	건강염려증 (Hypochondriasis)	Hs	신체에 대한 지나친 집착이나 신경질적 혹은 병적 불안을 측정하는 척도로 이러한 건강염려증이 타인에게 어떤 영향을 미치는지도 측정한다.
	우울증 (Depression)	D	슬픔 · 비관 정도를 측정하는 척도로 타인과의 관계 또는 본인 상태에 대한 주관적 감정을 나타낸다.
	히스테리 (Hysteria)	Hy	갈등을 부정하는 정도를 측정하는 척도로 신체 증상을 호소하는 경우와 적대감을 부인하며 우회적인 방식으로 드러내는 경우 등이 있다.
	반사회성 (Psychopathic Deviate)	Pd	가정 및 사회에 대한 불신과 불만을 측정하는 척도로 비도덕적 혹은 반사회적 성향 등을 판단한다.
	남성-여성특성 (Masculinity-Feminity)	Mf	남녀가 보이는 흥미와 취향, 적극성과 수동성 등을 측정하는 척도로 성에 따른 유연한 사고와 융통성 등을 평가한다.

	편집증 (Paranoia)	Pa	과대 망상, 피해 망상, 의심 등 편집증에 대한 정도를 측정하는 척도로 열등감, 비사교적 행동, 타인에 대한 불만과 같은 내용을 질문한다.
	강박증 (Psychasthenia)	Pt	과대 근심, 강박관념, 죄책감, 공포, 불안감, 정리정돈 등을 측정하는 척도로 만성 불안 등을 나타낸다.
	정신분열증 (Schizophrenia)	Sc	정신적 혼란을 측정하는 척도로 자폐적 성향이나 타인과의 감정 교류, 충동 억제불능, 성적 관심, 사회적 고립 등을 평가한다.
	경조증 (Hypomania)	Ma	정신적 에너지를 측정하는 척도로 생각의 다양성 및 과장성, 행동의 불안정성, 흥분성 등을 나타낸다.
	사회적 내향성 (Social introversion)	Si	대인관계 기피, 사회적 접촉 회피, 비사회성 등의 요인을 측정하는 척도로 외향성 및 내향성을 구분한다.

2 캘리포니아 성격검사(CPI)

CPI(California Psychological Inventory)는 캘리포니아 대학의 연구팀이 개발한 성검사로 MMPI와 함께 세계에서 가장 널리 사용되고 있는 인성검사 툴이다. CPI는 다양한 인성 요인을 통해 지원자가 답변한 응답 왜곡 가능성, 조직 역량 등을 측정한다. MMPI가 주로 정서적 측면을 진단하는 특징을 보인다면, CPI는 정상적인 사람의 심리적 특성을 주로 진단한다.

CPI는 약 480개 문항으로 구성되어 있으며 다음과 같은 18개의 척도로 구분된다.

구분	척도명	주요 내용
제1군 척도 (대인관계 적절성 측정)	지배성(Do)	리더십, 통솔력, 대인관계에서의 주도권을 측정한다.
	지위능력성(Cs)	내부에 잠재되어 있는 내적 포부, 자기 확신 등을 측정한다.
	사교성(Sy)	참여 기질이 활달한 사람과 그렇지 않은 사람을 구분한다.
	사회적 자발성(Sp)	사회 안에서의 안정감, 자발성, 사교성 등을 측정한다.
	자기 수용성(Sa)	개인적 가치관, 자기 확신, 자기 수용력 등을 측정한다.
	행복감(Wb)	생활의 만족감, 행복감을 측정하며 긍정적인 사람으로 보이고자 거짓 응답하는 사람을 구분하는 용도로도 사용된다.
제2군 척도 (성격과 사회화, 책임감 측정)	책임감(Re)	법과 질서에 대한 양심, 책임감, 신뢰성 등을 측정한다.
	사회성(So)	가치 내면화 정도, 사회 이탈 행동 가능성 등을 측정한다.
	자기 통제성(Sc)	자기조절, 자기통제의 적절성, 충동 억제력 등을 측정한다.
	관용성(To)	사회적 신념, 편견과 고정관념 등에 대한 태도를 측정한다.
	호감성(Gi)	타인이 자신을 어떻게 보는지에 대한 민감도를 측정하며, 좋은 사람으로 보이고자 거짓 응답하는 사람을 구분한다.
	임의성(Cm)	사회에 보수적 태도를 보이고 생각 없이 적당히 응답한 사람을 판단하는 척도로 사용된다.

제3군 척도 (인지적, 학업적 특성 측정)	순응적 성취(Ac)	성취동기, 내면의 인식, 조직 내 성취 욕구 등을 측정한다.
	독립적 성취(Ai)	독립적 사고, 창의성, 자기실현을 위한 능력 등을 측정한다.
	지적 효율성(Le)	지적 능률, 지능과 연관이 있는 성격 특성 등을 측정한다.
제4군 척도 (제1~3군과 무관한 척도의 혼합)	심리적 예민성(Py)	타인의 감정 및 경험에 대해 공감하는 정도를 측정한다.
	융통성(Fx)	개인적 사고와 사회적 행동에 대한 유연성을 측정한다.
	여향성(Fe)	남녀 비교에 따른 흥미의 남향성 및 여향성을 측정한다.

3 SHL 직업성격검사(OPQ)

OPQ(Occupational Personality Questionnaire)는 세계적으로 많은 외국 기업에서 널리 사용하는 CEB사의 SHL 직무능력검사에 포함된 직업성격검사이다. 4개의 질문이 한 세트로 되어 있고 총 68세트 정도 출제되고 있다. 4개의 질문 안에서 '자기에게 가장 잘 맞는 것'과 '자기에게 가장 맞지 않는 것'을 1개씩 골라 '예', '아니오'로 체크하는 방식이다. 단순하게 모든 척도가 높다고 좋은 것은 아니며, 척도가 낮은 편이 좋은 경우도 있다.

기업에 따라 척도의 평가 기준은 다르다. 희망하는 기업의 특성을 연구하고, 채용 기준을 예측하는 것이 중요하다.

척도	내용	질문 예
설득력	사람을 설득하는 것을 좋아하는 경향	– 새로운 것을 사람에게 권하는 것을 잘한다. – 교섭하는 것에 걱정이 없다. – 기획하고 판매하는 것에 자신이 있다.
지도력	사람을 지도하는 것을 좋아하는 경향	– 사람을 다루는 것을 잘한다. – 팀을 아우르는 것을 잘한다. – 사람에게 지시하는 것을 잘한다.
독자성	다른 사람의 영향을 받지 않고, 스스로 생각해서 행동하는 것을 좋아하는 경향	– 모든 것을 자신의 생각대로 하는 편이다. – 주변의 평가는 신경 쓰지 않는다. – 유혹에 강한 편이다.
외향성	외향적이고 사교적인 경향	– 다른 사람의 주목을 끄는 것을 좋아한다. – 사람들이 모인 곳에서 중심이 되는 편이다. – 담소를 나눌 때 주변을 즐겁게 해 준다.
우호성	친구가 많고, 대세의 사람이 되는 것을 좋아하는 경향	– 친구와 함께 있는 것을 좋아한다. – 무엇이라도 얘기할 수 있는 친구가 많다. – 친구와 함께 무언가를 하는 것이 많다.
사회성	세상 물정에 밝고 사람 앞에서도 낯을 가리지 않는 성격	– 자신감이 있고 유쾌하게 발표할 수 있다. – 공적인 곳에서 인사하는 것을 잘한다. – 사람들 앞에서 발표하는 것이 어렵지 않다.

겸손성	사람에 대해서 겸손하게 행동하고 누구라도 똑같이 사귀는 경향	- 자신의 성과를 그다지 내세우지 않는다. - 절제를 잘하는 편이다. - 사회적인 지위에 무관심하다.
협의성	사람들에게 의견을 물으면서 일을 진행하는 경향	- 사람들의 의견을 구하며 일하는 편이다. - 타인의 의견을 묻고 일을 진행시킨다. - 친구와 상담해서 계획을 세운다.
돌봄	측은해 하는 마음이 있고, 사람을 돌봐 주는 것을 좋아하는 경향	- 개인적인 상담에 친절하게 답해 준다. - 다른 사람의 상담을 진행하는 경우가 많다. - 후배의 어려움을 돌보는 것을 좋아한다.
구체적인 사물에 대한 관심	물건을 고치거나 만드는 것을 좋아하는 경향	- 고장 난 물건을 수리하는 것이 재미있다. - 상태가 안 좋은 기계도 잘 사용한다. - 말하기보다는 행동하기를 좋아한다.
데이터에 대한 관심	데이터를 정리해서 생각하는 것을 좋아하는 경향	- 통계 등의 데이터를 분석하는 것을 좋아한다. - 표를 만들거나 정리하는 것을 좋아한다. - 숫자를 다루는 것을 좋아한다.
미적가치에 대한 관심	미적인 것이나 예술적인 것을 좋아하는 경향	- 디자인에 관심이 있다. - 미술이나 음악을 좋아한다. - 미적인 감각에 자신이 있다.
인간에 대한 관심	사람의 행동에 동기나 배경을 분석하는 것을 좋아하는 경향	- 다른 사람을 분석하는 편이다. - 타인의 행동을 보면 동기를 알 수 있다. - 다른 사람의 행동을 잘 관찰한다.
정통성	이미 있는 가치관을 소중히 여기고, 익숙한 방법으로 사물을 대하는 것을 좋아하는 경향	- 실적이 보장되는 확실한 방법을 취한다. - 낡은 가치관을 존중하는 편이다. - 보수적인 편이다.
변화 지향	변화를 추구하고, 변화를 받아들이는 것을 좋아하는 경향	- 새로운 것을 하는 것을 좋아한다. - 해외여행을 좋아한다. - 경험이 없더라도 시도해 보는 것을 좋아한다.
개념성	지식에 대한 욕구가 있고, 논리적으로 생각하는 것을 좋아하는 경향	- 개념적인 사고가 가능하다. - 분석적인 사고를 좋아한다. - 순서를 만들고 단계에 따라 생각한다.
창조성	새로운 분야에 대한 공부를 하는 것을 좋아하는 경향	- 새로운 것을 추구한다. - 독창성이 있다. - 신선한 아이디어를 낸다.
계획성	앞을 생각해서 사물을 예상하고, 계획적으로 실행하는 것을 좋아하는 경향	- 과거를 돌이켜보며 계획을 세운다. - 앞날을 예상하며 행동한다. - 실수를 돌아보며 대책을 강구하는 편이다.

치밀함	정확한 순서를 세워 진행하는 것을 좋아하는 경향	– 사소한 실수는 거의 하지 않는다. – 정확하게 요구되는 것을 좋아한다. – 사소한 것에도 주의하는 편이다.
꼼꼼함	어떤 일이든 마지막까지 꼼꼼하게 마무리 짓는 경향	– 맡은 일을 마지막까지 해결한다. – 마감 시한은 반드시 지킨다. – 시작한 일은 중간에 그만두지 않는다.
여유	평소에 릴랙스하고, 스트레스에 잘 대처하는 경향	– 감정의 회복이 빠르다. – 분별없이 함부로 행동하지 않는다. – 스트레스에 잘 대처한다.
근심 · 걱정	어떤 일이 잘 진행되지 않으면 불안을 느끼고, 중요한 일을 앞두면 긴장하는 경향	– 예정대로 잘되지 않으면 근심 · 걱정이 많다. – 신경 쓰이는 일이 있으면 불안하다. – 중요한 만남 전에는 기분이 편하지 않다.
호방함	사람들이 자신을 어떻게 생각하는지를 신경 쓰지 않는 경향	– 사람들이 자신을 어떻게 생각하는지 그다지 신경 쓰지 않는다. – 상처받아도 동요하지 않고 아무렇지 않은 태도를 취한다. – 사람들의 비판에 크게 영향받지 않는다.
억제력	감정을 표현하지 않는 경향	– 쉽게 감정적으로 되지 않는다. – 분노를 억누른다. – 격분하지 않는다.
낙관적	사물을 낙관적으로 보는 경향	– 낙관적으로 생각하고 일을 진행시킨다. – 문제가 일어나도 낙관적으로 생각한다.
비판적	비판적으로 사물을 생각하고, 이론 · 문장 등의 오류에 신경 쓰는 경향	– 이론의 모순을 찾아낸다. – 계획이 갖춰지지 않은 것이 신경 쓰인다. – 누구도 신경 쓰지 않는 오류를 찾아낸다.
행동력	운동을 좋아하고, 민첩하게 행동하는 경향	– 동작이 날렵하다. – 여가를 활동적으로 보낸다. – 몸을 움직이는 것을 좋아한다.
경쟁성	지는 것을 싫어하는 경향	– 승부를 겨루게 되면 지는 것을 싫어한다. – 상대를 이기는 것을 좋아한다. – 싸워 보지 않고 포기하는 것을 싫어한다.
출세 지향	출세하는 것을 중요하게 생각하고, 야심적인 목표를 향해 노력하는 경향	– 출세 지향적인 성격이다. – 곤란한 목표도 달성할 수 있다. – 실력으로 평가받는 사회가 좋다.
결단력	빠르게 판단하는 경향	– 답을 빠르게 찾아낸다. – 문제에 대한 빠른 상황 파악이 가능하다. – 위험을 감수하고도 결단을 내리는 편이다.

4 인성검사 합격 전략

1 포장하지 않은 솔직한 답변

"다른 사람을 험담한 적이 한 번도 없다.", "물건을 훔치고 싶다고 생각해 본 적이 없다."

이 질문에 당신은 '그렇다', '아니다' 중 무엇을 선택할 것인가? 채용기업이 인성검사를 실시하는 가장 큰 이유는 '이 사람이 어떤 성향을 가진 사람인가'를 효율적으로 파악하기 위해서이다.

인성검사는 도덕적 가치가 빼어나게 높은 사람을 판별하려는 것도 아니고, 성인군자를 가려내기 위함도 아니다. 인간의 보편적 성향과 상식적 사고를 고려할 때, 도덕적 질문에 지나치게 겸손한 답변을 체크하면 오히려 솔직하지 못한 것으로 간주되거나 인성을 제대로 판단하지 못해 무효 처리가 되기도 한다. 자신의 성격을 포장하여 작위적인 답변을 하지 않도록 솔직하게 임하는 것이 예기치 않은 결과를 피하는 첫 번째 전략이 된다.

2 필터링 함정을 피하고 일관성 유지

앞서 강조한 솔직함은 일관성과 연결된다. 인성검사를 구성하는 많은 척도는 여러 형태의 문장 속에 동일한 요소를 적용해 반복되기도 한다. 예컨대 '나는 매우 활동적인 사람이다'와 '나는 운동을 매우 좋아한다'라는 질문에 '그렇다'고 체크한 사람이 '휴일에는 집에서 조용히 쉬며 독서하는 것이 좋다'에도 '그렇다'고 체크한다면 일관성이 없다고 평가될 수 있다.

그러나 일관성 있는 답변에만 매달리면 '이 사람이 같은 답변만 체크하기 위해 이 부분만 신경 썼구나'하는 필터링 함정에 빠질 수도 있다. 비슷하게 보이는 문장이 무조건 같은 내용이라고 판단하여 똑같이 답하는 것도 주의해야 한다. 일관성보다 중요한 것은 솔직함이다. 솔직함이 전제되지 않은 일관성은 허위 척도 필터링에서 드러나게 되어 있다. 유사한 질문의 응답이 터무니없이 다르거나 양극단에 치우치지 않는 정도라면 약간의 차이는 크게 문제되지 않는다. 중요한 것은 솔직함과 일관성이 하나의 연장선에 있다는 점을 명심하자.

3 지원한 직무와 연관성을 고려

다양한 분야의 많은 계열사와 큰 조직을 통솔하는 대기업은 여러 사람이 조직적으로 움직이는 만큼 각 직무에 걸맞은 능력을 갖춘 인재가 필요하다. 그래서 기업은 매년 신규채용으로 입사한 신입사원들의 젊은 패기와 참신한 능력을 성장 동력으로 활용한다.

기업은 사교성 있고 활달한 사람만을 원하지 않는다. 해당 직군과 직무에 따라 필요로 하는 사원의 능력과 개성이 다르기 때문에, 지원자가 희망하는 계열사나 부서의 직무가 무엇인지 제대로 파악하여 자신의 성향과 맞는지에 대한 고민은 반드시 필요하다. 같은 질문이라도 기업이 원하는 인재상이나 부서의 직무에 따라 판단 척도가 달라질 수 있다.

4 평상심 유지와 컨디션 관리

역시 솔직함과 연결된 내용이다. 한 질문에 오래 고민하고 신경 쓰면 불필요한 생각이 개입될 소지가 크다. 이는 직관을 떠나 이성적 판단에 따라 포장할 위험이 높아진다는 뜻이기도 하다. 긴 시간 생각하지 말고 자신의 평상시 생각과 감정대로 답하는 것이 중요하며, 가능한 건너뛰지 말고 모든 질문에 답하도록 한다. 300 ~ 400개 정도 문항을 출제하는 기업이 많기 때문에, 끝까지 집중하여 임하는 것이 중요하다.

특히 적성검사와 같은 날 실시하는 경우, 적성검사를 마친 후 연이어 보기 때문에 신체적 · 정신적으로 피로한 상태에서 자세가 흐트러질 수도 있다. 따라서 컨디션을 유지하면서 문항당 7 ~ 10초 이상 쓰지 않도록 하고, 문항 수가 많을 때는 답안지에 바로바로 표기하자.

02 인성검사 연습

1 인성검사 출제유형

인성검사는 기업이 추구하는 내부 기준에 따라 적합한 인재를 찾기 위해 가치관과 태도를 측정하는 것이다. 응시자 개인의 사고와 태도 · 행동 특성 및 유사 질문의 반복을 통해 거짓말 척도 등으로 기업의 인재상에 적합한지를 판단하므로 특별하게 정해진 답은 없다.

'직업성격검사'로 불리는 한국수자원공사의 인성검사는 필기시험 합격자에 한해 실시하며, 조직적응 · 부적응적 역량 등을 온라인으로 검사한다. 대략 270문항에 40분이 배정된다.

2 문항군 개별 항목 체크

1 **100개 내외의 문항군으로 구성된 검사지에 자신에게 해당되는 '① 아니다 ② 약간 그렇다 ③ 대체로 그렇다 ④ 매우 그렇다'에 표시한다. 아래를 참고하여 문항 내용이 자신의 평소 생각이나 행동에 조금이라도 더 가까운 쪽으로 한 문항도 빠짐없이 응답한다.**

- 다르거나 비슷하지 않다. → ① 아니다
- 약간 같거나 비슷하다. → ② 약간 그렇다
- 대체로 같거나 비슷하다. → ③ 대체로 그렇다
- 매우 같거나 비슷하다. → ④ 매우 그렇다

번호	문항	아니다	약간 그렇다	대체로 그렇다	매우 그렇다
1	내가 한 행동에 대해 절대 후회하지 않는다.	①	●	③	④
2	내 기분이 나쁘더라도 모임의 분위기에 맞춰 행동하려고 노력한다.	①	②	●	④
3	나보다 사정이 급한 사람이 있을 때는 순서를 양보해준다.	①	②	③	●

2 **각 문항의 내용을 읽고 평소 자신의 생각 및 행동과 유사하거나 일치하면 '예', 다르거나 일치하지 않으면 '아니오'에 표시한다.**

1	나는 수줍음을 많이 타는 편이다.	○ 예	○ 아니오
2	나는 과거의 실수가 자꾸만 생각나곤 한다.	○ 예	○ 아니오
3	나는 사람들과 서로 일상사에 대해 이야기하는 것이 쑥스럽다.	○ 예	○ 아니오

3 **구성된 검사지에 문항 수가 많으면 일관된 답변이 어려울 수도 있으므로 최대한 꾸밈없이 자신의 가치관과 신념을 바탕으로 솔직하게 답하도록 노력한다.**

1. 직관적으로 솔직하게 답한다.
2. 모든 문제를 신중하게 풀도록 한다.
3. 비교적 일관성을 유지할 수 있도록 한다.
4. 평소의 경험과 선호도를 자연스럽게 답한다.
5. 각 문항에 너무 골똘히 생각하거나 고민하지 않는다.
6. 지원한 분야와 나의 성격의 연관성을 미리 생각하고 분석해 본다.

3 모의 연습

※ 자신의 모습 그대로 솔직하게 응답하십시오. 솔직하고 성의 있게 응답하지 않을 경우 결과가 무효 처리됩니다.

[01~70] 모든 문항에는 옳고 그른 답이 없습니다. 다음 문항을 잘 읽고 ①～④ 중 본인에게 해당되는 부분에 표시해 주십시오.

번호	문항	아니다	약간 그렇다	대체로 그렇다	매우 그렇다
1	내가 한 행동에 대해 절대 후회하지 않는다.	①	②	③	④
2	내 기분이 나쁘더라도 모임의 분위기에 맞춰 행동하려고 노력한다.	①	②	③	④
3	나보다 사정이 급한 사람이 있을 때는 순서를 양보해준다.	①	②	③	④
4	내가 가진 지식을 다른 분야의 아이디어와 연결하여 활용한다.	①	②	③	④
5	절실해 보이는 사람에게 내가 가진 것을 양보할 수 있다.	①	②	③	④
6	나는 그 어떤 상황에서도 거짓말은 하지 않는다.	①	②	③	④
7	어차피 누군가가 해야 할 일이라면 내가 먼저 한다.	①	②	③	④
8	사소한 절차를 어기더라도 일을 빨리 진행하는 것이 우선이다.	①	②	③	④
9	사회적 관습이 잘 지켜져야 바람직한 사회이다.	①	②	③	④
10	나는 항상 상대방의 말을 끝까지 집중해서 듣는다.	①	②	③	④
11	나는 상황의 변화를 빠르게 인지한다.	①	②	③	④
12	정해진 원칙과 계획대로만 일을 진행해야 실수를 하지 않는다.	①	②	③	④
13	책임이 두려워 내 잘못을 다른 사람의 탓으로 돌린 적이 있다.	①	②	③	④

14	나는 여러 사람들과 함께 일하는 것이 좋다.	①	②	③	④
15	나는 누구의 지시를 받는 것보다 스스로 해야 할 일을 찾아서 해야 한다.	①	②	③	④
16	나는 어떤 사람에게든 똑같이 대한다.	①	②	③	④
17	나는 언제나 모두의 이익을 생각하면서 일한다.	①	②	③	④
18	친구가 평소와는 다른 행동을 하면 바로 알아챈다.	①	②	③	④
19	어려운 내용은 이해하는데 너무 오래 걸려서 싫다.	①	②	③	④
20	나는 누구와도 어렵지 않게 어울릴 수 있다.	①	②	③	④
21	나의 부족한 점을 남들에게 숨기지 않는다.	①	②	③	④
22	비록 나와 관계없는 사람일지라도 도움을 요청하면 도와준다.	①	②	③	④
23	여러 사람들과 가깝게 지내는 것은 불편하다.	①	②	③	④
24	나는 사람들의 감정 상태를 잘 알아차린다.	①	②	③	④
25	나는 상대방이 나보다 먼저 하고 싶어 하는 말이 있는지 살핀다.	①	②	③	④
26	내 이익을 위해 편법을 사용할 수 있다면 그렇게 하겠다.	①	②	③	④
27	궁금했던 내용을 잘 알기 위해 공부하는 것은 즐거운 일이다.	①	②	③	④
28	팀 활동을 할 때는 나의 일보다 팀의 일이 우선순위에 있다.	①	②	③	④
29	나는 팀 과제에서 팀원들이 문제를 해결하도록 이끌 수 있다.	①	②	③	④
30	잘못을 숨기기보다는 솔직히 말하고 질타를 받는 것이 낫다.	①	②	③	④
31	문제 해결에 필요한 시간이 어느 정도인지를 생각하고 계획을 세운다.	①	②	③	④
32	필요하다면 편법을 사용할 수 있는 융통성이 필요하다.	①	②	③	④
33	다른 사람들은 나에게 도움을 많이 요청한다.	①	②	③	④
34	나는 아무리 힘들어도 해야 할 일을 미루지 않는다.	①	②	③	④
35	나는 이루고자 하는 명확한 목표가 있다.	①	②	③	④
36	나는 가족, 친구들과 사이가 아주 가깝다.	①	②	③	④
37	아무리 어려운 일이 있더라도 약속은 반드시 지킨다.	①	②	③	④
38	상대방의 행동이 내 마음에 들지 않더라도 어느 정도 참을 수 있다.	①	②	③	④
39	잘못은 드러나지만 않는다면 괜찮다.	①	②	③	④
40	나는 복잡한 문제의 핵심을 잘 파악한다.	①	②	③	④
41	나의 실수나 잘못을 순순히 인정한다.	①	②	③	④
42	나는 새로운 시도를 해보는 것을 좋아한다.	①	②	③	④
43	하기 싫은 일을 맡아도 막상 시작하면 그 일에 몰두한다.	①	②	③	④
44	내가 알게 된 새로운 정보나 노하우를 남에게 공유하고 싶지 않다.	①	②	③	④

45	나는 상대방의 행동의 의도나 이유를 잘 파악한다.	①	②	③	④
46	나는 혼자 하는 일을 더 좋아한다.	①	②	③	④
47	내가 생각해 낸 아이디어가 현실로 바뀌는 것은 매우 흥미로운 일이다.	①	②	③	④
48	나는 불규칙한 것보다 규칙적인 것을 좋아한다.	①	②	③	④
49	나는 어떤 일이든 할 때는 최선을 다한다.	①	②	③	④
50	나는 실수나 잘못을 잘 인정한다.	①	②	③	④
51	나는 결과가 어떨지 정확히 알 수 없어도 성공 가능성이 있다면 시작해본다.	①	②	③	④
52	나는 대화할 때 상대방이 이해하기 쉽게 설명할 수 있다.	①	②	③	④
53	나는 내 주변의 모든 사람들을 좋아한다.	①	②	③	④
54	나는 배우겠다고 결심한 것이 있으면 아무리 바쁘더라도 시간을 낼 수 있다.	①	②	③	④
55	나 자신에게는 엄격하지만 다른 사람에게는 너그럽다.	①	②	③	④
56	나는 질서와 규율을 너무 강조하는 조직을 싫어한다.	①	②	③	④
57	나는 내 자신의 능력을 믿는다.	①	②	③	④
58	나는 매사에 행동을 조심하기 때문에 다른 사람들에게 나쁘게 평가받지 않는다.	①	②	③	④
59	다른 사람들 앞에서 내 자랑을 쉽게 할 수 있다.	①	②	③	④
60	나는 나의 개인적인 감정이 일에 영향을 주지 않도록 한다.	①	②	③	④
61	나는 문제의 원인을 단정하기에 앞서 다양한 가능성을 더 생각한다.	①	②	③	④
62	나는 아무리 화가 나도 평정심을 유지하려 노력한다.	①	②	③	④
63	나는 다른 사람들이 나를 어떻게 평가하는지 궁금하다.	①	②	③	④
64	나는 바쁘더라도 할 일이 많은 것이 좋다.	①	②	③	④
65	무엇이든 노력하면 해낼 수 있다고 믿는다.	①	②	③	④
66	나의 가치관을 남에게 내세우지 않는다.	①	②	③	④
67	나는 스스로 한 약속을 무슨 일이 있어도 지킨다.	①	②	③	④
68	나와 다른 의견도 있는 그대로 받아들인다.	①	②	③	④
69	나는 남들보다 뛰어난 능력이 있다.	①	②	③	④
70	사람들이 얘기하는 나의 행동 중에는 내가 전혀 기억하지 못하는 것도 종종 있다.	①	②	③	④

※ 자신의 모습 그대로 솔직하게 응답하십시오. 솔직하고 성의 있게 응답하지 않을 경우 결과가 무효 처리됩니다.

[01~50] 모든 문항에는 옳고 그른 답이 없습니다. 문항의 내용을 읽고 평소 자신의 생각 및 행동과 유사하거나 일치하면 '예', 다르거나 일치하지 않으면 '아니오'로 표시해 주십시오.

번호	문항	예	아니오
1	나는 수줍음을 많이 타는 편이다.	○ 예	○ 아니오
2	나는 과거의 실수가 자꾸만 생각나곤 한다.	○ 예	○ 아니오
3	나는 사람들과 서로 일상사에 대해 이야기 하는 것이 쑥스럽다.	○ 예	○ 아니오
4	내 주변에는 나를 좋지 않게 평가하는 사람들이 있다.	○ 예	○ 아니오
5	나는 가족들과는 합리적인 대화가 잘 안 된다.	○ 예	○ 아니오
6	나는 내가 하고 싶은 일은 꼭 해야 한다.	○ 예	○ 아니오
7	나는 개인적 사정으로 타인에게 피해를 주는 사람을 이해할 수 없다.	○ 예	○ 아니오
8	나는 많은 것을 성취하고 싶다.	○ 예	○ 아니오
9	나는 변화가 적은 것을 좋아한다.	○ 예	○ 아니오
10	나는 내가 하고 싶은 일과 해야 할 일을 구분할 줄 안다.	○ 예	○ 아니오
11	나는 뜻대로 일이 되지 않으면 화가 많이 난다.	○ 예	○ 아니오
12	내 주변에는 나에 대해 좋게 얘기하는 사람이 있다.	○ 예	○ 아니오
13	요즘 세상에서는 믿을 만한 사람이 없다.	○ 예	○ 아니오
14	나는 할 말은 반드시 하고야 마는 사람이다.	○ 예	○ 아니오
15	나는 변화가 적은 것을 좋아한다.	○ 예	○ 아니오
16	나는 가끔 부당한 대우를 받는다는 생각이 든다.	○ 예	○ 아니오
17	나는 가치관이 달라도 친하게 지내는 친구들이 많다.	○ 예	○ 아니오
18	나는 새로운 아이디어를 내는 것이 쉽지 않다.	○ 예	○ 아니오
19	나는 노력한 만큼 인정받지 못하고 있다.	○ 예	○ 아니오
20	나는 매사에 적극적으로 참여한다.	○ 예	○ 아니오
21	나의 가족들과는 어떤 주제를 놓고도 서로 대화가 잘 통한다.	○ 예	○ 아니오
22	나는 사람들과 어울리는 일에서 삶의 활력을 얻는다.	○ 예	○ 아니오
23	학창시절 마음에 맞는 친구가 없었다.	○ 예	○ 아니오
24	특별한 이유 없이 누군가를 미워한 적이 있다.	○ 예	○ 아니오
25	내가 원하는 대로 일이 되지 않을 때 화가 많이 난다.	○ 예	○ 아니오
26	요즘 같은 세상에서는 누구든 믿을 수 없다.	○ 예	○ 아니오

27	나는 여행할 때 남들보다 짐이 많은 편이다.	○ 예	○ 아니오
28	나는 상대방이 화를 내면 더욱 화가 난다.	○ 예	○ 아니오
29	나는 반대 의견을 말하더라도 상대방을 무시하는 말을 하지 않으려고 한다.	○ 예	○ 아니오
30	나는 학창시절 내가 속한 동아리에서 누구보다 충성도가 높은 사람이었다.	○ 예	○ 아니오
31	나는 새로운 집단에서 친구를 쉽게 사귀는 편이다.	○ 예	○ 아니오
32	나는 다른 사람을 챙기는 태도가 몸에 배여 있다.	○ 예	○ 아니오
33	나는 항상 겸손하려 노력한다.	○ 예	○ 아니오
34	내 주변에는 나에 대해 좋지 않은 이야기를 하는 사람이 있다.	○ 예	○ 아니오
35	나는 가족들과는 합리적인 대화가 잘 안 된다.	○ 예	○ 아니오
36	나는 내가 하고 싶은 일은 꼭 해야 한다.	○ 예	○ 아니오
37	나는 스트레스를 받으면 몸에 이상이 온다.	○ 예	○ 아니오
38	나는 재치가 있다는 말을 많이 듣는 편이다.	○ 예	○ 아니오
39	나는 사람들에게 잘 보이기 위해 마음에 없는 거짓말을 한다.	○ 예	○ 아니오
40	다른 사람을 위협적으로 대한 적이 있다.	○ 예	○ 아니오
41	나는 부지런하다는 말을 자주 들었다.	○ 예	○ 아니오
42	나는 쉽게 화가 났다가 쉽게 풀리기도 한다.	○ 예	○ 아니오
43	나는 할 말은 반드시 하고 사는 사람이다.	○ 예	○ 아니오
44	나는 터질 듯한 분노를 종종 느낀다.	○ 예	○ 아니오
45	나도 남들처럼 든든한 배경이 있었다면 지금보다 훨씬 나은 위치에 있었을 것이다.	○ 예	○ 아니오
46	나는 종종 싸움에 휘말린다.	○ 예	○ 아니오
47	나는 능력과 무관하게 불이익을 받은 적이 있다.	○ 예	○ 아니오
48	누군가 내 의견을 반박하면 물러서지 않고 논쟁을 벌인다.	○ 예	○ 아니오
49	남이 나에게 피해를 입힌다면 나도 가만히 있지 않을 것이다.	○ 예	○ 아니오
50	내가 인정받기 위해서 규칙을 위반한 행위를 한 적이 있다.	○ 예	○ 아니오

Memo

미래를 창조하기에 꿈만큼 좋은 것은 없다.
오늘의 유토피아가 내일 현실이 될 수 있다.

There is nothing like dream to create the future.
Utopia today, flesh and blood tomorrow.
빅토르 위고 Victor Hugo

한국수자원공사

파트 3 면접가이드

NCS 면접의 이해

※ 능력중심 채용에서는 타당도가 높은 구조화 면접을 적용한다.

1 면접이란?

일을 하는 데 필요한 능력(직무역량, 직무지식, 인재상 등)을 지원자가 보유하고 있는지를 다양한 면접기법을 활용하여 확인하는 절차이다. 자신의 환경, 성취, 관심사, 경험 등에 대해 이야기하여 본인이 적합하다는 것을 보여 줄 기회를 제공하고, 면접관은 평가에 필요한 정보를 수집하고 평가하는 것이다.

- 지원자의 태도, 적성, 능력에 대한 정보를 심층적으로 파악하기 위한 선발 방법
- 선발의 최종 의사결정에 주로 사용되는 선발 방법
- 전 세계적으로 선발에서 가장 많이 사용되는 핵심적이고 중요한 방법

2 면접의 특징

서류전형이나 인적성검사에서 드러나지 않는 것들을 볼 수 있는 기회를 제공한다.

- 직무수행과 관련된 다양한 지원자 행동에 대한 관찰이 가능하다.
- 면접관이 알고자 하는 정보를 심층적으로 파악할 수 있다.
- 서류상의 미비한 사항과 의심스러운 부분을 확인할 수 있다.
- 커뮤니케이션, 대인관계행동 등 행동 · 언어적 정보도 얻을 수 있다.

3 면접의 평가요소

1 인재적합도

해당 기관이나 기업별 인재상에 대한 인성 평가

2 조직적합도

조직에 대한 이해와 관련 상황에 대한 평가

3 직무적합도

직무에 대한 지식과 기술, 태도에 대한 평가

4 면접의 유형

구조화된 정도에 따른 분류

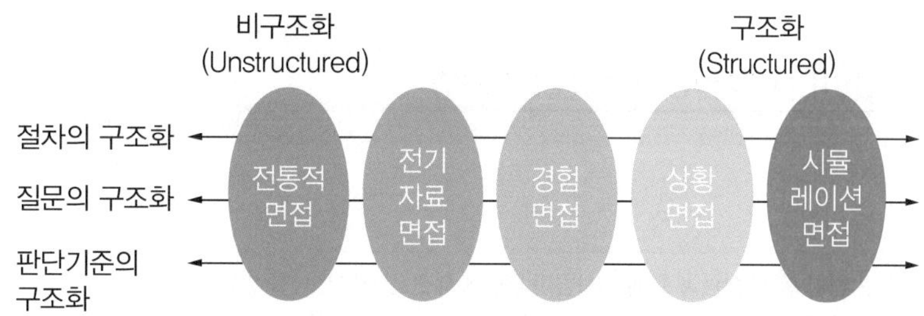

1 구조화 면접(Structured Interview)

사전에 계획을 세워 질문의 내용과 방법, 지원자의 답변 유형에 따른 추가 질문과 그에 대한 평가역량이 정해져 있는 면접 방식(표준화 면접)

- 표준화된 질문이나 평가요소가 면접 전 확정되며, 지원자는 편성된 조나 면접관에 영향을 받지 않고 동일한 질문과 시간을 부여받을 수 있음.
- 조직 또는 직무별로 주요하게 도출된 역량을 기반으로 평가요소가 구성되어, 조직 또는 직무에서 필요한 역량을 가진 지원자를 선발할 수 있음.
- 표준화된 형식을 사용하는 특성 때문에 비구조화 면접에 비해 신뢰성과 타당성, 객관성이 높음.

2 비구조화 면접(Unstructured Interview)

면접 계획을 세울 때 면접 목적만 명시하고 내용이나 방법은 면접관에게 전적으로 일임하는 방식(비표준화 면접)

- 표준화된 질문이나 평가요소 없이 면접이 진행되며, 편성된 조나 면접관에 따라 지원자에게 주어지는 질문이나 시간이 다름.
- 면접관의 주관적인 판단에 따라 평가가 이루어져 평가 오류가 빈번히 일어남.
- 상황 대처나 언변이 뛰어난 지원자에게 유리한 면접이 될 수 있음.

NCS 구조화 면접 기법

※ 능력중심 채용에서는 타당도가 높은 구조화 면접을 적용한다.

1 경험면접(Behavioral Event Interview)

면접 프로세스

안내 → 지원자는 입실 후, 면접관을 통해 인사말과 면접에 대한 간단한 안내를 받음.

질문 → 지원자는 면접관에게 평가요소(직업기초능력, 직무수행능력 등)와 관련된 주요 질문을 받게 되며, 질문에서 의도하는 평가요소를 고려하여 응답할 수 있도록 함.

세부질문
- 지원자가 응답한 내용을 토대로 해당 평가기준들을 충족시키는지 파악하기 위한 세부질문이 이루어짐.
- 구체적인 행동·생각 등에 대해 응답할수록 높은 점수를 얻을 수 있음.

• 방식
해당 역량의 발휘가 요구되는 일반적인 상황을 제시하고, 그러한 상황에서 어떻게 행동했었는지(과거경험)를 이야기하도록 함.

• 판단기준
해당 역량의 수준, 경험 자체의 구체성, 진실성 등

• 특징
추상적인 생각이나 의견 제시가 아닌 과거 경험 및 행동 중심의 질의가 이루어지므로 지원자는 사전에 본인의 과거 경험 및 사례를 정리하여 면접에 대비할 수 있음.

• 예시

지원분야		지원자		면접관	(인)
경영자원관리 조직이 보유한 인적자원을 효율적으로 활용하여, 조직 내 유·무형 자산 및 재무자원을 효율적으로 관리한다.					
주질문					
A. 어떤 과제를 처리할 때 기존에 팀이 사용했던 방식의 문제점을 찾아내 이를 보완하여 과제를 더욱 효율적으로 처리했던 경험에 대해 이야기해 주시기 바랍니다.					
세부질문					
[상황 및 과제] 사례와 관련해 당시 상황에 대해 이야기해 주시기 바랍니다. [역할] 당시 지원자께서 맡았던 역할은 무엇이었습니까? [행동] 사례와 관련해 구성원들의 설득을 이끌어 내기 위해 어떤 노력을 하였습니까? [결과] 결과는 어땠습니까?					

기대행동	평점
업무진행에 있어 한정된 자원을 효율적으로 활용한다.	① - ② - ③ - ④ - ⑤
구성원들의 능력과 성향을 파악해 효율적으로 업무를 배분한다.	① - ② - ③ - ④ - ⑤
효과적 인적/물적 자원관리를 통해 맡은 일을 무리 없이 잘 마무리한다.	① - ② - ③ - ④ - ⑤

척도해설

1 : 행동증거가 거의 드러나지 않음	2 : 행동증거가 미약하게 드러남	3 : 행동증거가 어느 정도 드러남	4 : 행동증거가 명확하게 드러남	5 : 뛰어난 수준의 행동증거가 드러남
관찰기록 : 총평 :				

※ 실제 적용되는 평가지는 기업/기관마다 다름.

2 상황면접(Situational Interview)

면접 프로세스

안내: 지원자는 입실 후, 면접관을 통해 인사말과 면접에 대한 간단한 안내를 받음.

질문
- 지원자는 상황질문지를 검토하거나 면접관을 통해 상황 및 질문을 제공받음.
- 면접관의 질문이나 질문지의 의도를 파악하여 응답할 수 있도록 함.

세부질문
- 지원자가 응답한 내용을 토대로 해당 평가기준들을 충족시키는지 파악하기 위한 세부질문이 이루어짐.
- 구체적인 행동·생각 등에 대해 응답할수록 높은 점수를 얻을 수 있음.

- 방식
  직무 수행 시 접할 수 있는 상황들을 제시하고, 그러한 상황에서 어떻게 행동할 것인지(행동의도)를 이야기하도록 함.
- 판단기준
  해당 상황에 맞는 해당 역량의 구체적 행동지표
- 특징
  지원자의 가치관, 태도, 사고방식 등의 요소를 평가하는 데 용이함.

• 예시

지원분야		지원자		면접관	(인)
유관부서협업 타 부서의 업무협조요청 등에 적극적으로 협력하고 갈등 상황이 발생하지 않도록 이해관계를 조율하며 관련 부서의 협업을 효과적으로 이끌어 낸다.					
주질문					
당신은 생산관리팀의 팀원으로, 2개월 뒤에 제품 A를 출시하기 위해 생산팀의 생산 계획을 수립한 상황입니다. 그러나 원가가 곧 실적으로 이어지는 구매팀에서는 최대한 원가를 줄여 전반적 단가를 낮추려고 원가절감을 위한 제안을 하였으나, 연구개발팀에서는 구매팀이 제안한 방식으로 제품을 생산할 경우 대부분이 구매팀의 실적으로 산정될 것이므로 제대로 확인도 해보지 않은 채 적합하지 않은 방식이라고 판단하고 있습니다. 당신은 어떻게 하겠습니까?					
세부질문					
[상황 및 과제] 이 상황의 핵심적인 이슈는 무엇이라고 생각합니까? [역할] 당신의 역할을 더 잘 수행하기 위해서는 어떤 점을 고려해야 하겠습니까? 왜 그렇게 생각합니까? [행동] 당면한 과제를 해결하기 위해서 구체적으로 어떤 조치를 취하겠습니까? 그 이유는 무엇입니까? [결과] 그 결과는 어떻게 될 것이라고 생각합니까? 그 이유는 무엇입니까?					

척도해설

1 : 행동증거가 거의 드러나지 않음	2 : 행동증거가 미약하게 드러남	3 : 행동증거가 어느 정도 드러남	4 : 행동증거가 명확하게 드러남	5 : 뛰어난 수준의 행동증거가 드러남
관찰기록 : 총평 :				

※ 실제 적용되는 평가지는 기업/기관마다 다름.

3 발표면접(Presentation)

면접 프로세스

안내
- 입실 후 지원자는 면접관으로부터 인사말과 발표면접에 대해 간략히 안내받음.
- 면접 전 지원자는 과제 검토 및 발표 준비시간을 가짐.

발표
- 지원자들이 과제 주제와 관련하여 정해진 시간 동안 발표를 실시함.
- 면접관은 발표내용 중 평가요소와 관련해 나타난 가점 및 감점요소들을 평가하게 됨.

질문응답
- 발표 종료 후 면접관은 정해진 시간 동안 지원자의 발표내용과 관련해 구체적인 내용을 확인하기 위한 질문을 함.
- 지원자는 면접관의 질문의도를 정확히 파악하여 적절히 응답할 수 있도록 함.
- 응답 시 명확하고 자신있게 전달할 수 있도록 함.

• 방식
지원자가 특정 주제와 관련된 자료(신문기사, 그래프 등)를 검토하고, 그에 대한 자신의 생각을 면접관 앞에서 발표하며, 추가 질의응답이 이루어짐.

• 판단기준
지원자의 사고력, 논리력, 문제해결능력 등

• 특징
과제를 부여한 후, 지원자들이 과제를 수행하는 과정과 결과를 관찰 · 평가함. 과제수행의 결과뿐 아니라 과제수행 과정에서의 행동을 모두 평가함.

4 토론면접(Group Discussion)

면접 프로세스

안내
- 입실 후, 지원자들은 면접관으로부터 토론 면접의 전반적인 과정에 대해 안내받음.
- 지원자는 정해진 자리에 착석함.

토론
- 지원자들이 과제 주제와 관련하여 정해진 시간 동안 토론을 실시함(시간은 기관별 상이).
- 지원자들은 면접 전 과제 검토 및 토론 준비시간을 가짐.
- 토론이 진행되는 동안, 지원자들은 다른 토론자들의 발언을 경청하여 적절히 본인의 의사를 전달할 수 있도록 함. 더불어 적극적인 태도로 토론면접에 임하는 것도 중요함.

마무리 (5분 이내)
- 면접 종료 전, 지원자들은 토론을 통해 도출한 결론에 대해 첨언하고 적절히 마무리 지음.
- 본인의 의견을 전달하는 것과 동시에 다른 토론자를 배려하는 모습도 중요함.

• 방식
상호갈등적 요소를 가진 과제 또는 공통의 과제를 해결하는 내용의 토론 과제(신문기사, 그래프 등)를 제시하고, 그 과정에서의 개인 간의 상호작용 행동을 관찰함.

• 판단기준
팀워크, 갈등 조정, 의사소통능력 등

• 특징
면접에서 최종안을 도출하는 것도 중요하나 주장의 옳고 그름이 아닌 결론을 도출하는 과정과 말하는 자세 등도 중요함.

5 역할연기면접(Role Play Interview)

• 방식

기업 내 발생 가능한 상황에서 부딪히게 되는 문제와 역할을 가상적으로 설정하여 특정 역할을 맡은 사람과 상호작용하고 문제를 해결해 나가도록 함.

• 판단기준

대처능력, 대인관계능력, 의사소통능력 등

• 특징

실제 상황과 유사한 가상 상황에서 지원자의 성격이나 대처 행동 등을 관찰할 수 있음.

6 집단면접(Group Activity)

• 방식

지원자들이 팀(집단)으로 협력하여 정해진 시간 안에 활동 또는 게임을 하며 면접관들은 지원자들의 행동을 관찰함.

• 판단기준

대인관계능력, 팀워크, 창의성 등

• 특징

기존 면접보다 오랜 시간 관찰을 하여 지원자들의 평소 습관이나 행동들을 관찰하려는 데 목적이 있음.

03 면접 최신 기출 주제

1 2023 상·하반기 실제 면접 기출 주제

1 직무 PT 면접

- 3 ~ 4가지 주제 중 1가지를 택하여 15분간 발표 준비
- PT 발표 포함 20분간 다대일 면접 진행(PT 발표와 꼬리질문에 바로 이어서 경험역량 면접 진행)

전기직

1. 신재생에너지와 역률의 관계
2. 중대재해처벌법과 관련하여 전기직으로서 안전사고 예방 및 대처

전자통신직

1. 4차 산업혁명 기술 중 IoT, 모바일, 클라우드, 빅데이터 개념

토목직

1. 도수 및 송수관 관리 시의 펌프압송식과 자연유하식 장단점 비교
2. 흙과 지하수와 관련한 동상 방지 대책

행정직 : 경영, 경제, 행정, 법 주제 중 택 1

1. 수돗물 인식 신뢰 개선을 위한 마케팅 개선 방안
2. ESG 경영이 등장한 배경과 공사가 수행하는 사업 중 ESG 경영에 가장 적절한 사업
3. BSC와 MBO의 개념과 이에 관련하여 공사가 효율적인 성과관리를 위해 고려해야 하는 요소

기계직

1. 수격현상의 원인과 예방책
2. 펌프의 효율 개선 방안

환경직

1. 고도정수처리과정, 입상활성탄처리
2. 기후변화에 따른 수질오염
3. 수돗물 음용률 저하 원인

2 경험역량 면접

1. 본인 성격의 장단점을 말해 보시오.
2. 계획을 세워 일처리를 할 때 가장 중요하게 생각하는 점은 무엇인가?
3. 본인은 리더형과 팔로워형 중 어느 것에 가까운가?
4. 갑질은 무엇이고 이에 대해 어떠한 생각을 가지고 있는가?
5. 조직의 원칙을 어긴 경험이 있는가?
6. 개인의 업무와 공공 업무가 충돌할 때 어떻게 대처할 것인가?
7. 인생에서 실패한 경험과 극복 방안을 말해 보시오.
8. 지원한 직무와 관련하여 본인은 어떠한 전문성을 가지고 있는가?
9. 양심에 따라 스스로 희생한 경험이 있는가?
10. 공사의 사업 중 본인이 가장 관심 있는 사업과 그 이유를 말해 보시오.
11. 오지에서 근무하는 경우에 대해 어떻게 생각하는가?
12. 순환 근무에 대해 어떻게 생각하는가?
13. 공공기관 직원에게 가장 중요한 역량은 무엇이라고 생각하는가?
14. 새로운 방식으로 문제를 해결한 경험이 있는가?
15. 본인은 친구가 많은 편인지, 그리고 이유가 무엇인지 말해 보시오.
16. 본인이 평상시에 적극적인지 소극적인 이유와 함께 말해 보시오.

2 2022년 상반기 실제 면접 기출 주제

1 직무 PT 면접

- 3 ~ 4가지 주제 중 1가지를 택하여 15분간 발표 준비
- PT는 정해진 시간 내외로 발표 → 면접관의 질문에 답변

행정직 : 경영, 경제, 법, 행정 4개 주제 중 택 1

1. ESG 경영 등장 배경과 ESG와 가장 적합한 수자원공사 사업을 선정한 후 그 이유 설명
2. 사회적 책임을 이행했을 때 재무적인 성과
3. 한국수자원공사의 대표적 홍보마케팅 수단 및 광고와의 차이점

전자통신직 : 3개 주제 중 택 1

1. 블록체인
2. 통신보안
3. 케이블 장단점 비교

건축직 : 3개 주제 중 택 1

1. 지속가능경영보고서의 건축직렬 관련 이슈

2 경험역량 면접

1. 1분 자기소개
2. 시간과 자원이 부족할 때 문제를 해결한 사례와 이를 통해 배운점은 무엇인가?
3. 함께 일하기 힘든 사람의 유형은?
4. 협업 시 본인의 단점은?
5. 만약 좋아하는 일과 잘하는 일 중 택할 수 있다면 어느 것을 선택하겠는가?
6. 윤리와 원리원칙을 고수했던 경험을 말해 보시오.
7. 갑질이란 무엇인가?
8. 공무직원으로서 갑질을 해서는 안 되는 이유는 무엇인가?
9. 한국수자원공사의 미션과 비전을 말해 보시오.
10. 한국수자원공사의 내부, 외부 고객의 종류를 말해 보시오.
11. 자신이 들어가 근무하고 싶은 부서는 무엇인가?
12. 자신을 뽑아야 하는 이유는?
13. 공기업, 사기업, 공공기관을 구분해 보시오.
14. 수자원공사가 수행하는 사업은 무엇이 있는가?
15. 본인 성격의 직무상 강점은?
16. 자기계발을 위해 계획을 세우고 성취한 경험을 말해 보시오.
17. 일을 할 때 가장 중요한 덕목은 무엇이라고 생각하는가?
18. 리더경험이 많은데, 리더를 많이 한 이유와 팀원으로서의 경험과의 차이점을 말해 보시오.
19. 본인은 변화에 빠르게 적응하는 편인가?
20. 새로운 조직에 빠르게 적응하기 위해 어떠한 노력을 하는가?
21. 어려운 문제의 해결을 위해 협력했던 경험을 말해 보시오.
22. 마지막으로 하고 싶은 말

3 2021년 상반기 실제 면접 기출 주제

1 직무 PT 면접

- 3 ~ 4가지 주제 중 1가지를 택하여 15분간 발표 준비
- PT는 3분 내외로 발표 → 면접관의 질문에 답변

전자통신 : 3개 주제 중 택 1

1. OSI 7계층 설명 및 각 계층 장비 설명
2. K-WATER에서 Digital Transformation에 관한 내용(DT 적용)

면접가이드

지질직 : 3개 주제 중 택 1

1. 지하수를 이용한 대체 수자원
   1-1. 지하댐을 건설하고 있는 현장 중 아는 곳이 있는가?
   1-2. 지하댐에 대해 생각해 본 적이 있는가?
2. 어떤 경우에는 NATM 방식을 쓰고, 어떤 경우에는 TBM 방식을 쓰는데, 그 이유를 두 공법의 차이점을 들어 설명하라.
3. 지질 물리탐사 방법을 설명하시오.

기계직 : 3개 주제 중 택 1

1. 펌프로 측정, 계측 하는 장치
2. 수격현상
3. 신재생에너지

환경직 : 3개 주제 중 택 1

1. 부영양화의 원인과 국민에의 영향
2. SURIAN 수질모델링
3. 고도정수처리장

전기직 : 3개 주제 중 택 1

1. 충주댐 옥외철구형 수변전설비를 이번에 GIS 수변전 설비로 변경하는 공사를 하게 되었는데, GIS 수변전 설비의 특징을 말하시오.
2. 베르누이 정리와 연속의 정리
3. 신재생에너지, 수소에너지의 특징을 말해 보시오.

2 경험역량 면접

1. 한국수자원공사에 들어오기 위해 어떤 노력을 했는가?
2. 팀 활동 시 팀원 간 문제가 발생할 때, 해결 방법은?
3. 꼰대에 대해 어떻게 생각하는가?
4. 지금까지 했던 분야랑 많이 다를 수도 있는데, 어떻게 대처할 것인가?
5. 유혹을 떨쳐버리고 긍정적으로 일을 했던 경험이 있는가?
6. 본인이 윤리적인 사람이라고 생각해 본 경험이 있는가?
7. 자신이 신뢰할 만한 사람이라고 평가를 들어본 적이 있는가?
8. 다른 사람과 협업 시 자신의 단점이 있다면?

9. 김영란법의 순기능과 악기능은?
10. 현장에서 안전을 지키기 위해 해야 할 것은? 실제로 그런 방법을 지킨 경험이 있는가?
11. 중요성과 긴급성에 따라 일을 처리한다고 하였는데, 예상치 못하게 일의 긴급성이 바뀐다면 어떻게 할 것인가?
12. 수상태양광과 육상태양광의 차이는?
13. 수열에너지에 대해 아는 대로 말해 보시오.
14. 분산형 물공급에 대해 무엇인지 아는가?
15. 본인의 주변에 매번 불평, 불만을 가진 사람이랑 있었던 경험이 있는가?
16. 만약 정수처리장에서 혼자 일하고 있을 때 뭔가 문제가 생겼다면, 본인이 손해를 보는 상황임에도 진실을 얘기한 경험이 있는가? 아니면 남이 그렇게 경험한 것을 본 적 있는가?
17. 갑질의 의미가 무엇이고, 공기업 직원이 갑질에 대해 더 엄격해야 한다고 생각하는가?
18. 인턴으로 근무했던 공기업에서 갑질에 해당하는 사례가 있었나?
19. ESS 사고 발생 시 그 원인은 제조사, 관리인 둘 중 어느 쪽에 더 많은 책임이 있다고 생각하는가?
20. 본사에서 일하게 된다면, 업무량도 많고 야근도 매일 하는데 괜찮은가?
21. 마지막 할 말

4 2020년 상반기 면접 실제 기출 주제

1 개별 PT 면접

사무/행정직 : 경영, 경제, 법, 행정 4개 주제 中 택 1

행정

1. 행정통제의 4가지 유형
2. 사바스의 공공서비스 유형 4가지와 배제성, 경합성에 대해 설명하고, 상수도 서비스는 어떤 재화에 해당하는지 설명
   2-1. 요금재를 왜 공공에서 공급하여야 하는가?
3. 주인-대리인 이론

경영

1. BCG 매트릭스
   1-1. 수자원공사의 사업 4가지(댐, 수변, 해외, 신재생에너지사업)을 BCG 매트릭스에 적용시킨다면 각각 어느 구역에 해당하는가?
2. IRR 내부수익률 단순 공식

경제

1. 가격 담합
2. 댐 상류의 가축 분뇨와 폐수로 인한 하천오염을 경제학 용어로 뭐라하는가? 그 대책은?

법

1. 수자원공사 직원이 뭔가 잘못했을 때, 수자원공사의 손실보상 또는 손해배상
2. 행정행위의 취소/무효 기준

조경직 : 3개 주제 中 택 1

1. 코로나 시대, 수변 공간 설계 시 시민들이 어떻게 접근하도록 할 것인가?
2. 생태계서비스와 관련된 법률에 대해 설명하시오.
3. 비점오염시설의 정의와 그중 자연형 시설에 대해 설명하시오.
   3-1. 비점오염시설 설치 시 장·단점
   3-2. 대규모 관로를 설치하는 것이 배수에 좋을 것 같다고 생각하는가?

2 경험역량 면접

1. 1분 자기소개
2. 자원한 동기
3. 입사 후 해 보고 싶은 업무
4. 경험 기술서에 쓴 인턴 업무에 대해 말해 보시오.
   (꼬리 질문 1) 인턴 기간은 어느 정도였는가?
   (꼬리 질문 2) 본인이 한 업무에 대해 구체적으로 설명한다면?
   (꼬리 질문 3) 인턴을 하는 동안 자신이 배운 것은 무엇이라고 생각하는가?
5. 왜 한강 유역에 지원했는가?
6. 본인만의 직무를 배우는 요령이 있는가?
7. 한국수자원공사 서포터즈 활동을 아는가? 해 본 적이 있는가?
8. 본인이 윤리의식이 뛰어나다고 생각하는가? 그 사례는?
9. 더 좋은 곳으로 갈 수 있는 기회가 생겼을 때, 본인의 선택과 가치관은?
10. 자기소개서에 작성된 내용을 제외하고, 자기 PR을 할 수 있는 다른 대외활동에 대해 말해 보시오.
11. 공공기관 업무 경험 중 어려웠던 점은?
12. 희망 직무와 본인의 강점이 어떻게 연결될 수 있는가?
13. 창의력을 발휘한 경험은?
14. 상사와 트러블이 생긴다면 어떻게 대처할 것인가?

15. 조경시설에 대한 민원에 대해 어떻게 대처할 것인가?
16. 졸업 후에는 뭘 했는가?
17. 최근 6개월간 무슨 노력을 했는지 말해 보시오.
18. 자신의 장 · 단점은 무엇이라 생각하는가?
19. 조직생활 경험이 있는가?
20. 본인의 전공과 다른 분야에 관심을 가지게 된 계기
21. 민원인들과의 보상 관련 문제에 대한 업무를 수행하기도 한다. 그러한 상황이 발생했을 때 어떻게 대처할 것인가?

5 역대 면접 실제 기출 주제

1 조별 사례 면접

1. 주어진 예산 안에서 3가지 사업 중 어떤 것을 추진할 것인지 근거와 함께 작성하시오.
2. 공사의 새로운 사업 기획서를 작성하시오.

2 개별 PT 면접

1. 중국의 물 사업 확장과 관련하여 수자원공사가 취해야 할 전략
2. 수도사업과 같은 초기 설비투자비용이 많이 드는 사업에 대하여 특징, 장단점, 효과
3. 김영란법
4. 공공서비스에 있어서 정부, 공공기관, 시민사회, 시장 사이의 네트워크를 통한 거버넌스의 장점과 한계, 극복방안
5. 기개발된 수자원 중 효율적으로 물 관리를 할 수 있는 방안
6. 댐 건설 시 내진설계
7. 1인당 급수량 산정
8. 통합 수자원 관리 방안
9. 가뭄 대책 방지
10. 강변여과수
11. 공기업의 공공성과 효율성

3 경험역량 면접

1. 유속 공식에는 어떤 것이 있는가?
2. 연약지반을 개량할 수 있는 공법에는 무엇이 있는가?
3. CM에 대해서 알고 있는가?
4. 최근에 인상이 남는 기억은?
5. 전공, 경험이 없는데 왜 지원했는가?
6. 수질관리를 어떻게 해 나갈 것인가?
7. 사용할 줄 아는 분석기기가 있나?
8. 수질분석 결과 이상이 없었으나, 나중에 이 자료로 인해 사회적으로 문제가 된다면 어떻게 대처할 것인가?
9. 마지막으로 하고 싶은 말은?
10. 리더 역할을 해 본 적이 있는가?
11. 회사원과 학생의 차이는 무엇이라고 생각하는가?
12. 일에 도움이 되는 작은 습관이 있는가?
13. 인생의 목표가 무엇인가?
    (꼬리질문 1) 지금까지의 목표는 무엇이었나?
14. 최근 비도덕적인 행동을 목격하여 개입한 적이 있나?
15. 신입사원으로 들어온 상황에서 평소에 일을 잘 알려 주는 상사가 본인으로 인해 스트레스를 많이 받았고, 그것을 해소하기 위해 같이 노래방을 가자고 한다. 그러나 본인은 내일 아침까지 제출해야 할 보고서가 있다. 어떻게 하겠는가?
16. 난처한 상황에 빠진 사람을 도와본 적 있나?
17. 고정관념이 순기능을 할 때는 언제라고 생각하는가?
18. 일이 겹치는 경우 자신만의 일의 중요도 순위 기준은 무엇이며, 어떻게 처리할 것인가?
19. 자신이 청렴한 사람이라고 생각하는가?

한국수자원공사

감독관 확인란	

1회 기출예상문제

성명표기란

㉠ ㉡ ㉢ ㉣ ㉤ ㉥ ㉦ ㉧ ㉨ ㉩ ㉪ ㉫ ㉬ ㉭	㉠ ㉡ ㉢ ㉣ ㉤ ㉥ ㉦ ㉧ ㉨ ㉩ ㉪ ㉫ ㉬ ㉭	㉠ ㉡ ㉢ ㉣ ㉤ ㉥ ㉦ ㉧ ㉨ ㉩ ㉪ ㉫ ㉬ ㉭	㉠ ㉡ ㉢ ㉣ ㉤ ㉥ ㉦ ㉧ ㉨ ㉩ ㉪ ㉫ ㉬ ㉭

수험번호

⓪ ① ② ③ ④ ⑤ ⑥ ⑦ ⑧ ⑨	⓪ ① ② ③ ④ ⑤ ⑥ ⑦ ⑧ ⑨	⓪ ① ② ③ ④ ⑤ ⑥ ⑦ ⑧ ⑨	⓪ ① ② ③ ④ ⑤ ⑥ ⑦ ⑧ ⑨	⓪ ① ② ③ ④ ⑤ ⑥ ⑦ ⑧ ⑨	⓪ ① ② ③ ④ ⑤ ⑥ ⑦ ⑧ ⑨

(주민등록 앞자리 생년제외) 월일

⓪ ① ② ③ ④ ⑤ ⑥ ⑦ ⑧ ⑨	⓪ ① ② ③ ④ ⑤ ⑥ ⑦ ⑧ ⑨	⓪ ① ② ③ ④ ⑤ ⑥ ⑦ ⑧ ⑨	⓪ ① ② ③ ④ ⑤ ⑥ ⑦ ⑧ ⑨

수험생 유의사항

※ 답안은 반드시 컴퓨터용 사인펜으로 보기와 같이 바르게 표기해야 합니다.
〈보기〉 ① ② ③ ❹ ⑤

※ 성명표기란 위 칸에는 성명을 한글로 쓰고 아래 칸에는 성명을 정확하게 표기하십시오. (맨 왼쪽 칸부터 성과 이름은 붙여 씁니다)

※ 수험번호/월일 위 칸에는 아라비아 숫자로 쓰고 아래 칸에는 숫자와 일치하게 표기하십시오.

※ 월일은 반드시 본인 주민등록번호의 생년을 제외한 월 두 자리, 일 두 자리를 표기하십시오.
〈예〉 1994년 1월 12일 → 0112

문번	문제해결능력	문번	의사소통능력	문번	수리능력	문번	자원관리능력
1	① ② ③ ④	1	① ② ③ ④	1	① ② ③ ④	1	① ② ③ ④
2	① ② ③ ④	2	① ② ③ ④	2	① ② ③ ④	2	① ② ③ ④
3	① ② ③ ④	3	① ② ③ ④	3	① ② ③ ④	3	① ② ③ ④
4	① ② ③ ④	4	① ② ③ ④	4	① ② ③ ④	4	① ② ③ ④
5	① ② ③ ④	5	① ② ③ ④	5	① ② ③ ④	5	① ② ③ ④
6	① ② ③ ④	6	① ② ③ ④	6	① ② ③ ④	6	① ② ③ ④
7	① ② ③ ④	7	① ② ③ ④	7	① ② ③ ④	7	① ② ③ ④
8	① ② ③ ④	8	① ② ③ ④	8	① ② ③ ④	8	① ② ③ ④
9	① ② ③ ④	9	① ② ③ ④	9	① ② ③ ④	9	① ② ③ ④
10	① ② ③ ④	10	① ② ③ ④	10	① ② ③ ④	10	① ② ③ ④

잘라서 활용하세요.

한국수자원공사

감독관 확인란	

2회 기출예상문제

성명표기란

수험번호

⓪①②③④⑤⑥⑦⑧⑨	⓪①②③④⑤⑥⑦⑧⑨	⓪①②③④⑤⑥⑦⑧⑨	⓪①②③④⑤⑥⑦⑧⑨	⓪①②③④⑤⑥⑦⑧⑨	⓪①②③④⑤⑥⑦⑧⑨

(주민등록 앞자리 생년제외) 월일

⓪①②③④⑤⑥⑦⑧⑨	⓪①②③④⑤⑥⑦⑧⑨	⓪①②③④⑤⑥⑦⑧⑨	⓪①②③④⑤⑥⑦⑧⑨

문번	문제해결능력	문번	의사소통능력	문번	수리능력	문번	자원관리능력
1	① ② ③ ④	1	① ② ③ ④	1	① ② ③ ④	1	① ② ③ ④
2	① ② ③ ④	2	① ② ③ ④	2	① ② ③ ④	2	① ② ③ ④
3	① ② ③ ④	3	① ② ③ ④	3	① ② ③ ④	3	① ② ③ ④
4	① ② ③ ④	4	① ② ③ ④	4	① ② ③ ④	4	① ② ③ ④
5	① ② ③ ④	5	① ② ③ ④	5	① ② ③ ④	5	① ② ③ ④
6	① ② ③ ④	6	① ② ③ ④	6	① ② ③ ④	6	① ② ③ ④
7	① ② ③ ④	7	① ② ③ ④	7	① ② ③ ④	7	① ② ③ ④
8	① ② ③ ④	8	① ② ③ ④	8	① ② ③ ④	8	① ② ③ ④
9	① ② ③ ④	9	① ② ③ ④	9	① ② ③ ④	9	① ② ③ ④
10	① ② ③ ④	10	① ② ③ ④	10	① ② ③ ④	10	① ② ③ ④

수험생 유의사항

※ 답안은 반드시 컴퓨터용 사인펜으로 보기와 같이 바르게 표기해야 합니다.
〈보기〉 ① ② ③ ❹ ⑤

※ 성명표기란 위 칸에는 성명을 한글로 쓰고 아래 칸에는 성명을 정확하게 표기하십시오. (맨 왼쪽 칸부터 성과 이름은 붙여 씁니다)

※ 수험번호/월일 위 칸에는 아라비아 숫자로 쓰고 아래 칸에는 숫자와 일치하게 표기하십시오.

※ 월일은 반드시 본인 주민등록번호의 생년을 제외한 월 두 자리, 일 두 자리를 표기하십시오.
〈예〉 1994년 1월 12일 → 0112

gosinet (주)고시넷

한국수자원공사

감독관 확인란

3회 기출예상문제

성명표기란

수험번호

(주민등록 앞자리 생년제외) 월일

문번	문제해결능력	문번	의사소통능력	문번	수리능력	문번	자원관리능력
1	① ② ③ ④	1	① ② ③ ④	1	① ② ③ ④	1	① ② ③ ④
2	① ② ③ ④	2	① ② ③ ④	2	① ② ③ ④	2	① ② ③ ④
3	① ② ③ ④	3	① ② ③ ④	3	① ② ③ ④	3	① ② ③ ④
4	① ② ③ ④	4	① ② ③ ④	4	① ② ③ ④	4	① ② ③ ④
5	① ② ③ ④	5	① ② ③ ④	5	① ② ③ ④	5	① ② ③ ④
6	① ② ③ ④	6	① ② ③ ④	6	① ② ③ ④	6	① ② ③ ④
7	① ② ③ ④	7	① ② ③ ④	7	① ② ③ ④	7	① ② ③ ④
8	① ② ③ ④	8	① ② ③ ④	8	① ② ③ ④	8	① ② ③ ④
9	① ② ③ ④	9	① ② ③ ④	9	① ② ③ ④	9	① ② ③ ④
10	① ② ③ ④	10	① ② ③ ④	10	① ② ③ ④	10	① ② ③ ④

수험생 유의사항

※ 답안은 반드시 컴퓨터용 사인펜으로 보기와 같이 바르게 표기해야 합니다.
〈보기〉 ① ② ③ ❹ ⑤

※ 성명표기란 위 칸에는 성명을 한글로 쓰고 아래 칸에는 성명을 정확하게 표기하십시오. (맨 왼쪽 칸부터 성과 이름은 붙여 씁니다)

※ 수험번호/월일 위 칸에는 아라비아 숫자로 쓰고 아래 칸에는 숫자와 일치하게 표기하십시오.

※ 월일은 반드시 본인 주민등록번호의 생년을 제외한 월 두 자리, 일 두 자리를 표기하십시오.
〈예〉 1994년 1월 12일 → 0112

절취선 잘라서 활용하세요.

한국수자원공사

감독관 확인란	

4회 기출예상문제

성명표기란

수험번호

(주민등록 앞자리 생년제외) 월일

문번	문제해결능력	문번	의사소통능력	문번	수리능력	문번	자원관리능력
1	① ② ③ ④	1	① ② ③ ④	1	① ② ③ ④	1	① ② ③ ④
2	① ② ③ ④	2	① ② ③ ④	2	① ② ③ ④	2	① ② ③ ④
3	① ② ③ ④	3	① ② ③ ④	3	① ② ③ ④	3	① ② ③ ④
4	① ② ③ ④	4	① ② ③ ④	4	① ② ③ ④	4	① ② ③ ④
5	① ② ③ ④	5	① ② ③ ④	5	① ② ③ ④	5	① ② ③ ④
6	① ② ③ ④	6	① ② ③ ④	6	① ② ③ ④	6	① ② ③ ④
7	① ② ③ ④	7	① ② ③ ④	7	① ② ③ ④	7	① ② ③ ④
8	① ② ③ ④	8	① ② ③ ④	8	① ② ③ ④	8	① ② ③ ④
9	① ② ③ ④	9	① ② ③ ④	9	① ② ③ ④	9	① ② ③ ④
10	① ② ③ ④	10	① ② ③ ④	10	① ② ③ ④	10	① ② ③ ④

수험생 유의사항

※ 답안은 반드시 컴퓨터용 사인펜으로 보기와 같이 바르게 표기해야 합니다.
〈보기〉 ① ② ③ ❹ ⑤

※ 성명표기란 위 칸에는 성명을 한글로 쓰고 아래 칸에는 성명을 정확하게 표기하십시오. (맨 왼쪽 칸부터 성과 이름은 붙여 씁니다)

※ 수험번호/월일 위 칸에는 아라비아 숫자로 쓰고 아래 칸에는 숫자와 일치하게 표기하십시오.

※ 월일은 반드시 본인 주민등록번호의 생년을 제외한 월 두 자리, 일 두 자리를 표기하십시오.
〈예〉 1994년 1월 12일 → 0112

gosinet (주)고시넷

한국수자원공사

감독관 확인란	

5회 기출예상문제

성명표기란

수험번호

(주민등록 앞자리 생년제외) 월일

문번	문제해결능력	문번	의사소통능력	문번	수리능력	문번	자원관리능력
1	① ② ③ ④	1	① ② ③ ④	1	① ② ③ ④	1	① ② ③ ④
2	① ② ③ ④	2	① ② ③ ④	2	① ② ③ ④	2	① ② ③ ④
3	① ② ③ ④	3	① ② ③ ④	3	① ② ③ ④	3	① ② ③ ④
4	① ② ③ ④	4	① ② ③ ④	4	① ② ③ ④	4	① ② ③ ④
5	① ② ③ ④	5	① ② ③ ④	5	① ② ③ ④	5	① ② ③ ④
6	① ② ③ ④	6	① ② ③ ④	6	① ② ③ ④	6	① ② ③ ④
7	① ② ③ ④	7	① ② ③ ④	7	① ② ③ ④	7	① ② ③ ④
8	① ② ③ ④	8	① ② ③ ④	8	① ② ③ ④	8	① ② ③ ④
9	① ② ③ ④	9	① ② ③ ④	9	① ② ③ ④	9	① ② ③ ④
10	① ② ③ ④	10	① ② ③ ④	10	① ② ③ ④	10	① ② ③ ④

수험생 유의사항

※ 답안은 반드시 컴퓨터용 사인펜으로 보기와 같이 바르게 표기해야 합니다.
〈보기〉 ① ② ③ ❹ ⑤

※ 성명표기란 위 칸에는 성명을 한글로 쓰고 아래 칸에는 성명을 정확하게 표기하십시오. (맨 왼쪽 칸부터 성과 이름은 붙여 씁니다)

※ 수험번호/월일 위 칸에는 아라비아 숫자로 쓰고 아래 칸에는 숫자와 일치하게 표기하십시오.

※ 월일은 반드시 본인 주민등록번호의 생년을 제외한 월 두 자리, 일 두 자리를 표기하십시오.
〈예〉 1994년 1월 12일 → 0112

잘라서 활용하세요.

gosinet (주)고시넷

한국수자원공사

감독관 확인란	

6회 기출예상문제

성명표기란

자음	모음	자음	자음	모음	자음	자음	모음	자음	자음	모음	자음
ㄱ ㄴ ㄷ ㄹ ㅁ ㅂ ㅅ ㅇ ㅈ ㅊ ㅋ ㅌ ㅍ ㅎ	ㅏ ㅑ ㅓ ㅕ ㅗ ㅛ ㅜ ㅠ ㅡ ㅣ ㅐ ㅒ ㅔ ㅖ ㅘ ㅙ ㅚ ㅝ ㅞ ㅟ ㅢ	ㄱ ㄴ ㄷ ㄹ ㅁ ㅂ ㅅ ㅇ ㅈ ㅊ ㅋ ㅌ ㅍ ㅎ	ㄱ ㄴ ㄷ ㄹ ㅁ ㅂ ㅅ ㅇ ㅈ ㅊ ㅋ ㅌ ㅍ ㅎ ㄲ ㄸ ㅃ ㅆ ㅉ	ㅏ ㅑ ㅓ ㅕ ㅗ ㅛ ㅜ ㅠ ㅡ ㅣ ㅐ ㅒ ㅔ ㅖ ㅘ ㅙ ㅚ ㅝ ㅞ ㅟ ㅢ	ㄱ ㄴ ㄷ ㄹ ㅁ ㅂ ㅅ ㅇ ㅈ ㅊ ㅋ ㅌ ㅍ ㅎ ㄲ ㄸ ㅃ ㅆ ㅉ ㄳ ㄺ ㄻ	ㄱ ㄴ ㄷ ㄹ ㅁ ㅂ ㅅ ㅇ ㅈ ㅊ ㅋ ㅌ ㅍ ㅎ ㄲ ㄸ ㅃ ㅆ ㅉ	ㅏ ㅑ ㅓ ㅕ ㅗ ㅛ ㅜ ㅠ ㅡ ㅣ ㅐ ㅒ ㅔ ㅖ ㅘ ㅙ ㅚ ㅝ ㅞ ㅟ ㅢ	ㄱ ㄴ ㄷ ㄹ ㅁ ㅂ ㅅ ㅇ ㅈ ㅊ ㅋ ㅌ ㅍ ㅎ ㄲ ㄸ ㅃ ㅆ ㅉ ㄳ ㄺ ㄻ	ㄱ ㄴ ㄷ ㄹ ㅁ ㅂ ㅅ ㅇ ㅈ ㅊ ㅋ ㅌ ㅍ ㅎ ㄲ ㄸ ㅃ ㅆ ㅉ	ㅏ ㅑ ㅓ ㅕ ㅗ ㅛ ㅜ ㅠ ㅡ ㅣ ㅐ ㅒ ㅔ ㅖ ㅘ ㅙ ㅚ ㅝ ㅞ ㅟ ㅢ	ㄱ ㄴ ㄷ ㄹ ㅁ ㅂ ㅅ ㅇ ㅈ ㅊ ㅋ ㅌ ㅍ ㅎ ㄲ ㄸ ㅃ ㅆ ㅉ ㄳ ㄺ ㄻ

수험번호

⓪	⓪	⓪	⓪	⓪	⓪
①	①	①	①	①	①
②	②	②	②	②	②
③	③	③	③	③	③
④	④	④	④	④	④
⑤	⑤	⑤	⑤	⑤	⑤
⑥	⑥	⑥	⑥	⑥	⑥
⑦	⑦	⑦	⑦	⑦	⑦
⑧	⑧	⑧	⑧	⑧	⑧
⑨	⑨	⑨	⑨	⑨	⑨

(주민등록 앞자리 생년제외) 월일

⓪	⓪	⓪	⓪
①	①	①	①
②	②	②	②
③	③	③	③
④	④	④	④
⑤	⑤	⑤	⑤
⑥	⑥	⑥	⑥
⑦	⑦	⑦	⑦
⑧	⑧	⑧	⑧
⑨	⑨	⑨	⑨

수험생 유의사항

※ 답안은 반드시 컴퓨터용 사인펜으로 보기와 같이 바르게 표기해야 합니다.
〈보기〉 ① ② ③ ❹ ⑤

※ 성명표기란 위 칸에는 성명을 한글로 쓰고 아래 칸에는 성명을 정확하게 표기하십시오. (맨 왼쪽 칸부터 성과 이름은 붙여 씁니다)

※ 수험번호/월일 위 칸에는 아라비아 숫자로 쓰고 아래 칸에는 숫자와 일치하게 표기하십시오.

※ 월일은 반드시 본인 주민등록번호의 생년을 제외한 월 두 자리, 일 두 자리를 표기하십시오.
〈예〉 1994년 1월 12일 → 0112

문번	문제해결능력	문번	의사소통능력	문번	수리능력	문번	자원관리능력
1	① ② ③ ④	1	① ② ③ ④	1	① ② ③ ④	1	① ② ③ ④
2	① ② ③ ④	2	① ② ③ ④	2	① ② ③ ④	2	① ② ③ ④
3	① ② ③ ④	3	① ② ③ ④	3	① ② ③ ④	3	① ② ③ ④
4	① ② ③ ④	4	① ② ③ ④	4	① ② ③ ④	4	① ② ③ ④
5	① ② ③ ④	5	① ② ③ ④	5	① ② ③ ④	5	① ② ③ ④
6	① ② ③ ④	6	① ② ③ ④	6	① ② ③ ④	6	① ② ③ ④
7	① ② ③ ④	7	① ② ③ ④	7	① ② ③ ④	7	① ② ③ ④
8	① ② ③ ④	8	① ② ③ ④	8	① ② ③ ④	8	① ② ③ ④
9	① ② ③ ④	9	① ② ③ ④	9	① ② ③ ④	9	① ② ③ ④
10	① ② ③ ④	10	① ② ③ ④	10	① ② ③ ④	10	① ② ③ ④

gosinet (주)고시넷

한국수자원공사

감독관 확인란

직무능력평가

성명표기란

수험번호

(주민등록 앞자리 생년제외) 월일

문번	1회	문번	2회	문번	3회	문번	4회
1	① ② ③ ④	1	① ② ③ ④	1	① ② ③ ④	1	① ② ③ ④
2	① ② ③ ④	2	① ② ③ ④	2	① ② ③ ④	2	① ② ③ ④
3	① ② ③ ④	3	① ② ③ ④	3	① ② ③ ④	3	① ② ③ ④
4	① ② ③ ④	4	① ② ③ ④	4	① ② ③ ④	4	① ② ③ ④
5	① ② ③ ④	5	① ② ③ ④	5	① ② ③ ④	5	① ② ③ ④
6	① ② ③ ④	6	① ② ③ ④	6	① ② ③ ④	6	① ② ③ ④
7	① ② ③ ④	7	① ② ③ ④	7	① ② ③ ④	7	① ② ③ ④
8	① ② ③ ④	8	① ② ③ ④	8	① ② ③ ④	8	① ② ③ ④
9	① ② ③ ④	9	① ② ③ ④	9	① ② ③ ④	9	① ② ③ ④
10	① ② ③ ④	10	① ② ③ ④	10	① ② ③ ④	10	① ② ③ ④

수험생 유의사항

※ 답안은 반드시 컴퓨터용 사인펜으로 보기와 같이 바르게 표기해야 합니다.
〈보기〉 ① ② ③ ❹ ⑤

※ 성명표기란 위 칸에는 성명을 한글로 쓰고 아래 칸에는 성명을 정확하게 표기하십시오. (맨 왼쪽 칸부터 성과 이름은 붙여 씁니다)

※ 수험번호/월일 위 칸에는 아라비아 숫자로 쓰고 아래 칸에는 숫자와 일치하게 표기하십시오.

※ 월일은 반드시 본인 주민등록번호의 생년을 제외한 월 두 자리, 일 두 자리를 표기하십시오.
〈예〉 1994년 1월 12일 → 0112

절취선 ✂ 잘라서 활용하세요.

한국수자원공사

감독관 확인란	

기출예상문제_연습용

성명표기란

㉠ ㉡ ㉢ ㉣ ㉤ ㉥ ㉦ ㉧ ㉨ ㉩ ㉪ ㉫ ㉬ ㉭	ㅏ ㅑ ㅓ ㅕ ㅗ ㅛ ㅜ ㅠ ㅡ ㅣ ㅐ ㅒ ㅔ ㅖ ㅘ ㅙ ㅚ ㅝ ㅞ ㅟ ㅢ	㉠ ㉡ ㉢ ㉣ ㉤ ㉥ ㉦ ㉧ ㉨ ㉩ ㉪ ㉫ ㉬ ㉭ ㄲ ㄸ ㅃ ㅆ ㅉ ㄺ ㄻ

수험번호

⓪①②③④⑤⑥⑦⑧⑨	⓪①②③④⑤⑥⑦⑧⑨	⓪①②③④⑤⑥⑦⑧⑨	⓪①②③④⑤⑥⑦⑧⑨	⓪①②③④⑤⑥⑦⑧⑨	⓪①②③④⑤⑥⑦⑧⑨

(주민등록 앞자리 생년제외) 월일

⓪①②③④⑤⑥⑦⑧⑨	⓪①②③④⑤⑥⑦⑧⑨	⓪①②③④⑤⑥⑦⑧⑨	⓪①②③④⑤⑥⑦⑧⑨

수험생 유의사항

※ 답안은 반드시 컴퓨터용 사인펜으로 보기와 같이 바르게 표기해야 합니다.
〈보기〉 ① ② ③ ❹ ⑤

※ 성명표기란 위 칸에는 성명을 한글로 쓰고 아래 칸에는 성명을 정확하게 표기하십시오. (맨 왼쪽 칸부터 성과 이름은 붙여 씁니다)

※ 수험번호/월일 위 칸에는 아라비아 숫자로 쓰고 아래 칸에는 숫자와 일치하게 표기하십시오.

※ 월일은 반드시 본인 주민등록번호의 생년을 제외한 월 두 자리, 일 두 자리를 표기하십시오.
〈예〉 1994년 1월 12일 → 0112

문번	문제해결능력	문번	의사소통능력	문번	수리능력	문번	자원관리능력
1	① ② ③ ④	1	① ② ③ ④	1	① ② ③ ④	1	① ② ③ ④
2	① ② ③ ④	2	① ② ③ ④	2	① ② ③ ④	2	① ② ③ ④
3	① ② ③ ④	3	① ② ③ ④	3	① ② ③ ④	3	① ② ③ ④
4	① ② ③ ④	4	① ② ③ ④	4	① ② ③ ④	4	① ② ③ ④
5	① ② ③ ④	5	① ② ③ ④	5	① ② ③ ④	5	① ② ③ ④
6	① ② ③ ④	6	① ② ③ ④	6	① ② ③ ④	6	① ② ③ ④
7	① ② ③ ④	7	① ② ③ ④	7	① ② ③ ④	7	① ② ③ ④
8	① ② ③ ④	8	① ② ③ ④	8	① ② ③ ④	8	① ② ③ ④
9	① ② ③ ④	9	① ② ③ ④	9	① ② ③ ④	9	① ② ③ ④
10	① ② ③ ④	10	① ② ③ ④	10	① ② ③ ④	10	① ② ③ ④

한국수자원공사

감독관 확인란	

기출예상문제_연습용

성명표기란

ㄱ ㄴ ㄷ ㄹ ㅁ ㅂ ㅅ ㅇ ㅈ ㅊ ㅋ ㅌ ㅍ ㅎ	ㅏ ㅑ ㅓ ㅕ ㅗ ㅛ ㅜ ㅠ ㅡ ㅣ ㅐ ㅒ ㅔ ㅖ ㅘ ㅙ ㅚ ㅝ ㅞ ㅟ ㅢ	ㄱ ㄴ ㄷ ㄹ ㅁ ㅂ ㅅ ㅇ ㅈ ㅊ ㅋ ㅌ ㅍ ㅎ	ㄱ ㄴ ㄷ ㄹ ㅁ ㅂ ㅅ ㅇ ㅈ ㅊ ㅋ ㅌ ㅍ ㅎ ㄲ ㄸ ㅃ ㅆ ㅉ	ㅏ ㅑ ㅓ ㅕ ㅗ ㅛ ㅜ ㅠ ㅡ ㅣ ㅐ ㅒ ㅔ ㅖ ㅘ ㅙ ㅚ ㅝ ㅞ ㅟ ㅢ	ㄱ ㄴ ㄷ ㄹ ㅁ ㅂ ㅅ ㅇ ㅈ ㅊ ㅋ ㅌ ㅍ ㅎ ㄲ ㄸ ㅃ ㅆ ㅉ ㄺ ㄻ	ㄱ ㄴ ㄷ ㄹ ㅁ ㅂ ㅅ ㅇ ㅈ ㅊ ㅋ ㅌ ㅍ ㅎ ㄲ ㄸ ㅃ ㅆ ㅉ	ㅏ ㅑ ㅓ ㅕ ㅗ ㅛ ㅜ ㅠ ㅡ ㅣ ㅐ ㅒ ㅔ ㅖ ㅘ ㅙ ㅚ ㅝ ㅞ ㅟ ㅢ	ㄱ ㄴ ㄷ ㄹ ㅁ ㅂ ㅅ ㅇ ㅈ ㅊ ㅋ ㅌ ㅍ ㅎ ㄲ ㄸ ㅃ ㅆ ㅉ ㄺ ㄻ	ㄱ ㄴ ㄷ ㄹ ㅁ ㅂ ㅅ ㅇ ㅈ ㅊ ㅋ ㅌ ㅍ ㅎ ㄲ ㄸ ㅃ ㅆ ㅉ	ㅏ ㅑ ㅓ ㅕ ㅗ ㅛ ㅜ ㅠ ㅡ ㅣ ㅐ ㅒ ㅔ ㅖ ㅘ ㅙ ㅚ ㅝ ㅞ ㅟ ㅢ	ㄱ ㄴ ㄷ ㄹ ㅁ ㅂ ㅅ ㅇ ㅈ ㅊ ㅋ ㅌ ㅍ ㅎ ㄲ ㄸ ㅃ ㅆ ㅉ ㄺ ㄻ

수험번호

0 1 2 3 4 5 6 7 8 9	0 1 2 3 4 5 6 7 8 9	0 1 2 3 4 5 6 7 8 9	0 1 2 3 4 5 6 7 8 9	0 1 2 3 4 5 6 7 8 9	0 1 2 3 4 5 6 7 8 9

(주민등록 앞자리 생년제외) 월일

0 1 2 3 4 5 6 7 8 9	0 1 2 3 4 5 6 7 8 9	0 1 2 3 4 5 6 7 8 9	0 1 2 3 4 5 6 7 8 9

문번	문제해결능력	문번	의사소통능력	문번	수리능력	문번	자원관리능력
1	① ② ③ ④	1	① ② ③ ④	1	① ② ③ ④	1	① ② ③ ④
2	① ② ③ ④	2	① ② ③ ④	2	① ② ③ ④	2	① ② ③ ④
3	① ② ③ ④	3	① ② ③ ④	3	① ② ③ ④	3	① ② ③ ④
4	① ② ③ ④	4	① ② ③ ④	4	① ② ③ ④	4	① ② ③ ④
5	① ② ③ ④	5	① ② ③ ④	5	① ② ③ ④	5	① ② ③ ④
6	① ② ③ ④	6	① ② ③ ④	6	① ② ③ ④	6	① ② ③ ④
7	① ② ③ ④	7	① ② ③ ④	7	① ② ③ ④	7	① ② ③ ④
8	① ② ③ ④	8	① ② ③ ④	8	① ② ③ ④	8	① ② ③ ④
9	① ② ③ ④	9	① ② ③ ④	9	① ② ③ ④	9	① ② ③ ④
10	① ② ③ ④	10	① ② ③ ④	10	① ② ③ ④	10	① ② ③ ④

수험생 유의사항

※ 답안은 반드시 컴퓨터용 사인펜으로 보기와 같이 바르게 표기해야 합니다.
〈보기〉 ① ② ③ ❹ ⑤

※ 성명표기란 위 칸에는 성명을 한글로 쓰고 아래 칸에는 성명을 정확하게 표기하십시오. (맨 왼쪽 칸부터 성과 이름은 붙여 씁니다)

※ 수험번호/월일 위 칸에는 아라비아 숫자로 쓰고 아래 칸에는 숫자와 일치하게 표기하십시오.

※ 월일은 반드시 본인 주민등록번호의 생년을 제외한 월 두 자리, 일 두 자리를 표기하십시오.
〈예〉 1994년 1월 12일 → 0112

잘라서 활용하세요.

한국수자원공사

감독관 확인란	

직무능력평가_연습용

성명표기란

수험번호

⓪–⑨	⓪–⑨	⓪–⑨	⓪–⑨	⓪–⑨	⓪–⑨

(주민등록 앞자리 생년제외) 월일

⓪–⑨	⓪–⑨	⓪–⑨	⓪–⑨

문번	1회	문번	2회	문번	3회	문번	4회
1	① ② ③ ④	1	① ② ③ ④	1	① ② ③ ④	1	① ② ③ ④
2	① ② ③ ④	2	① ② ③ ④	2	① ② ③ ④	2	① ② ③ ④
3	① ② ③ ④	3	① ② ③ ④	3	① ② ③ ④	3	① ② ③ ④
4	① ② ③ ④	4	① ② ③ ④	4	① ② ③ ④	4	① ② ③ ④
5	① ② ③ ④	5	① ② ③ ④	5	① ② ③ ④	5	① ② ③ ④
6	① ② ③ ④	6	① ② ③ ④	6	① ② ③ ④	6	① ② ③ ④
7	① ② ③ ④	7	① ② ③ ④	7	① ② ③ ④	7	① ② ③ ④
8	① ② ③ ④	8	① ② ③ ④	8	① ② ③ ④	8	① ② ③ ④
9	① ② ③ ④	9	① ② ③ ④	9	① ② ③ ④	9	① ② ③ ④
10	① ② ③ ④	10	① ② ③ ④	10	① ② ③ ④	10	① ② ③ ④

수험생 유의사항

※ 답안은 반드시 컴퓨터용 사인펜으로 보기와 같이 바르게 표기해야 합니다.
〈보기〉 ① ② ③ ❹ ⑤

※ 성명표기란 위 칸에는 성명을 한글로 쓰고 아래 칸에는 성명을 정확하게 표기하십시오. (맨 왼쪽 칸부터 성과 이름은 붙여 씁니다)

※ 수험번호/월일 위 칸에는 아라비아 숫자로 쓰고 아래 칸에는 숫자와 일치하게 표기하십시오.

※ 월일은 반드시 본인 주민등록번호의 생년을 제외한 월 두 자리, 일 두 자리를 표기하십시오.
〈예〉 1994년 1월 12일 → 0112

gosinet
(주)고시넷

대기업·금융

2024
고시넷 대기업
20대기업
인적성검사 온·오프라인
통합 기본서

2023
6
고시넷 대기업
LG그룹 온라인 인적성검사
최신기출유형 모의고사
LG Way Fit Test

2024
고시넷 대기업
SK그룹 종합역량검사
SK Competency Test
온라인 SKCT
최신기출유형 모의고사
4회

2024
고시넷 대기업
현대자동차
모빌리티 기술인력 생산직
최신기출유형 모의고사

2024
고시넷 대기업
KT그룹 온라인 인적성검사
종합인적성검사
최신기출유형 모의고사
5회

2025
고시넷 대기업
포스코그룹
온라인 인적성검사
최신 기출유형 모의고사

2024
고시넷 대기업
포스코 생산기술직
온라인 인적성검사
최신기출유형 모의고사
4회
Posco Aptitude Test

2025
고시넷 대기업
삼성그룹 온라인 GSAT
5급 고졸채용
최신 기출유형 모의고사

2025
고시넷 대기업
이랜드그룹
인적성검사
최신 기출유형 모의고사

2024
5
고시넷 대기업
KCC 온라인 인적성검사
최신 기출유형 모의고사

2023
3
고시넷 대기업
효성그룹 인적성검사
최신 기출유형 모의고사

2023
4
고시넷 대기업
샘표식품 인적성검사
최신 기출유형 모의고사

2023
3
고시넷 대기업
삼양그룹 온라인 인적성검사
최신 기출유형 모의고사

2024
5
고시넷 대기업
S-OIL 에쓰오일 온라인 인적성검사
최신 기출유형 모의고사

2025
고시넷 대기업
S-OIL 생산직
온라인 필기시험
최신 기출유형 모의고사

2024
4
고시넷 대기업
지역수협 인적성검사 경영학, 수협법
최신 기출유형 모의고사

2024
8
고시넷 대기업
MG새마을금고
NCS 기출예상모의고사

2024
5
고시넷 대기업
지역신협 인적성검사
최신 기출유형 모의고사

2025
고시넷 대기업
삼성그룹 온라인 GSAT
4급 전문대졸
최신 기출유형 모의고사

2025
고시넷 대기업
SK하이닉스 온라인 SKCT
Maintenance/Operator 고졸/전문대졸
최신 기출유형 모의고사

2025
고시넷 금융권
은행·금융 공기업
NCS
실제유형 + 실전모의고사

2024
고시넷 금융권
NH농협은행 NCS 직무상식
온라인 필기시험
최신기출유형 모의고사
6급

2024 개정판
고시넷 금융권
금융상식
경제상식 은행 필기시험 (경영상식 포함)

2024
고시넷 NCS
지역농협 6급
통합기본서

2024
고시넷 농·축협
지역농협 6급 NCS
오픈봉투모의고사
6회

저마다의 일생에는,

특히 그 일생이 동터 오르는 여명기에는

모든 것을 결정짓는 한 순간이 있다.

그 순간을 다시 찾아내는 것은 어렵다.

그것은 다른 수많은 순간들의 퇴적 속에

깊이 묻혀있다.

- 장 그르니에, 섬 LES ILES

2025 | 한국수자원공사 | NCS

고시넷
공기업

한국수자원공사 NCS 기출예상모의고사

6회

정답과 해설

(주)고시넷

2025 | 한국수자원공사 | NCS

고시넷
공기업

한국수자원공사 NCS

기출예상모의고사

6회

정답과 해설

1회 기출예상문제

1 문제해결능력

문제 16쪽

01	①	02	②	03	②	04	④	05	③
06	③	07	①	08	④	09	④	10	③

01 사고력 조건을 바탕으로 추론하기

| 정답 | ①

| 해설 | 네 사람이 배우는 기술들을 추론해 보면, 현서나 선우가 배우는 기술을 영훈이는 배우지 않고 영훈이가 배우는 기술을 주영이는 배우지 않는다. 따라서 영훈이는 다른 세 사람과 같은 기술을 배우지 않으므로 노래를 배운다. 스피치를 배우는 사람은 모두 세 명이므로 영훈이를 제외한 세 사람이 배운다는 것을 알 수 있다.

현서가 배우는 기술을 주영이도 모두 배우고 주영이가 배우는 기술 중 현서가 배우지만 선우는 배우지 않는 기술이 있다. 기타는 두 사람이 배우고 춤은 최소 두 명이 배우므로 이를 정리하면 다음과 같다.

현서	선우	영훈	주영
스피치 기타(또는 춤)	스피치 춤(또는 기타)	노래	스피치 기타 춤

따라서 반드시 참인 것은 ①이다.

| 오답풀이 |

③ 선우가 스피치 외에 춤을 배우는지 기타를 배우는지는 명확하게 알 수 없으므로 반드시 참이라 할 수 없다.

02 사고력 자료를 바탕으로 추론하기

| 정답 | ②

| 해설 | 세 번째 조건에 따라 조수석에 앉은 사람은 과장이며, 여섯 번째 조건에 따라 뒷좌석의 왼쪽에는 사원, 오른쪽에는 대리가 앉아 있음을 알 수 있다. 여섯 번째 조건에 의해 사원은 기획팀원이며 다섯 번째 조건에 따라 과장은 디자인팀, 대리는 연구팀이라는 것을 알 수 있다. 또한 일곱 번째 조건에 따라 연구팀 대리는 회색 재킷, 세 번째 조건에 따라 디자인팀 과장은 청색 재킷 그리고 기획팀 사원은 검정색 재킷을 입었음을 알 수 있다. 마지막으로 네 번째 조건에 따라 A는 디자인팀 과장, C는 기획팀 사원, B는 연구팀 대리임을 알 수 있다. 이를 정리하면 다음과 같다.

운전석	과장, 디자인팀, 청색 재킷, A
사원, 기획팀, 검정색 재킷, C	대리, 연구팀, 회색 재킷, B

따라서 ②가 적절한 추론이다.

03 사고력 자료에 따라 위치 추론하기

| 정답 | ②

| 해설 | 먼저 두 번째와 마지막 조건에 따라 1 ~ 3층을 정리하면 다음과 같다.

3층	신발 매장
2층	가방 매장
1층	편의점, 휴대전화 대리점

세 번째, 다섯 번째 조건을 보면 가방 매장과 아동복 매장은 한 층을 통째로 사용하고 여성복 매장은 다른 2개의 매장과 한 층에 있으므로 남은 한 층에도 3개의 매장이 있다는 것을 추론할 수 있다.

네 번째와 여섯 번째 조건을 통해 모자와 스포츠웨어 매장이 한 층에, 남성복과 액세서리 매장이 한 층에 있는 것을 알 수 있다. 남성복과 액세서리 매장이 스포츠웨어 매장보다 높은 층에 있으므로 모자와 스포츠웨어 매장이 3층에 위치하고 있다. 그리고 바로 위층에는 아동복 매장이 한 층을 통째로 사용하고, 따라서 5층에 여성복, 남성복, 액세서리 매장이 위치한다.

5층	여성복, 남성복, 액세서리 매장
4층	아동복 매장
3층	신발, 모자, 스포츠웨어 매장
2층	가방 매장
1층	편의점, 휴대전화 대리점

따라서 ②가 적절한 추론이다.

04 문제처리능력 자료 이해하기

| 정답 | ④

| 해설 | 각 부서별 선발 인원을 표로 정리하면 다음과 같다.

(단위 : 명)

구분	신입	경력	총인원
교육팀	6	6	12
기술지원팀	6	6	12
인사팀	3	3	6
법무팀	5	5	10
기획팀	0	7	7
재무팀	6	3	9
홍보팀	6	0	6

이때 법무팀의 총선발인원은 인사팀 총선발 인원보다 4명 더 많은 10명이고, 신입 / 경력 선발인원에 대한 구분이 없는 경우에는 50 : 50의 비율로 선발하므로 각각 5명씩 선발할 것이다.

또한 면접 일정을 달력에 정리해보면 다음과 같다.

월	화	수	목	금
1 〈기술지원팀〉	2 〈법무팀〉	3 개천절	4 〈기획팀?〉	5 〈인사팀〉
8 〈기획팀?〉	9 한글날	10 〈홍보팀〉	11 〈교육팀〉	12 〈재무팀〉

| 오답풀이 |

① 신입사원 선발 총인원이 32명이므로 면접대상자는 32×6=192(명)이다.

② 선발하는 인원은 모두 62명이다.

③ 주어진 정보로는 기획팀의 면접일정을 정확히 추론할 수 없다.

05 문제처리능력 변경사항 적용하기

| 정답 | ③

| 해설 | 선발 인원의 총합이 가장 적은 2개 부서는 인사팀과 홍보팀이다. 이 두 부서 중 원래 면접시험일이 더 빠른 10월 5일에 두 팀의 면접을 실시한다.

홍보팀이 면접시험일을 옮기며 10월 10일 일정이 비게 되므로 교육팀과 재무팀의 면접시험일을 하루씩 더 앞당겨야 한다.

월	화	수	목	금
1 〈기술지원팀〉	2 〈법무팀〉	3 개천절	4 〈기획팀?〉	5 〈인사팀〉 &〈홍보팀〉
8 〈기획팀?〉	9 한글날	10 〈교육팀〉	11 〈재무팀〉	12

따라서 기술지원팀, 법무팀, 홍보팀의 면접시험은 같은 주에 이루어진다.

06 문제처리능력 차량 대여가격 계산하기

| 정답 | ③

| 해설 | • 제주 도착시간 : 6월 7일 10시 10분

• 수하물을 찾고 공항을 나온 시간 : 6월 7일 11시 10분

• 렌터카 업체에 도착한 시간 : 6월 7일 11시 20분

∴ 6월 7일 11시 20분부터 차량 렌트

• 제주 출발시간 : 6월 8일 16시 30분

• 탑승 수속을 위해 공항에 도착한 시간 : 6월 8일 15시 30분

• 렌터카 업체에서 공항으로 출발한 시간 : 6월 8일 15시 20분

∴ 6월 8일 15시 20분까지 차량 렌트

갑 씨가 차량을 렌트한 시간은 28시간이므로 B 차량을 이용할 경우 차량 대여가격은 64,000+36,000=100,000(원)이다.

07 문제처리능력 가장 저렴한 차량 파악하기

| 정답 | ①

| 해설 | 각 차량별 대여비와 유류비 합을 계산해 보면 다음과 같다.

• A 차량 : $60,000+33,750+\frac{260}{12.5}\times 1,640$

$=127,862$(원)

• B 차량 : $64,000+36,000+\frac{260}{12.0}\times 1,640$

$\fallingdotseq 135,533$(원)

• C 차량 : $65,000+36,500+\frac{260}{16.0}\times1,640$

$=128,150$(원)

• D 차량 : $65,000+36,500+\frac{260}{12.0}\times1,360$

$\fallingdotseq130,967$(원)

따라서 A 차량이 가장 저렴하다.

08 문제처리능력 점수 계산하기

| 정답 | ④

| 해설 | 각 팀별 평가점수를 계산하면 다음과 같다.

팀	평가점수	팀	평가점수
운송 1팀	55점	운송 6팀	49.5점
운송 2팀	52.5점	운송 7팀	53.5점
운송 3팀	58.5점	운송 8팀	57.5점
운송 4팀	74점	운송 9팀	63.5점
운송 5팀	67.5점	운송 10팀	47점

1등급은 평가점수 80점 이상인 팀들 중 1등에게, 그다음 순위에 2등급을 부여하지만 80점 이상인 팀이 없기 때문에 1, 2등급은 없다. 75점 이상인 팀도 없으므로 3등급은 없다. 70점 이상인 팀은 운송 4팀뿐이므로 운송 4팀이 4등급이다. 65점 이상인 팀은 운송 5팀뿐이므로 운송 5팀이 5등급이다. 60점 이상인 팀도 운송 9팀뿐이므로 운송 9팀이 6등급이다.

운송 1팀, 운송 3팀, 운송 8팀은 55점 이상이므로 7등급이며, 나머지 운송 2팀, 운송 6팀, 운송 7팀, 운송 10팀은 8등급이다.

따라서 옳은 것은 ㉡, ㉢, ㉤이다.

09 문제처리능력 점수 계산하기

| 정답 | ④

| 해설 | 2/4분기 평가점수 상위 5팀은 운송 3,4,5,8,9팀이고 하위 5팀은 1,2,6,7,10팀이다. 각각 10점과 15점을 안전성 점수에 더하고 바뀐 평가점수 산출식에 따라 평가점수를 계산하면 다음과 같다.

(단위 : 점)

팀	효율성 점수	안전성 점수	평가 점수	팀	효율성 점수	안전성 점수	평가 점수
운송 1팀	70	55	79	운송 6팀	84	30	66
운송 2팀	70	50	75	운송 7팀	62	60	79
운송 3팀	62	65	83	운송 8팀	80	45	76
운송 4팀	88	70	100	운송 9팀	72	65	88
운송 5팀	90	55	89	운송 10팀	64	45	68

등급별 평가점수 기준을 15점씩 높인 바뀐 기준에 따라 등급을 나누면 1등급은 운송 4팀, 2 ~ 3등급은 없으며, 4등급은 운송 5팀과 운송 9팀, 5등급은 운송 3팀, 6등급은 운송 1팀과 운송 7팀, 7등급은 운송 2팀과 운송 8팀, 8등급은 운송 6팀과 운송 10팀이다.

10 사고력 조건에 따라 추론하기

| 정답 | ③

| 해설 | 업무 시작 시점에 A는 주근무자이고 기사 자격증 보유자이면서 경력 5년 이상인 B는 먼저 주근무를 해야 하므로 첫 번째 부근무자가 될 수 있는 사람은 D뿐이다. 3시간 후 두 번째 주근무자가 될 수 있는 사람은 B 또는 C이고, 세 번째 주근무자도 둘 중 하나가 된다. 따라서 두 번째 부근무자가 될 수 있는 사람은 근무를 쉬고 있던 A뿐이다. 이를 그림으로 정리하면 다음과 같다.

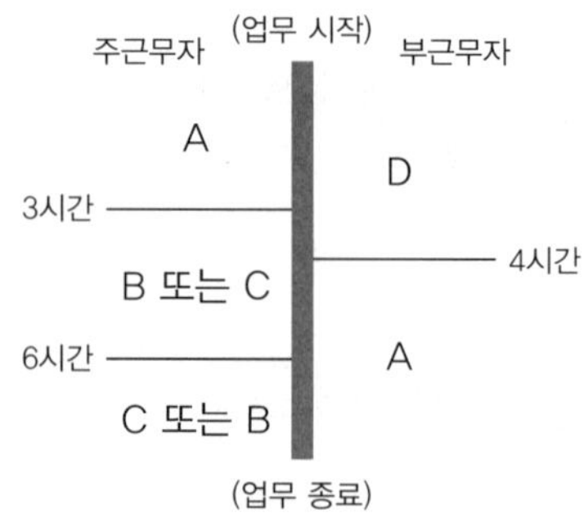

따라서 직원 A가 한 번도 부근무자가 되지 않았다는 추론은 옳지 않다.

2 의사소통능력

문제 25쪽

01	②	02	③	03	③	04	③	05	②
06	①	07	④	08	①	09	④	10	②

01 문서작성능력 단어의 관계 파악하기

| 정답 | ②

| 해설 | '맹점'은 미처 생각이 미치지 못한 모순되는 점이나 틈이라는 의미이지만 '무결'은 결함이나 흠이 없다는 의미이므로 두 단어는 서로 반의어 관계이다. 이는 이미 결정되어 있다는 의미의 '기정'과 아직 정하지 못했다는 의미의 '미정' 사이의 관계와 가장 유사하다.

| 오답풀이 |

① '방언'은 한 언어에서 사용 지역 또는 사회 계층에 따라 분화된 말의 체계로 더 포괄적인 단어인 '언어'에 포함되어 있다. 두 단어는 상의어와 하의어 관계이다.

③ '야생화'는 '생물'에 포함되어 있으므로 두 단어는 상의어와 하의어 관계이다.

④ '모순'은 어떤 사실의 앞뒤, 또는 두 사실이 이치상 어긋나서 서로 맞지 않는다는 의미이고, '당착'은 말이나 행동 따위의 앞뒤가 맞지 않는다는 의미이므로, 두 단어는 유의어 관계이다.

02 문서작성능력 맞춤법에 맞는 단어 찾기

| 정답 | ③

| 해설 | '며칠', '훼손', '작성하든지'는 옳은 표기이다. 단어의 표기가 올바르지 않은 것은 다음과 같다.

- 웬지 → 왠지 : '왠지'는 '왜 그런지 모르게. 또는 뚜렷한 이유도 없이'란 의미의 부사이다.
- 어떡게 → 어떻게 : '어떻게'는 '어떤 방법이나 방식으로'의 의미를 가진 부사이다.
- 말씀드리던지 → 말씀드리든지 : '-든지'는 나열된 동작이나 상태, 대상들 중에서 어느 것이든 선택될 수 있음을 나타낼 때 쓰인다.
- 바램 → 바람 : '바람'은 '어떤 일이 이루어지기를 기다리는 간절한 마음'의 의미를 가진 단어이다.

03 문서이해능력 세부 내용 파악하기

| 정답 | ③

| 해설 | ○○발전은 '지진 발생 후 건축물 긴급 안정성 평가 소프트웨어'를 자체 기술이 아닌 사외전문가와의 협업을 통해 국내 최초로 개발했다.

04 문서이해능력 글의 내용에 맞게 추론하기

| 정답 | ③

| 해설 | 오르테가 이 가세트가 논의한 '문화인'은 과학에 대한 반감을 지니고 있기에 과학을 멀리하고 신뢰하지 않을 것이다. 따라서 과학의 엄밀성을 신봉한다는 내용은 적절하지 않다.

05 문서이해능력 글의 주제 추론하기

| 정답 | ②

| 해설 | 제시된 글의 필자는 저탄소, 탈원전 정책을 긍정적으로 바라보는 시각을 보여 주고 있으나, 이에 대한 맹목적인 찬양보다는 이러한 정책을 받아들이기 위해 우리 사회에 필요한 자세와 정책이 성공하기 위한 조건을 제시하여 에너지 소비 생활에 대한 올바른 체질 개선 방향을 핵심 주제로 설정하고 있다. 따라서 ②가 주제로 가장 적절하다.

06 문서이해능력 단어의 의미 이해하기

| 정답 | ①

| 해설 | ㉠의 '배치'는 일정한 차례나 간격에 따라 벌여 놓음을 뜻하는 말이다. 이와 유사한 의미로 쓰인 것은 ①이다.

| 오답풀이 |

② 서로 반대로 되어 어그러지거나 어긋남을 뜻하는 말이다.

③, ④ 사람이나 물자 등을 일정한 자리에 알맞게 나누어 둠을 뜻하는 말이다.

07 문서이해능력 세부 내용 이해하기

| 정답 | ④

| 해설 | 제시된 글에서 OECD 자료에 따르면 2021년 프랑스, 미국, 영국, 호주의 물가수준이 한국에 비해 높다고 설명하고 있는 한편, 2020년의 물가수준에 관하여는 제시되어 있지 않다.

| 오답풀이 |

① 물가상승은 경제활동을 위축시키는 부정적인 영향을 주지만, 안정적인 물가상승은 국가의 지속적인 발전과 개인의 경제활동 유지에 필요하다고 설명하고 있다.

② 급격한 물가상승은 경제활동을 위축시킨다고 설명하고 있으며, 한국의 물가는 1998년 외환위기 시기에 7.5%, 2008년 국제 원유가격 급등이 있던 시기에 4.7%의 물가상승을 기록하였다는 점을 통해 해당 시기에 물가상승으로 인해 한국의 경제활동이 위축되었음을 추론할 수 있다.

③ 한국의 물가는 2015년부터 2021년까지 0 ~ 2%대 물가상승으로 안정적인 물가상승을 기록하였다.

08 문서작성능력 어법에 맞게 글쓰기

| 정답 | ①

| 해설 | '떨어트리다'와 '떨어뜨리다' 모두 위에 있던 것을 아래로 내려가게 하다는 의미의 복수표준어이다.

| 오답풀이 |

② 위촉(委囑)은 어느 일을 남에게 부탁하여 맡게 하다는 의미로, ㉡에는 문맥상 힘에 눌려 기를 펴지 못한다는 의미의 '위축'이 들어가는 것이 적절하다.

③ 문맥상 일정한 상태를 유지하다의 의미로 '안정적으로'가 들어가는 것이 적절하다.

④ '나뉘다'는 '나누다'의 피동사인 '나누이다'의 준말로, 해당 문장에서는 피동사가 아닌 '나누다'를 사용하여 '나누어'가 적절하다.

09 문서이해능력 필자의 견해 · 의도 파악하기

| 정답 | ④

| 해설 | 네 번째 문단을 보면 '권력의 집중화는 컴퓨터의 내재적 특성에 기인하는 것이 아니라 컴퓨터가 차지하는 사회적 맥락에 연유하는 것으로 볼 일이다'라고 하였고, 마지막 문단에서 필자는 '집중화의 경향이 일어나고 있다면 컴퓨터는 그러한 방향으로 이용될 것이며 의사 결정의 권한이나 정보의 확산이 필요하다면 컴퓨터는 그러한 방식으로 이용될 것이다'라고 언급하고 있으므로 컴퓨터와 권력의 상관관계는 사회적 맥락에 따라 다르게 해석된다고 볼 수 있다.

| 오답풀이 |

① 필자는 컴퓨터가 권력의 집중화에 이용될 수 있고, 권력의 탈집중화에 이용될 수 있으며 이는 컴퓨터가 차지하는 사회적 맥락에 따라 다르게 해석될 수 있다고 하였다. 또한 컴퓨터는 궁극적으로 인간이 원하는 쪽으로 이용될 것으로 보인다고 하였다.

② 필자는 컴퓨터가 권력의 집중화와 탈집중화에 기여하는 측면을 모두 균형 있게 다루고 있다.

③ 마지막 문단에서 '집중화가 증대한다는 사실에 대한 두려움이 현실적인 것이기는 하지만 컴퓨터가 적(敵)은 아니다'라고 하였다.

10 문서이해능력 세부 내용 이해하기

| 정답 | ②

| 해설 | 다섯 번째 문단에서 정책 결정 시 '컴퓨터는 위계질서의 정점에 있는 사람에게 더 많은 정보를 쉽게 다룰 수 있게 해 주고 그래서 아래 지위에 있는 사람들과의 직접적인 협의의 필요성과 의존도를 약화시킨다고 볼 수도 있다'고 하였으므로 권력이 집중되었다고 볼 수 있다. 그러나 이와 동일한 현상을 '컴퓨터를 이용해 조직의 아래에서 조직의 위로 각종 요구나 의견을 충분히 투입한 결과', 즉 권력이 분산된 결과라고 해석할 수도 있다. 따라서 같은 현상도 관점에 따라 권력의 집중 또는 분산으로 바라볼 수 있으므로 ㉠과 ㉡의 구별은 모호하다.

3 수리능력 문제 34쪽

01	②	02	③	03	②	04	③	05	④
06	②	07	④	08	④	09	③	10	③

01 기초연산능력 불량률 구하기

| 정답 | ②

| 해설 | 2번 라인은 5,000×1.1=5,500(개), 3번 라인은 5,500−500=5,000(개)의 제품을 하루 동안 생산한다. 각 라인의 불량률을 곱하여 불량품의 개수를 계산하면 1번 라인부터 각각 $5,000\times\frac{0.8}{100}=40$(개), $5,500\times\frac{1}{100}=55$(개), $5,000\times\frac{0.5}{100}=25$(개)이다.

따라서 하루 생산량 전체의 불량률은

$\frac{40+55+25}{5,000+5,500+5,000}\times 100 \fallingdotseq 0.77(\%)$이다.

02 기초연산능력 거리 · 속력 · 시간 활용하기

| 정답 | ③

| 해설 | 윤 대리의 이동 속도는 80km/h 이상이고 윤 대리가 황 대리보다 4시간 30분 늦게 K 지점에 도착했으므로 K 지점−대전−부산 순으로 일직선상에 위치함을 알 수 있다.

200km 500km
K 지점 대전 부산

윤 대리의 속도를 $x$km/h라고 하면 다음과 같은 식이 성립한다.

$$\frac{200}{80}+4.5=\frac{200+500}{x}$$

$$7=\frac{700}{x}$$

$$\therefore\ x=100$$

따라서 윤 대리의 속도는 100km/h이다.

03 기초통계능력 평균 구하기

| 정답 | ②

| 해설 | K사 직원의 전체 평균을 구하는 식은

$$\frac{(\text{전체 남직원 점수의 합})+(\text{전체 여직원 점수의 합})}{(\text{K사 전체 직원 수})}$$

이다. K사 전체 직원 수는 $(x+16)$명이고, 전체 남직원 점수의 합은 $70x$점, 전체 여직원 점수의 합은 $16y$점이므로 K사 직원의 전체 평균은 $\frac{70x+16y}{x+16}$점이다.

04 기초연산능력 시차 계산하기

| 정답 | ③

| 해설 | 헝가리 공장 현지 담당자가 화상회의를 할 수 있는 시간은 오전 10시부터 오후 5시까지, 즉 서울 기준으로 오후 5시부터 12시까지다. 김 과장의 업무시간은 오후 6시까지이므로 화상회의가 가능한 시간은 서울 기준 오후 5시부터 6시까지, 즉 헝가리 기준으로는 오전 10시부터 11시까지다.

05 도표분석능력 자료의 수치 분석하기

| 정답 | ④

| 해설 | 평일에는 남자보다 여자의 여가 시간이 평균적으로 더 길고, 휴일에는 여자보다 남자의 여가 시간이 평균적으로 더 길다.

| 오답풀이 |

① 조사 시기에 전체 여가 시간은 평일은 3.0 ~ 4.0시간인 반면에 휴일은 5.0 ~ 7.0시간으로 휴일 여가 시간이 1시간 이상 많다고 할 수 있다.

② 조사 시기에 30대의 평일 여가 시간은 2.3 ~ 3.2시간이며, 40대의 평일 여가 시간은 2.4 ~ 3.3시간으로 두 연령대의 평일 여가 시간은 3.5시간을 넘지 않는다.

③ 여자의 휴일 여가 시간이 가장 길었던 해는 2017년으로 6.7시간이며, 가장 짧았던 해는 2023년으로 4.9시간이다. 두 해 여가 시간의 차이는 1.8시간으로 1시간 이상 차이가 난다.

06 도표분석능력 자료의 수치 분석하기

| 정답 | ②

| 해설 | 2019년 이후 평일 여가 시간이 가장 짧았던 연령집단은 10대로 2.6시간이며, 그 해의 남성 평균 여가 시간은 3.1시간으로 그 차이는 0.5시간이다.

07 도표분석능력 자료의 수치 분석하기

| 정답 | ④

| 해설 | 일요일 도착 편과 화요일 출발 편은 모두 증가－감소하였다.

| 오답풀이 |

① 월요일 도착 편은 증가－감소하였고, 금요일 출발 편은 감소－증가하였다.

② 수요일 도착 편은 감소－증가하였고, 화요일 출발 편은 증가－감소하였다.

③ 금요일 도착 편은 감소－증가하였고, 토요일 출발 편은 감소－감소하였다.

08 도표분석능력 자료의 수치 분석하기

| 정답 | ④

| 해설 | 20X6년 6위와 7위 제품인 자동차부품과 합성수지의 수출액 차이는 24,415－17,484＝6,931(백만 달러)이다. 이들 제품의 20X5년의 수출액 차이는 25,550－18,418＝7,132(백만 달러)이므로, 수출액 차이는 20X5년에 더 크다.

| 오답풀이 |

① 20X7년 10대 수출품목 중 전년도에는 없었다가 새롭게 진입한 품목은 컴퓨터 하나이다.

② 20X7년 1 ~ 5위 수출품목의 수출액 합은 244,389백만 달러이다.

③ $\frac{35,037}{32,002}\times 100 \fallingdotseq 109.48(\%)$이므로 약 9% 증가하였다.

09 도표작성능력 그래프 작성하기

| 정답 | ③

| 해설 | ㉠ 20X5년 10대 품목 수출액 중 합성수지의 구성비는 $\frac{18,418}{305,586}\times 100 \fallingdotseq 6(\%)$, 자동차의 구성비는 $\frac{45,794}{305,586}\times 100 \fallingdotseq 15(\%)$이다.

㉣ 평판디스플레이 및 센서는 20X6년에 한 계단 내려갔다가 20X7년 다시 세 계단 상승했고, 무선통신기기는 20X6년에는 순위 변동이 없다가 20X7년에는 세 계단 하강했다.

| 오답풀이 |

㉡ 20X5년 대비 20X6년 반도체 수출액은 $\frac{62,005}{62,717}\times 100 \fallingdotseq 99(\%)$로 약 1% 감소하였고, 20X6년 대비 20X7년 반도체 수출액은 $\frac{97,937}{62,005}\times 100 \fallingdotseq 158(\%)$로 약 58% 증가하였다.

㉢ 20X6년 자동차의 비중은 $\frac{40,637}{276,512}\times 100 \fallingdotseq 15(\%)$, 20X7년 자동차의 비중은 $\frac{41,690}{337,346}\times 100 \fallingdotseq 12(\%)$이다.

10 도표분석능력 자료의 수치 분석하기

| 정답 | ③

| 해설 | 품목별 전년 대비 2021년 수출량의 증감량을 구하면 다음과 같다.

- 휘발유 : 878,950－822,170＝56,780(백 배럴)
- 등유 : 65,300－52,270＝13,030(백 배럴)
- 경유 : 1,907,120－1,761,540＝145,580(백 배럴)
- 벙커C유 : 1,750－3,620＝－1,870(백 배럴)
- 나프타 : 258,720－158,240＝100,480(백 배럴)
- 항공유 : 1,154,170－1,212,030＝－57,860(백 배럴)

따라서 전년 대비 2021년 수출량의 증감량이 가장 큰 품목은 절댓값이 가장 큰 경유이다.

| 오답풀이 |

① 나프타의 수입량과 수출량은 지속적으로 증가하고 있고, 연도별 수출량과 수입량의 격차를 구하면 다음과 같다.

- 2020년 : 1,996,320－158,240＝1,838,080(백 배럴)
- 2021년 : 2,188,140－258,720＝1,929,420(백 배럴)
- 2022년 : 2,260,880－473,820＝1,787,060(백 배럴)

수출량과 수입량의 격차는 증가했다가 감소했으므로 적절하지 않다.

② 2021년과 2022년의 벙커C유 수입량의 5배는 나프타 수입량에 미치지 못하므로 적절하지 않다.

④ 2022년 품목별 수출량 순위는 경유>항공유>휘발유>나프타>벙커C유>등유>용제이다. 이때, 휘발유와 나프타의 수출량과 수입량의 격차만 구해도 휘발유는 878,720−1,300=877,420(백 배럴), 나프타는 2,260,880−473,820=1,787,060(백 배럴)이 되어 두 품목의 순위가 나프타>휘발유가 됨을 알 수 있다. 따라서 적절하지 않은 설명이다.

4 자원관리능력

문제 41쪽

01	②	02	④	03	④	04	④	05	②
06	④	07	③	08	②	09	③	10	④

01 인적자원관리능력 진급규정 이해하기

|정답| ②

|해설| 연봉이 5% 상승하는 경우는 2등급으로 진급하는 경우이다. 정의 경우 완료한 프로젝트는 총 7건이고, 인사고과는 95점으로 기준을 만족하며, 근속연수가 1년 이상 2년 미만이므로 2등급에 해당한다. 따라서 다음 달부터 연봉이 5% 상승하는 직원은 정이다.

|오답풀이|

- 김의 경우 완료한 프로젝트의 개수가 4건으로 기준 미달이며 근속연수 또한 미달이다.
- 이의 경우 기준을 만족하며 근속연수가 2년 이상이므로 1등급에 해당한다.
- 박의 경우 차장으로서 과장 이상의 직급에 해당하므로 근속연수가 미달이다. 또한, 근속연수를 충족한다고 하더라도 1등급에 해당된다.
- 주의 경우 인사고과 점수가 미달이며 이를 충족한다고 하더라도 1등급에 해당한다.

02 인적자원관리능력 우수 직원 선정하기

|정답| ④

|해설| 세 번째 조건에서 업무 성과도 점수가 70점 미만인 직원은 선정될 수 없다 했으므로 B는 제외한다. 나머지 세 명의 점수를 모두 합한 결과는 다음과 같다.

- A : (75×0.4)+(85×0.3)+(90×0.3)=30+25.5+27 =82.5(점)
- C : (80×0.4)+(90×0.3)+(75×0.3)=32+27+22.5 =81.5(점)
- D : (75×0.4)+(80×0.3)+(100×0.3)=30+24+30 =84(점)

따라서 가장 높은 점수를 받은 D가 우수 직원으로 선정된다.

03 인적자원관리능력 신입사원 특성에 맞게 부서 배치하기

|정답| ④

|해설| 업무에 필요한 능력이 무엇인가에 대한 문제이다. A는 긍정적인 성격에 영업 경험이 있으므로 국내 영업에 배치되는 것이 바람직하다. 논리적인 성격이고 경영학을 전공한 B는 기획팀에 어울리고, 침착하며 회계 자격증을 보유한 C는 회계팀이 적당하다. D의 경우 외국어가 뛰어나고 해외근무를 희망하므로 총무팀이 아니라 해외 영업팀이 더 적합하다.

04 자원관리능력 자원관리의 기본과정 이해하기

|정답| ④

|해설| 자원관리의 기본과정은 다음과 같다.

1. 어떤 자원이 얼마나 필요한지를 확인하기
2. 이용 가능한 자원을 수집(확보)하기
3. 자원 활용 계획 세우기
4. 계획에 따라 수행하기

따라서 (라)−(다)−(가)−(나)가 자원관리의 기본과정의 순서이다.

05 시간관리능력 이동시간 계산하기

| 정답 | ②

| 해설 | A에서 출발하여 I까지 이동하는 최단 경로는 A → C → E → G → I이다. 이때의 총 이동거리는 4+3+6+7=20(km)이므로 총 이동시간은 20×30=600(분)이다.

06 시간관리능력 회의일정 계산하기

| 정답 | ④

| 해설 | 각 팀원별 오후 일정에 따른 소요시간과 업무가 마무리되는 시간을 구하면 다음과 같다.

- A : 소요시간은 30+20+15=65(분)이므로 14시 35분에 업무가 마무리된다.
- B : 소요시간은 40+30+40=110(분)이고 13시부터 업무를 시작하므로 14시 50분에 업무가 마무리된다.
- C : 소요시간은 30+40+30=100(분)이므로 15시 10분에 업무가 마무리된다.
- D : 소요시간은 60+20+15=95(분)이므로 15시 05분에 업무가 마무리된다.
- E : 소요시간은 20+40+15=75(분)이므로 14시 45분에 업무가 마무리된다.

따라서 15시 10분에 팀원 A ~ E 모두 업무가 마무리되므로, 15시 10분 이후에 회의를 진행할 수 있다. 따라서 예약 가능 시간이 15시부터 17시인 회의실 3은 이용할 수 없고, 팀원 5명이 모두 회의에 참가해야 하므로 수용가능 인원이 4명인 회의실 2 역시 이용할 수 없다. 따라서 이용할 수 있는 곳인 회의실 1과 회의실 4 중 더 빠른 시간에 예약을 할 수 있는 회의실 4에서 회의를 진행하게 된다.

07 예산관리능력 주문 금액 계산하기

| 정답 | ③

| 해설 | 각 업체의 주문 금액은 [인쇄 장수(제본인 경우 권당 페이지 수×제본 권수)×장당 인쇄 비용]+[제본 권수×권당 제본비용]+[운송료(페이지 수 혹은 제본 권수×장당/권당 운송료)]로 계산한다.

- A 업체 : (1,400×200)+0(제본 없음)+(1,400×15) =301,000(원)
- B 업체 : (30×100×50)+(100×1,500)+0(운송료 무료) =300,000(원)
- C 업체 : (10×110×75)+(110×2,000)+0(운송료 무료) =302,500(원)
- D 업체 : (50×90×25)+(90×1,000)+(90×100) =211,500(원)

따라서 C 업체의 주문부터 처리해야 한다.

08 예산관리능력 주문 금액 계산하기

| 정답 | ②

| 해설 | D 업체가 종이 사이즈를 A7에서 A6로 바꾸면 장당 인쇄비용 25원, 권당 제본비용 500원, 권당 운송료 50원의 추가금액이 발생한다. 이를 계산하면 (50×90×25)+(90×500)+(90×50)=162,000(원)이다. 따라서 주문을 변경한 D 업체의 주문 금액은 211,500+162,000=373,500(원)이다.

09 자원관리능력 합리적인 선택 이해하기

| 정답 | ③

| 해설 | 기회비용은 명시적 비용+암묵적 비용이다. 〈보기〉에서 정 대리가 B사로 이직할 때 발생하는 명시적 비용은 위약금 900만 원이며, 암묵적 비용은 특별보너스 300만 원과 연봉 인상 2,000만 원이다. 따라서 기회비용은 총 3,200만 원이다.

| 오답풀이 |

① 암묵적 비용은 특별보너스 300만 원과 연봉 인상 2,000만 원의 합인 2,300만 원이다.

② 대리에서 차장으로의 직급 상승은 일종의 비금전적 편익이다.

④ B사로 이직할 때 기회비용은 총 3,200만 원이며, 금전적 편익은 연봉 3,000만 원 인상과 함께 500만 원 상당의 시계의 합이므로 총 3,500만 원이다. 따라서 순편익 계산에 따른다면, 이직하는 것이 합리적이다.

10 자원관리능력 합리적 선택의 순서 파악하기

| 정답 | ④

| 해설 | 합리적 선택을 위해서는 우선, 관심 · 가치 · 목표 및 선호 · 우선 사항 등을 고려하여 '의사결정 기준과 가중치 설정(㉤)'을 해야 한다. 그리고 적정한 수준과 분량의 '의사결정에 필요한 정보(㉣)'를 수집한다. 그리고 '가능한 모든 대안을 탐색(㉢)'하며, 의사결정 기준에 따라 장단점을 분석하는 등 '각 대안을 분석 및 평가(㉡)'한다. 이후, '최적 대안을 선택 및 결정(㉠)'한다.

2회 기출예상문제

1 문제해결능력

문제 50쪽

01	④	02	①	03	④	04	③	05	②
06	②	07	②	08	①	09	④	10	④

01 사고력 조건을 바탕으로 추론하기

| 정답 | ④

| 해설 | 각 명제들을 통해 다음과 같은 포함관계를 확인할 수 있다.

- A 마을이 아니면 C 마을이 아니다. → A⊃C
- E 마을이 아니면 A 마을도 D 마을도 아니다. → E⊃A, E⊃D
- 어떤 A 마을은 B 마을이 아니다. → A⊃B
- 모든 C 마을은 B 마을이다. → C⊂B
- 모든 A 마을은 D 마을이 아니며, 모든 D 마을은 A 마을이 아니다. → A 마을과 D 마을에는 교집합이 없다.

이를 벤다이어그램으로 그리면 다음과 같다.

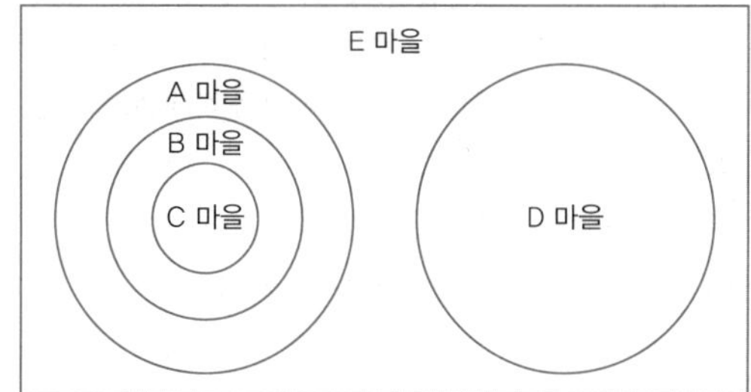

따라서 E 마을의 범위가 가장 크다.

02 사고력 조건에 따라 자리 배치하기

| 정답 | ①

| 해설 | 8개의 자리에 알파벳을 부여해 자리의 배치도를 그려 보면 다음과 같다.

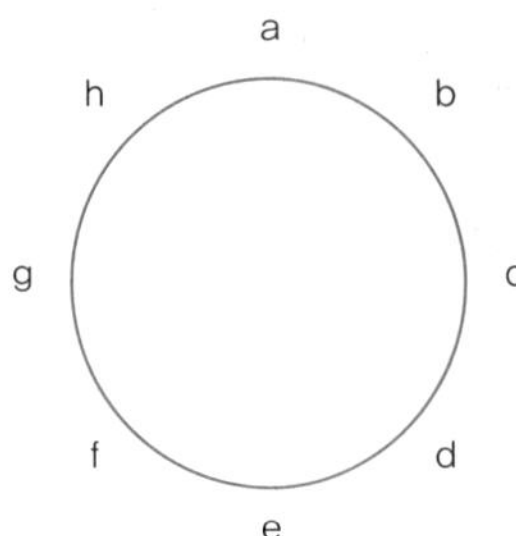

갑이 앉은 자리를 a라고 할 경우 다음과 같은 배치가 가능하다.

a	b	c	d	e	f	g	h
갑	×	기	정	×	을	병	무
갑	무	병	을	×	정	기	×

따라서 정과 무는 마주 보고 앉아 있다.

| 오답풀이 |

② 정의 옆자리 중 한 자리에는 반드시 기가 앉는다.

③ 기의 양쪽 자리는 한 자리만 비어 있게 된다.

④ 두 자리 간의 거리가 가장 먼 것은 병과 기이다.

03 사고력 조건을 바탕으로 추론하기

| 정답 | ④

| 해설 | 3, 4, 5번째 조건을 통해 위에서부터 B−F−D−C−A 순으로 입주해 있음을 알 수 있다. E사가 1층에 입주한 경우와 6층에 입주한 경우를 나누어 생각해 보면 다음과 같다.

- E사가 1층에 입주한 경우
  B−F−D−C−A−E로 B사와 E사가 입주한 층수의 합인 1+6=7과 C사와 D사가 입주한 층수의 합인 3+4=7이 같다.
- E사가 6층에 입주한 경우
  E−B−F−D−C−A로 B사와 E사가 입주한 층수의 합인 6+5=11과 C사와 D사가 입주한 층수의 합인 2+3=5가 같지 않다.

따라서 B−F−D−C−A−E 순으로 위에서부터 입주해 있음을 알 수 있으며, E사보다 높은 층에 입주한 회사는 5개이다.

| 오답풀이 |

① F사는 5층에 입주해 있다.

② C사는 3층에 입주해 있다.

③ F사와 A사가 입주한 층 사이에는 2개 층이 있다.

04 사고력 조건을 바탕으로 추론하기

| 정답 | ③

| 해설 | 제시된 〈조건〉을 표로 정리하면 다음과 같다.

301호	302호	303호	304호
201호 ×	202호 ○	203호 ×	204호 ×
101호 ○	102호 ×	103호	104호

1층에서 102호를 제외하고 하나의 호실을 더 사용해야 하므로, 103호를 사용하는 경우와 104호를 사용하는 경우로 나누어 생각한다.

- 103호를 사용할 경우

301호 ×	302호 ○	303호 ×	304호 ○
201호 ×	202호 ○	203호 ×	204호 ×
101호 ○	102호 ×	103호 ○	104호 ×

- 104호를 사용할 경우

301호 ○	302호 ×	303호 ×	304호 ○
201호 ×	202호 ○	203호 ×	204호 ×
101호 ○	102호 ×	103호 ×	104호 ○

따라서 304호는 항상 사용하게 된다.

| 오답풀이 |

① 303호는 어떤 경우에도 사용하지 않게 된다.

② 104호를 사용할 경우 2개의 짝수 호실을 모두 사용하는 층은 없게 된다.

④ 104호를 사용할 경우 3호실 3개는 모두 사용하지 않는다.

05 사고력 조건을 바탕으로 자리 배치하기

| 정답 | ②

| 해설 | 두 번째 조건에 의해 1호실에 인사팀이 위치하므로 네 번째 조건에 따라 5호실은 물류팀, 4호실은 회계팀이 위치함을 알 수 있다. 첫 번째 조건에 따라 2호실과 6호실은

기획팀 또는 생산팀이 사용하게 되는데, 이를 나누어 생각하면 다음과 같다.

- 기획팀이 2호실을, 생산팀이 6호실을 사용할 경우
  세 번째 조건에 따라 7호실은 법무팀, 8호실은 총무팀이 사용한다. 정보팀은 3호실에 위치하고 모든 조건과 부합한다.
- 기획팀이 6호실을, 생산팀이 2호실을 사용할 경우
  세 번째 조건에 따라 7호실은 법무팀, 8호실은 총무팀이 사용한다. 정보팀은 3호실에 위치하는데, 다섯 번째 조건과 상충하므로 적절하지 않다.

모든 부서의 배치를 정리하면 다음과 같다.

인사팀	기획팀	정보팀	회계팀
복도			
물류팀	생산팀	법무팀	총무팀

따라서 기획팀과 회계팀은 같은 라인에 위치한다.

06 문제처리능력 강제결합법 이해하기

| 정답 | ②

| 해설 | 강제결합법은 연관성이 없는 둘 이상의 단어를 통해 새로운 아이디어를 도출하는 방법이다. ①, ③, ④에서 언급된 것은 모두 서로 다른 사물의 연결을 통해 제3의 제품을 개발한 사례이나, 플라스틱 컵의 재질을 끊임없이 대체해 보는 과정을 거쳤다는 것은 스캠퍼(SCAMPER) 기법의 '대체하기' 방법을 활용한 것으로 '강제결합법'이라 볼 수 없다.

07 문제처리능력 탑승구 안내하기

| 정답 | ②

| 해설 | 항공사 AA, 편명 AU1017, 이륙예정시간 18시 50분, 목적지 도쿄이므로 K 씨가 안내할 탑승구는 11이다.

08 문제처리능력 적절하게 응대하기

| 정답 | ①

| 해설 | 수하물의 무게에 따라 운임이 부과되므로 가능한 한 무거운 짐을 기내 반입 수하물, 무료 위탁 수하물로 지정해야 한다. 기내 반입 수하물 조건에 따라 여행가방은 높이가 30cm이므로 기내에 반입이 불가능하다. 따라서 그 다음으로 무거운 쇼핑백을 기내로 반입하고 서류가방보다 무거운 여행가방은 무료 위탁 수하물로 지정하는 것이 운임을 가장 저렴하게 하는 방법이다.

09 문제처리능력 관련 규정 이해하기

| 정답 | ④

| 해설 | 오후 7시 20분에 상하이로 가는 AU1008편으로 당일 항공편 변경이 가능하다.

| 오답풀이 |

① 오후 5시에 상하이로 가는 AA 항공사의 항공편인 AU1008은 결항이 아니라 지연되었으므로 당일 항공편 변경이 불가능하다.

② 오후 6시 50분 도쿄행 비행기는 정상적으로 수속 중이므로 당일 항공편 변경이 불가능하다.

③ 동일한 목적지의 항공편이 없으므로 당일 항공편 변경이 불가능하다.

10 문제처리능력 근무평점 계산하기

| 정답 | ④

| 해설 | 현행안을 기준으로 직원 A ~ D의 점수를 계산하면 다음과 같다.

- A 과장 : 80×0.2+70×0.4+82×0.4+20+100=16+28+32.8+20+100=196.8(점)
- B 차장 : 65×0.2+72×0.4+80×0.4+100=13+28.8+32+100=173.8(점)
- C 주임 : 88×0.2+84×0.4+78×0.4+20+50=17.6+33.6+31.2+20+50=152.4(점)
- D 사원 : 90×0.2+80×0.4+90×0.4+20+50=18+32+36+20+50=156(점)

개정안을 기준으로 계산하면 다음과 같다.

- A 과장 : 80×0.35+70×0.35+82×0.7+30+80=28+24.5+57.4+30+80=219.9(점)
- B 차장 : 65×0.35+72×0.35+80×0.7+80=22.75+25.2+56+80=183.95(점)

• C 주임 : 88×0.35+84×0.35+78×0.7+30+60=30.8+29.4+54.6+30+60=204.8(점)

• D 사원 : 90×0.35+80×0.35+90×0.7+30+60=31.5+28+63+30+60=212.5(점)

따라서 A 과장은 23.1점, B 차장은 10.15점, C 주임은 52.4점, D 사원은 56.5점이 증가했으므로 개정 시 가장 혜택을 많이 받는 직원은 D 사원이다.

2 의사소통능력

문제 58쪽

01	①	02	③	03	①	04	④	05	④
06	②	07	③	08	②	09	④	10	①

01 문서이해능력 글의 주제 파악하기

| 정답 | ①

| 해설 | 아프리카 초원의 치타는 가젤 영양을 사냥하는 데 전문화하여, 만약 초원의 생태조건이 변하거나 가젤 영양들의 몸집이 더 커지거나 멸종해 버린다면 살아남기 힘들다. 또한 중국의 판다는 많은 양의 죽순을 먹을 수밖에 없어 기본적으로 대나무 숲이 없으면 살아갈 수가 없다. 즉, 전문화는 현재 상태의 환경에서는 가장 효율적인 생존방식일 수 있으나 환경에 큰 변화가 일어나면 유연하게 대응하지 못하고 위험에 빠질 공산이 큼을 보여 주고 있다. 따라서 전문화의 장점과 단점을 모두 포함하는 내용인 '생물의 세계에서도 전문화는 양면성을 갖는 상당히 위험한 전략이다.'가 글의 주제로 적절하다.

02 문서작성능력 글의 흐름에 맞게 문단 배열하기

| 정답 | ③

| 해설 | 먼저 (다)에서는 '소비자들의 영상매체 접근 방식의 변화'라는 서두를 제시하며 글을 시작하고 있다. 이어 (가)에서는 (다)에서 언급한 현상들을 반영한 기업들의 판촉 전략 변화에 대해 설명하고 있다. 그 다음 (라)에서는 TV 광고의 특성을 언급하며, 말미에 PPL 광고의 등장을 유도한다. 마지막으로 (나)에서는 이를 받아 PPL의 등장을 설명하고 있다.

따라서 글의 순서는 (다)－(가)－(라)－(나)가 적절하다.

03 문서이해능력 세부 내용 이해하기

| 정답 | ①

| 해설 | 항체의 두 가지 기능으로 언급된 것은 무력화 기능과 살상 기능으로서, 백신에 의한 예방 접종은 외부로부터 침입한 항원을 살상하는 것이 아니라 외부 침입 물질을 감싸서 이를 무력화시키는 기능을 활용한 것이라고 언급되어 있다.

| 오답풀이 |

② 면역력은 항체의 기능을 통해 항원을 무력화하여 질병에 걸리지 않도록 하는 인체의 기능이므로 항원이 질병을 유발하지 못한다는 것은 면역력이 강한 인체의 현상이다.

③ 적당한 조작이 가해진 독소액에 포함된 항원을 이용하는 것이 백신이므로 백신에는 항원이 포함되어 있다.

④ 인간의 체내에 그 자체로 병을 일으킬 수 있는 기능이 없다고 하였으므로, 이것은 항원이 없이는 항체가 특정 항원을 기억하여 저항력을 미리 생성해 둘 수 없다는 의미이다.

04 문서이해능력 글을 읽고 추론하기

| 정답 | ④

| 해설 | 금융위원회는 대주주의 적격성 심사 규제가 지나치다는 논란이 있어 보험 · 증권 · 카드 등 제2금융권에 대해서는 적용을 보류했었으나 다시 제2금융권에 대한 대주주 적격성 심사를 강화하는 방안을 재검토하기로 하였다. 따라서 완화한다는 설명은 옳지 않다.

| 오답풀이 |

① 현재 일반지주회사는 금융 · 보험사를 자회사로 둘 수 없기 때문에 금융 · 보험회사를 매각하지 않는 이상 지주회사 전환이 어려우나, 법이 개정되면 지주회사가 없는 대기업도 금융보험 계열사를 보유하면서 지주회사로

전환할 수 있다고 나와 있다. 따라서 법 개정을 통해 일반지주회사의 금융자회사 보유를 허용할 방침임을 알 수 있다.

② 일정한 요건을 충족하는 경우 중간금융지주회사 설치를 의무화할 계획임을 알 수 있다.

③ 공정거래위원회는 금융·보험사가 고객 자금을 활용해 비금융사에 대한 지배력을 확장하는 것을 방해하기 위해 금융·보험사의 비금융계열사 보유주식 의결권 상한을 점진적으로 합산 5%까지 줄여나가는 방안을 추진하고 있다고 하였다.

05 문서이해능력 글을 읽고 추론하기

| 정답 | ④

| 해설 | 제시된 글에서는 제50회 다보스포럼에서 크게 지구 환경 관련 사안과 4차 산업혁명 관련 사안에 주목해야 할 것임을 언급하고 있다. 따라서 ④는 이와 관련 없는 내용이다.

| 오답풀이 |

① 그레타 툰베리의 포럼 참석을 통해 지구온난화 등 기후변화에 대한 국제적 공조 체제가 재확인될 것이며 이를 더욱 공고히 할 것으로 예상할 수 있다.

② 150명의 사이버보안 전문가들이 참석해 4차 산업혁명으로 인해 유발되는 리스크를 최소화하기 위한 방안을 모색한다는 언급을 통해 추론할 수 있다.

③ 인공지능과 관련된 고용 문제가 지난해와 마찬가지로 올해에도 심각한 이슈로 떠오를 것이라고 전망하고 있으므로 적절한 추론이라고 할 수 있다.

06 문서이해능력 글을 읽고 추론하기

| 정답 | ②

| 해설 | 노랑부리저어새와 독수리의 개체수 증가는 승촌보와 세종보에 국한된 변화 내용이다. 따라서 승촌보와 세종보 지역이 아닌 곳에서도 노랑부리저어새와 독수리의 개체수가 증가할 것이라는 추론은 타당하지 않다.

| 오답풀이 |

① 수문을 크게 연 보를 중심으로 유의미한 농도 변화가 있었다고 하였으므로 적절한 판단이라고 할 수 있다.

③ 네 번째 문단에서 취수장과 양수장 운영 문제 때문에 일부 보의 수문을 제한적으로 개방한다고 밝히고 있다.

④ 취수장이 있어 용수공급에 문제가 있다는 점이 수문 개방의 걸림돌로 작용한다고 설명하고 있으므로 용수공급 대책이 강화되면 승촌보와 세종보 등의 경우와 같이 수문 개방 역시 확대될 것으로 판단하는 것은 합리적이다.

07 문서이해능력 보도자료 내용 이해하기

| 정답 | ③

| 해설 | 한국수자원공사는 한국국토정보공사와 맺은 협약을 통해 한국국토정보공사의 지적중첩도 등의 공간정보를 활용할 수 있게 되었다. 이는 건설 사업에 있어 토지 측량 등의 효과를 기대할 수 있을 것이나, 첨단 건설공법과 누수율 감소와는 무관하다.

| 오답풀이 |

① 지적중첩도를 바탕으로 사업부지로 편입되는 토지면적을 오차 없이 정확히 산정할 수 있다고 하였으므로 수도 건설 사업 시 토지면적 오차를 줄이는 데 기여할 것으로 판단할 수 있다.

② 공공사업에 대한 대국민 신뢰도 제고에 기여할 것으로 기대된다고 하였다.

④ 지적중첩도를 활용함으로써 제반조건이 개선되어 사업부지에 편입된 토지 보상 등 전체 사업기간을 6～8개월까지 단축할 것으로 예상된다고 하였다.

08 문서이해능력 글의 중심 내용 이해하기

| 정답 | ②

| 해설 | (가)에서는 물 문제에 기인한 국가 간의 충돌을, (나)에서는 남북한의 물 문제 관련 과거의 논의 과정을, (다)에서는 국제적인 물 관련 회의 과정을, (라)에서는 남북한의 공유하천 관리 방안에 대한 언급이 이어지고 있다. 따라서 공통적으로 수자원 관리는 어느 한 국가가 단독으로 수행하는 것보다 다국적이고 국제적인 협력 체제가 필요하다는 내용을 암시하고 있다.

09 문서작성능력 개요 작성하기

| 정답 | ④

| 해설 | (가)에서는 지속가능한 치수 정책을 설명하려는 구체화된 정책 방향과 사례를 제시하고 있으므로 이는 물 관리의 대응방법을 주제로 한 글에 포함되는 것이 적절하다. 따라서 (가)는 (C)에 위치해야 한다. (나)에서는 다른 재해와 달리 가뭄은 그 피해가 직접적이지 않으며, 그로 인해 대책 또한 사전에 적기 마련이 어렵다는 점을 설명하고 있다. 이는 가뭄 피해의 '간접적인 특성'을 언급하려는 것이므로 자연재해를 구체적으로 언급하는 (B)에 포함되는 내용임을 유추할 수 있다. 또한 (다)에서는 단순히 물의 활용 가치가 다양하다는 점을 넘어, 물의 활용 가치가 점점 확대되어 가고 있다는 점을 강조하고 있다. 이는 물이 갖는 의미를 언급한 것으로 (A)에 포함되는 것이 적절하다. 따라서 (가), (나), (다)는 순서대로 각각 (C), (B), (A)에 삽입되어야 한다.

10 문서이해능력 공지사항 이해하기

| 정답 | ①

| 해설 | '5) 식대영수증'을 보면 식당에서 발급된 영수증 없이 카드 승인내역서만 제출할 경우 식비 지원이 불가능하다고 안내되어 있다. 따라서 잘못된 답변이다.

3 수리능력

문제 70쪽

01	②	02	②	03	④	04	②	05	②
06	③	07	②	08	①	09	③	10	④

01 기초연산능력 수 추리하기

| 정답 | ②

| 해설 | 각 네모 칸의 숫자들은 가장 좌측에 있는 수의 약수들이 내림차순으로 나열되는 규칙을 가진다. 따라서 가장 좌측에 20이 오는 수들의 조합은 20, 10, 5, 4, 2, 1이며 왼쪽부터 세 번째와 네 번째의 수를 더한 값은 5+4=9이다.

02 도표분석능력 자료 이해하기

| 정답 | ②

| 해설 | 보호구역 개수 상위 3개 지역은 경상북도(81개소), 전라남도(71개소), 강원도(54개소)이며, 지정거리 상위 3개 지역 역시 강원도(234,387m), 전라남도(231,476m), 경상북도(230,432m)가 된다.

| 오답풀이 |

① 보호구역 1개소당 평균 지정면적 상위 3개 지역은 경기도 $\left(\frac{190,247}{11} \fallingdotseq 17,295(\text{천 m}^2)\right)$, 충청북도$\left(\frac{111,340}{12} \fallingdotseq 9,278(\text{천 m}^2)\right)$, 전라북도$\left(\frac{43,433}{9} \fallingdotseq 4,826(\text{천 m}^2)\right)$이다.

③ 경상남도의 경우, 보호구역 내 거주인구가 2,280명으로 세 번째로 많으나 보호구역 1개소당 평균 거주인구는 전라북도$\left(\frac{694}{9} \fallingdotseq 77(\text{명})\right)$보다 적은 수치$\left(\frac{2,280}{40} = 57(\text{명})\right)$를 나타내고 있다.

④ 전라남도는 충청북도보다 전체 보호구역 지정 면적이 더 넓으나 거주인구는 더 적은 것을 알 수 있다.

03 기초연산능력 연립방정식 활용하기

| 정답 | ④

| 해설 | 제시된 연립방정식을 정리하면 다음과 같다.

$$\begin{cases} 5x-2y=12z \\ -4x+3y=10z \end{cases}$$

두 식을 더하면 $x+y=22z$이고, $x+y+z=23z$이므로 $x+y+z$는 23의 배수임을 알 수 있다. 따라서 주어진 선택지 중 138이 가능하다.

04 기초연산능력 점수 계산하기

| 정답 | ②

| 해설 | 채용 시험을 본 응시자의 수를 100A명, 전체 평균 점수를 x점이라고 하면, 불합격자의 수는 88A명, 불합격자의 평균 점수는 $(x-3)$점이고, 합격자의 수는 12A명, 합격자의 평균 점수는 $(1.5x-10.5)$점이므로 다음 식이 성립한다.

$$x=\frac{12A\times(1.5x-10.5)+88A\times(x-3)}{100A}$$

$$100x=18x-126+88x-264$$

$$6x=390$$

$$\therefore\ x=65$$

따라서 응시자 전체의 평균 점수는 65점이다.

05 도표분석능력 자료 이해하기

| 정답 | ②

| 해설 | 2020년의 사고 건수는 $\frac{35,117}{151,313}\times100≒23.2(\%)$이며, 사고 복구비는 $\frac{40,960}{196,606}\times100≒20.8(\%)$로 모두 20%를 넘는다.

| 오답풀이 |

① 5개년간의 전체 사고 건당 평균 복구비는 $\frac{196,606}{151,313}≒$ 1.30(백만 원)이며, 이보다 낮은 평균 복구비를 보이는 시기는 2019년$\left(\frac{38,318}{34,778}≒1.10(\text{백만 원})\right)$과 2020년 $\left(\frac{40,960}{35,117}≒1.17(\text{백만 원})\right)$ 2개 연도이다.

③ '시설노후'는 매년 꾸준히 감소하고 있으나, '타 공사'는 2020년에 증가하였다.

④ 제시된 자료만으로는 사고원인별로 사고 복구비가 얼마나 드는지를 파악할 수 없다.

06 도표분석능력 자료 이해하기

| 정답 | ③

| 해설 | 2025년에는 고도정수처리 도입률이 2018년의 22.3%에서 70% 수준으로 상승하는 것이 목표이므로, 고도정수처리시설을 2배로 확충하는 것으로 목표를 달성하기에는 부족하다고 볼 수 있다.

| 오답풀이 |

① 가뭄과 호우로 인한 물 부족의 불안정성을 제거하는 정책은 물 공급 안전율을 제고할 수 있는 방안이 된다.

② 부적절 관망 비율을 2025년에 0%를 목표로 하고 있으므로 2025년까지 아연도 강관과 흄관의 사용을 제로화하기 위하여 노력할 것으로 판단할 수 있다.

④ 현실화율 제고를 위해 상수도 요금을 인상하고, 생산원가를 낮추도록 노력할 것으로 판단할 수 있다.

07 도표분석능력 자료를 바탕으로 유추하기

| 정답 | ②

| 해설 | 제시된 자료에서는 아연도 강관과 흄관이 상수도관으로 부적절하다고 했으므로 전체 상수관로 연장 길이에서 이 두 종류의 상수관이 차지하는 비율을 의미하는 것이다. 따라서 '부적절 관망 비율(%)=(아연도 강관+흄관 연장)÷총 상수관로 연장'으로 계산하는 것이 적절하다.

| 오답풀이 |

① 각종 개발계획에 따라 지역별 용수수요량의 변화가 예상된다는 점과 2025년에는 60개 지자체에서 생활용수 부족이 전망된다는 점으로 보아, 물 공급상의 안전율이 떨어지는 지자체, 즉 물이 부족한 지자체의 수를 물 공급 안전율로 판단하는 것은 합리적이다.

③ 수질 오염으로 인해 고도정수처리시설의 도입이 필요하다는 점을 설명하고 있으므로 전체 정수처리시설에서 고도정수처리시설이 얼마나 도입되었는지를 판단하는 지표라고 볼 수 있다.

④ '물가상승에 따라 수돗물 생산원가는 증가하나, 수도요금 인상 반대'가 현실화율의 감소를 유도하므로, '분모의 증가 요인에도 불구하고 분자의 증가가 억제되는 것이 결과 값의 감소를 가져온다'고 해석될 수 있으므로 적절하다.

08 도표분석능력 자료 이해하기

| 정답 | ①

| 해설 | 발전용량 상위 3개 댐은 팔당댐, 화천댐, 도암댐이며 총 저수용량 상위 3개 댐은 화천댐, 팔당댐, 청평댐이다.

| 오답풀이 |

② 팔당댐을 제외하면, 두 개의 지표 모두 화천댐>청평댐>춘천댐>의암댐>도암댐>괴산댐의 순으로 크다.

③ 화천댐이 좁은 유역면적에도 불구하고 저수용량이 가장 많은 이유는 댐의 제원상 높이가 가장 길기 때문이다.

④ 단위 유역면적당 평균 발전용량은 도암댐이 0.56(천 kW) 정도로 가장 크다.

09 도표분석능력 자료를 바탕으로 수치 계산하기

| 정답 | ③

| 해설 | • 유효 저수용량 : 의암댐($\frac{57.5}{80}\times100 \fallingdotseq 71.9(\%)$) < 도암댐($\frac{39.7}{51.4}\times100 \fallingdotseq 77.2(\%)$)

• 홍수조절용량 : 화천댐($\frac{213}{1,018.4}\times100 \fallingdotseq 20.9(\%)$) > 도암댐($\frac{10.4}{51.4}\times100 \fallingdotseq 20.2(\%)$)

10 도표분석능력 건강보험료 산정하기

| 정답 | ④

| 해설 | 30만 원을 건강보험료로 납부하므로 보수월액은 $\frac{30}{0.03}=1,000$(만 원)이다.

| 오답풀이 |

① 가입자부담 건강보험료가 400×0.03=12(만 원)이므로 총 건강보험료는 24만 원이다.

② 가입자부담 건강보험료가 6,500×0.03=195(만 원)이므로 총 건강보험료는 390만 원이다.

③ 가입자부담 건강보험료가 800×0.03=24(만 원)이므로 국가부담 건강보험료도 24만 원이다.

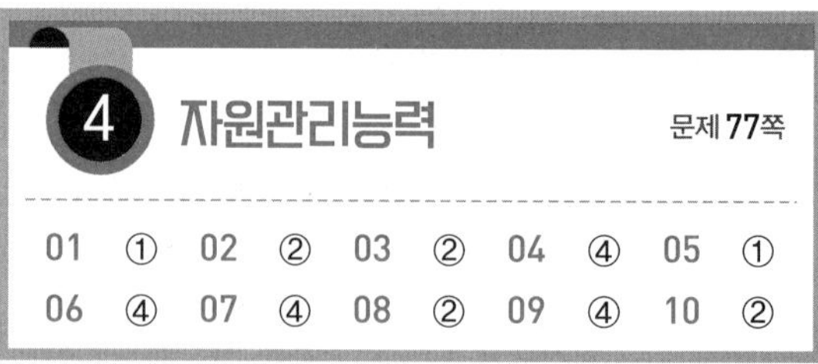

4 자원관리능력

문제 77쪽

01	①	02	②	03	②	04	④	05	①
06	④	07	④	08	②	09	④	10	②

01 예산관리능력 합리적 선택하기

| 정답 | ①

| 해설 | 가격이 가장 저렴한 것은 C 핸드폰이지만 무게가 무겁기 때문에, 가격은 보통이고 무게가 가벼운 A 핸드폰을 선택하는 것이 적절하다.

02 물적자원관리능력 합리적 선택하기

| 정답 | ②

| 해설 | 나영이는 큰 화면을 원하므로 B 또는 C 핸드폰을 구매하는 것이 적절하다.

| 오답풀이 |

① D 핸드폰은 성능과 디자인에서 가장 좋은 평가인 '좋음'을 받았으므로 진솔은 적절한 선택을 했다.

③ A 핸드폰은 성능이 좋고, 무게가 가벼우므로 가은은 적절한 선택을 했다.

④ 다른 핸드폰에 비해 화면이 큰 B, C 핸드폰 중에서 무게가 더 가벼운 것은 B 핸드폰이므로 홍주는 적절한 선택을 했다.

03 시간관리능력 최단 시간 구하기

| 정답 | ②

| 해설 | A～D로부터 회사까지의 출근 시간을 계산하여 표로 정리해 보면 다음과 같다.

(단위 : 분)

구분	버스	전철	택시	합계
A	7÷40×60 =10.5	–	3÷70×60 ≒2.6	13.1

B	2÷40×60 =3.0	10÷100×60 =6.0	-	9.0
C	-	4÷100×60 =2.4	10÷70×60 ≒8.6	11.0
D	-	-	16÷70×60 ≒13.7	13.7

따라서 출근 시간이 9.0분으로 가장 빠른 B를 선택한다.

04 인적자원관리능력 자료를 바탕으로 점수 계산하기

| 정답 | ④

| 해설 | 규정에 따라 각 인원의 경력평정 점수를 계산하면 다음과 같다.

- 조 과장 : 기본경력 0.5×24=12(점), 자격증 2점, 국무총리 포상 2점 → 16점
- 남 대리 : 기본경력 0.5×36=18(점), 초과경력 0.4×(12−1)=4.4(점), 사장 포상 1점 → 23.4점
- 권 부장 : 기본경력 0.5×36=18(점), 초과경력 0.4×(24−3)=8.4(점) → 26.4점
- 강 대리 : 기본경력 0.5×36=18(점), 장관 포상 1점 → 19점

따라서 경력평정 점수가 가장 높은 직원인 권 부장과 가장 낮은 직원인 조 과장의 점수 차이는 26.4−16=10.4(점)이 된다.

05 자원관리능력 안내문 이해하기

| 정답 | ①

| 해설 | 보통권은 박람회 기간 중 평일, 토요일, 공휴일에 관계없이 하루를 택하여 이용할 수 있지만, 특정일 기간에는 이용이 불가한 것으로 안내되어 있다.

| 오답풀이 |

② 평일단체권은 평일에만 이용이 가능하며, 개인별 낱장 이용이 불가한 이유로 입장료가 더 저렴하다.

③ 특별권은 국가유공자, 현역군인, 전 · 의경, 장애인과 그 보호자, 기초생활수급 대상자가 이용하는 표이다.

④ 3일권은 연속 3일을 사용하여야 하며, 5월 12일은 '특정일'에 해당되므로 5월 10일에 3일권을 사용하면 이틀밖에 관람할 수 없게 된다.

06 예산관리능력 입장료 계산하기

| 정답 | ④

| 해설 |
- A 씨와 아내 2인(성인) 5월 26일 하루 관람
  → 성인 2인 특정일권을 구매해야 하므로 40,000×2=80,000(원)이 된다.
- A 씨의 장인, 장모 2인(경로 우대자) 5월 23 ~ 24일 이틀 연속 관람
  → 경로 우대자 평일 2일권을 구매해야 하므로 30,000×2=60,000(원)이 된다.
- A 씨의 아들 1인(청소년), 딸 1인(어린이) 7월 중 3일 연속 관람
  → 청소년 3일권과 어린이 3일권을 구매해야 하므로 53,000+40,000=93,000(원)이 된다.

따라서 총 입장료는 233,000원이다.

07 시간관리능력 최단거리 구하기

| 정답 | ④

| 해설 | 다음 그림과 같이 A 지점에서 D 지점, E 지점을 거쳐 G 지점으로 이동하는 것이 최단경로이다.

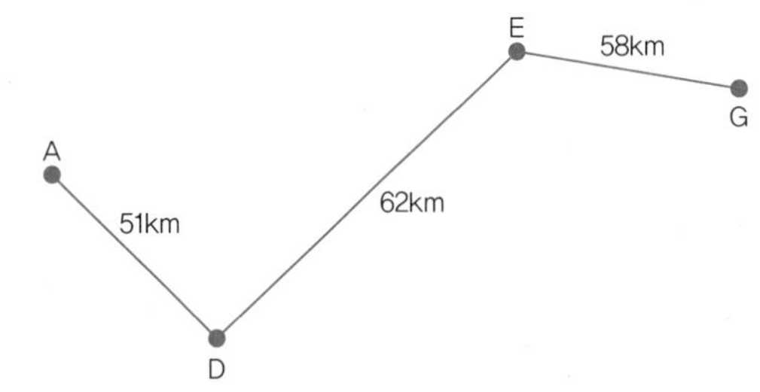

이때의 이동 거리는 총 171km이다.

08 시간관리능력 이동 거리 구하기

| 정답 | ②

| 해설 | C 지점을 거쳐야 하므로 조 사원의 이동 경로를 A 지점 ~ C 지점, C 지점 ~ G 지점으로 나누어 표시해 보면 다음과 같다.

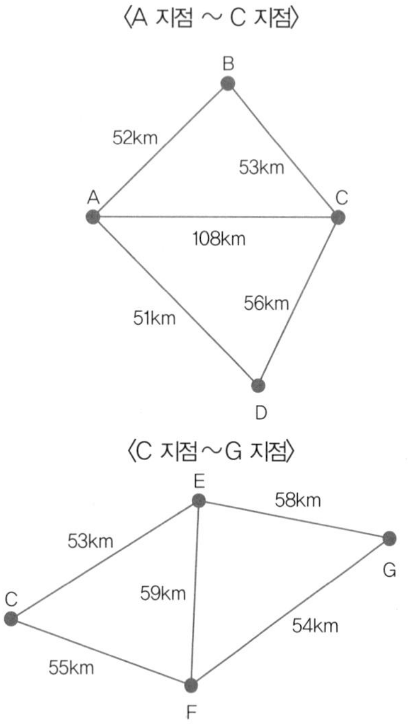

따라서 A 지점~C 지점의 이동은 A 지점에서 B 지점을 거쳐 C 지점으로 가는 방법이 최단경로가 되며, C 지점~G 지점의 이동은 C 지점에서 F 지점을 거쳐 G 지점으로 가는 방법이 최단경로가 된다. 이때의 총 이동 거리는 52+53+55+54=214(km)이다. 따라서 추가되는 이동 거리는 214−171=43(km)이다.

09 시간관리능력 자료를 바탕으로 시간 구하기

| 정답 | ④

| 해설 | 각 교통편별로 속도와 정차 역, 정차 시간을 감안하여 최종 목적지인 I 지점까지의 총 소요 시간을 구하면 다음과 같다.

구분	평균속도(km/h)	운행 시간(h)	정차 시간(분)	총 소요 시간(시간)
교통편 1	60	500÷60 ≒8.3	7×15 =105	8.3+1.8 ≒10.1
교통편 2	80	500÷80 ≒6.3	4×15 =60	6.3+1 =7.3
교통편 3	120	500÷120 ≒4.2	3×15 =45	4.2+0.8 ≒5
교통편 4	160	500÷160 ≒3.1	2×15 =30	3.1+0.5 =3.6

따라서 교통편 1과 교통편 4의 시간 차이는 6.5시간, 즉 6시간 30분이다.

10 예산관리능력 자료를 바탕으로 비용 계산하기

| 정답 | ②

| 해설 | **09**의 해설에 따르면 교통편 3의 경우 총 5시간이 소요되며 교통편 2의 경우 총 7.3시간이 소요된다. 따라서 교통편 2의 총 소요 시간을 2.3시간 줄여야 하며, 이를 위해서 순수 운행 시간을 6.3시간에서 4.0시간으로 줄여야 한다. 따라서 $\frac{500(\text{km})}{4(\text{시간})}$=125(km/h)의 속도가 되어야 함을 알 수 있다. 이것은 원래의 속도인 80km/h보다 45km/h가 증가된 속도이므로 총 9%의 연비가 낮아져 새로운 연비는 4.8×0.91≒4.37(km/L)가 된다.

새로운 연비를 통하여 산출된 연료비용은 $\frac{500}{4.37}$×1,200≒137,300(원)이다. 본래 교통편 2의 총 연료비용은 $\frac{500}{4.8}$×1,200≒125,000(원)이므로, 연료비의 증가액은 137,300−125,000=12,300(원)이다.

3회 기출예상문제

1 문제해결능력

문제 86쪽

01	③	02	①	03	④	04	③	05	③
06	④	07	②	08	③	09	③	10	③

01 사고력 조건을 바탕으로 추론하기

| 정답 | ③

| 해설 | 제시된 〈조건〉을 통해 차량의 위치와 색깔에 대해 정리하면 다음과 같다.

구분	왼쪽	가운데	오른쪽
차량 종류	~~경차~~		~~트럭~~
색깔	흰색		

트럭의 오른쪽에 경차가 있어야 하므로 트럭은 왼쪽 또는 가운데에 있는데, 세 번째 조건에서 트럭은 검은색이라고 하였으므로 가운데 차량이 검은색 트럭이다.

구분	왼쪽	가운데	오른쪽
차량 종류	스포츠카	트럭	경차
색깔	흰색	검은색	회색

따라서 스포츠카는 흰색이다.

| 오답풀이 |

① 왼쪽부터 차량의 색깔은 흰색, 검은색, 회색의 순이다.

② 경차는 회색 차량이다.

④ 가장 오른쪽에 있는 차량은 회색의 경차이다.

02 사고력 조건을 바탕으로 추론하기

| 정답 | ①

| 해설 | 5층에서 C 혼자 내렸으므로 남은 사람은 A, B, D, E, F, G로 총 여섯 명이다. 이때 A와 G는 단둘이 내렸다고 했으므로 짝수 층에서 내린 두 명임을 알 수 있다. 남은 B, D, E, F는 1층 또는 3층에서 내렸는데, 내린 사람의 수가 서로 다르므로 한 층에서는 1명이 내리고 한 층에서는 3명이 내린 것이 된다. B와 E는 다른 층에서 내려야 하므로 가능한 경우의 수는 (B, DEF), (E, BDF)가 된다. 따라서 D와 F는 항상 함께 내린다는 것을 알 수 있다.

03 사고력 조건을 바탕으로 조합 추론하기

| 정답 | ④

| 해설 | 총 7명의 의견 중 반대가 찬성보다 1명 더 적게 나왔으므로 반대를 한 사람이 3명, 찬성을 한 사람이 4명임을 알 수 있다. 박 과장은 찬성하였다고 했으므로 조건에 따라 가능한 경우의 수는 다음과 같다.

이 부장	박 과장	최 대리	노 부장	정 과장	엄 대리	김 대리
찬성	찬성	찬성	찬성	반대	반대	반대
반대	찬성	반대	반대	찬성	찬성	찬성

따라서 엄 대리와 최 대리가 같은 의견을 개진한 경우는 없다.

04 사고력 진위 추론하기

| 정답 | ③

| 해설 | 각각의 사람이 진실을 말한다고 가정하면 다음과 같다.

- 갑이 진실을 말하는 경우 : 전략기획부 소속은 을이다. 이 경우 병의 발언과 정의 발언도 진실이 되어 조건과 상충하므로 갑은 거짓을 말하고 있다.
- 을이 진실을 말하는 경우 : 전략기획부 소속은 정이다. 이 경우 병의 발언이 진실이 되어 조건과 상충하므로 을은 거짓을 말하고 있다.
- 병이 진실을 말하는 경우 : 을은 거짓을 말하고 있으므로 정의 발언이 진실이 되어 조건과 상충한다. 그러므로 병은 거짓을 말하고 있다.
- 정이 진실을 말하는 경우 : 전략기획부 소속은 병이고, 모든 발언이 조건에 부합한다.

따라서 진실을 말하는 사람은 정이고, 전략기획부 소속은 병이다.

05 문제처리능력 조건에 맞는 평가 대상자 찾기

| 정답 | ③

| 해설 | 제시된 자료를 근거로 표준 점수를 구하면 다음과 같다.

구분	성실도		친절도		민원 처리 횟수		고객 만족도	
	평균 : 4, 표준편차 : 1		평균 : 7, 표준편차 : 1		평균 : 6, 표준편차 : 3		평균 : 8, 표준편차 : 1	
	평가 점수	표준 점수	평가 점수	표준 점수	평가 점수	표준 점수	평가 점수	표준 점수
A	5	$\frac{5-4}{1}=1$	7	$\frac{7-7}{1}=0$	5	$\frac{5-6}{3}=-\frac{1}{3}$	7.5	$\frac{7.5-8}{1}=-0.5$
C	4	$\frac{4-4}{1}=0$	6	$\frac{6-7}{1}=-1$	5	$\frac{5-6}{3}=-\frac{1}{3}$	8.5	$\frac{8.5-8}{1}=0.5$
E	4	$\frac{4-4}{1}=0$	7	$\frac{7-7}{1}=0$	6	$\frac{6-6}{3}=0$	8.5	$\frac{8.5-8}{1}=0.5$
G	2	$\frac{2-4}{1}=-2$	9	$\frac{9-7}{1}=2$	6	$\frac{6-6}{3}=0$	9.5	$\frac{9.5-8}{1}=1.5$

표준점수가 0 미만인 항목이 없는 직원은 E이므로, E는 어떠한 항목에서도 '경고' 조치를 받지 않는다.

06 문제처리능력 조건에 맞는 우수 직원 찾기

| 정답 | ④

| 해설 | 제시된 자료를 근거로 표준 점수를 구하면 다음과 같다.

구분	성실도		친절도		민원 처리 횟수		고객 만족도	
	평균 : 4, 표준편차 : 1		평균 : 7, 표준편차 : 1		평균 : 6, 표준편차 : 3		평균 : 8, 표준편차 : 1	
	평가 점수	표준 점수	평가 점수	표준 점수	평가 점수	표준 점수	평가 점수	표준 점수
B	5	$\frac{5-4}{1}=1$	6	$\frac{6-7}{1}=-1$	6	$\frac{6-6}{3}=0$	7	$\frac{7-8}{1}=-1$
D	5	$\frac{5-4}{1}=1$	7	$\frac{7-7}{1}=0$	5	$\frac{5-6}{3}=-\frac{1}{3}$	6	$\frac{6-8}{1}=-2$
F	3	$\frac{3-4}{1}=-1$	7	$\frac{7-7}{1}=0$	6	$\frac{6-6}{3}=0$	9	$\frac{9-8}{1}=1$
G	2	$\frac{2-4}{1}=-2$	9	$\frac{9-7}{1}=2$	6	$\frac{6-6}{3}=0$	9.5	$\frac{9.5-8}{1}=1.5$

'우수 직원'은 '경고' 조치를 받은 것과 관련이 없이 항목별 표준점수의 합이 가장 높은 직원이므로, '우수 직원'은 G이다.

07 문제처리능력 설문조사 내용 파악하기

| 정답 | ②

| 해설 | '원하는 사내 복지제도는 무엇입니까?', '현재 가장 부족하다고 생각하는 사내 복지제도는 무엇입니까?'에서 두 번째로 수요가 많은 답변은 '휴가비 지원(53.0%, 22.4%)'이다.

08 문제처리능력 설문조사 내용 파악하기

| 정답 | ③

| 해설 | '원하는 사내 복지제도는 무엇입니까'는 복수응답이 가능하다고 언급되어 있으며, 선택률이 높은 여가활동지원(69.1%), 휴가비 지원(53.0%)만 보아도 100%가 넘으므로 일부 사원은 두 개 이상 응답했음을 알 수 있다.

| 오답풀이 |

① '사내 복지제도가 좋은 기업이라면 현재보다 연봉이 다소 적더라도 이직할 의향이 있다'고 밝힌 직원이 아닌 직원보다 많다.

② 부족하다고 생각하는 사내 복지제도 중 가장 적게 선택을 받은 항목은 사내 동호회 지원이다.

④ 편의시설이 가장 부족한 복지제도라고 생각하는 사원은 26명(7.2%)으로 편의시설을 원하는 직원인 121명(33.4%)보다 적다.

09 문제처리능력 보도를 건널 수 있는 시간 구하기

| 정답 | ③

| 해설 | B와 D에서 좌회전 후 직진을 하는 동안 A와 C에서 횡단보도를 이용할 수 있는 타이밍은 B와 D에서 직진을 할 때뿐이다. 따라서 보행자들이 횡단보도를 이용할 수 있는 시간은 최대 60초이다.

10 문제처리능력 보고할 내용 고르기

| 정답 | ③

| 해설 | U턴이 가능하려면 반대편에서 오는 차량이 없어야 하며, 보행자가 횡단보도를 건너고 있는지의 여부는 관계없다. 차량이 직진하는 동안 비어져 있는 도로에서 U턴이 가능하므로, B와 D에서 직진 신호 시 A와 C에서 보행자가 횡단보도를 이용할 수 있는 동시에 차량도 U턴이 가능해진다.

2 의사소통능력

문제 94쪽

01	④	02	③	03	④	04	②	05	③
06	②	07	②	08	②	09	③	10	①

01 문서이해능력 필자의 의견 파악하기

| 정답 | ④

| 해설 | 지식과 경험을 획득하고 삶의 의미를 찾고 성취감을 느끼고 싶어 하는 진지한 여가에 대한 열망도도 점차 높아질 것으로 관측된다는 설명을 통해 내적이고 진지한 여가시간에 대한 욕구가 줄어들 것이라는 의견은 필자의 의견과 다르다는 것을 알 수 있다.

| 오답풀이 |

① 필자는 4차 산업혁명의 영향으로 문화다양성 사회로의 진전 등이 있을 것이라 하였다.

② 순수문화예술 부분에서는 스마트폰 등 디지털기기가 아직 홍보의 부차적 수단 정도의 기능에 머물러 있다고 설명하였다.

③ 문화 자체의 다양성뿐 아니라 문화를 누리는 대상 층 역시 어린이, 장애인, 시니어 등으로 점차 다양화될 것이라 전망하고 있다.

02 문서작성능력 항목 구분 기호 파악하기

| 정답 | ③

| 해설 | ③은 모든 규정을 준수하여 작성되어 있다.

| 오답풀이 |

① 항목 순서가 다음과 같이 수정되어야 한다. 가), 나), (1), (2) → 가., 나., 1), 2)

② 괄호 또는 반 괄호가 있는 경우 마침표를 찍지 않는다. 1)., 2). → 1), 2)

④ 항목 기호와 항목의 내용 사이는 1타 띄어 쓴다. 1)매뉴얼, 2)경쟁사의 → 1) 매뉴얼, 2) 경쟁사의

03 문서작성능력 글의 흐름에 맞게 빈칸 넣기

| 정답 | ④

| 해설 | 제시된 글은 하천복원의 패러다임으로 공원이나 놀이장, 주차장 등의 시설을 정비하는 것보다 생물서식처를 복원하는 것이 우선시되어야 한다는 점을 강조하고 있다. 따라서 빈칸에는 하천환경 개선을 위해서는 생물서식처의 복원이 전제되어야 한다는 내용이 들어가야 한다.

| 오답풀이 |

① 하천의 화학적, 생물학적 복원은 곧 생물서식처의 복원을 의미하며, 물리적 복원은 공원하천 사업 등을 의미한다. 따라서 글의 내용과 반대되는 설명이다.

② 수질오염 문제에 대한 해결은 제시된 글에서 중요하게 언급되지 않았다.

③ 공원하천과 자연형하천의 균형적인 발전을 도모해야 한다는 것은 필자의 의견과 거리가 멀다.

04 문서이해능력 기사문을 토대로 유추하기

| 정답 | ②

| 해설 | 평균 택배 단가가 약간 낮아졌음에도 불구하고 매출이 올라 택배업 자체의 매출규모가 성장했음을 알 수 있지만, 택배 단가가 낮아진 이유가 코로나바이러스의 확산 때문인지에 대해서는 유추할 수 없다.

| 오답풀이 |

① 택배물류업이 코로나19 여파로 인한 '언택트(비대면)' 라이프스타일 및 소비트렌드의 확산과 최근 '스마트 물류센터 인증제' 도입 법안 의결로 인해 장기적으로 지속 성장할 것이라는 전망을 제시하고 있다.

③ 20X9년 4분기 온라인 시장 거래액 약 37조 2천억 원 중 인터넷쇼핑몰의 거래액은 약 12조 8천억 원, 모바일쇼핑몰 거래액은 약 24조 3천억 원이다.

④ 전자상거래의 확산에 따라 물류창고는 더 이상 단순 보관시설이 아닌, 소비자의 물류 수요와 물품별 특성에 따라 입고에서부터 출고까지 물류 전 과정의 효율적인 수행의 필요성이 대두되었다.

05 문서이해능력 자료 이해하기

| 정답 | ③

| 해설 | 나쁜 인상을 주는 자기소개서 3위는 다른 것을 옮겨 쓴 듯한 자기소개서이다. 따라서 지원한 회사에 입사한 선배의 자기소개서를 모방하는 것은 적절하지 않다.

06 문서이해능력 안내문 이해하기

| 정답 | ②

| 해설 | 2.5단계 격상 시에는 스포츠 경기가 무관중 경기로 진행되어야 한다. 10%의 관중이 입장 가능한 것은 2단계에 해당한다.

| 오답풀이 |

① 2단계부터 '위험도 높은 실외 활동' 시에 마스크착용을 의무화하고 있다.

③ '밀집도 $\frac{1}{3}$ 원칙(고교 $\frac{2}{3}$), 최대 $\frac{2}{3}$ 이내에서 운영 가능'이라는 것은 학교급에 관계없이 최대 인원이 $\frac{2}{3}$ 이내여야 한다는 것이므로 30명인 학급의 최대 등교 가능 인원은 20명이 된다.

④ 2.5단계 시에는 인원의 $\frac{1}{3}$ 이상 재택근무가 권고 사항이므로 필요한 경우에는 전원이 출근을 할 수도 있다.

07 문서작성능력 어울리지 않는 문단 찾기

| 정답 | ②

| 해설 | (가)에서의 논지 제시에 따라 글의 전반적인 내용은 달에서의 물(수산기)의 생성 가능성과 그에 따라 물을 만들어 쓸 수 있는 화학적 과정에 관한 언급임을 알 수 있다. 그러나 (다) 단락에서는 물의 생성과 관련한 화학적 과정보다는 달 표면 토양에 붙은 물 분자의 이동에 대한 규명을 연구하는 내용을 다루고 있으므로 전체 글의 내용과 어울리지 않는 문단이다.

| 오답풀이 |

① (나)에서는 물의 성분이 어떻게 생겨나는지를 밝혀낸 것의 의미를 언급하고 있다.

③ (라)에서는 물 성분 생성을 이해하게 됨에 따라 수소의 존재 위치를 알 수 있게 되었다는 내용이 소개되고 있다.

④ (마)에서는 수산기 형성의 근본적인 배경으로서 태양풍 노출을 언급하며 달 이외의 태양계에서도 물의 성분이 생성될 수 있다는 점을 과학적으로 뒷받침하고 있다.

08 문서이해능력 글의 주제 찾기

| 정답 | ②

| 해설 | 달에서 물이 어떻게 만들어지는지에 관한 설명은 좀 더 연구가 진행되어야 가능하겠으나, 물을 구성하는 성분인 수산기와 물이 생성될 수 있는 화학적 배경은 태양풍에 의해서 형성된다는 점을 밝혀낸 것이 제시된 연구 내용의 핵심이다. 따라서 달에서의 물 생성에 대한 과학적 근거가 마련되었다는 것이 글의 주제로 적절하다.

09 문서이해능력 공모전 안내문 이해하기

| 정답 | ③

| 해설 | 제시된 보도자료에 공모전 합격생에 대한 교육일정은 나와 있지 않다.

10 문서이해능력 공모전 안내문 이해하기

| 정답 | ①

| 해설 | 국내의 대학과 정부출연기관, 연구기관, 환경부로부터 인가받은 사회협동조합, 대학원생 등을 대상으로 8월 10일부터 8월 31일까지 '개방형 혁신 연구 개발(R&D)' 과제를 공모한다고 나와 있다. 따라서 모든 국민이 참여가 가능한 것은 아니다.

3 수리능력

문제 104쪽

01	①	02	④	04	②	04	①	05	④
06	④	07	③	08	②	09	④	10	④

01 기초연산능력 합격 인원 계산하기

| 정답 | ①

| 해설 | 합격한 인원수를 x명이라 하면, 응시자 전체의 총점은 합격자 전체의 총점과 불합격자 전체의 총점을 합한 값이므로 다음과 같다.

$1,100 \times 66.5 = (x \times 75) + \{(1,100 - x) \times 64\}$

$73,150 = 75x + 70,400 - 64x$

$2,750 = 11x$

$\therefore x = 250$

따라서 합격한 인원수는 250명이다.

02 기초연산능력 부등식 활용하기

| 정답 | ④

| 해설 | • 식품 A

a번째 검사 때 식품 A의 대장균 수는 (2×2^a)마리/cc이므로 다음과 같은 식이 성립한다.

$2 \times 2^a \geq 1,000$

$2^{a+1} \geq 1,000$

∴ 9번째 검사부터 1,000마리/cc 이상의 대장균이 검출된다.

• 식품 B

b번째 검사 때 식품 B의 대장균 수는 (1×2^b)마리/cc이므로 다음과 같은 식이 성립한다.

$1 \times 2^b \geq 800$

∴ 10번째 검사부터 800마리/cc 이상의 대장균이 검출된다.

• 식품 C

c번째 검사 때 식품 C의 대장균 수는 (3×2^c)마리/cc이므로 다음과 같은 식이 성립한다.

$3 \times 2^c \geq 700$

$2^c \geq 233.33\cdots$

∴ 8번째 검사부터 700마리/cc 이상의 대장균이 검출된다.

따라서 식품이 상하는 순서는 C-A-B이다.

03 기초연산능력 수 추리하기

| 정답 | ②

| 해설 | 각각의 가로줄은 나눗셈에 의한 나뉘는 수, 나누는 수, 몫, 나머지의 순으로 구성되어 있다.

• $37 \div 7 = 5 \cdots 2$

• $31 \div 6 = 5 \cdots 1$

• 25÷㉠=3⋯4

• 19÷4=4⋯㉡

따라서 ㉠=7, ㉡=3으로 두 수의 합은 10이다.

04 기초연산능력 맞힌 문제 개수 구하기

| 정답 | ①

| 해설 | B 대리가 맞힌 2점짜리 문제의 개수는 8문제이므로, 3점짜리와 5점짜리 문제로 얻은 점수는 38−16=22(점)이다. 이 점수가 나올 수 있는 경우는 5점짜리 2문제와 3점짜리 4문제를 맞혔을 때이다. 따라서 B 대리가 맞힌 문제의 개수는 8+4+2=14(개)이다.

05 도표분석능력 자료 이해하기

| 정답 | ④

| 해설 | 물탱크 고장의 비중을 연도별로 살펴보면 다음과 같다.

20X6년 : $\frac{382}{52,227}\times100≒0.7(\%)$

20X7년 : $\frac{392}{47,252}\times100≒0.8(\%)$

20X8년 : $\frac{499}{69,542}\times100≒0.7(\%)$

20X9년 : $\frac{446}{53,254}\times100≒0.8(\%)$

따라서 매년 가장 적은 비중을 보이는 누수 원인이긴 하나, 1 ~ 1.3%의 비중을 나타내고 있지는 않다.

| 오답풀이 |

① '배관 노후', '양변기 고장', '배관 동파'는 20X7년부터 연도별 증감 추이가 '감소 → 증가 → 감소'의 패턴을 보이고 있으나, '물탱크 고장'은 '증가 → 증가 → 감소', '기타 보일러 등'은 '감소 → 감소 → 증가'로 나머지와 다른 증감 추이를 보이고 있다.

② '배관 노후'의 건수는 매년 전체 합계의 절반보다 크므로 가장 큰 누수 원인이다.

③ 서울시 양변기 누수량을 양변기 고장 건수로 나누어 산출하면 된다. 단, 누수량이 천 톤 단위이므로 이를 감안하여 계산하면 다음과 같다.

20X6년 : $\frac{1,755,000}{22,141}≒79.3$(톤)

20X7년 : $\frac{1,696,000}{20,108}≒84.3$(톤)

20X8년 : $\frac{1,933,000}{22,974}≒84.1$(톤)

20X9년 : $\frac{1,658,000}{20,933}≒79.2$(톤)

따라서 20X7년 이후 점차 감소하고 있음을 알 수 있다.

06 도표분석능력 자료 이해하기

| 정답 | ④

| 해설 | 1968년과 2020년의 평균 표층수온은 각각 $\frac{15.9+14.4+17.9}{3}≒16.1$(℃)와 $\frac{17.6+14.7+19.3}{3}=17.2$(℃)이므로 1.1℃ 상승했다.

| 오답풀이 |

① 1968년 대비 2020년의 표층수온은 A 해역 1.7℃, B 해역 0.3℃, C 해역 1.4℃ 상승하였으므로 A 해역>C 해역>B 해역 순이 된다.

② 해역별 표층수온은 매 시기 C 해역>A 해역>B 해역 순으로 동일하다.

③ 한류성 어류는 낮은 수온에서 적응하는 어류이고, 난류성 어류는 높은 수온에서 적응하는 어류이다. 위 자료에서 1970년은 16.1℃ 2020년은 17.2℃로 수온이 증가한 것을 알 수 있다. 그리고 고등어류와 멸치의 경우 어획량이 크게 증가하였다. 반면 꽁치와 명태는 크게 감소하였다. 따라서 고등어류와 멸치는 난류성 어류, 꽁치와 명태는 한류성 어류에 해당한다.

07 도표분석능력 그래프 이해하기

| 정답 | ③

| 해설 | 2011 ~ 2018년 동안의 피해액은 〈자료 1〉에서 〈자료 2〉의 수치를 뺀 값이므로 영 · 섬강수계가 3,827−142=3,685(억 원)이며, 낙동강수계가 6,422−1,453=4,969(억 원)으로 낙동강수계의 피해액이 더 크다.

| 오답풀이 |

① 2019 ~ 2020년의 피해액은 257+1,453+191+142=2,043(억 원)이며, 2011 ~ 2020년의 피해액은 22,603+6,422+2,993+3,827=35,845(억 원)이다. 따라서 $\frac{2,043}{35,845}\times100≒5.7(\%)$로 5%가 넘는다.

② $\frac{1,453}{6,422}\times100≒22.6(\%)$로 20%를 넘는다.

④ 2011 ~ 2018년 동안의 피해액 규모는 한강수계 > 낙동강수계 > 영 · 섬강수계 > 금강수계의 순으로 크며, 이는 2011 ~ 2020년 동안의 순위와 동일하다.

08 도표분석능력 그래프 해석하기

| 정답 | ②

| 해설 | ㉡ 20X0년 혼인 건수가 15,300건이므로 20X2년 혼인 건수는 15,300×(1−0.025)×(1−0.033)≒14,425(건)이다. 이 중 재혼 건수의 비율이 17.3%이므로, 남성과 여성이 모두 초혼인 건수는 14,425×(1−0.173)≒11,929(건)이다.

㉢ 20X3년의 재혼 건수가 2,330건이면 혼인 건수는 $\frac{2,330}{16.5}\times 100 \fallingdotseq 14,121$(건)이다.

| 오답풀이 |

㉠ 20X0년 혼인 건수가 15,300건이므로 20X4년 혼인 건수는 15,300×(1−0.025)×(1−0.033)×(1−0.022)×(1−0.047)≒13,445(건)이다.

㉣ 20X0년 혼인 건수가 15,300건이므로 20X1년 혼인 건수는 15,300×(1−0.025)≒14,918(건)이다. 이 중 재혼 건수는 14,918×0.15≒2,238(건)이고, 재혼 건수 중 남성의 재혼 비율이 63%이므로 남성의 재혼 건수는 2,238×0.63=1,410(건)이다.

09 도표분석능력 자료 이해하기

| 정답 | ④

| 해설 | 각 등급의 합계를 계산하여 도표를 정리하면 다음과 같다.

(단위 : 개)

도입 전 \ 도입 후	A 등급	B 등급	C 등급	D 등급	E 등급	합계
A 등급	5	7	5	8	2	27
B 등급	7	8	2	8	8	33
C 등급	3	2	4	3	3	15
D 등급	9	6	6	2	2	25
E 등급	8	5	2	4	1	20
합계	32	28	19	25	16	120

따라서 다른 등급은 모두 해당 하천의 개수가 개선 방안 도입 전과 도입 후에 바뀌었으나, D 등급은 도입 전과 후 모두 25개로 동일함을 알 수 있다.

| 오답풀이 |

① 5+8+4+2+1=20(개)이다.

② 등급이 높아지지 않은 하천의 개수를 묻고 있으므로 동일하게 유지된 하천의 개수를 포함하여 5+7+5+8+2=27(개), 8+2+8+8=26(개), 4+3+3=10(개), 2+2=4(개), 1개로 총 68개가 된다.

③ A, B 등급 하천의 개수는 수질 개선 방안 도입 전과 후 모두 27+33=60(개), 32+28=60(개)로 동일하나, D, E 등급 하천의 개수는 25+20=45(개)에서 25+16=41(개)로 감소하였다.

10 도표분석능력 자료 이해하기

| 정답 | ④

| 해설 | (가) 수소 이온 농도 지수(pH)는 5.5 → 8.3으로 변하였으므로 산성에서 알칼리성으로 바뀐 것이다. 따라서 A 유역의 산성이 더 강하다.

(나) 용존 산소량(DO)의 수치는 수질이 나쁠수록 낮아지게 되므로 6.0인 A 유역이 4.6인 C 유역보다 맑고 깨끗한 물이다.

(다) 생화학적 산소 요구량(BOD)은 수질이 나쁠수록 그 값이 증가하므로 5.0의 수치를 보인 B 유역의 수질이 가장 나쁘다.

(라) 화학적 산소 요구량(COD)은 생물학적으로 분해할 수 없는 유기물의 양을 의미하므로 4.5 → 4.9 → 4.3으로 수치가 변한 것은 생물학적으로 분해할 수 없는 유기물의 양이 증가하다가 감소하였음을 의미한다.

4 자원관리능력

문제 111쪽

01	③	02	②	03	④	04	④	05	③
06	②	07	②	08	②	09	②	10	①

01 예산관리능력 출장비용 계산하기

| 정답 | ③

| 해설 | 각 항공권의 도착시간을 계산하면 다음과 같다.

항공권	출발시간	소요시간	도착시간
A	2/17 21:15	13:30	2/17 17:45
B	2/14 07:30	16:50	2/14 07:20
C	2/15 11:35	15:30	2/15 10:05
D	2/16 15:55	17:00	2/16 15:55
E	2/13 10:20	22:15	2/13 15:35

김 대리는 미팅 일정인 2월 17일보다 최소 하루 전, 즉 2월 16일 전에 도착하고자 하므로 A 항공권은 적절하지 않다. 따라서 B ~ C 항공권의 비용과 16일까지의 숙소를 포함한 경비를 계산하면 다음과 같다.

- B : 1,280,000+150,000+180,000+180,000=1,790,000(원)
- C : 1,340,000+180,000+180,000=1,700,000(원)
- D : 1,420,000+180,000=1,600,000(원)
- E : 970,000+150,000+150,000+180,000+180,000=1,630,000(원)

따라서 김 대리가 선택할 항공권은 D이다.

02 인적자원관리능력 진급자 선발하기

| 정답 | ②

| 해설 | A ~ D의 책임감, 신중함 점수를 구하여 합산하면 다음과 같다.

구분	책임감	신중함	합계
A	2	3	5
B	2	3	5
C	3	1	4
D	2	2	4

따라서 책임감과 신중함 점수가 가장 높은 A, B 중 실적이 더 높은 B가 진급한다.

03 인적자원관리능력 진급대상자의 특성 파악하기

| 정답 | ④

| 해설 | D는 책임감과 신중함이 '중'으로 가장 높은 점수를 받지 않았다.

04 예산관리능력 자료를 바탕으로 상황 이해하기

| 정답 | ④

| 해설 | 상점 갑, 을이 각각 A, E 지점으로 이동하더라도 순편익이 0보다 크므로 모든 주민들은 생필품 세트를 구입하게 된다. 따라서 매출액의 변화는 생기지 않는다.

| 오답풀이 |

① B, D 지점에 사는 주민은 상점까지 다녀오는 비용이 0이므로 순편익이 가장 크다.

② C 지점에 사는 주민들은 어느 상점에 가더라도 순편익이 동일하다.

③ 모든 주민은 생필품 세트의 순편익이 0보다 크므로 생필품 세트를 구매하고자 할 것이다.

05 예산관리능력 순편익 계산하기

| 정답 | ③

| 해설 | 한 상점이 가장 많은 주민에게 생필품을 판매하기 위해서는 두 상점 모두 K 지역의 중간에 있는 C 지점으로 위치를 정해야 한다. B, D 지점에 있던 상점이 모두 C 지점으로 옮기게 되면 A, B, D, E 지점의 주민들의 순편익이 감소하고 C 지점의 주민들만 순편익이 증가한다. 따라서 순편익 합계는 감소한다.

06 예산관리능력 매출액 계산하기

| 정답 | ②

| 해설 | 주어진 판매가에 수량을 곱하여 각 디자인을 1,500개 생산했을 경우의 매출액을 계산하면 다음과 같다.

- A형 : 12,000(원)×1,500(개)=1,800(만 원)
- B형 : 20,000(원)×1,500(개)=3,000(만 원)
- C형 : 10,000(원)×1,500(개)=1,500(만 원)
- D형 : 18,000(원)×1,500(개)=2,700(만 원)

매출액이 2,500만 원을 넘지 않는 디자인은 A형과 C형이다. 이 중 평균 선호도는 A형이 4.125, C형이 4.025이므로 선호도가 더 높은 A형을 생산해야 하며, 이때 예상되는 매출액은 1,800만 원이다.

07 시간관리능력 조건에 맞는 공장 구하기

| 정답 | ②

| 해설 | 발주일은 4일이며, 공급일은 22일이다. 이를 참고로 공장별 생산 가능일수와 작업량을 계산해 보면 다음과 같다.

- 갑 공장 : 15(일)×80(개)=1,200(개)
- 을 공장 : 18(일)×90(개)=1,620(개)
- 병 공장 : 17(일)×85(개)=1,445(개)
- 정 공장 : 17(일)×90(개)=1,530(개)

따라서 기한 내에 생산 가능한 공장은 을 공장과 정 공장이다.

08 시간관리능력 최단거리 구하기

| 정답 | ②

| 해설 | 숙소에서 출발하여 최단거리로 세 곳의 여행지를 둘러보고 다시 숙소로 돌아오는 방법은 숙소－A－B－C－숙소(반대도 동일)로, 60+30+60+90=240(km)를 이동해야 한다.

09 시간관리능력 최단 시간 구하기

| 정답 | ②

| 해설 | 숙소에서 출발하여 최단 시간으로 모든 여행지를 둘러보고 숙소로 돌아오는 방법은 다음과 같다.

- 숙소→A(자가용) : 60(km)÷60(km/h)=1(h)
- A→B(자가용) : 30(km)÷60(km/h)=0.5(h)
- B→C(자전거) : 60(km)÷15(km/h)=4(h)
- C→D(버스) : 45(km)÷45(km/h)=1(h)
- D→E(자가용) : 150(km)÷60(km/h)=2.5(h)
- E→숙소(버스) : 90(km)÷45(km/h)=2(h)

따라서 성진이가 이동할 시간은 1+0.5+4+1+2.5+2=11(시간)이다(반대도 동일).

10 예산관리능력 교통비 구하기

| 정답 | ①

| 해설 | 숙소에서 출발하여 최저비용으로 모든 여행지를 둘러보고 숙소로 돌아오는 방법은 다음과 같다.

- 숙소→C(버스)
  90(km)÷45(km/h)=2(h)
  2(h)×3,000(원)=6,000(원)
- C→B(자전거) : 무료
- B→A(스쿠터)
  30(km)÷30(km/h)=1(h)
  1(h)×2,000(원)=2,000(원)
- A→E→D[자전거] : 무료
- D→숙소[스쿠터]
  60(km)÷30(km/h)=2(h)
  2(h)×2,000(원)=4,000(원)

따라서 성진이가 교통비로 사용할 금액은 6,000+2,000+4,000=12,000(원)이다(반대도 동일).

4회 기출예상문제

1 문제해결능력 문제 118쪽

01	④	02	④	03	③	04	④	05	③
06	②	07	①	08	③	09	①	10	②

01 사고력 조건을 바탕으로 출장지 결정하기

|정답| ④

|해설| A는 유럽 국가에만 출장을 갈 수 있으므로, A가 영국으로 가는 경우와 독일로 가는 경우를 나누어 생각하면 다음과 같다.

• A가 영국으로 가는 경우

E는 A와 함께 가야 하므로, 영국에 가는 직원은 A와 E이다. 영국에 가지 않는 B는 남은 유럽 국가인 독일로 가야 하므로, G는 독일로 가지 않는다. G는 남은 중국, 미국 중 영어권 국가가 아닌 중국에 가야하고, F는 남은 미국, 독일 중 영어권 국가가 아닌 독일에 가야 한다. 이를 정리하면 다음과 같다.

영국	A, E
독일	B, F
중국	C, G
미국	D, H

• A가 독일로 가는 경우

E는 A와 함께 가야하므로, 독일에 가는 직원은 A와 E이다. 독일에 가지 않는 B는 남은 유럽 국가인 영국으로 가야 하므로, G는 영국에 가지 않는다. G는 남은 중국, 미국 중 영어권 국가가 아닌 중국에 가야하고, F는 남은 영국, 미국 중 영어권 국가가 아닌 국가에 가야 하므로 조건과 상충한다.

따라서 F와 C가 함께 중국으로 출장을 간다는 설명은 적절하지 않다.

02 사고력 논리적 오류 파악하기

|정답| ④

|해설| 제시된 글과 ④는 어떤 사물이나 집단 전체의 특성으로 그 부분이나 구성요소도 그러한 특성을 갖고 있다고 판단하는 '분할의 오류'를 범하고 있다.

|오답풀이|

① 부분에 대하여 말할 수 있는 것을 전체에 부당하게 적용하거나 개별적인 요소에 해당되는 것을 집합 전체에 부당하게 적용하는 '합성의 오류'를 범하고 있다.

② 어떤 대상의 기원이 갖는 속성을 그 대상도 가지고 있다고 추리하는 '발생학적 오류'를 범하고 있다.

③ 어떤 주장에 대해 타당한 근거를 제시하지 않고, 군중심리나 열광하는 대중들에게 호소하거나 여러 사람들이 동의한다는 점을 내세우는 '대중에 호소하는 오류'를 범하고 있다.

03 사고력 조건을 바탕으로 추론하기

|정답| ③

|해설| 첫 번째와 두 번째 조건에 따라 갑의 지필고사 성적이 C 또는 D일 두 가지의 경우로 나누어 생각한다.

• 갑의 지필고사 성적과 정의 출석률이 C일 경우

구분	지필고사	출석률
갑	C	D
을	A	B
병	B	A
정	D	C

수강한 과목의 수는 갑>병>정>을임을 알 수 있다.

• 갑의 지필고사 성적과 정의 출석률이 D일 경우

구분	지필고사	출석률
갑	D	C
을	A	B
병	B	A
정	C	D

이 경우 첫 번째 조건과 세 번째 조건이 서로 상충한다. 따라서 수강한 과목이 가장 많은 사람은 갑이고, 갑의 지필고사 성적과 출석률은 차례대로 C, D이다.

04 사고력 진위 추론하기

| 정답 | ④

| 해설 | A, B, C가 각각 회계팀에서 일하는 경우로 나누어 생각해 본다.

- A가 회계팀에서 일하는 경우 : 이 경우 A와 C 모두 회계팀에서 일하는 것이 되므로 조건과 상충한다.
- B가 회계팀에서 일하는 경우 : C는 영업팀에서 일하는 것이 되며, 이때 총무팀에서 일하게 되는 A의 말이 거짓이므로 조건에 부합한다.
- C가 회계팀에서 일하는 경우 : 이 경우 C의 발언은 거짓이 되므로 조건과 상충한다.

따라서 A는 총무팀, B는 회계팀, C는 영업팀에서 일한다.

05 문제처리능력 분해점검 기준 파악하기

| 정답 | ③

| 해설 | A, B, C, D 펌프의 분해점검 경과연수와 누적가동시간, 분해점검 실시연도를 보면 다음과 같다.

구분	경과연수(년)	누적가동시간(시간)	분해점검(년)
A 펌프	5	9,000	×
B 펌프	5	7,000	2017
C 펌프	2	5,000	2020
D 펌프	2	5,000	2020

〈펌프 분해점검 기준〉을 보면 사용연수가 11 ~ 15년일 때 가동시간이 6,000시간 또는 4년의 경과연수가 지난 경우에 펌프 분해점검을 해야 한다. 가동을 시작한 지 13년이 된 C 펌프의 누적가동시간은 5,000시간이며, 2020년에 분해점검을 실시했으므로 경과연수는 2년이 된다. 따라서 C 펌프는 2022년에 분해점검을 실시할 필요가 없다.

| 오답풀이 |

① A 펌프는 분해점검을 받은 적이 없어 경과연수가 5년이므로 2022년에 분해점검을 받아야 한다.

② B 펌프는 2017년에 분해점검을 받아 경과연수가 5년이 되므로 2022년에 분해점검을 받아야 한다.

④ 가동을 시작한 지 18년이 된 D 펌프의 누적가동시간은 5,000시간이므로 2022년에 분해점검을 받아야 한다.

06 문제처리능력 자료를 분석하여 생산 공장 선정하기

| 정답 | ②

| 해설 | 주어진 조건에 따라 각 공장별 순위를 매기면 다음과 같다.

구분	1일 생산개수(개)		총 생산비용 (원)		운송거리 (km)		소비자 만족도 (10점 만점)	
	개수	순위	비용	순위	거리	순위	만족도	순위
A	300	2	360,000	2	120	2	8	2
B	250	4	225,000	1	50	1	7	3
C	310	1	403,000	4	150	3	7	3
D	280	3	392,000	3	220	4	9	1

순위 점수 환산표에 따라 점수를 계산하면 다음과 같다.

구분	1일 생산개수 (개)	비용 (원/개)	운송거리 (km)	소비자 만족도 (10점 만점)	총점
A	7	7	7	7	28
B	3	10	10	5	28
C	10	3	5	5	23
D	5	5	3	10	23

이때 동점 처리 기준에 의하여 총 생산비용이 더 낮은 B 공장이 최종 선정된다.

07 문제처리능력 자료 해석하기

| 정답 | ①

| 해설 | 2023년 화장품산업 시장규모가 2위인 영국은 1위인 독일과 큰 차이가 나지 않는다. 그러나 전년 대비 증감률은 약 10% 이상 차이가 나고 있으므로, 2023년과 같은 추세라면 2024년에는 영국이 시장규모 1위를 차지하게 될 가능성이 높다고 할 수 있다.

| 오답풀이 |

② 기초화장품 시장의 규모가 가장 큰 곳은 프랑스(35.2%)이다.

③ 이탈리아에서 유기농 화장품에 대한 관심이 높아지고 있다는 사실을 통해 소비자들이 가격이 비싸더라도 품질을 중요시 여김을 알 수 있다. 그러나 소비자들이 가격에 민감하다는 것은 가격이 비쌀수록 구매율이 하락한다는 의미이므로 옳지 않다.

④ 폴란드는 최근 헤어용품에 대한 관심이 떨어지고 있다고 하였으므로 폴란드의 헤어용품 시장으로 국내 기업이 진출하는 것은 적절하지 않다.

08 문제처리능력 자료를 참고하여 기업 선정하기

| 정답 | ③

| 해설 | 영국은 오프라인 상점이 활성화되어 있고 화장품 품질을 매우 중요하게 여긴다는 내용을 바탕으로 할 때, C 기업의 사업 내용과 경쟁력은 영국 진출에 적합함을 알 수 있다.

| 오답풀이 |

① 프랑스는 디자인에 민감한 경향이 있다고 하였으나 A 기업은 디자인 경쟁력이 낮으므로, A 기업이 프랑스에 진출하는 것은 적절하지 않다.

② 독일은 사용하던 제품을 계속 구매하는 경향이 있다고 하였으나 B 기업은 주기적으로 신제품을 출시한다고 하였으므로, B 기업이 독일에 진출하는 것은 적절하지 않다.

④ 스페인은 남성용 화장품의 수요가 확대되고 남성상도 세련됨으로 변모하고 있다고 하였다. 따라서 D 기업의 사업 내용은 스페인 진출에 적합하다고 볼 수 있다. 그러나 주력 제품 유형이 남성이 사용하기에 적합한 기초화장품류가 아닌 향수, 색조라는 점에서 적절하지 않다.

09 문제처리능력 점검 사항 확인하기

| 정답 | ①

| 해설 | • 단열성능 유지여부 : 태풍으로 인해 창호, 외벽이 손상되었으며 사용승인도서에 부적합하고 시급한 개선이 요구된다고 하였으므로, 1점(매우 불량)에 해당한다.

• 결로 발생 여부 : 결로가 발견되었으므로 불량 이하에 해당한다. 지하층의 기능은 상실되었지만 시급한 성능개선이 필요하다고 하지는 않았으므로 2점(불량)에 해당한다.

• 창호 기밀성 성능 유지여부 : 창호 간에 틈새가 발견되었으므로 불량 이하에 해당한다. 이에 따라 개선이 필요하다고 하였으므로 2점(불량)에 해당한다.

10 문제처리능력 점검 사항 확인하기

| 정답 | ②

| 해설 | • 친환경건축물 인증 : 5년 내에 재인증을 받았으므로 5점(매우 양호)에 해당한다.

• 지능형건축물 인증 : 인증을 받지 않았으나 의무취득대상이 아니므로 '해당없음'에 해당한다.

• 에너지효율등급 인증 : 기간 내에 재인증을 받지 않았지만 인증서를 받은 지 10년이 지나지 않았으므로 인증내용을 유지하고 있다고 볼 수 있다. 이럴 경우에는 매우 양호로 판단할 수 있으므로 5점에 해당한다.

2 의사소통능력

문제 128쪽

01	③	02	②	03	①	04	④	05	②
06	②	07	①	08	④	09	①	10	②

01 문서작성능력 글의 주제 찾기

| 정답 | ③

| 해설 | 개인 주거공간으로서의 특성과 이웃과 함께 살아가는 사회적 공간으로서의 특성을 동시에 지닌 공동주택이 생겨나면서, 바뀐 주거환경에 맞는 새로운 주거문화에 대해 함께 고민하고 조화롭게 살아가는 방법을 찾는 노력이 필요함을 언급하고 있다. 따라서 글의 제목으로 '공동주택과 새로운 주거문화'가 가장 적절하다.

02 문서이해능력 세부 내용 이해하기

| 정답 | ②

| 해설 | 피부 질병이 생기는 원인과 성별의 상관관계와 관련된 내용은 나와있지 않다. 다만 피부색과 햇볕에 노출되는 정도에 따라 피부 질병이 생긴다는 내용이 제시되어 있다.

03 문서이해능력 필자의 의도 파악하기

| 정답 | ①

| 해설 | 필자는 한 · 일 갈등 국면 속 방사능 오염에 대한 국민적 불안감이 엄연한 시국에서 정부는 더 이상 문제를 방치하지 말고 일본산 수산물 유통과 일본 국적의 활어차 규제를 추진해야 한다고 주장하고 있다.

| 오답풀이 |

② 부산국제여객터미널로 유입되는 일본 활어차에 대한 우려를 표명하고 있으나, 전수 검사를 실시하자는 언급은 없다.

③ 일본 식품의 방사능 오염에 대한 국민의 우려를 불식시키자고 주장하는 것이 아니라 일본산 수산물 유통과 일본 활어차 규제를 해야 한다고 주장하는 글이므로 적절하지 않다.

④ 필자가 주장하고 있는 것은 방사능 오염수를 비롯한 수산물 유통 그리고 활어차에 대한 규제의 필요성이다.

04 문서작성능력 글의 흐름에 맞게 빈칸 작성하기

| 정답 | ④

| 해설 | 영화를 보기 위해 포기한 다른 선택인 '게임'을 정확히 언급하고 있으므로 기회비용을 잘 설명하는 것은 ④이다.

05 문서작성능력 문맥에 맞게 문단 배열하기

| 정답 | ②

| 해설 | 먼저 (나)에서는 국민 총소득과 국민 총생산의 개념을 정리하며 제시된 글의 중심 소재를 소개하고 있다. 그리고 (라)에서는 국민 총소득보다 국내 총생산이 더 많이 사용됨을 설명한 후, (가)를 통해 앞서 언급된 국내 총생산에 대한 세부적인 설명을 추가하고 있다. 마지막으로 (다)는 어떤 것을 전제로 하며 같은 내용을 추가하는 접속사인 '또한'으로 시작하면서 (가)의 내용에 덧붙이고 있다.

따라서 (나)-(라)-(가)-(다)가 가장 적절한 순서이다.

06 문서작성능력 올바른 초안 작성하기

| 정답 | ②

| 해설 | '귀하는 개인정보 수집 · 이용에 대한 동의를 거부할 권리가 있으며, 이 경우 해당 정보에 대한 확인이 불가하여 회원제 서비스 이용이 제한될 수 있습니다.'라는 문장에 정보 주체의 권리에 대한 내용이 명시되어 있기 때문에 잘못 작성된 것이 아니다.

| 오답풀이 |

① 개인정보 수집의 구체적인 목적은 밝혔지만 보유 기간에 대해 밝히지 않았으므로 지침 2번 항목을 지키지 못한 양식이다.

③ 정보 접근 권한에 대해서 해당 안내문에 구체적으로 작성하지 않고 다른 링크를 통해 확인할 수 있게 작성했으므로 지침 4번 항목을 지키지 못한 양식이다.

④ 개인정보 수집 · 이용 동의의 기본값이 '예'에 설정되어 있으므로 지침 5번 항목을 지키지 못한 양식이다.

07 문서이해능력 세부 내용 이해하기

| 정답 | ①

| 해설 | 클라크의 산업 분류는 원료의 채취와 생산, 원료의 가공, 가공 원료의 유통이라는 특성을 반영하는가의 여부에 따라 이루어진 것이다. 이러한 특성을 반영하여 각각 1차, 2차, 3차 산업으로 분류하였으므로, 클라크의 산업 분류가 기술 진보의 정도를 반영한다는 진술은 제시된 글의 내용과 일치하지 않는다.

| 오답풀이 |

② 표준산업분류는 소비자와 생산자의 관점 모두를 고려하여 작성한 것이다.

③ 연구 개발 집약도는 산업마다 평균을 토대로 하기 때문에 평균이 4% 이상인 산업이라도 그 안에 저급 기술 산업이 존재할 수 있다.

④ 정보 기술에서 비롯된 정보 기술 산업이 이미 핵심 산업으로 자리 잡았듯 기술 영역이 진보하면 새로운 기술 영역, 즉 새로운 산업이 형성되어 출현할 수도 있다.

08 문서작성능력 글을 활용하여 빈칸 작성하기

|정답| ④

|해설| 〈보기〉는 새로운 학문의 등장과 그 학문의 명칭에 따른 학과 명칭의 설정이라는 내용을 담고 있다. 로봇공학을 가르치기 위해 로봇공학과를, 분자생물학을 가르치기 위해 분자생물학과를 신설했다는 내용으로, 학문의 명칭과 학과 명칭의 관계는 제시된 글의 산업 분류 유형 중 기술 영역을 중시하는 관점과 유사하다. 새롭게 등장한 기술 영역의 내용 그대로가 산업의 명칭으로 이용되었기 때문이다.

|오답풀이|

① 클라크는 원료 채취와 생산, 원료 가공, 가공된 원료의 유통에 따라 1차, 2차, 3차 산업으로 분류했다. 그러므로 〈보기〉의 내용과 클라크의 기준은 서로 관련이 없다.

② 표준산업분류는 소비자와 생산자의 관점에서 작성된 기준이다. 〈보기〉에는 소비자와 생산자의 관점에 대한 내용이 제시되어 있지 않다.

③ 경제협력개발기구(OECD)의 기준은 기술 수준에 따른 분류 체계로, 연구 개발 투자가 많은 산업을 첨단 산업으로 본다. 하지만 〈보기〉에서는 기술 수준이나 연구 개발 투자액에 대한 설명은 제시되어 있지 않으므로 관련이 없다.

09 문서이해능력 내용과 일치여부 파악하기

|정답| ①

|해설| 작업기억의 요소로는 일회적완충기, 시공간잡기장, 음운고리, 중앙관리자가 있는데 중앙관리자는 세 가지 요소보다 상위에 위치한다고 하였으므로 병렬적으로 구성되어 있다고 볼 수 있다.

|오답풀이|

② 단기기억은 감각기억을 통해 받아들인 정보를 일시적으로 저장해 두는 곳이며 이 정보가 되뇌어지면 장기기억이 된다고 하였으므로 적절하다.

③ 작업기억은 단기기억보다 능동적인 작업이 포함된 것이라고 하였으므로 적절하다.

④ 작업기억은 단기 기억을 확장하고 기억의 기능을 세분화한 것으로 볼 수 있으며 작업기억의 요소로는 중앙집행장치, 시공간잡기장, 음운고리가 있으므로 적절하다.

10 문서이해능력 세부 내용 이해하기

|정답| ②

|해설| ㉠ 중앙집행장치는 음운고리와 시공간잡기장, ㉡ 일회적완충기의 정보들을 통합하고 관리하므로, 이들의 기능을 통제할 뿐 기억 저장과는 관련이 없다.

|오답풀이|

③ ㉠ 중앙집행장치는 최초 작업기업의 기억 요소로 등장하였고, ㉡ 일회적완충기는 2000년대에 들어 하위 요소로 등장하였다.

④ ㉡ 일회적완충기는 시공간잡기장, 음운고리, 중앙관리자로부터 정보를 모으고 통합하며, 이전의 경험들을 해석하고 새로운 문제를 해결하며 미래 활동 계획을 위한 정보를 조작한다.

3 수리능력

문제 138쪽

01	①	02	④	03	④	04	④	05	①
06	②	07	④	08	②	09	①	10	②

01 기초연산능력 불량품 확률 구하기

|정답| ①

|해설| 전체 노트북 생산대수를 x대라고 할 때 두 공장의 불량품이 나올 확률을 정리하면 다음과 같다.

구분	생산량(대)	불량품(대)
공장 A	$0.3x$	$0.3x \times 0.03 = 0.009x$
공장 B	$0.7x$	$0.7x \times 0.05 = 0.035x$
전체	x	$0.009x + 0.035x = 0.044x$

따라서 임의로 선택한 제품 하나가 불량품이었을 때 그 제품이 공장 A에서 생산된 제품일 확률은 $\frac{0.009x}{0.044x} = \frac{9}{44}$이다.

02 기초연산능력 방정식을 활용하여 최댓값 구하기

| 정답 | ④

| 해설 | 프로그램에 참여하는 국내 대학생의 수를 x명, 외국인 대학생의 수를 y명이라고 할 때 문제의 조건을 부등식으로 나타내면 다음과 같다.

$$\begin{cases} x+y \le 126 \\ 200x+300y \le 31{,}500 \end{cases} \Rightarrow \begin{cases} x+y \le 126 \\ 2x+3y \le 315 \end{cases}$$

프로그램 운영 평가 점수를 k점이라고 할 때,
$k=3x+4y$이다.

이를 그래프로 나타내면 다음과 같다.

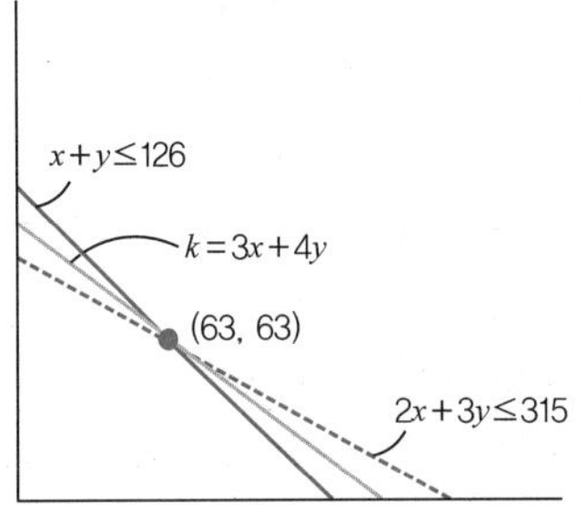

두 부등식의 경계가 만나는 점은 $(x,\ y)=(63,\ 63)$으로, 이 점을 지날 때 k의 값은 최대가 된다. 따라서 $k=3\times63+4\times63=441$(점)이 최대로 받을 수 있는 운영 평가 점수이다.

03 기초연산능력 매출액 계산하기

| 정답 | ④

| 해설 | 클라이밍 10회 이용권 요금을 x원, 1달 강습권 요금을 y원, 1달 정기이용권 요금을 z원이라 할 때, 제시된 정보를 식으로 표현하면 다음과 같다.

$x+y=460{,}000$ …………………… ㉠

$y+z=300{,}000$ …………………… ㉡

$x+z=400{,}000$ …………………… ㉢

㉠, ㉡, ㉢을 연립하면 $2(x+y+z)=1{,}160{,}000$이므로 $x+y+z=580{,}000$이 성립한다. 이를 다시 ㉠, ㉡, ㉢과 연립하면 $x=280{,}000$(원), $y=180{,}000$(원), $z=120{,}000$(원)임을 알 수 있다.

따라서 7월 기준 클라이밍 파크의 매출액은

$55x+40y+35z$

$=55\times280{,}000+40\times180{,}000+35\times120{,}000$

$=26{,}800{,}000$(원)이다.

04 기초통계능력 색칠하는 경우의 수 구하기

| 정답 | ④

| 해설 | 먼저 영역을 구분하는 데 필요한 최소 종류의 색의 개수를 구한다. 색의 종류를 알파벳을 이용해 표시할 때, 원에서 시작하여 구분하면 다음과 같다.

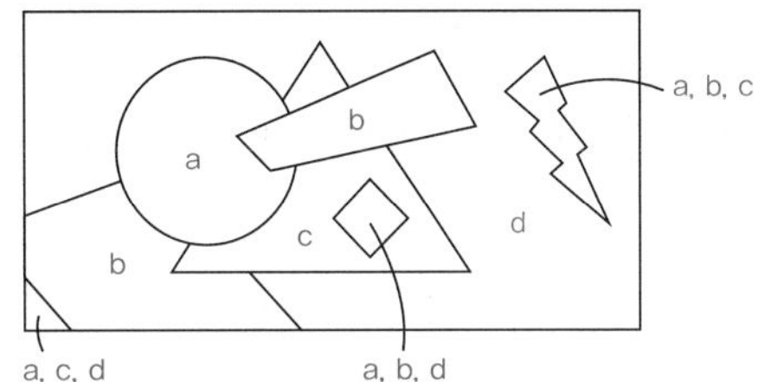

따라서 필요한 최소 색의 종류는 a, b, c, d 4개이다. 세 가지의 색으로 칠할 수 있는 세 구역에 대한 경우의 수를 구하면 3×3×3=27(가지)가 가능하다. 또한 a, b, c, d 각각의 색으로 그림을 칠할 수 있는 경우의 수는 4!=24가지이므로 최소 종류의 색으로 그림을 칠할 수 있는 경우의 수는 27×24=648(가지)이다.

05 도표분석능력 자료를 참고하여 요금 계산하기

| 정답 | ①

| 해설 |
- A 기관 : 계약량 2,000m^3의 120%인 2,400m^3를 초과하여 사용하였다. 따라서 기본요금규정은 (3)번 항목이 적용된다. A 기관의 경우 정수를 사용하였으므로 정수의 단가를 적용하여 총 요금을 구하면 (2,400×150)+(2,500×300)+(100×300)=1,140,000(원)이다.
- B 기관 : 계약량 3,000m^3의 120%인 3,600m^3을 사용하였으므로 (2)번 기본요금규정이 적용된다. B 기관의 경우 침전수를 사용하였으므로 총 요금은 (3,600×100)+(3,600×200)=1,080,000(원)이 된다.

따라서 요금이 더 많은 기관은 A이며, 두 기관 요금의 차이는 6만 원이다.

06 도표분석능력 자료의 수치 분석하기

| 정답 | ②

| 해설 | CIS/CIGS의 경우 전기전환효율이 11.0%로 박막 기술 중 가장 높은 반면 제조비용은 1.35$로 가장 저렴하다. 따라서 전기전환효율이 높을수록 제조비용이 높은 것은 아니다.

| 오답풀이 |

① 실리콘웨이퍼의 경우, 두 종류 모두 박막보다 제조비용이 높다.

③ CIS/CIGS는 박막 기술 중 제조비용 대비 전기전환효율이 가장 높다.

④ 구현 가능한 전환효율의 국내 수준이 선도 기술에 가장 근접한 것은 19.5－17.8=1.7(%p) 차이의 CIS/CIGS이다.

07 도표분석능력 자료의 수치 분석하기

| 정답 | ④

| 해설 | 독일과 프랑스의 고등학교 졸업자 평균 임금이 동일하다면 두 나라의 임금지수를 직접적으로 비교할 수 있다. 독일의 고등교육 이상 졸업자의 임금지수는 166, 프랑스는 154이므로 두 나라의 임금지수 차이는 12이다.

| 오답풀이 |

① 뉴질랜드는 20X5년 118에서 20X9년 154로 증가하였다.

② 20X9년 한국의 중학교 이하 졸업자의 임금지수는 〈자료 1〉에서 72임을 알 수 있고, 고등교육 이상 졸업자 임금지수는 〈자료 3〉에서 141임을 알 수 있다. 따라서 두 그룹 간의 임금지수 차이는 69이다.

③ 한국의 중학교 이하 졸업자와 대학 졸업자의 임금 격차는 20X4년 98, 20X5년 93, 20X6년 90, 20X7년 79, 20X8년 71로 점차 감소하였으나 20X9년 73으로 소폭 증가하였다.

08 도표분석능력 평균 임금 계산하기

| 정답 | ②

| 해설 | 〈자료 1〉을 보면 20X8년 한국의 전문대학 졸업자 임금지수는 112, 대학 졸업자는 145이므로 다음과 같은 식을 세울 수 있다.

$112 : 145 = 180 : x$

$\therefore\ x = 180 \times \frac{145}{112} \fallingdotseq 233$

따라서 20X8년 한국의 대학 졸업자 평균 임금은 233만 원이다.

09 도표분석능력 자료의 수치 분석하기

| 정답 | ①

| 해설 | ㉢ 옥수수 생산에는 가장 적은 양인 연간 909억 m^3의 용수가 요구되는 반면, 소고기 생산에는 가장 많은 양인 연간 12,497억 m^3의 용수가 필요하다.

| 오답풀이 |

㉠ 우리나라의 농업 및 낙농업 연평균 물 사용량은 2015년부터 지속적으로 증가하다가 2020년, 2021년에 감소하였다.

㉡ 최근 2년간 증가하고 있으므로 이 추세가 유지될 때 앞으로 물 사용량은 지속적으로 증가할 전망이다.

㉣ 주요 농업 및 낙농업 평균 물 사용량의 상위 3개 품목의 합은 12,497＋4,914＋4,856＝22,267(억 m^3/년)으로 19,028억 m^3/년보다 크다.

10 도표분석능력 보고서의 빈칸에 들어갈 수치 계산하기

| 정답 | ②

| 해설 | 2021년 대비 2022년의 물 사용량 증감률은 $\frac{37,900-37,400}{37,400} \times 100 \fallingdotseq 1.34(\%)$, 2022년 대비 2023년 물 사용량 증감률은 $\frac{38,200-37,900}{37,900} \times 100 \fallingdotseq 0.79(\%)$로, 이 둘의 평균은 $\frac{1.34+0.79}{2} \fallingdotseq 1.07(\%)$이다.

4 자원관리능력

문제 146쪽

01	①	02	④	03	③	04	②	05	②
06	④	07	①	08	④	09	④	10	②

01 예산관리능력 제품 생산 비용 계산하기

| 정답 | ①

| 해설 | 각 제품의 제품단가를 계산하면 다음과 같다.

- A 제품 : 3,300×1,500=4,950,000(원)
- B 제품 : 4,000×1,500=6,000,000(원)
- C 제품 : 2,900×1,500=4,350,000(원)
- D 제품 : 3,700×1,500=5,550,000(원)

조건 1에 따라 총 제품단가가 500만 원을 넘지 않아야 하므로 B 제품과 D 제품은 제외된다. 남은 제품 중 A 제품의 선호도 평균은 $\frac{(3.9+4.1+4.2+4.3)}{4}=4.125$, C 제품의 선호도 평균은 $\frac{(3.7+4.0+3.7+4.7)}{4}=4.025$이므로 선호도 평균이 더 높은 A 제품을 선택한다.

02 시간관리능력 제품 생산 공장 선택하기

| 정답 | ④

| 해설 | 제품 생산 기간 중 협력업체의 휴무일을 표시하면 다음과 같다.

4월						
일	월	화	수	목	금	토
					1	2
3	4 주문	5	6	7	8	9 가/라
10 가/다	11	12	13	14	15	16 가
17 가/나/ 다/라	18	19	20	21	22 완료	23
24	25	26	27	28	29	30

- 가 공장 : 총 15일 근무 가능하므로, 15×80=1,200(개) 생산 가능
- 나 공장 : 총 18일 근무 가능하므로, 18×90=1,620(개) 생산 가능
- 다 공장 : 총 17일 근무 가능하므로, 17×85=1,445(개) 생산 가능
- 라 공장 : 총 17일 근무 가능하므로, 17×90=1,530(개) 생산 가능

따라서 총 생산 개수인 1,500개를 생산할 수 있는 공장은 나, 라 공장이며 이 중 생산비용이 2,000원 더 저렴한 라 공장을 선택해야 한다.

03 예산관리능력 수익 계산하기

| 정답 | ③

| 해설 | 각 선택지에 따른 제품 한 개당 수익을 계산하면 다음과 같다.

구분	총 판매가(원)	총 재료단가(원)	공장별 총 생산비용(원)
A	18,000,000	4,950,000	750,000
B	30,000,000	6,000,000	1,110,000
C	15,000,000	4,350,000	930,000
D	27,000,000	5,550,000	1,080,000

① 가 공장을 택했을 때 A 제품 한 개당 수익 :
$$\frac{(18,000,000-4,950,000-750,000)}{1,500}=8,200(\text{원})$$

② 나 공장을 택했을 때 B 제품 한 개당 수익 :
$$\frac{(30,000,000-6,000,000-1,110,000)}{1,500}=15,260(\text{원})$$

③ 다 공장을 택했을 때 C 제품 한 개당 수익 :
$$\frac{(15,000,000-4,350,000-930,000)}{1,500}=6,480(\text{원})$$

④ 라 공장을 택했을 때 D 제품 한 개당 수익 :
$$\frac{(27,000,000-5,550,000-1,080,000)}{1,500}=13,580(\text{원})$$

따라서 ③은 적절하지 않다.

04 예산관리능력 자료를 바탕으로 퇴직금 산정하기

| 정답 | ②

| 해설 | L 과장, G 사원, H 사원은 근로기준법 시행령에 따라 휴가 일수와 임금을 모두 제외하고 평균임금을 산출해야 한다. P 대리 또한 근로기준법 시행령에 따라 휴가 일수와 임금을 제외하고 평균임금을 산출해야 한다. 다만, S 사원은 무단결근이기 때문에 휴가일수를 근무일수로 포함하여 평균임금으로 산출하여야 한다.

이에 따라 각각의 경우의 평균임금을 산출하면 다음과 같다.

- L 과장 : (12,680,000−355,000)÷(90−5)=145,000(원)
- P 대리 : (9,630,000−180,000)÷(90−15)=126,000(원)
- S 사원 : 7,920,000÷90=88,000(원)
- G 사원 : 7,650,000÷(90−5)=90,000(원)
- H 사원 : 7,020,000÷(90−12)=90,000(원)

따라서 P 대리의 퇴직금은 126,000원이다.

05 시간관리능력 시간표 이해하기

| 정답 | ②

| 해설 | 2일은 평일, 3일은 국공휴일, 5일은 토요일이므로 2일과 5일은 입장료가 같고 국공휴일인 3일만 평일보다 비싼 요금이 적용된다.

| 오답풀이 |

① 〈평일 이용 시간〉을 보면 대상이 제한된 경우, 3개의 레인만 이용할 수 있다.

③ 10월은 성수기가 아니므로 개천절(국공휴일)에는 09 : 00시 이전에 이용할 수 없다.

④ 3개의 레인만 운영되는 평일 1부, 3부, 5부는 정원 40명이 초과되면 입장이 제한될 수 있다.

06 시간관리능력 강습회 일정 이해하기

| 정답 | ④

| 해설 | 평일 07 : 40 ~ 08 : 50은 제한 없이 이용 가능하므로 7 ~ 9일에는 아침 9시 이전부터 이용이 가능하다.

| 오답풀이 |

① 3일간 연이어 이용이 가능한 날은 6 ~ 8일 혹은 7 ~ 9일밖에 없다.

② 아침 9시 이후 평일 오전에는 청소년과 성인여성을 대상으로 한 3개 레인 사용이 지정되어 있으므로 일요일인 6일에만 9시 이후의 오전 시간 이용이 가능하다.

③ 평일 요금과 일요일 요금이 다르므로 각 입장료는 다음과 같다.

- 평일 : 50×2,000+50×2,500=225,000(원)
- 일요일 : 50×2,500+50×3,000=275,000(원)

07 인적자원관리능력 자료를 바탕으로 우수팀 선정하기

| 정답 | ①

| 해설 | 국내영업 3팀은 매출액과 판매량에 있어 각각 2위와 1위를 차지하고 있으며, 해외영업 2팀은 매출과 판매량에 있어 각각 1위와 3위를 차지하고 있으므로 5개 팀 중 가장 우수한 성적을 보이고 있는 두 팀으로 선정할 수 있다.

08 인적자원관리능력 자료를 바탕으로 영업팀 평가하기

| 정답 | ④

| 해설 | 해외영업 1팀은 비용 분야에서 매우 좋은 결과를 보이고 있으므로 소규모 인원으로 적은 비용을 쓰고 있다고 볼 수 있다. 또한 수익성에서도 2위를 차지하며 좋은 결과를 보이고 있으나, 사고율이 5개 팀 중 4위를 나타내고 있어 업무상 사고율이 높다고 볼 수 있다.

| 오답풀이 |

① 국내영업 2팀은 지출 비용 분야에서 4위를 차지하였으며, 이에 반해 판매량은 1위를 차지하였다. 즉, 업무를 하는 데 많은 비용을 쓰고 있으며 그만큼 판매량이 좋게 따라 주는 것으로 볼 수 있다.

② 국내영업 3팀은 매출액, 판매량, 사고율, 지출 비용 분야에서 2위 이상을 보이고 있으나, 수익성 분야에서는 3위를 차지하고 있다.

③ 국내영업 1팀은 판매량은 적어도 수익성은 1위를 차지하며 좋은 결과를 보이고 있으나, 지출 비용이 매우 나쁘므로 순이익이 좋지 않을 것이다.

09 인적자원관리능력 업무 성과표 분석하기

| 정답 | ④

| 해설 | 평가등급별 가중치가 적용되지 않으므로 순서대로 각각 5점, 4점, 3점, 2점, 1점을 부여하여 표로 나타내면 다음과 같다.

(단위 : 점)

구분	매출액	수익성	판매량	사고율	비용	계
국내영업 1팀	3	5	2	1	1	12
국내영업 2팀	2	3	4	5	1	15
국내영업 3팀	4	3	4	5	4	20
해외영업 1팀	2	4	1	2	5	14
해외영업 2팀	5	3	3	4	2	17

따라서 가장 우수한 영업팀은 국내영업 3팀이 되며, 가장 개선해야 할 항목은 수익성이 된다.

10 예산관리능력 최소 비용으로 숙소 예약하기

| 정답 | ②

| 해설 | 크게 식사 비용, 숙박 비용, 연회장 대관 비용으로 나누어 계산한다.

- 식사 : 2박 3일간의 일정 중 첫째 날은 점심을 먹고 난 후 호텔로 이동하며 저녁은 연회장 기본요금에 포함되어 있으므로 식사 비용은 2일차의 아침, 점심, 저녁 식사와 3일차의 아침 식사로 총 4회분을 계산한다. 2회의 조식과 2회의 일반 식사, 여기에 숙박 이용 시 기본요금 20% 할인이 적용되어 총 식사 비용은 (15,000+25,000)×2×(1−0.2)×30=1,920,000(원)이다.
- 숙박시설 : 스탠다드 A에 추가 비용을 합쳐 스탠다드 A 객실 10개를 대여하는 경우 280,000×10=2,800,000(원)으로 가장 저렴한 비용을 지불할 수 있다.
- 연회장 : 연회장 이용 고객에 숙박 고객이 포함되어 있어 기본요금만 지불한다. 위원장 지시에 따라 야외 연회장을 대여하는 경우 대관비용 800,000원을 지불해야 하는데, 이 경우 식사 비용과 숙박 비용까지 합쳐 총 비용이 1,920,000+2,800,000+800,000=5,520,000(원)으로 배정된 예산을 초과하게 되므로 중/소 연회장을 대관해야 한다.

따라서 S 호텔에 지불할 총 비용은 1,920,000+2,800,000+500,000=5,220,000(원)이다.

5회 기출예상문제

1 문제해결능력
문제 154쪽
01 ② 02 ③ 03 ③ 04 ③ 05 ④
06 ② 07 ③ 08 ④ 09 ② 10 ①

01 사고력 결론에 맞는 전제 추론하기

| 정답 | ②

| 해설 | 제시된 명제를 정리하면 다음과 같다.

- 하얀 옷 → 깔끔
- 깔끔 → 안경

두 명제의 삼단논법에 의해 '하얀 옷 → 깔끔 → 안경'이 성립하므로 대우인 '~안경 → ~깔끔 → ~하얀 옷'도 성립한다. '수인 → ~하얀 옷'이 항상 참이 되기 위해서는 '수인 → ~깔끔' 또는 '수인 → ~안경'이 필요하다. 따라서 빈칸에 들어갈 전제로는 ②가 적절하다.

02 사고력 진실을 말하는 사람 찾기

| 정답 | ③

| 해설 | A ~ E가 진실을 말하는 경우를 나누어 생각하면 다음과 같다.

- A가 진실을 말하는 경우
  출석부를 가져간 사람은 A이다. 이때 나머지 네 명의 진술은 모두 거짓이 되어야 하는데, C의 말이 거짓일 경우 E가 출석부를 가져간 것이 되므로 상충한다. 또한 D의 말이 거짓일 경우 D가 출석부를 가져갔으며 A가 하는 말은 거짓말이 되므로 상충한다.
- B가 진실을 말하는 경우
  출석부를 가져간 사람은 C이다. 이때 나머지 네 명의 진술은 모두 거짓이 되어야 하는데, C의 말이 거짓일 경우 E가 출석부를 가져간 것이 되므로 상충한다. 또한 D의 말이 거짓일 경우 D가 출석부를 가져갔으므로 상충한다. 마지막으로 E의 말이 거짓일 경우 B와 C는 출석부를 가져가지 않았으므로 상충한다.

• C가 진실을 말하는 경우
출석부를 가져간 사람은 E가 아니다. 이때 나머지 네 명의 진술은 모두 거짓이 되어야 하므로, A와 B의 진술을 통해 A, C 모두 출석부를 가져간 사람이 아니다. D의 말이 거짓일 경우, 출석부를 가져간 사람은 D이다. 마지막으로 E의 말이 거짓일 경우, B와 C 모두 출석부를 가져가지 않았다. 따라서 출석부를 가져간 사람은 D이다.

• D가 진실을 말하는 경우
출석부를 가져간 사람은 D가 아니고, A가 하는 말은 진실이다. 이때 나머지 네 명의 진술은 모두 거짓이 되어야 하므로 상충한다. B의 말이 거짓일 경우, 출석부를 가져간 사람은 C가 아니다. C의 말이 거짓일 경우, 출석부를 가져간 사람은 E이다. 또한 E의 말이 거짓일 경우, B와 C 모두 출석부를 가져가지 않았다.

• E가 진실을 말하는 경우
출석부를 가져간 사람은 B와 C 중에 있다. 이때 나머지 네 명의 진술은 모두 거짓이 되어야 하므로, B의 말이 거짓일 경우 C는 출석부를 가져간 사람이 아니다. C의 말이 거짓일 경우 출석부를 가져간 사람은 E이므로 상충한다. 또한 D의 말이 거짓일 경우 출석부를 가져간 사람은 D이므로 상충한다.

따라서 진실을 말하는 사람은 C이고, 출석부를 가져간 사람은 D이다.

03 사고력 조건을 바탕으로 직원 조합 구하기

| 정답 | ③

| 해설 | 일곱 번째 조건에 따라 최 양은 월요일에, 강 군은 목요일에 행사 지원을 나간다. 네 번째 조건과 다섯 번째 조건에 따라 신 양은 화요일에 행사 지원을 나가게 된다. 여섯 번째 조건에 따라 박 군은 월요일에 행사 지원을 나갈 수 없으며, 세 번째 조건에 따라 최 군도 월요일에 행사 지원을 나갈 수 없다. 따라서 월요일에는 안 군이 행사 지원을 나간다.

박 양이 수요일에 행사지원을 나가는 경우와 목요일에 행사지원을 나가는 경우로 나누면 다음과 같다.

• 박 양이 수요일에 행사 지원을 나가는 경우
세 번째 조건에 따라 박 군은 화요일에 행사 지원을 나간다. 따라서 최 군은 수요일에 행사 지원을 나간다.

구분	월	화	수	목
남	안 군	박 군	최 군	강 군
여	최 양	신 양	박 양	조 양

• 박 양이 목요일에 행사 지원을 나가는 경우
박 군과 최 군은 화요일 또는 수요일에 행사 지원을 나갈 수 있다.

구분	월	화	수	목
남	안 군	박 군	최 군	강 군
		최 군	박 군	
여	최 양	신 양	조 양	박 양

따라서 강 군과 신 양이 함께 행사 지원을 나가는 조합은 없다.

04 사고력 주어진 조건으로 결과 추론하기

| 정답 | ③

| 해설 | 제시된 조건과 대우를 이용해 상의 결과를 정리하면 다음과 같다.

• A : 갑의 연봉 상승 반대 → 을의 직급 상승 찬성
• B : 을의 직급 상승 반대 → 갑의 연봉 상승 찬성 → 을의 휴가 연장 반대(∵ 갑에게 줄 포상안으로 연봉 상승을 선택했으므로, 갑의 직급 상승에는 반대한 것이 된다)
• C : 갑의 직급 상승 반대 → 을의 휴가 연장 반대

따라서 ③은 주어진 정보로는 알 수 없다.

05 문제처리능력 축산물 유통 자료 이해하기

| 정답 | ④

| 해설 | 포장육은 식육을 절단하여 포장한 상태로 냉장 또는 냉동한 것으로서 화학적 합성품 등 첨가물 또는 식품을 첨가하지 아니한 것을 말하므로 첨가물이나 식품 등을 넣게 되면 포장육이 아니다.

| 오답풀이 |

① 유통마진은 유통 과정에서 발생하는 이윤과 유통비용 모두를 합한 개념이다.

② 축산물 유통은 식육가공품, 유가공품, 알가공품 등의 축산가공품에도 적용된다.

③ 거래에 직접 참여하지는 않지만 수송, 보관, 하역, 금융 등을 전문적으로 수행하는 기관을 유통조성기관으로 분류한다.

06 문제처리능력 사업 대상 자료 해석하기

| 정답 | ②

| 해설 | 양주시의 계량기, 수도관 경과 연수는 모두 20년이므로 계량기 교체뿐만 아니라 노후관 교체도 받을 수 있다.

| 오답풀이 |

① 파주시가 2+2.5×2=7(시간), 양주시가 3+1+2.5×3 =11.5(시간), 동두천시가 2.5×5=12.5(시간), 광주시가 2+3+1+2.5=8.5(시간)소요되므로 파주시가 가장 짧다.

③ 각 선정 기준에 대입하면 수압관리만 가능하다.

④ 각 선정 기준에 대입하면 유일하게 모든 종류의 사업에 선정된다.

07 문제처리능력 자료 정리하기

| 정답 | ③

| 해설 | 문법반은 월, 화, 목요일에 강좌 개설이 가능하므로 월요일에도 가능 표시가 되어야 한다.

08 문제처리능력 자료 활용하기

| 정답 | ④

| 해설 | 3 ~ 4월에 문법반은 중급반 강좌가 개설되었으므로 5 ~ 6월엔 고급반으로 진행되어야 한다.

| 오답풀이 |

① 3 ~ 4월에 독해반이 고급이었으므로 5 ~ 6월에는 입문반을 개설해야 한다.

② 3 ~ 4월에 한자반은 초급이었으므로 5 ~ 6월엔 중급 강좌가 적절하며, 가능한 요일은 월, 수, 금요일이다.

③ 비즈니스반은 월, 목요일에 개설이 가능하며, 회화반 A는 매일 개설이 가능하다.

09 문제처리능력 일자리 안정자금 지원 기준 이해하기

| 정답 | ②

| 해설 | • A : 30인 미만 고용사업주는 아니지만 업종이 공동주택 경비이므로 20X8년, 20X9년 모두 지원대상이다.

• B : 30인 미만 고용사업주가 아니므로 20X8년, 20X9년 모두 지원대상이 아니다.

• C : 30인 미만 고용사업주가 아니므로 20X8년엔 지원대상이 아니지만, 20X9년엔 노인돌봄서비스제공기관에 해당되어 지원대상이다.

• D : 30인 미만 고용사업주가 아니므로 20X8년엔 지원대상이 아니지만, 20X9년엔 55세 이상 고령자를 고용하고 있는 경우에 해당되어 지원대상이다.

• E, I : 30인 미만 고용사업주이므로 20X8년, 20X9년 모두 지원대상이다.

• F : 30인 미만 고용사업주이지만 국가로부터 인건비 재정지원을 받고 있으므로 20X8년, 20X9년 모두 지원대상이 아니다.

• G : 30인 미만 고용사업주가 아니므로 20X8년엔 지원대상이 아니지만, 20X9년엔 사회적기업에 해당되어 지원대상이다.

• H : 30인 미만 고용사업주이지만 고소득 사업주이므로 20X8년, 20X9년 모두 지원대상이 아니다.

• J : 30인 미만 고용사업주이지만 임금체불 명단 공개 중이므로 20X8년, 20X9년 모두 지원대상이 아니다.

• K : 30인 미만 고용사업주는 아니지만 업종이 공동주택 청소이므로 20X8년, 20X9년 모두 지원대상이다.

따라서 20X8년 대비 20X9년에 새롭게 지원 대상 기업이 될 수 있는 사업주는 C, D, G로 3개이다.

10 문제처리능력 지원금 계산하기

| 정답 | ①

| 해설 | 〈자료 2〉에 월평균 보수액을 월평균 근로시간으로 나눈 금액이 20X9년 최저임금(8,350원)보다 적은 근로자가 있는 사업장에 대한 지원은 불가능하다고 명시되어 있다. 최○○의 20X9년 월평균 보수액은 1,650,000원, 월평균 근로시간은 209시간이므로 $\frac{1,650,000}{209} \fallingdotseq 7,895$(원)이 되어 해당 사업장에 대한 지원은 불가능하다.

2 의사소통능력

문제 162쪽

01	④	02	②	03	④	04	③	05	①
06	①	07	②	08	④	09	③	10	②

01 문서작성능력 글의 제목 파악하기

| 정답 | ④

| 해설 | 제시된 글은 경제가 국가 단위에서 세계적인 단위로 변화하면서 다국적 기업의 힘은 커지는 반면 국가의 통제력이 약화되고 있는 현상에 대해 설명하고 있다. 또한 국가가 자국의 기업들을 보호해 주는 것이 어려워지고 있음을 설명하므로 글의 주제로는 ④가 가장 적절하다.

02 문서작성능력 글의 흐름에 맞게 문장 작성하기

| 정답 | ②

| 해설 | 빈칸 ㉠의 바로 앞 문장에서 사소한 것은 세상의 큰 목소리와 엄밀한 이론 체계들이 답하지 못하는 일들에 대해 답할 수 있게 한다고 말한다. 따라서 '사소한 것'이 갖는 장점에 대해 언급하는 ②가 가장 적절하다.

03 문서이해능력 세부 내용 이해하기

| 정답 | ④

| 해설 | 공소 시효 제도는 국민의 상식이나 정서에 어긋나는 것처럼 보이는 경우가 많지만, 대부분의 문명국가가 제시된 여러 가지 요인을 감안하여 채택하고 있는 것이다. 그러므로 국민의 상식이나 정서를 반영하여 채택한 제도라는 설명은 적절하지 않다.

04 문서이해능력 글에 나타난 시사점 파악하기

| 정답 | ③

| 해설 | 제시된 글은 인구구조의 변화와 그 영향에 대한 내용으로 공공부문과 민간부문의 협력에 대한 사안은 제시되어 있지 않다. 따라서 ③은 적절하지 않다.

05 문서이해능력 글의 내용에 사례 적용하기

| 정답 | ①

| 해설 | 제시된 사례는 고유의 지명이 원래의 의미를 찾아볼 수 없을 만큼 변질된 것에 해당한다.

06 문서이해능력 글의 중심 내용 파악하기

| 정답 | ①

| 해설 | 제시된 글에서는 헤론의 연구 성과와 같은 로마 과학기술의 성과에 대해 설명한 뒤, 실용적인 단계까지는 도달하지 못했으며 과학의 침체를 유발했던 경기 후퇴에 대해 언급하고 있다. 따라서 글의 중심 내용으로는 '로마 과학기술의 성과와 한계'가 가장 적절하다.

07 문서작성능력 문맥에 맞게 문단 배열하기

| 정답 | ②

| 해설 | 먼저 (나)에서 상수도 서비스가 다른 공공재에 비해 공공성이 높은 것으로 인식되고 있음에도 불구하고, 국가가 직접 요금을 징수하지 않고 지방자치단체가 운영권한을 가지고 있어 지역별로 큰 편차를 보이게 되었으며, 군 단위급 지방 상수도는 재정적자가 나타났다는 문제를 제시하면서 상수도 요금의 구조적 문제를 제기하고 있다. (라)에서는 상수도 요금과 관련하여 지방자치단체 간 요금편차가 지방공공요금 중 최고인 것을 설명하고 있으며, (가)에서 이러한 문제를 해결하기 위하여 정부가 유역단위별로 요금체계를 통합하여 관리하는 정책을 제시하였음을 언급하고 있다. 이어서 통합요금제의 당위성으로서 보편적 서비스의 개념을 설명하는 (다)가 이어지고, 실제로 제주와 창원에서 실시한 지방상수도 통합 사례와 한계를 소개하는 (바)가 다음에 온다. 마지막으로 자발적 요금통합이 어려운 이유를 설명하고 이를 해결하기 위해 전문경영기법 등을 도입하여 보편적 서비스를 점차 확대할 것을 촉구하고 있는 (마)가 온다. 따라서 글의 순서는 (나)－(라)－(가)－(다)－(바)－(마)가 적절하다.

08 문서이해능력 세부 내용 이해하기

| 정답 | ④

| 해설 | (마)에 따르면 고품질의 상수도 서비스를 제공하기 위하여 권역별 통합을 통한 대형화 및 전문경영기법을 도입하고, 이에 맞추어 요금통합을 이루어 나가면 지역 간 상수도 서비스의 격차가 완화되고 자발적 요금통합의 문제를 해결해 나갈 수 있을 것이라 전망하였다.

| 오답풀이 |

① (다)에 따르면 소득 수준에 따라 요금에 차등을 두어 사회후생을 극대화하는 것은 보편적 서비스 개념의 기존 논의보다 진보적인 입장이라고 소개하였다.

② (나)에 따르면 상수도 서비스는 국가가 직접 관리하는 전기, 통신과 달리 지방자치단체가 운영권한을 가지고 있어 지방공공요금으로 분류된다고 하였다.

③ (라)에 따르면 지방 상수도의 요금 편차는 버스와 도시가스 요금의 편차를 감안할 때 지방 공공요금 중 그 편차가 가장 높다고 하였다.

09 문서이해능력 세부 내용 이해하기

| 정답 | ③

| 해설 | '물환경 관리 기본계획'은 4대강 하천 115개 중권역 중에서 2015년까지 97개 중권역을 좋은 물(BOD 3mg/ℓ 이하)로 개선하는 것을 목표로 제시하였다. 2015년 말 중권역 기준으로 한강과 낙동강권역은 모두 목표를 달성하였고, 금강과 영산강은 각 1개 중권역만 목표에 미달한 상태라고 했으므로 113개 중권역이 좋은 물로 개선되었음을 유추할 수 있다. 따라서 '물환경 관리 기본계획'의 목표는 달성되었다.

| 오답풀이 |

① 첫 번째 문단에서 강의 수질은 측정기준 및 자연적 요인에 따라 상이하게 평가될 수 있기 때문에 특정한 강의 수질을 종합적으로 평가할 수 있는 지수(index)가 아직까지 개발되어 있지 않다고 제시되어 있다.

② 네 번째 문단에서 2018년 기준으로 낙동강의 COD(화학적 산소요구량) 수치는 '보통(7mg/ℓ 이하)' 수준으로 BOD(생물학적 산소요구량) 기준 평가에 비해 상대적으로 좋지 않은 편이라고 하였으므로 낙동강의 화학적 산소요구량은 생물학적 산소요구량보다 높다.

④ TP 농도의 '보통' 수준은 0.1mg/ℓ 초과 0.2mg/ℓ 이하이고, COD 농도의 '보통' 수준은 5mg/ℓ 초과 7mg/ℓ 이하이므로 적어도 25배 이상 차이가 난다.

10 문서이해능력 글의 내용 적용하기

| 정답 | ②

| 해설 | • 한강－2018년 기준 낙동강을 제외한 3대강은 BOD 2mg/ℓ 이하의 '좋음' 수준을 달성하고 있다고 하였으므로 2018년 한강의 2.4mg/ℓ의 수치는 옳지 않다.

• 낙동강－2018년 기준으로 낙동강은 COD 7mg/ℓ 이하의 '보통' 수준이라고 하였으므로 2018년 낙동강의 7.6mg/ℓ의 수치는 옳지 않다.

• 금강－금강의 경우에는 2000년대 중반 이후 오히려 COD 수치가 악화되는 모습을 보이고 있다고 하였는데 제시된 COD 수치는 점점 개선되고 있으므로 옳지 않다.

3 수리능력

문제 172쪽

01	①	02	③	03	④	04	④	05	③
06	③	07	④	08	③	09	④	10	②

01 기초연산능력 시간 구하기

| 정답 | ①

| 해설 | 철수가 출발한 후 x초 후 영희를 따라잡게 된다고 가정할 때, 영희는 출발한 지 $(x+20)$초가 지나게 된다. 1시간=3,600초임을 고려하여 식을 세우면 다음과 같다.

$$6 \times \frac{x+20}{3,600} = 10 \times \frac{x}{3,600}$$

양변에 3,600을 곱하면

$$6 \times (x+20) = 10 \times x$$

$$6x + 120 = 10x$$

$\therefore\ x=30$

따라서 철수가 출발한 지 30초 후 영희를 따라잡게 된다.

02 기초통계능력 경우의 수 구하기

| 정답 | ③

| 해설 | 세 정육면체 주사위의 눈 중 하나만 짝수가 나와도 눈의 곱은 짝수가 된다. 따라서 세 주사위의 눈 중 적어도 하나가 짝수가 나오는 경우의 수를 구해야 하는데, 이는 전체 경우의 수에서 세 눈이 모두 홀수인 경우의 수를 뺀 것과 같다.

(세 눈의 곱이 짝수인 경우의 수)

=(전체 경우의 수)−(세 눈이 모두 홀수인 경우의 수)

$=6\times6\times6-3\times3\times3=216-27=189$

따라서 세 주사위의 눈의 곱이 짝수가 되는 경우의 수는 189가지이다.

03 기초연산능력 할인 금액 계산하기

| 정답 | ④

| 해설 | 할인쿠폰과 포인트를 사용할 때, 할인액의 크기를 계산하면 다음과 같다.

- 할인쿠폰을 사용하는 경우
  (21,000+36,000)×8×0.08=36,480(원)
- 포인트를 사용하는 경우
  할인되기 전 금액이 (21,000+36,000)×8=456,000(원)이므로 보유 포인트를 34,000점 사용할 수 있다.

따라서 할인쿠폰을 사용할 때 할인액이 더 크며 이때 할인되는 금액은 36,480원이다.

04 기초연산능력 방정식 활용하기

| 정답 | ④

| 해설 | 전체 인원이 55명이므로 남성의 인원수를 x명, 여성의 인원수를 $(55-x)$명이라 하면 다음과 같이 계산할 수 있다.

- 스마트폰을 사용하는 사람 : 전체 인원의 $\frac{3}{11}$이므로,
  $55\times\frac{3}{11}=15$(명)
- 스마트폰을 사용하는 남성+스마트폰을 사용하는 여성
  : $\frac{1}{6}x+\frac{2}{5}(55-x)=15$
  양변에 30을 곱해 이를 정리하면,
  $5x+12(55-x)=450 \qquad 7x=210$
  $\therefore\ x=30$
  남성은 30명, 여성은 55−30=25(명)이다.

따라서 남녀 구성비는 30 : 25=6 : 5가 된다.

05 기초연산능력 월급 계산하기

| 정답 | ③

| 해설 | 재석의 첫 월급을 x원으로 두면 명수의 첫 월급은 $(700-x)$원이다. 1년 후 월급에 대한 식을 세우면 다음과 같다.

$(1+0.05)x+(1+0.1)(700-x)=750$

$1.05x+1.1(700-x)=750$

$0.05x=20$

$\therefore\ x=400$

따라서 재석의 첫 월급은 400만 원이다.

06 기초연산능력 닮음비 활용하기

| 정답 | ③

| 해설 | 그릇과 물이 채워진 부분은 닮은 도형이다. 물을 그릇 높이의 $\frac{1}{4}$만큼 부었으므로 닮음비는 1 : 4가 되어, 수면의 반지름의 길이를 $x$cm라 하면 다음과 같은 식이 성립한다.

$x:30=1:4$

$\therefore\ x=7.5$

따라서 수면의 넓이는 $7.5^2\times3=168.75(\text{cm}^2)$이다.

07 도표분석능력 자료를 바탕으로 가뭄 경보 판단하기

| 정답 | ④

| 해설 | A 지역에 가뭄 경보 기준을 적용하면 다음과 같다.

구분	6개월 누적 강수량	저수량
주의	532.5mm 이하	1,126.5백만 m^3 이하
심각	435.6mm 이하	938.8백만 m^3 이하
매우 심각	435.6mm 이하로 21일 이상 지속	751백만 m^3 이하

위의 기준에 따라 A 지역에 가뭄 경보를 발령하면 아래와 같다.

구분	강수 경보	저수량 경보	종합 경보
9월 5일	–	–	–
9월 10일	–	–	–
9월 15일	주의	–	주의
9월 20일	주의	주의	주의
9월 25일	주의	심각	심각
9월 30일	–	주의	주의
10월 5일	–	–	–
10월 10일	–	–	–

따라서 A 지역에서 발령된 최고 경보 단계는 '심각'이고, 발령 기간은 9월 25일부터 29일까지이다.

08 도표분석능력 자료를 바탕으로 수치 예측하기

| 정답 | ③

| 해설 | B 지역의 저수량을 기준으로 한 가뭄 경보 기준은 다음과 같다.

구분	저수량
주의	1,389백만 m^3 이하
심각	1,157.5백만 m^3 이하
매우 심각	926백만 m^3 이하

위의 자료와 가뭄 경보를 통해 강수 기준의 가뭄 경보를 예측하면 다음과 같다.

구분	6개월 누적 강수량(mm)	강수 경보	저수량 경보	종합 경보
9월 5일	485.2	주의 or 경보 없음	주의	주의
9월 10일	420.9	심각	주의	심각
9월 15일	438.8	주의 or 심각 or 경보 없음	심각	심각
9월 20일	404.3	주의 or 심각 or 매우 심각 or 경보 없음	매우 심각	매우 심각
9월 25일	460.8	주의 or 심각 or 경보 없음	심각	심각
9월 30일	460.8	매우 심각	심각	매우 심각
10월 5일	617.9	주의 or 경보 없음	주의	주의
10월 10일	639.2	–	–	–

9월 30일에 강수 기준으로 매우 심각 단계의 경보가 발령이 되었다. 이는 최소 지난 21일 동안 6개월 누적 강수량이 평년의 45% 이하, 즉 심각 단계 이상의 경보가 발령되어 왔음을 의미한다. 이때 9월 5일부터 9일까지는 주의 이하의 경보가 발령되었으므로 9월 10일부터 9월 29일까지 심각 단계의 경보가 발령되었음을 알 수 있다. 따라서 9월 10일부터 30일까지의 6개월 누적 강수량 기록은 모두 평년의 45% 이하이다.

구분	6개월 누적 강수량(mm)	강수 경보	저수량 경보	종합 경보
9월 5일	485.2	주의 or 경보 없음	주의	주의
9월 10일	420.9	심각	주의	심각
9월 15일	438.8	심각	심각	심각
9월 20일	404.3	심각	매우 심각	매우 심각
9월 25일	460.8	심각	심각	심각
9월 30일	460.8	매우 심각	심각	매우 심각
10월 5일	617.9	주의 or 경보 없음	주의	주의
10월 10일	639.2	–	–	–

B 지역의 6개월 누적 강수량의 평년값을 $x$mm라고 하면, 9월 25일과 30일의 6개월 누적 강수량 460.8mm는 평년의 45% 이하이므로 $460.8 \le 0.45x$, $x \ge 1,024$이다.

또한 9월 5일의 6개월 누적 강수량 485.2mm는 평년의 45%를 넘으므로 $0.45x < 485.2$, $x < 1{,}078.2$이다.

따라서 $1{,}024 \le x < 1{,}078.2$이므로 B 지역의 6개월 누적 강수량의 평년값은 1,024mm 이상 1,078.2mm 미만으로 예측할 수 있다.

09 도표분석능력 자료 해석하기

| 정답 | ④

| 해설 | ㉡ 제시된 자료에서 20위 이내 유럽 국가는 11개국이다. 따라서 16 ~ 19위의 국가가 모두 유럽 국가라면 총 15개국으로 최대 $\frac{15}{20}\times 100 = 75(\%)$의 비중을 차지할 것이다.

㉣ 2021년 기준 여성 국회의원 수가 가장 많은 국가인 멕시코의 2020년 여성 국회의원 수는 213명으로 독일의 2019년 여성 국회의원 수인 233명의 $\frac{213}{233}\times 100 \fallingdotseq 91.4(\%)$이다.

| 오답풀이 |

㉠ 제시된 자료는 2021년 기준 순위이다. 2021년 기준 16 ~ 19위의 국가와 24위 이하 국가의 2020년 여성 국회의원 수를 알 수 없으므로 한국의 순위는 판단할 수 없다.

㉢ 제시된 자료에서 2021년 기준 10위 이내 국가 중 2019 ~ 2021년 동안 지속적으로 여성 국회의원 수가 증가해 온 국가는 프랑스와 미국이다.

10 도표분석능력 자료를 바탕으로 수치 계산하기

| 정답 | ②

| 해설 | 북아메리카에서는 캐나다의 성불평등 지수가 0.092로 가장 낮다. 〈표 2〉에서 2019년 캐나다의 여성 국회의원 수는 88명이고 〈표 1〉에서 캐나다의 여성 국회의원 비율은 30.1%라는 사실을 이용하여 남성 국회의원 수를 x명으로 두고 계산하면 다음과 같다.

$$\frac{88}{88+x}\times 100 = 30.1(\%)$$

$\therefore x \fallingdotseq 204$(명)

아시아에서는 한국의 성불평등 지수가 0.063으로 가장 낮다. 〈표 2〉에서 2019년 한국의 여성 국회의원 수는 51명이고 〈표 1〉에서 한국의 여성 국회의원 비율은 17%라는 사실을 이용하여 남성 국회의원 수를 y명으로 두고 계산하면 다음과 같다.

$$\frac{51}{51+y}\times 100 = 17$$

$\therefore y = 249$(명)

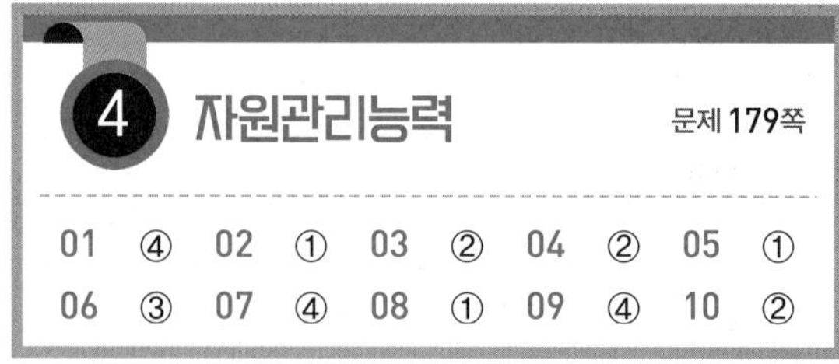

4 자원관리능력

문제 179쪽

01	④	02	①	03	②	04	②	05	①
06	③	07	④	08	①	09	④	10	②

01 인적자원관리능력 부서 배치하기

| 정답 | ④

| 해설 | 우선 영업 1팀은 컴퓨터활용능력 우수자인 여직원을 원하므로 컴퓨터를 전공한 C 씨가 적합하다. 영업 2팀에는 조직 친화적이며 영문학을 전공하였고 무역회사에서 2년간 근무한 경험이 있는 D 씨가 적합하다. 영업 3팀에는 우선 여직원으로는 E 씨가 전공과 경력, 인성 및 기타 면에서 적합하다.

영업 1, 3팀이 각각 2명을 원하고 있으므로 남은 A 씨와 B 씨를 배치하면 되는데, 영업 1팀에는 컴퓨터능력이 우수한 B 씨가 적합하다. 영업 3팀에는 외환업무가 필요한 것으로 보아 해외 영업이 예상되므로 영어권 거주 경험이 있고 국제 회계사 자격증도 보유한 남직원 A 씨가 가장 적합하다.

따라서 영업 1팀에는 B 씨와 C 씨, 영업 2팀에는 D 씨, 영업 3팀에는 A 씨와 E 씨를 배치하는 것이 적절하다.

02 예산관리능력 자료를 참고하여 최대 수익 찾기

| 정답 | ①

| 해설 | A 업체가 M 제품을 홍보하고, B 업체가 L 제품을 홍보했을 때 수익의 합이 13－2=11(억 원)으로 가장 크다.

| 오답풀이 |

② A 업체가 M 제품을 홍보하고, B 업체가 N 제품을 홍보했을 때 수익의 합은 (－9)+16=7(억 원)이다.

③ A 업체와 B 업체가 L 제품을 홍보했을 때 수익의 합은 4+3=7(억 원)이다.

④ A 업체가 L 제품을 홍보하고, B 업체가 N 제품을 홍보했을 때 수익의 합은 5+3=8(억 원)이다.

03 예산관리능력 자료를 참고하여 최대 수익 찾기

| 정답 | ②

| 해설 | 설날의 소비자 선호를 반영한 제품별 월 수익은 다음과 같다.

구분		B 업체		
		L 제품	M 제품	N 제품
A 업체	L 제품	(6, 4.5)	(－0.5, 2)	(7.5, 4.5)
	M 제품	(13, －1)	(11, －5)	(－9, 24)
	N 제품	(－2, 13.5)	(－2.5, 13)	(7.5, －4.5)

따라서 A 업체가 M 제품을 홍보하고, B 업체가 N 제품을 홍보했을 때 수익의 합이 (－9)+24=15(억 원)으로 가장 크다.

| 오답풀이 |

① A 업체가 M 제품을 홍보하고 B 업체가 L 제품을 홍보했을 때 수익의 합은 13－1=12(억 원)이다.

③ A 업체와 B 업체가 L 제품을 홍보했을 때 수익의 합은 6+4.5=10.5(억 원)이다.

④ A 업체가 L 제품을 홍보하고 B 업체가 N 제품을 홍보했을 때 수익의 합은 7.5+4.5=12(억 원)이다.

04 자원관리능력 자료를 참고하여 업체 선정하기

| 정답 | ②

| 해설 | 가격에 2배 가중치를 두고 점수를 계산하면 다음과 같다.

- A : 인지도(2점)+가격(3×2점)+A/S 및 서비스(3점)+사용 만족도(4점)+품질 및 성능(3점)=18(점)
- B : 인지도(4점)+가격(5×2점)+A/S 및 서비스(4점)+사용 만족도(2점)+품질 및 성능(4점)=24(점)
- C : 인지도(3점)+가격(2×2점)+A/S 및 서비스(5점)+사용 만족도(5점)+품질 및 성능(2점)=19(점)
- D : 인지도(5점)+가격(4×2점)+A/S 및 서비스(2점)+사용 만족도(3점)+품질 및 성능(5점)=23(점)

따라서 환산점수가 가장 높은 B가 선정된다.

05 자원관리능력 자료를 참고하여 업체 선정하기

| 정답 | ①

| 해설 | A～E의 점수를 계산하면 다음과 같다.

- A : 인지도(1점)+가격(3점)+A/S 및 서비스(2점)+사용 만족도(4점)+품질 및 성능(2점)=12(점)
- B : 인지도(4점)+가격(5점)+A/S 및 서비스(4점)+사용 만족도(1점)+품질 및 성능(3점)=17(점)
- C : 인지도(3점)+가격(2점)+A/S 및 서비스(5점)+사용 만족도(5점)+품질 및 성능(1점)=16(점)
- D : 인지도(5점)+가격(4점)+A/S 및 서비스(1점)+사용 만족도(2점)+품질 및 성능(4점)=16(점)
- E : 인지도(2점)+가격(1점)+A/S 및 서비스(3점)+사용 만족도(3점)+품질 및 성능(5점)=14(점)

따라서 합산 점수가 가장 낮은 업체는 A이다.

06 예산관리능력 제품 원가 계산하기

| 정답 | ③

| 해설 | A 제품을 150개 생산해야 하므로 ㉠ 부품 300개, ㉡ 부품 300개, ㉣ 부품 150개가 필요하다. C 제품은 100개를 생산해야 하므로 ㉡ 부품 600개, ㉢ 부품 300개가 필요하다. 이 부품들의 원가를 계산해 보면 다음과 같다.

- A 제품 : (300×1,000)+(300×500)+(150×1,000) =600,000(원)
- C 제품 : (600×500)+(300×800)=540,000(원)

따라서 주문량에 대한 총 제품 원가는 600,000+540,000=1,140,000(원)이다.

07 물적자원관리능력 제품 납품하기

|정답| ④

|해설| C 제품 100개 생산에 필요한 ㉢ 부품은 300개이고 ㉢ 부품의 1일 생산 가능 수량은 15개로 300개를 생산하려면 20일이 필요하다. 제품 생산은 2월 3일부터 가능한데, 생산에 20일, 부품 운송에 2일이 소요되므로 24일에 납품할 수 있다. 따라서 만약 현재 ㉢ 부품 재고가 없을 경우 모든 제품을 시일 내에 납품할 수 없다.

|오답풀이|

① ㉠ 부품은 300개가 필요하므로 추가 생산하지 않으며 ㉡ 부품은 900개가 필요하므로 200개, ㉢ 부품은 300개가 필요하므로 100개, ㉣ 부품은 150개가 필요하므로 30개를 추가 생산해야 한다. ㉡ 부품은 1일 생산 가능 수량이 20개이므로 10일, ㉢ 부품은 1일 생산 가능 수량이 15개이므로 7일, ㉣ 부품은 1일 생산 가능 수량이 10개이므로 3일이 걸린다. 따라서 부품 생산은 총 10일이 걸리며, 부품 운송일이 2일이 소요되므로 총 소요일수는 10+2=12(일)이 된다.

② ㉡ 부품은 900개가 필요하다. 현재 ㉡ 부품의 재고가 600개라면 300개를 추가로 생산해야 하는데 ㉡ 부품 1일 생산 가능 수량은 20개이므로 총 15일이 필요하다. 제품 생산은 2월 3일부터 가능한데, 생산에 15일이 걸리고 부품 운송일 2일도 소요되므로 19일에 납품할 수 있게 된다. 그러므로 ㉡ 부품 재고가 600개라 해도 시일 내에 모든 납품이 가능하다.

③ C 제품은 ㉢ 부품이 300개 필요하므로 ㉢ 부품이 재고가 없다면 ㉢ 부품을 생산하는 데 20일이 걸린다. 따라서 C 제품에 필요한 부품은 모두 생산할 수 없다.

08 예산관리능력 항공편 구입하기

|정답| ①

|해설| 7C107은 수요일에 운항하지 않으며 TW703은 9시 35분에 도착하기 때문에 버스와 택시 어떤 것을 이용하더라도 등록 시간 전까지 도착할 수 없으므로 제외한다. 또한 OZ8915는 KE1251과 같은 조건으로 버스를 이용하더라도 KE1251보다 가격이 비싸므로 제외한다. KE1251은 8시 50분에 도착하여 택시를 이용할 필요가 없으므로 91,500×50×0.9=4,117,500(원)이 지출된다. LJ305는 9시 15분 도착이므로 택시 비용을 포함하면 81,900×50×0.9+500,000=4,185,500(원)이 지출된다. 따라서 직원 K는 KE1251을 구입해야 한다.

09 예산관리능력 자료를 바탕으로 업체 선정하기

|정답| ④

|해설| 각 업체별 등급에 따른 점수를 계산하면 다음과 같다.

(단위 : 점)

업체	업종	소비자 선호도	예상 매출액	임대료	평균 점수
㉠	중식	100	80	80	86.6
㉡	중식	60	40	100	66.6
㉢	채식당	100	60	80	80
㉣	한식당	80	100	100	93.3
㉤	한식당	40	60	60	53.3

점수가 기존 업체보다 높은 업체는 ㉣이므로 신규 입점 계약을 하게 될 업체는 ㉣이다.

10 물적자원관리능력 조건에 맞게 배치도 수정하기

|정답| ②

|해설| FRESH ZONE에는 자극적이지 않고 염분이 적은 매장들로 배치하라고 하였으므로 저염식 음식을 판매하는 A 매장과 자극적이지 않은 음식을 판매하는 D 매장이 배치되어야 한다. 상반기 매출액이 가장 저조했던 C 매장은 상반기 매출액이 가장 높았던 B와 F 매장 사이에 배치되어야 하므로 C 매장의 위치는 수정하지 않아도 된다.

O 부장의 메일에 따라 수정된 배치도는 다음과 같다.

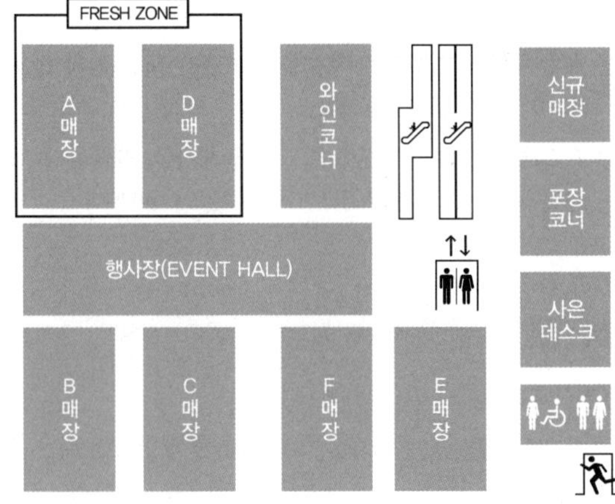

6회 기출예상문제

1 문제해결능력

문제 188쪽

01	④	02	③	03	④	04	④	05	②
06	③	07	②	08	①	09	③	10	③

01 사고력 진위 추론으로 문제 해결하기

| 정답 | ④

| 해설 | 다른 사원의 말이 참인지 거짓인지를 말하는 라 사원의 말을 기준으로 살펴보면 다음과 같다.

- 라 사원의 말이 참일 경우
  나 사원의 말은 거짓이 되고 다른 사원들의 말은 모두 참이다. 이때 가 사원과 다 사원의 말을 보면 1월과 2월은 둘 다 방류를 하거나 하지 않으므로 1, 2월에 방류를 한다면 다른 두 달은 방류를 하지 않게 된다. 하지만 이 경우 참이 되어야 하는 마 사원의 말이 거짓이 되므로 모순이다.
- 라 사원의 말이 거짓일 경우
  나 사원을 비롯한 다른 사원들의 말이 모두 참이다. 마 사원의 말대로 3월에 방류를 하고 1월과 2월은 둘 다 방류를 하거나 하지 않는데, 방류할 경우 다 사원의 말에 맞지 않으므로 1월과 2월에는 방류하지 않는다. 이때 나 사원의 말에 따라 1월에 방류하지 않으므로 4월에는 방류한다. 따라서 방류하는 달은 3월과 4월이다.

02 사고력 조건을 바탕으로 결과 추론하기

| 정답 | ③

| 해설 | 세 번째 조건에 따라 판매량은 제육볶음>돈가스>비빔밥 순임을 알 수 있다.

가격 면에서는 돈가스>제육볶음이고, 돈가스의 판매량이 비빔밥보다 더 많음에도 불구하고 총 매출액이 같다는 점에서 비빔밥의 가격이 돈가스보다 높다는 사실을 알 수 있다. 따라서 가격은 비빔밥>돈가스>제육볶음 순이다.

위 주어진 정보들에 따르면 비빔밥과 제육볶음의 총 매출액을 직접적으로 비교할 수 있는 근거가 부족하므로 ③은 옳다고 할 수 없다.

| 오답풀이 |

① 제육볶음과 돈가스의 가격 차이가 1,000원이므로, 가장 비싼 비빔밥과 가장 저렴한 제육볶음의 가격 차이는 1,000원 이상일 것이다.

④ 돈가스의 판매량을 100이라 가정하면 제육볶음의 판매량은 125, 비빔밥은 약 90.9라 볼 수 있다. 따라서 제육볶음의 판매량은 비빔밥과 비교하여 125÷90.9≒1.4(배) 많다.

03 사고력 명제 판단하기

| 정답 | ④

| 해설 | 커피를 좋아하는 사람이 모두 딸기주스를 좋아하므로, 이를 벤다이어그램으로 표현하면 커피를 좋아하는 사람들의 집합이 딸기주스를 좋아하는 사람들의 집합에 완전히 포함되게 된다. 그 다음 딸기주스를 좋아하는 사람의 일부가 우유를 좋아한다고 하였으므로, 아래 그림과 같이 나타낼 수 있다. 이때 우유를 좋아하는 사람이 모두 딸기주스를 좋아하는 사람에 포함되는 경우도 가능하고 커피를 좋아하는 사람이 모두 우유를 좋아하는 사람에 포함되는 경우도 가능하지만, 제시된 명제만으로는 확실히 알 수 없으므로 보다 일반적인 경우를 모두 반영하기 위하여 아래와 같은 그림으로 나타낸다. 마찬가지로 녹차, 아이스크림에 대한 사항도 다음과 같이 나타낼 수 있다.

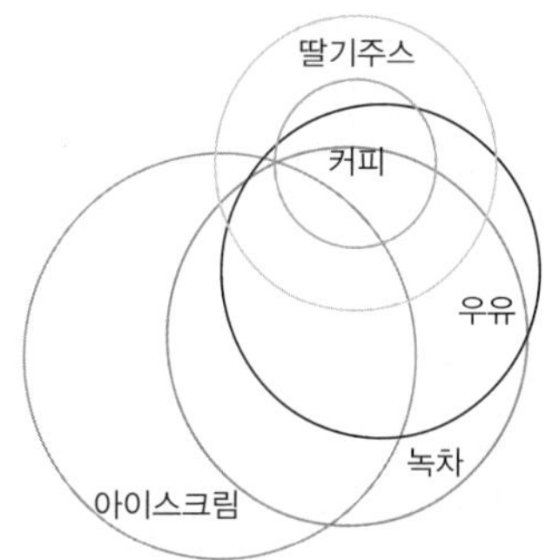

따라서 벤다이어그램으로 가장 잘 나타낸 것은 ④이다.

| 오답풀이 |

① 제시된 명제만으로는 딸기주스를 좋아하는 사람이 모두 커피를 좋아하는지에 대해 확실히 알 수 없다.

② 커피를 좋아하는 사람 모두가 딸기주스를 좋아한다는 명제와 일치하지 않는다.

③ 제시된 명제만으로는 커피를 좋아하는 사람이 모두 우유를 좋아하는지, 아이스크림을 좋아하는 사람이 모두 녹차를 좋아하는지에 대해 확실히 알 수 없다.

04 문제처리능력 조건에 맞는 항공편 찾기

| 정답 | ④

| 해설 | LA 도착시간은 시차를 먼저 계산하고 거기에 출국편 소요시간을 더해서 계산한다. 예를 들어 CA101편 이용 시 서울에서의 출국편 출발시각인 12월 25일 10 : 00AM은 LA 현지 시각으로 12월 24일 05 : 00PM이다. 출국편 소요시간 13시간 12분을 더하면 12월 25일 06 : 12AM이 된다. 또한 한국 도착시각도 마찬가지로 계산해 보면 LA 현지 출발시간이 12월 29일 11 : 20PM이고 한국 시각은 여기에 17시간을 더한 12월 30일 04 : 20PM, 한국 도착 시각은 귀국편 소요시간 14시간 30분을 더한 12월 31일 06 : 50AM이 된다. 이와 같은 방법으로 항공편별 LA 도착 시간과 귀국할 때의 한국 도착 시간을 구하면 다음과 같다.

항공편	LA 공항 도착 시간	한국 도착 시간
CA101	12월 25일 06 : 12AM	12월 31일 06 : 50AM
JA208	12월 25일 10 : 40PM	12월 30일 09 : 09AM
EV104	12월 26일 00 : 40AM	12월 31일 08 : 35AM
NW102	12월 24일 06 : 35PM	12월 30일 03 : 40AM
UN203	12월 25일 04 : 35AM	12월 31일 07 : 30AM
KA102	12월 25일 06 : 50AM	12월 30일 00 : 10AM

LA ○○센터에서 12월 25일 오후 12시에 회의가 있고 공항에서 ○○센터까지 최소 40분이 소요되므로 LA에는 오전 11시 20분 이전에 도착해야 하며, 한국에서 12월 30일 오후 1시에 회사에 복귀해야 하고 공항에서 회사까지 1시간이 소요되므로 오후 12시 이전에 도착해야 한다. 따라서 선택 가능한 항공편은 NW102, KA102이다.

05 문제처리능력 출장비용 계산하기

| 정답 | ②

| 해설 | 사용 가능한 항공편별 출장비용은 다음과 같다.

항공편	항공료 (원/1인)	공항리무진 이용(원/1인)	인원	합계(원)
NW102	1,036,500	8,000	4명	4,178,000
KA102	1,252,300	8,000	4명	5,041,200

비용을 최소화하는 방면으로 계획을 세워야 하므로 항공편은 NW102를 이용해야 하며, 총비용은 4,178,000원이다.

06 문제처리능력 자료를 바탕으로 문의 응답 작성하기

| 정답 | ③

| 해설 | 최종 결과물 제출용 이메일 주소는 향후 별도 공지될 예정이다.

| 오답풀이 |

① 공공 빅데이터에 관심 있는 국민 누구나 참여 가능하며 '일반국민'과 '데이터 관련 분석 전문가' 전형으로 나누어 응모할 수 있다. '일반국민' 전형에는 학생, 일반국민 등이 개인 또는 팀 형태로 참가할 수 있다.

07 문제처리능력 자료를 읽고 점수 산출하기

| 정답 | ②

| 해설 | 1차 심사 결과와 2차 심사 결과를 각각 계산해 보면 다음과 같다.

구분	1차 심사(100)					
	창의성 (25)	실현 가능성 (25)	적합성 (20)	파급성 (10)	완성도 (20)	총점 (100)
A	20	15	16	6	17	74
B	18	20	18	8	18	82
C	22	16	18	9	16	81

구분	2차 심사(100)		
	현장평가단(50)	심사위원(50)	심사 비율이 반영된 총점(100)
A	36	42	$(36\times0.3+42\times0.7)\times2$ $=80.4$
B	35	40	$(35\times0.3+40\times0.7)\times2$ $=77$
C	40	38	$(40\times0.3+38\times0.7)\times2$ $=77.2$

가중치를 반영한 최종 점수 합산 결과는 다음과 같다.

- A : $74\times0.4+80.4\times0.6=77.84$(점)
- B : $82\times0.4+77\times0.6=79$(점)
- C : $81\times0.4+77.2\times0.6=78.72$(점)

따라서 총점이 가장 높은 팀은 B, 낮은 팀은 A이다.

08 문제처리능력 자료를 바탕으로 문의사항 응답하기

| 정답 | ①

| 해설 | 장기 계약은 수도사업자인 지방자치단체 고객만 가능하다.

| 오답풀이 |

② 계약량$=(80+2,840\div31)\div2\fallingdotseq85.8(m^3)$

④ 기본요금 : $70(원/m^3)\times120(m^3)=8,400$(원)
사용요금 : $163.7(원/m^3)\times140(m^3)=22,918$(원)
초과요금 : $163.7(원/m^3)\times20(m^3)=3,274$(원)
$\therefore$ $8,400+22,918+3,274=34,592$(원)

09 문제처리능력 자료를 바탕으로 요금 계산하기

| 정답 | ③

| 해설 | 4, 5월에 발생한 총 수도요금은 다음과 같다.

- 4월 : $70(원/m^3)\times110(m^3)+163.7(원/m^3)\times110(m^3)$ $=25,707$(원)
- 5월 : $70(원/m^3)\times120(m^3)+163.7(원/m^3)\times125(m^3)+163.7(원/m^3)\times5(m^3)=29,681$(원)

이때 4월 요금은 1개월 4일 연체되었으므로, 추가로 발생하는 연체요금은 $25,707\times0.02+25,707\times0.01\times\frac{4}{30}\fallingdotseq548.4$(원)이다(※ 2개월째 월력일수=6월 월력일수=30일).

5월 요금은 4일 연체되었으므로, 추가로 발생하는 연체요금은 $29,681\times0.02\times\frac{4}{30}\fallingdotseq79.1$(원)이다.

$\therefore$ $25,707+29,681+548.4+79.1=56,015.5$(원)

10 문제처리능력 혜택 금액 계산하기

| 정답 | ③

| 해설 | A ~ C 카드의 혜택을 계산하면 다음과 같다.

- A 카드 : 전월 실적이 350만 원 미만이므로 이번 달 혜택이 없다.
- B 카드
  - 연회비 12만 원 분할 납부 : −10,000원
  - 서점 10% 할인 : $215,000\times0.1=21,500$(원) ➡ 할인금액 2만 원 한도
  - 주유소 1% 할인 : $380,000\times0.01=3,800$(원)
  - 식당 14시 이전 결제건 1% 할인 : $1,300,000\times0.01$ $=13,000$(원)
  - 식당 18 ~ 22시 결제건 2% 할인 : $850,000\times0.02$ $=17,000$(원)

  $\therefore$ $-10,000+20,000+3,800+13,000+17,000=43,800$(원) 혜택을 받는다.
- C 카드
  - 식당 18 ~ 22시 결제건 3% 할인 : $850,000\times0.03$ $=25,500$(원)
  - 대중교통비 10% 할인 : $79,000\times0.1=7,900$(원)
  - 주유소 5% 할인 : $380,000\times0.05=19,000$(원)

  $\therefore$ $25,500+7,900+19,000=52,400$(원) 혜택을 받는다.

따라서 윤 사원이 선택할 카드는 C이다.

2 의사소통능력

문제 198쪽

01	③	02	③	03	②	04	④	05	②
06	④	07	③	08	④	09	③	10	③

01 문서이해능력 세부 내용 이해하기

| 정답 | ③

| 해설 | 두 번째 문단에서 이오의 월식은 목성이 지구와 이오 사이에 있을 때, 즉 지구－목성－이오의 순서로 위치할 때 일어난다고 언급하고 있으므로 지구와 목성 사이에 이오가 놓인다는 설명은 적절하지 않다.

02 문서작성능력 문맥에 맞게 문단 배열하기

| 정답 | ③

| 해설 | (라)는 재생에너지의 공급이 확대됨으로써 일어나는 문제를 제기하고 있으므로 가장 처음에 제시되어야 한다. 그 다음 (라)에서 제시된 문제들 중에 가장 심각한 문제인 계통 안정성에 대해 말하고 있는 (가)가 와야 하며, 그 다음으로 (가)에서 제기한 문제에 대해 보충설명을 하고 있는 (나)가 와야 한다. 다음으로 (나)에서 말한 것의 심각성을 드러내고 있는 (마)가 제시되어야 하며, 그것에 대한 보충설명을 하고 있는 (바)가 그 다음에 와야 한다. 마지막으로 결론을 제시하고 있는 (다)가 와야 한다.

따라서 순서는 (라)－(가)－(나)－(마)－(바)－(다)가 적절하다.

03 문서작성능력 글의 제목 파악하기

| 정답 | ②

| 해설 | 제시된 글은 보험이 어떠한 원리로 성립하고 어떠한 역할을 하는지에 대해 설명하고 있다. 따라서 글의 제목으로 가장 적절한 것은 ②이다.

04 문서이해능력 글의 내용을 바탕으로 추론하기

| 정답 | ④

| 해설 | 달의 기조력이 태양의 기조력보다 2배나 큰 이유는 비록 지구에 미치는 중력의 크기는 훨씬 작지만 지구와의 거리에서 지구의 지름이 차지하는 비율이 크기 때문이다.

| 오답풀이 |

① 첫 번째 문단의 '지구에 대한 달의 기조력은 지구와 달이 마주 보고 있을 때 달을 향한 쪽과 그 반대쪽에 미치는 달의 중력의 차이다'라는 문장에서의 지구와 달을 일반적인 물체로 치환한 설명이다.

② 첫 번째 문단에 '지구 전체에 미치는 태양의 중력은 달에 비해 훨씬 크지만'이라고 제시되어 있다.

③ 네 번째 문단에 '해와 달이 일직선상에 있을 때(삭이나 망의 위치)는 달의 기조력과 태양의 기조력이 합해져서 평소보다 훨씬 큰 기조력이 생긴다'라고 제시되어 있으며, 마지막 문단에서 해와 달이 같은 방향에 놓이는 때를 '사리'라고 한다고 하였다.

05 문서이해능력 문단별 중심 내용 이해하기

| 정답 | ②

| 해설 | 거짓말 탐지기로 검찰의 포렌식 수사 기법이 시작되었다고 제시된 것은 맞으나 이어서 문서감정실, 형사사진실, 음성분석실, 디지털 포렌식팀 가동 등 포렌식 과학수사의 발전상을 함께 언급하고 있으므로 '최초 포렌식 기법인 거짓말 탐지기'는 이를 모두 포괄하는 중심 내용이 아니다. (나)의 중심 내용은 '국내 포렌식 수사의 역사'가 적절하다.

06 문서작성능력 보도자료의 제목 찾기

| 정답 | ④

| 해설 | 신태인농협이 고령화 · 부녀화된 농촌에서의 어려움을 해소하기 위해, 농업용 지게차 임대사업을 시범적으로 추진한다는 내용이다. 따라서 제목으로 ④가 적절하다.

| 오답풀이 |

①, ②, ③ 농업용 지게차 임대사업 시범 추진의 배경 및 세부 내용으로 보는 것이 적절하다.

07 문서이해능력 기사 내용 이해하기

| 정답 | ③

| 해설 | 비점오염원의 배출지점은 도로변 쓰레기나 가축분뇨, 농경지 비료 등으로 광범위하고 전국적으로 산재해 있어 관리가 어렵기 때문에 대책을 세우기 쉽지 않았다. 하지만 배출지점을 제외한 관리 방식은 비점오염원 제거의 근본적인 해결 방법이 될 수 없기 때문에 '쓰레기 · 농약 버리지 않기' 등 배출지점을 관리하기 위한 새로운 대책 마련이 필요하다.

08 문서이해능력 세부 내용 이해하기

| 정답 | ④

| 해설 | 텔로미어의 DSB가 복구되지 않는다는 것이 관찰되었을 뿐 복구되지 않는 원인이 밝혀졌다는 언급은 없다.

| 오답풀이 |

① 텔로미어의 DSB는 지속적으로 DDR을 유발하는 반면, 일반적인 DNA의 DSB는 일시적으로 DDR을 유발한다.

② 텔로미어에 존재하는 복구되지 못한 DSB가 세포 노화를 일으키는 유일한 메커니즘은 아니다.

③ 텔로미어의 DSB와 일반적인 DNA의 DSB는 모두 DDR을 유발한다.

09 문서작성능력 보고서 자료 추가하기

| 정답 | ③

| 해설 | 제시된 보고서에 우리나라의 수도요금 산정 현황과 타 공공기관과의 비교 내용은 없다. 따라서 타 공공요금과의 차이 비교 그래프는 추가 자료로 적절하지 않다.

10 문서작성능력 보고서 수정하기

| 정답 | ③

| 해설 | 제시된 보고서에 우리나라 수도요금의 문제점으로 수요자 개인의 경제적 능력에 관계없이 필수 사용량을 고려한 요금 부과체계의 부재는 포함되어 있지 않다. 따라서 ③은 상사의 의견과 거리가 멀다.

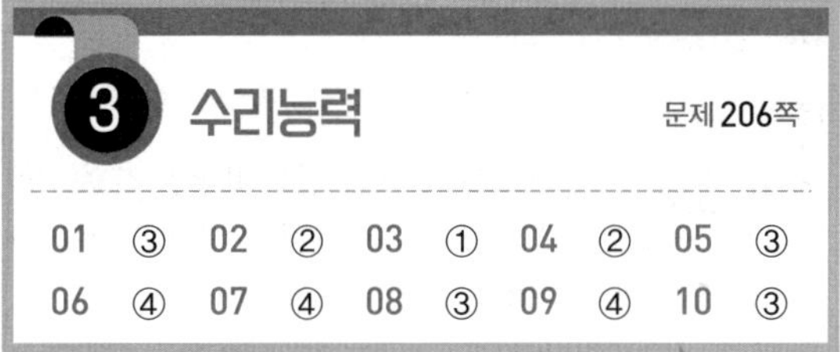

3 수리능력

문제 206쪽

01	③	02	②	03	①	04	②	05	③
06	④	07	④	08	③	09	④	10	③

01 기초통계능력 조합 활용하기

| 정답 | ③

| 해설 | 총 8팀을 순서를 생각하지 않고 4팀씩 나누는 것이므로 ${}_8C_4$가지이다.

따라서 ${}_8C_4=\dfrac{8\times7\times6\times5}{4\times3\times2\times1}=70$(가지)이다.

02 기초연산능력 배열 규칙 찾기

| 정답 | ②

| 해설 | 제시된 숫자들은 다음과 같은 규칙이 있다.

a	b	c

c는 a부터 b까지의 자연수의 합

• $1+2+3=6$

• $2+3+4+5=14$

• $4+5+6+7+8+9=39$

• $5+6+7+8+9+10+11+12=68$

따라서 '?'에 들어갈 숫자는 68이다.

03 기초연산능력 인원 수 계산하기

| 정답 | ①

| 해설 | 최소 1개, 최대 2개의 강좌를 신청할 수 있으므로 세 강좌를 동시에 신청하는 경우는 없다. 각각의 강좌를 신청한 인원의 합은 74+80+85=239(명)이므로 전체 200명 중에서 39명은 2개의 강좌를 신청했음을 알 수 있다. 이 중 A, B 강좌를 동시에 신청한 사원이 12명, B, C 강좌를 동시에 신청한 사원이 20명이므로 A, C 강좌를 동시에 신청한 사원의 수는 39−12−20=7(명)이다.

04 기초연산능력 울타리 세우기

|정답| ②

|해설| 다음과 같이 2m 간격으로 기둥을 세우면 각 모서리에 4개, 모서리를 제외하고 윗면에 9개, 아랫면에 8개, 좌측면과 우측면에 5개씩의 기둥을 세울 수 있다.

따라서 총 4+9+8+10=31(개)의 기둥이 필요하다.

05 도표분석능력 자료의 수치 분석하기

|정답| ③

|해설| '20X4년 실업자 · 실업률 추이'를 보면 실업자 수는 20X4년 1월부터 100만 명을 상회하고 있으며, 9월에는 102.4만 명임을 알 수 있다.

|오답풀이|

① 20X4년 1월부터 9월까지의 평균 실업률은

$$\frac{3.7+4.6+4.5+4.1+4.0+3.7+3.7+4.0+3.6}{9}$$

≒ 3.99(%)로 4% 미만이다.

② 전년 동월 대비 취업자가 두 번째로 많이 증가한 산업은 부동산업으로, 8만 명이 증가하였다.

④ 20X4년 9월에 전년 동월 대비 취업자가 감소한 산업의 취업자 총 감소량은 −13−10−8.6−4.2−1.2=−37(만 명)이다.

06 도표분석능력 자료를 추가하여 수치 분석하기

|정답| ④

|해설| 추가 자료와 '9월 산업별 취업자 증감 현황'을 바탕으로 20X4년 9월의 산업별 취업자 수를 구하면 다음과 같다.

(단위 : 천 명)

구분	20X1년 9월	20X2년 9월	20X3년 9월	20X4년 9월
교육 서비스업	1,852	1,890	1,869	1,869−12 =1,857
제조업	4,632	4,538	4,555	4,555−42 =4,513
숙박 및 음식점업	2,217	2,318	2,298	2,298−86 =2,212
도매 및 소매업	3,793	3,773	3,819	3,819−100 =3,719
사업시설관리, 사업지원 및 임대서비스업	1,361	1,401	1,400	1,400−130 =1,270

따라서 20X4년 9월의 제조업 취업자 수는 숙박 및 음식점업 취업자 수의 $\frac{4,513}{2,212}$ ≒ 2.04(배)이다.

07 도표분석능력 자료의 수치 분석하기

|정답| ④

|해설| ㉠ 강수량의 단위는 mm, 유입량의 단위는 백만 m^3로 서로 단위가 달라 비교할 수 없다.

㉡ 2018년에는 횡성댐이 보령댐보다 방류량이 많으나 2019년에는 보령댐이 횡성댐보다 방류량이 많다.

㉢ 제시된 기간 동안 전년 대비 평균 저수율이 지속적으로 증가한 저수지는 없다.

따라서 모두 옳지 않다.

08 도표분석능력 저수율 계산하기

|정답| ③

|해설| 당해 연도인 2020년을 제외한 10년(2010 ~ 2019년) 동안 제시된 저수지의 평년 저수율 값을 계산하면 다음과 같다.

구분	남강댐	대청댐	주암(본)댐	충주댐
2010년	34.5	58.8	49.4	56.4
2011년	28.9	54.6	44.6	53.9
2012년	27.0	50.3	37.9	48.1

2014년	44.4	52.2	46.3	50.9
2015년	55.1	62.8	59.6	56.0
2016년	54.9	53.3	54.3	56.1
2017년	47.6	47.8	39.4	34.6
2018년	48.6	53.1	48.9	43.0
2019년	41.0	62.0	40.1	48.2
평년저수율	42.8	55.0	47.7	50.0
2020년	58.3	66.7	21.9	33.6

경계 단계의 가뭄경보는 평년 대비 2020년 저수율이 40~50%인 경우 발령된다. 주암(본)댐의 경우, 2020년 평균 저수율 값이 평년 대비 $\frac{21.9}{47.7}\times 100 \fallingdotseq 45.9(\%)$이므로, 40 ~ 50%의 범위 안에 들어 경계 단계가 발령된다.

| 오답풀이 |

①, ② 남강댐, 대청댐은 2020년 평균 저수율 값이 평년 저수율보다 크므로 가뭄 경보가 발령되지 않는다.

④ 충주댐은 2020년 평균 저수율 값이 평년 저수율 대비 $\frac{33.6}{50.0}\times 100 = 67.2(\%)$이므로 60 ~ 70%의 범위 안에 들어 관심 단계가 발령된다.

09 도표분석능력 자료를 바탕으로 수치 계산하기

| 정답 | ④

| 해설 | 전체 온라인쇼핑 거래액은 7조 9,074억 원이며, 모바일쇼핑 거래액은 4조 7,789억 원이다. 전체 거래액에 대한 서적 거래액의 비중이 각각 2%와 1.2%이므로 온라인쇼핑 거래액(A)은 79,074(억)×0.02≒1,581(억 원)이며, 모바일쇼핑 거래액(B)은 47,789(억)×0.012≒573(억 원)이다.

10 도표분석능력 자료 분석하기

| 정답 | ③

| 해설 | 각각 13.8%와 13.1%를 차지하는 여행 및 교통 서비스 항목이 구성비가 가장 큰 항목이다.

| 오답풀이 |

① 가방의 구성비 2.8%는 군소 항목에 대한 구성비가 아닌 총 모바일 거래액에 대한 구성비이다.

② 온라인쇼핑은 여행 및 교통 서비스, 음·식료품, 화장품이며, 모바일쇼핑은 여행 및 교통 서비스, 음·식료품, 의복이다.

④ $\frac{79,074억}{47,789억} \fallingdotseq 1.7(배)$이다.

4 자원관리능력

문제 214쪽

01	①	02	①	03	④	04	③	05	①
06	③	07	③	08	①	09	③	10	①

01 시간관리능력 효율적인 이동수단 선정하기

| 정답 | ①

| 해설 | 각 선택지별 이동수단 결정식의 값은 다음과 같다.

- KTX : 1×1=1
- 고속버스 : 2×0.7=1.4
- 자가용 : 2.5×0.8=2
- 비행기 : 0.6×1.8=1.08

따라서 KTX가 가장 효율적이다.

02 인적자원관리능력 적절한 인력 파견하기

| 정답 | ①

| 해설 | 최대 점수와 최소 점수, 세부 항목의 순위 간 점수차도 동일하게 하여 점수를 계산하기 때문에 각 항목별 최대 점수를 4점, 최소 점수를 1점으로 하여 계산하면 다음과 같다.

번호	이름	희망 순위	직급	영어 점수	고과 점수	합계
1	김한수	3점	1점	4점	3점	11점
2	김정목	4점	2점	1점	2점	9점
3	박수택	1점	3점	3점	3점	10점
4	이강주	2점	4점	4점	4점	14점
5	최아영	4점	1점	1점	3점	9점

따라서 1순위는 이강주, 후보자는 김한수이다.

03 예산관리능력 최대 수익 계산하기

| 정답 | ④

| 해설 | K 영화관과 J 영화관이 같은 장르의 영화를 상영할 경우, 두 영화관이 얻는 수익의 합은 다음과 같다.

- 액션 : 3+9=12
- 로맨스 : 7+7=14
- 드라마 : 8+3=11
- 공포 : 10+6=16

따라서 공포 영화를 상영할 경우 두 영화관이 얻는 수익의 합이 최대가 된다.

04 예산관리능력 최대 수익 계산하기

| 정답 | ③

| 해설 | K 영화관이 로맨스 영화를 상영할 때 J 영화관이 3분기의 관객 선호 장르인 공포 영화를 상영하면 한 달 평균 수익이 6억 원에서 12억 원으로 2배 증가한다. 제시된 조건에 따르면 영화의 상영 기간은 4개월이므로 공포영화 상영의 마지막 달(4개월 째)은 3분기가 아니게 되어 6억 원의 수익을 얻는다. 따라서 공포영화 한 편으로 12+12+12+6=42(억 원)의 수익을 얻게 된다.

05 예산관리능력 우수기업 선정하기

| 정답 | ①

| 해설 | 최근 3개년의 매출을 US$로 구하면 다음과 같다.

(단위 : US$)

구분	2X13년	2X14년	2X15년	합계
A	90,000	110,000	130,000	330,000
B	936,000 ÷7.76 ≒120,619	1,092,000 ÷7.75 ≒140,903	1,240,000 ÷7.75 =160,000	421,522
C	6,446,000 ÷58.6 =110,000	6,100,000 ÷61.03 ≒99,951	7,051,000 ÷64.14 ≒109,931	319,882
D	9,760,000 ÷97.6 =100,000	10,070,000 ÷105.95 ≒95,045	12,100,000 ÷121.04 ≒99,967	295,012
E	110,000 ÷1.03 ≒106,796	132,000 ÷1.11 ≒118,919	156,000 ÷1.25 =124,800	350,515
F	96,000 ÷0.75 =128,000	64,000 ÷0.75 ≒85,333	90,000 ÷0.9 =100,000	313,333
G	110,000 ÷1.04 ≒105,769	110,000 ÷1.11 ≒99,099	130,000 ÷1.33 ≒97,744	302,612

최근 3개년 매출 기준 상위 3개 기업은 B, E, A이다. 그러나 E 기업은 2X12년, 2X13년에 매출이 감소했으므로 제외된다. 따라서 선정될 3개 기업은 A, B, C이다.

06 예산관리능력 우수기업 선정하기

| 정답 | ③

| 해설 | 수정사항을 고려하여 최근 3개년의 매출을 US$로 구하면 다음과 같다.

(단위 : US$)

구분	2X13년	2X14년	2X15년	합계
A	90,000 ÷7.76 ≒11,598	110,000 ÷7.75 ≒14,194	130,000 ÷7.75 ≒16,774	42,566
B	936,000	1,092,000	1,240,000	3,268,000
C	6,446,000 ÷58.6 =110,000	6,100,000 ÷61.03 ≒99,951	7,051,000 ÷64.14 ≒109,931	319,882

D	9,760,000 ÷97.6 =100,000	10,070,000 ÷105.95 ≒95,045	12,100,000 ÷121.04 ≒99,967	295,012
E	72,000 ÷0.61 ≒118,033	66,000 ÷061 ≒108,197	70,000 ÷0.65 =107,692	333,922
F	96,000 ÷0.75 =128,000	64,000 ÷0.75 ≒85,333	90,000 ÷0.9 =100,000	313,333
G	110,000 ÷1.04 ≒105,769	110,000 ÷1.11 ≒99,099	130,000 ÷1.33 ≒97,744	302,612

최근 3개년 매출 기준 상위 3개 기업은 B, C, E이다. 그런데 E 기업의 경우 2X14년과 2X15년 사이에 매출이 하락했으므로 선정 대상에서 제외된다. 따라서 다음으로 매출이 높은 F 기업이 추가되어 최종 선정될 3개 기업은 B, C, F이다.

07 시간관리능력 최소 소요시간 계산하기

| 정답 | ③

| 해설 | 교통수단별 최소 소요시간을 계산하면 다음과 같다.

- 지하철 : 도보 2km, 지하철 4km 이동하므로 (2×10)+(4÷15×60)=36(분) 소요된다.
- 버스 : 도보 2km, 버스 4km 이동하므로 (2×10)+(4÷20×60)=32(분) 소요된다.
- 택시 : 도보 3km, 택시 3km 이동하므로 (3×10)+(3÷30×60)=36(분) 소요된다.

따라서 가장 빨리 도착할 수 있는 교통수단은 버스, 걸리는 시간은 32분이다.

08 예산관리능력 교통수단별 요금 계산하기

| 정답 | ①

| 해설 | 최단거리로 이동할 때 버스와 지하철의 요금을 계산하면 다음과 같다.

- 버스 : 4km 이동하므로 1,200+(200×3)=1,800(원)
- 지하철 : 4km 이동하므로 1,500+(100×3)=1,800(원)

따라서 버스와 지하철의 요금 차이는 없다.

09 예산관리능력 제품 원단 결정하기

| 정답 | ③

| 해설 | 가방 1개 제작 시 외피는 3평이 필요하므로 각 가죽의 가방 1개 제작 시 제작 원가를 구하면 다음과 같다.

- 플럽 가죽 : 15,000×3=45,000(원)
- 슈렁큰 가죽 : 17,000×3=51,000(원)
- 베지터블 가죽 : 18,000×3=54,000(원)
- 램스킨 가죽 : 17,500×3=52,500(원)

제작 원가가 가장 저렴한 가죽은 플럽 가죽이지만, 슈렁큰 가죽과 7,000원 이상 차이가 나지 않으므로 내구성이 더 강한 슈렁큰 가죽을 선택한다.

가방 1개 제작 시 내피는 2평이 필요하므로 각 가죽의 가방 1개 제작 시 제작 원가를 구하면 다음과 같다.

- 천연 스웨이드 : 4,000×2=8,000(원)
- 인조 스웨이드 : 3,000×2=6,000(원)
- 합성 스웨이드 : 3,000×2=6,000(원)

제작 원가가 가장 저렴한 가죽은 인조 스웨이드, 합성 스웨이드이므로 내구성이 더 강한 합성 스웨이드를 선택한다. 따라서 슈렁큰 가죽, 합성 스웨이드를 선택하게 된다.

10 시간관리능력 업체 선정하기

| 정답 | ①

| 해설 | 제품 500개를 제작하기 위해 필요한 최소 일수는 가 공장이 $\frac{500}{50}=10$(일), 나 공장이 $\frac{500}{45}\fallingdotseq12$(일), 다 공장이 $\frac{500}{60}\fallingdotseq9$(일), 라 공장이 $\frac{500}{55}\fallingdotseq10$(일)이다. 제작 주문일인 2월 3일을 기준으로 각 협력업체의 휴무일을 제외하고 계산하면 가 공장은 2월 13일, 나 공장은 2월 16일, 다 공장은 2월 15일, 라 공장은 2월 14일에 제품을 출고할 수 있다. 따라서 가 공장을 선택하게 된다.

수행사업 **직무능력평가**

1회 기출예상문제

문제 226쪽

01	①	02	②	03	②	04	①	05	④
06	④	07	③	08	①	09	④	10	②

01

| 정답 | ①

| 해설 | K-water의 경영전략인 물안심사업, 물나눔사업, 물융합사업에 관하여 제시하고 있는 전략방향은 기후변화에 안전한 통합물관리 실현, 국민 누구나 마실 수 있는 물 공급 보장, 글로벌을 선도하는 물가치 넥서스 구현이다.

02

| 정답 | ②

| 해설 | 다목적댐은 저수 목적 이외에도 발전, 수도 등 다수의 목적으로 건설된 댐으로, 소양강댐, 안동댐, 섬진강댐은 모두 다목적댐에 해당한다. 경상북도 청도군에 위치한 운문댐은 K-water의 용수전용댐에 해당한다.

03

| 정답 | ②

| 해설 | ㉠ 지방상수도란 지방자치단체가 관할 지역주민, 인근 지방자치 단체 또는 그 주민에게 원수나 정수를 공급한 일반수도로서 광역상수도 및 마을상수도 외의 수도를 말한다(「수도법」 제3조 제8호).

㉡ 마을상수도란 지방자치단체가 대통령령으로 정하는 수도시설에 따라 100명 이상 2,500명 이내의 급수인구에게 정수를 공급하는 일반수도로서 1일 공급량이 20m^3 이상 500m^3 미만인 수도 또는 이와 비슷한 규모의 수도로서 특별시장 · 광역시장 · 특별자치시장 · 특별자치도지사 · 시장 · 군수(광역시의 군수는 제외한다)가 지정하는 수도를 말한다(「수도법」 제3조 제9호).

㉢ 전용상수도란 100명 이상을 수용하는 기숙사, 임직원용 주택, 요양소 및 그 밖의 시설에서 사용되는, 자가용의 수도와 수도사업에 제공되는 수도 외의 수도로서, 100명 이상 5,000명 이내의 급수인구(학교 · 교회 등의 유동인구를 포함한다)에 대하여 원수나 정수를 공급하는 수도를 말한다(「수도법」 제3조 제12호).

04

| 정답 | ①

| 해설 | 홍수기 제한수위는 홍수조절용량을 확보하기 위해 홍수기에 제한하는 수위로, 일반적으로 상시만수위보다 낮게 설정한다.

05

| 정답 | ④

| 해설 | 수로식은 하천을 따라 완경사 지역에 수로를 설치하여 급경사와 굴곡을 이용해 수력발전에 필요한 낙차를 얻는 방식으로, 댐이 없기 때문에 유입량의 조절이 불가능하고 유입량에 따라 출력이 좌우된다는 특징을 가진다.

06

| 정답 | ④

| 해설 | 신재생에너지 공급의무화제도(RPS)는 2012년부터 500MW(50만 kW) 이상의 발전설비를 보유한 발전사업자에게 일정 비율 이상의 전기를 신재생에너지 발전으로 공급할 것을 의무화한 제도로, 공급의무자로는 K-water, 한국전력공사 발전 자회사 등이 있다. 신재생에너지 공급의무자는 일정한 의무발전비율을 할당받고 정부에 신재생에너지 공급인증서(REC)를 제출하여 의무이행을 증명해야 한다.

| 오답풀이 |

①, ③ RE100은 기업이 2050년까지 필요전력의 100%를 친환경 재생에너지로 사용하겠다는 자발적 캠페인으로 영국의 비영리단체 더 클라이밋 그룹(The Climate Group)이 주관하고 있다. RE100에는 2022년 12월 기준으로 세계 397개 기업, 국내 27개 기업이 가입하고

있으며, K-water는 2021년 4월 물전문기관 및 공기업 최초로 RE100에 가입하였다.

② 몬트리올 의정서는 염화불화탄소와 같은 오존층 파괴물질의 생산과 사용을 규제하기 위한 협약으로, 1987년에 채택되어 1989년에 발효되었다.

07

| 정답 | ③

| 해설 | 유역조사는 지표에 내린 강수가 특정 하천으로 흘러드는 집수구역인 유역의 기본현황과 이수 · 치수 · 하천환경 등 수자원의 이용 · 관리에 대해 조사하는 것으로, 조사대상이 되는 우리나라의 유역으로는 한강, 낙동강, 금강, 영산강, 섬진강 유역이 있다. K-water는 환경부로부터 우리나라의 유역을 조사하는 업무를 위탁받아 수행하고 있다.

| 오답풀이 |

① 조류(藻類)조사는 정체되어 있는 수체인 저수지 내에 유해남조류세포의 수를 조사하여 수질을 모니터링하는 것이다.

② 수문조사는 하천유역의 물 순환구조를 파악하기 위해 하천 · 호수 · 늪의 수위, 유량, 유사량 및 하천유역의 강수량, 증발산량, 토양수분 함유량을 조사하는 것이다.

④ 환경영향평가는 사업계획이 환경에 미칠 영향을 종합적으로 예측하고 분석하여 환경보전방안을 마련하도록 하는 제도이다.

08

| 정답 | ①

| 해설 | K-water의 댐 및 수도요금은 서비스의 생산원가를 기준으로 요금을 결정하는 서비스 원가주의에 기초하여 단위당 평균비용만큼의 요금을 부과하는 총괄원가보상방식을 적용하고 있다.

09

| 정답 | ④

| 해설 | 표준정수처리시설의 주요 공정 중 소독시설 및 정수지에서는 탁질을 제거한 이후에 남아 있는 수인성 미생물을 사멸시키는 공정을 진행하는 곳으로, 이때의 소독이란 수중의 병원균을 완전히 죽이는 멸균이 아닌 병원균의 무해화를 의미한다.

10

| 정답 | ②

| 해설 | 브라운필드(Brown Field)는 공업화 과정에서 오염된 상태로 개발이 진행되지 않고 방치된 산업지역으로, 경영학에서는 운영 중에 있는 회사를 인수하는 방법의 해외투자방식을 의미한다. 2023년 K-water와 김포시는 환경부와 업무협약을 체결하여 공장 난립으로 오염된 김포시 대곶면 거물대리의 토지를 정화하고 해당 지역의 재개발을 추진하는 브라운필드 정화사업을 추진하기로 하였다.

2회 기출예상문제

문제 230쪽

01	③	02	④	03	②	04	①	05	②
06	④	07	①	08	①	09	④	10	③

01

| 정답 | ③

| 해설 | 경영전략은 이념체계인 가치체계와 이를 구체화한 전략체계로 구성된다. 가치체계는 기업의 설립목적을 함축하여 명문화한 것으로, 조직의 정체성을 표현하는 추상적인 이념체계이다. 경영활동과 관련된 의사결정 시 최상위 기준이 되며, 미션 · 비전 · 핵심가치 · 경영방침으로 구성된다.

- 전략체계(ⓒ)는 기업이 효율적으로 미션을 수행하고, 비전을 달성할 수 있도록 사업의 추진방향 및 실행과제를 체계화한 것을 말한다.

• 미션(㉢)은 조직의 존재가치와 업(業)의 개념을 정의하고, 국민 등 이해관계자에게 기여할 것을 표현한 것이다.
• 비전(㉠)은 기업이 중장기적으로 이루고자 하는 바람직한 미래 모습을 나타낸 것이다.

02

| 정답 | ④

| 해설 | 1987년 「한국수자원공사법」이 제정됨에 따라, 종전 「산업기지개발촉진법」 중 K-water의 업무 및 설립에 관련된 규정이 폐지 · 흡수되면서, 기존 사업범위 중 공단 및 특수지역개발사업 기능이 삭제되었다. 그러나 부칙에 경과규정을 두어 시행 중인 사업은 마무리하도록 하였다. 따라서 공단 및 특수지역에 대한 신규 개발사업 시행은 K-water의 사업범위에 해당하지 않는다.

| 오답풀이 |

「한국수자원공사법」에 의한 K-water의 사업범위에 해당하는 것들은 다음과 같다.

1) 수자원의 종합적인 이용 · 개발을 위한 시설의 건설 및 운영 · 관리
2) 광역상수도사업 및 공업용수도사업, 지방상수도사업 및 마을상수도 사업(지방 및 마을상수도는 지방자치단체가 위탁한 경우에 한함)
3) 댐의 수질조사, 댐 상류의 수질조사 및 물환경 관리사업(하수도 운영 · 관리, 비점오염 저감사업 등)
4) 물 공급과 연계한 재이용 시설의 설치 운영 · 관리 및 기술지원
5) 산업단지 및 특수지역 개발
6) 신 · 재생에너지설비의 설치 및 운영 · 관리(②)
7) 요금 또는 사용료의 징수(①)
8) 이주단지 등의 조성 및 공유수면의 매립(③)
9) 조사 · 측량 · 설계 · 시공감리 · 시험 · 연구 · 기술개발 및 기술진단
10) 수자원의 효율적인 개발 · 이용 및 관리를 위한 기초조사 및 정보관리
11) 수자원개발시설 · 상수도 · 기타 수자원 분야에 관한 기술지원 및 교육
12) 다른 법령에 따라 K-water가 시행할 수 있는 사업

03

| 정답 | ②

| 해설 | 점오염원은 하수종말처리시설, 폐수처리시설과 같은 한정된 오염배출구 형태를 가진 오염원으로 역추적 등을 통해 배출원을 확인할 수 있다. 반면 비점오염원은 불특정한 오염원으로 도시, 도로, 농지, 산지, 공사장 등 불특정 장소에서 불특정하게 수질오염물질을 배출하는 배출원이다. 두 오염원의 특징은 다음과 같다.

구분	점오염원	비점오염원
배출원	• 공장, 가정하수, 공공처리장 • 축산농가 등(비점오염화)	• 대지, 도로, 논, 밭, 임야 • 대기 중의 오염물질 등
특징	• 오염물질의 유출경로와 배출지점이 명확 • 관거배출 및 수집 용이 • 계절에 따른 영향을 적게 받아 연중 배출량이 일정 • 처리장 등 처리시설의 설계와 유지관리가 용이	• 오염물질의 유출 및 배출경로 불명확 • 수집이 어려움. • 강수량 등 자연적 요인에 따라 배출량 변화가 심해 예측 곤란 • 처리시설의 설계 및 유지관리가 어려움.

04

| 정답 | ①

| 해설 | 수원이란 음용 · 공업용 등으로 제공하기 위하여 취수시설을 설치한 지역의 하천 · 호소 · 지하수 · 해수 등을 말한다. 원수(原水)란 음용 · 공업용 등으로 제공되는 자연상태의 물이다. 취수시설은 상수원에서 물을 각 용도에 맞게 처리하기 위해 정수장으로 보낼 수 있도록 설치한 취수탑 · 취수문 등을 말한다. 도수시설은 상수원에서 정수장까지 원수를 공급하는 관로 및 구조물이다. 정수시설은 원수를 음용 · 공업용 등의 용도에 맞게 처리하는 시설을 말한다. 송수시설은 정수장에서 배수지까지 정수를 공급하는 관로 및 구조물이다. 배수시설은 배수지와 배수탱크 등으로 구성된다. 배수지는 정수장에서 정수된 물을 일정시간 체류시켜 사고 등 비상시에도 용수를 공급할 수 있도록 만든 물탱크이다. 급수시설은 각 수용가로 물을 공급하는 시설이다.

따라서 (가) ~ (다)에 들어갈 내용은 순서대로 도수시설, 송수시설, 배수시설이 된다.

05

| 정답 | ②

| 해설 | 「공공기관의 운영에 관한 법률」은 공공기관을 대상으로 기본적으로 경영의 자율성을 보장하되, 각 설립목적에 맞게 경영이 이루어질 수 있도록 정부가 일관된 관리체계를 구축하기 위하여 만든 법률로, 적용대상은 다른 법률에 따라 직접 설립되고 정부가 출연한 기관, 정부 지원액이 총 수입액의 2분의 1을 초과하는 기관, 정부가 50% 이상의 지분을 가지고 있거나 30% 이상의 지분을 가지고 정책결정에 사실상 지배력을 가지는 기관 중 기획재정부장관이 지정하는 기관이다. 이 법에 따라 공공기관은 시장형 · 준시장형 공기업, 기금관리형 · 위탁집행형 준정부기관으로 분류되며, K-water는 준시장형 공기업에 속한다.

06

| 정답 | ④

| 해설 | 신에너지는 연료전지 · 석탄액화가스화 · 수소에너지로 3개 분야이고, 재생에너지는 태양에너지 · 바이오매스 · 지열 · 폐기물에너지, 풍력 · 수력 · 해양에너지 · 수열로 총 8개 분야이다. 이 중 K-water는 수력 · 해양에너지(조력) · 풍력 · 태양광(육상 및 수상태양광) · 수열 사업을 추진하고 있다.

07

| 정답 | ①

| 해설 | 유역물관리종합계획은 10년 단위로 수립하고 5년마다 타당성 여부를 검토하며, 다음과 같은 내용들을 종합 계획한다.

- 유역의 물 관련 여건의 변화 및 전망
- 유역 수자원의 개발 · 보전 · 다변화와 물의 공급 · 이용 · 배분
- 유역의 가뭄 · 홍수 등으로 인하여 발생하는 재해의 경감 및 예방에 관한 사항
- 유역의 물 환경 보전 및 관리, 복원에 관한 사항
- 기후변화에 따른 유역 물 관리 취약성 대응 방안
- 유역 물 관리 비용의 추계와 재원조달 방안
- 지역주민을 포함한 이해당사자의 참여 및 물 문화 창달 등

08

| 정답 | ①

| 해설 | (가) 홍수기 제한수위(RWL, Restricted Water Level)는 홍수기 중 총 홍수조절용량을 확보하기 위해 설정된 수위로, 홍수유입이 없는 경우에 유지해야 하는 최고수위를 의미한다.

(나) 상시만수위(NHWL, Normal High Water Level)는 이수목적으로 활용되는 부분의 최고수위를 의미하며, 홍수기 제한수위가 설정되지 않은 댐의 경우 상시만수위를 홍수기 제한수위로 설정한다.

(다) 홍수위(FWL, Floor Water Level)는 홍수조절을 위해 유입홍수를 저장할 수 있는 최대 수위로, 홍수예보 발령 기준이 된다.

09

| 정답 | ④

| 해설 | 정액요금제로 총 요금을 부과하는 방식은 단일요금제의 특징이다. 단일요금제는 정액요금제 또는 종량요금제 중 한 가지 방식으로만 구성된 요금제이다.

| 오답풀이 |

①, ② 이부요금제(Two-part Tariff)는 기본요금과 사용요금의 두 부분으로 구성된 요금제도로, 기본요금은 정액요금제로 고정비를 회수하고, 사용요금은 종량요금제로 변동비를 회수하는 방식이다.

③ 광역상수도와 고속도로 통행료 등은 이부요금제에 해당한다.

10

| 정답 | ③

| 해설 | 해역별 표층수온의 평균 수온과의 편차를 표로 정리해 보면 다음과 같다.

(단위 : ℃)

구분	1975	1980	1985	1990	1995	2000	2005	2010	2015	2020
동해	0.3	0.0	0.1	0.2	0.7	0.6	0.1	0.4	0.2	0.2
서해	2.1	2.3	2.0	1.9	2.7	1.7	1.8	1.9	1.6	1.4
남해	2.0	2.2	2.0	1.7	1.9	2.2	2.1	2.3	1.7	1.7

따라서 각 해역별 수온과 평균 수온과의 편차는 동해, 서해, 남해가 각각 1995년, 1995년, 2010년에 가장 크므로 3개 해역이 모두 동일한 것은 아니다.

| 오답풀이 |

① 1975년 대비 2020년의 수온 변화는 동해, 서해, 남해가 각각 0.4도, 1.6도, 0.6도이므로 서해가 가장 크다.

② 평균수온은 등락을 반복하며 1970년 16도에서 2020년 16.9도로 완만한 상승세를 나타내고 있다.

④ 매 시기 서해의 수온은 평균보다 낮으며 남해의 수온은 평균보다 높다.

3회 기출예상문제

문제 234쪽

01	②	02	②	03	①	04	②	05	④
06	④	07	③	08	③	09	②	10	①

01

| 정답 | ②

| 해설 | 제시된 내용은 수변사업에 대한 설명이다. K- water는 산업단지 조성을 위한 「산업입지 및 개발에 관한 법률」, 물류단지 조성을 위한 「물류시설의 개발 및 운영에 관한 법률」, 친수단지 조성을 위한 「친수구역 활용에 관한 특별법」에 근거하여 수변사업을 시행하여 왔으며 최근에는 국가 또는 지방자치단체 등의 사업 참여 요청에 의해 사업 범위가 다각화되는 추세이다.

| 오답풀이 |

① 태양광, 풍력, 수력 등을 활용하여 전기를 생산하는 사업이다.

③ 중앙 및 지방정부를 포함한 공공기관이 개발도상국의 경제발전 등을 위해 증여 및 차관의 형태로 수행하는 사업이다.

④ 수도 중 일반수도는 건설과 운영의 주체가 각각 다르기 때문에 중복투자에 따른 예산의 낭비와 가동률의 하락, 수도서비스의 불균형과 같은 문제점들이 발생한다. 이러한 문제점들을 개선하기 위한 K-water 지방상수도 수탁사업을 포함한 포괄적인 개념의 사업이다.

02

| 정답 | ②

| 해설 | (가) 재무상태표는 특정 시점의 기업의 재무상태인 자산, 부채, 자본의 잔액을 나타내는 회계보고서를 말한다. 자산은 기업에게 소유권이 있는 경제적 가치가 있는 것으로, 이러한 자산 확보를 위해서 주주들로부터 조달하여 내부적으로 조성된 것을 자본이라고 한다. 또한 은행 등 외부자금 공급자로부터 조달받는 경우를 부채라고 한다.

(나) (포괄)손익계산서는 일정기간(회계기간) 동안 회사가 사업을 수행하면서 나타난 수익, 비용, 이익의 관계를 정리한 것으로, 회사의 경영성적표라고 할 수 있다. 수익은 회사가 벌어들인 수입을 의미하고, 이러한 수익을 얻기 위해 지출한 대가를 비용이라 한다. 이러한 수익과 비용의 차이에 의하여 이익 또는 당기순이익이 계산된다.

03

| 정답 | ①

| 해설 | 교량법은 교량 위에서 하천 유속을 측정하는 방법으로, 큰 하천에서 자주 이용하며 유속이 빠르거나 수심이 깊을 경우 이용한다.

| 오답풀이 |

② 보트법의 특징이다.

③, ④ 도섭법의 특징이다.

04

| 정답 | ②

| 해설 | 환경생태 조사는 기본현황, 이수, 치수 등과 함께 유역조사에 해당한다.

| 오답풀이 |

수문조사(水文調査)는 물의 순환과정을 관측하고, 규명하는 것이다. 하천유역의 물 순환구조를 파악하고, 하천시설 설치 및 각종 구조물을 설계하기 위하여 하천, 호수, 늪의 수위, 유량, 유사량 및 하천유역의 강수량, 증발산량, 토양 수분 함유량에 관하여 과학적인 방법으로 관찰 · 측정 · 조사 · 분석하는 것이 이에 해당한다.

05

| 정답 | ④

| 해설 | 제시된 그림은 양수발전 방식을 나타내고 있다. 양수발전은 전력을 이용하여 하부 댐의 물을 상부 댐에 저장하였다가 전력수요가 증가할 때 상부 댐의 물을 하부 댐으로 낙하시켜 에너지를 생산하는 방식으로, 물을 끌어올릴 때 전력이 소비된다. 이러한 방식은 기본적으로 자연조건을 이용하게 되어 전력계통의 돌발적인 사고나 긴급한 부하변동으로 인하여 발생되는 예기치 못한 상황 등에 적극적인 대처가 가능하므로, 국가 전력수급상의 신뢰도 제고 및 양질의 전력공급에 중요한 역할을 담당한다.

| 오답풀이 |

① 상부 댐의 물을 하부 댐으로 낙하시켜 전력을 생산하는 방식이므로 낙차를 이용한 발전 방식이다.

③ 수력발전과 달리 상부와 하부에 각각 저수지가 있다는 것이 양수발전의 특징이다.

06

| 정답 | ④

| 해설 | 전력수요 및 공급 현황은 수력현황의 조사 내용에 포함된다.

| 오답풀이 |

①, ②, ③ 이수시설 현황조사 항목에는 다목적댐, 발전용댐, 생공용수전용댐, 광역 및 공업용수도, 지방상수도, 전용상수도, 마을 및 소규모급수시설, 저수지, 양수장, 양배수장, 보, 집수암거, 관정, 지하댐 등이 포함된다.

07

| 정답 | ③

| 해설 | 유역 물관리 비용의 추계와 재원조달 방안은 유역물관리종합계획에서 다루고 있는 사항이다.

| 오답풀이 |

수자원장기종합계획에서 다루고 있는 사항은 다음과 같다.

- 수자원 정책의 기본목표 및 추진방향
- 수자원의 현황, 주변여건 및 전망에 관한 사항
- 수자원의 개발 · 공급 및 관리에 관한 사항
- 홍수 등 재해방지에 관한 사항
- 하천의 환경보전 및 다목적 이용에 관한 사항
- 수자원에 관한 조사 · 연구 및 기술개발
- 기후변화 대응을 위한 수자원 관리대책
- 수자원과 관련한 사회적 갈등의 발생을 예방하기 위한 주민 참여에 관한 사항
- 수자원과 관련한 산업육성, 해외진출 전략 및 국제협력에 관한 사항
- 그 밖에 수자원의 관리 및 보전에 관한 사항

08

| 정답 | ③

| 해설 | 댐은 기능에 따라 저수댐, 유역변경식댐, 자연유하식댐, 지체댐 등으로 구분한다. 저수댐은 풍수기에 물을 저류하였다가 물이 부족한 시기에 공급하여 주기 위한 댐이고, 유역변경식댐은 유로 변경을 목적으로 건설된 댐을 말한다. 자연유하식댐은 단지 낙차를 높이기 위한 댐이다. 지체댐은 홍수유출을 지체시킴으로써 갑작스런 홍수로 인한 피해를 경감시키기 위한 홍수조절댐으로, 유수를 일시 저류하여 하류부의 하도통수능을 초과하지 않도록 자연방류하거나 또는 수문조절에 의해 홍수류를 지체시키는 기능을 한다.

| 오답풀이 |

① 건설목적에 따라 용수공급, 홍수조절, 수력발전 등 여러 가지 목적 중 한 가지 목적으로 사용하기 위한 경우는 단일목적댐이라고 하며, 두 가지 이상의 목적으로 사용하기 위한 경우는 다목적댐이라 한다.

② 월류댐은 댐체 마루 위로 유수를 월류시키는 댐이며, 비월류댐은 댐체 마루 위로 월류되지 않는 댐이다.

④ 필댐은 모래, 자갈, 암석 등을 쌓아 올려 만든 댐으로, 재료의 구성 비율에 따라 흙댐, 석괴댐으로 나눌 수 있다. 우리나라의 대표적인 필댐에는 소양강댐, 안동댐 등이 있고, 콘크리트를 댐 본체 재료로 하는 콘크리트 댐으로는 충주댐, 합천댐 등이 있다.

09

| 정답 | ②

| 해설 | 보는 댐과의 구별이 쉽지 않으나, 일반적으로 높이, 건설목적, 양 끝부분에서 차이를 보인다. 보는 기초 지반에서 고정보 마루까지 높이가 15m 미만이며, 유수저류에 의한 유량조절을 목적으로 하지 않는다. 또한 댐의 양 끝부분이 암반 등에 고정되는 데 반해 보는 제방이나 하안에 고정시킨다.

10

| 정답 | ①

| 해설 | 조류는 정체된 수체인 저수지 수질관리의 최대 난제이다. 이에 대응하기 위해 K-water는 조류경보제를 운영하고 있으며, 이에 따라 조류 경보가 발령되면 수면관리자로서 단계별로 모니터링 횟수를 늘려 신속하게 수질현황을 파악하고 조류 제거를 위한 조치를 시행한다. 조류를 조사하는 시기는 주 1회 이상이며, '경계' 이상 발령 시 주 2회 이상으로 증가한다.

4회 기출예상문제

문제 238쪽

01	④	02	②	03	①	04	④	05	④
06	②	07	①	08	②	09	③	10	②

01

| 정답 | ④

| 해설 | 양수식 수력발전은 상부 저수지, 하부 저수지, 수로 및 발전소로 구성된다. 저수지식과 마찬가지로 첨두부하를 담당하는 발전소이다. 주로 주간에 저수지의 물로 발전을 하고 야간에 전력수요가 적을 때 하부 저수지의 물을 상부로 양수하는 방식이다.

| 오답풀이 |

① 유량을 조절할 수 있는 댐이나 호수가 없이 자연유하량의 범위에서 발전하는 형식을 유입식이라고 한다.

② 저수지식은 우기에 저수를 하고 건기에 저장된 물을 공급하여 연중 발전이 가능한 방식을 말한다.

③ 전력수요의 변화에 대응하기 위한 것으로, 전력수요가 적을 때는 물을 저장하였다가 단시간 내 전력수요가 많이 발생하는 때에는 수력발전을 하는 발전소를 조정지식 발전소라고 한다.

02

| 정답 | ②

| 해설 | 제시된 설명은 응집지 공정에 대한 것이며, 응집지는 일반적인 침전으로 없애지 못하는 작은 콜로이드 현탁질을 플록으로 만들어 약품 침전지나 급속 여과지에서 제거할 수 있도록 응집 작용이 이루어지는 연못을 말한다.

| 오답풀이 |

① 혼화지는 원수 중 미세물질을 제거하기 위해 응집제를 주입하고 물과 섞는 수조를 말한다.

③ 침전지는 혼화, 응집지에서 무겁게 만들어진 플록을 중력에 의해서 가라앉히기 위한 수조를 말한다.

④ 여과지는 침전지에서 제거되지 않은 미세탁질을 다공질 여재(모래, 활성탄 등)를 통과시켜 제거할 수 있도록 만든 시설을 의미한다.

03

| 정답 | ①

| 해설 | 완속 여과지는 가는 모래를 사용하는 여과지로 모래층 표면에 증식한 생물막에 의해 수중의 불순물을 제거하는 방법으로 주로 소규모 정수장에 적용된다. 완속 여과는 표준정수처리 공정의 한 단계인 여과공정 중 하나이다. 여과공정은 모래 등의 여재에 물을 통과시켜 입자성 물질을 제거하는 공정을 말한다. 또한, 고도정수처리공정은 표준정수처리공정을 통해 제거하기 어려운 원수의 냄새물질, 색도, 미량유기물질, 소독부산물의 전구물질 등을 제거하는 공정을 말한다.

04

| 정답 | ④

| 해설 | 신재생에너지 공급의무화제도(RPS, Renewable energy Portfolio Standard)는 국가 전체 에너지 발전량 가운데 일정 비율 이상의 신재생에너지 발전을 의무화하는 제도이다. 신재생에너지의 확산을 위해 도입하려는 제도로, 이 제도가 시행되면 한국전력공사 등은 기존 신재생에너지 발전소들과 계약을 통해 일정 비율을 구매해야 한다.

| 오답풀이 |

① 신재생에너지 공급의무화제도에 따르면 신재생에너지 공급의무자는 일정한 의무량을 할당받는데, 신재생에너지 공급인증서(REC, Renewable Energy Certificate)를 정부에 제출하여 이러한 의무의 이행사실을 증명해야 한다. 공급인증서(REC)는 신재생에너지 생산을 통해 자체조달하거나 외부에서 구매할 수 있다.

② RE100은 기업이 2050년까지 사용 전력량의 100%를 풍력, 태양광 등 재생에너지로 조달하겠다고 자발적으로 선언하는 국제 캠페인이다.

③ SMP(계통 한계 가격)는 각 시간대별로 필요한 전력 수요를 맞추기 위해 가동한 발전원 중 비용이 가장 비싼 발전원의 운전 비용을 의미한다.

05

| 정답 | ④

| 해설 | 조력발전은 밀물과 썰물 때 발생하는 수위 차(조석간만의 차)가 큰 하구나 만에 방조제(둑)를 막아 호수를 만들어 바다와 호수의 수위차를 이용하여 전기를 생산하는 발전 방식이다. 조력발전은 조석현상을 이용한 발전이므로 무한한 에너지를 활용한 전기 생산이 가능하며, 조석현상으로 인해 변화하는 해면의 높이를 예측할 수 있어 예상시간에 예정된 양의 전기 생산이 가능하다는 특징이 있다.

조력발전에는 한쪽으로만 발전하는 단류식과 양쪽으로 발전하는 복류식이 있다. 단류식은 다시 창조식과 낙조식으로 나눌 수 있다. 창조식 발전은 밀물이 되었을 때 높아진 바다와 호수의 수위차를 이용하여 바닷물을 유입시켜 전기를 생산하고, 썰물 때 낮아진 바다로 호수의 물을 내보내는 발전 방식이다. 반면에 낙조식 발전은 밀물 때 호수를 채운 후, 썰물 때 호수와 외해의 수위차를 이용하여 발전하는 방식이다.

06

| 정답 | ②

| 해설 | 지역주민의 소득 증대와 생활기반 조성, 댐 주변경관을 활용한 시설 등을 설치하기 위한 사업은 지역지원사업에 포함된다. 지역지원사업에는 공동 영농시설 설치 등 지역주민의 소득 증대를 위한 사업, 마을회관 조성 등 생활여건 개선을 위한 생활기반조성사업, 자전거도로 등 댐 주변 경관을 활용한 휴양 · 레저시설 등을 설치하는 댐 주변 경관 활용사업이 있다.

| 오답풀이 |

K-water가 시행하는 주민지원사업은 지역주민의 생활을 지원하고, 주민 자녀의 육영 등을 위하여 시행하는 사업으로, 주민 건강진단, 의료보험 지원, 난방비 지원 등 주민생활지원사업과 주민 자녀들에 대한 장학금 지급, 학교 급식 시설 지원 등 육영 사업이 있다. 기타 지원사업은 댐 저수 사용료 보조사업과 지역문화행사 지원, 댐 견학 홍보사업, 지원 사업협의회 운영 등과 같이 지원사업을 효율적으로 시행하기 위한 사업 등이 있다.

07

| 정답 | ①

| 해설 | K-water가 운영주체인 일반수도는 광역상수도이며, 지방상수도는 특별시, 광역시, 시 · 군 등의 지방자치단체가, 마을상수도는 지방자치단체와 마을별 시설관리위원회가 각각 운영주체이다.

08

| 정답 | ②

| 해설 | 4대강 수계는 총 16개 다기능보를 운영 · 관리하고 있으며, 관리수위 저수 용량은 626.3억 m^3이다. 한강수계에는 강천, 여주, 이포보가 있으며, 낙동강수계에는 상주, 낙단, 구미, 칠곡, 강정고령, 달성, 합천창녕, 창녕함안보 등 가장 많은 8개 보가 있다. 금강수계에는 세종, 공주, 백제보가, 영산강수계에는 승촌보와 죽산보가 있다.

09

| 정답 | ③

| 해설 | 광역상수도 요금은 수처리 공정에 따라 원수 요금, 정수 요금, 침전수 요금으로 구분된다(수종별 차등요금). 아울러 댐용수 요금과 마찬가지로 전국 동일요금제가 적용되고 있다.

원수는 자연 상태의 수돗물로서 지방자치단체 또는 기업체에 공급하는 수돗물이며, 정수는 K-water가 운영하는 정수시설에서 원수를 음용에 적합하게 처리하여 공급하는 수돗물이다. 침전수는 원수를 침전하여 산업 활동 등에 공급하는 수돗물을 말한다.

따라서 정수 요금이 가장 높으며, 원수 요금이 가장 낮다.

10

| 정답 | ②

| 해설 | 스마트 물관리는 물 관리 전 과정에 정보통신기술(ICT)을 융합하여 계획에서 관리까지 물 산업의 새로운 혁신 패러다임으로, 빅데이터를 통해 쌍방향 데이터를 공유하는 것이 특징이다. 제시된 개념도 하단의 설명에서와 같이 수도꼭지에 부착된 필터에서 정보를 제공하거나 오염된 물의 센서에서 자동으로 전해오는 정보를 통해 신속한 수질관리가 이루어질 수 있어 단방향이 아닌 쌍방향 소통형 물관리가 가능하다.

| 오답풀이 |

① 스마트 미터, 수질계측기, AMI, 수질전광판 등은 지능형 관망을 가능하게 하는 기술이다.

③ 수도꼭지 정보제공, 수도꼭지 부착형 필터 등은 효율적인 수질확인을 가능하게 하는 기술이다.

④ 그림의 하단 [REUSE]에 언급된 내용은 유효수 재활용을 설명하고 있다.

Memo

미래를 창조하기에 꿈만큼 좋은 것은 없다.
오늘의 유토피아가 내일 현실이 될 수 있다.

There is nothing like dream to create the future.
Utopia today, flesh and blood tomorrow.
빅토르 위고 Victor Hugo

고시넷 공기업

공기업 통합전공

핵심이론 + 문제풀이
사무직 필기시험 대비

- 경영학 / 경제학 / 행정학 / 법학
- 주요 공기업 기출문제
- 테마별 이론 + 대표기출유형 학습
- 비전공자를 위한 상세한 해설

한국수자원공사 NCS

기출예상모의고사